Autodesk Revit Architecture 2013 Grundlagen

Markus Hiermer

Autodesk Revit Architecture 2013 Grundlagen

Bibliografische Information der Deutschen Nationalbibliothek

Die Deutsche Nationalbibliothek verzeichnet diese Publikation in der Deutschen Nationalbibliografie; detaillierte bibliografische Daten sind im Internet über <http://dnb.d-nb.de> abrufbar.

Bei der Herstellung des Werkes haben wir uns zukunftsbewusst für umweltverträgliche und wiederverwertbare Materialien entschieden.

Der Inhalt ist auf elementar chlorfreiem Papier gedruckt.

ISBN 978-3-8266-9191-1
1. Auflage 2012

E-Mail: kundenbetreuung@hjr-verlag.de

Telefon: +49 89/2183-7928
Telefax: +49 89/2183-7620

www.mitp.de

© 2012 mitp, eine Marke der Verlagsgruppe Hüthig Jehle Rehm GmbH
Heidelberg, München, Landsberg, Frechen, Hamburg

Dieses Werk, einschließlich aller seiner Teile, ist urheberrechtlich geschützt. Jede Verwertung außerhalb der engen Grenzen des Urheberrechtsgesetzes ist ohne Zustimmung des Verlages unzulässig und strafbar. Dies gilt insbesondere für Vervielfältigungen, Übersetzungen, Mikroverfilmungen und die Einspeicherung und Verarbeitung in elektronischen Systemen.

Lektorat: Steffen Dralle
Sprachkorrektorat: Manfred Buchholz
Satz: III-satz, Husby, www.drei-satz.de
Druck: Westermann Druck Zwickau GmbH

Inhalt

Kapitel 1   **GETTING STARTED – EINFÜHRUNG** 7
- 1.1   Hinweise zur Benutzung des Buches 8
- 1.2   Hinweise zur Installation des Programms 11
- 1.3   Grundsätzliches zum Programm 15

Kapitel 2   **SCHNELLEINSTIEG: EIN HAUS IN 12 SCHRITTEN** 27
- 2.1   Schritt 1: Die Wände 28
- 2.2   Schritt 2: Türen und Fenster 38
- 2.3   Schritt 3: Geschossdecken einfügen 42
- 2.4   Schritt 4: Dach 45
- 2.5   Schritt 5: Treppen und Geländer 51
- 2.6   Schritt 6: Räume und Flächen 58
- 2.7   Schritt 7: Bemaßung 60
- 2.8   Schritt 8: Beschriftung 64
- 2.9   Schritt 9: Topographie 65
- 2.10   Schritt 10: Möblierung 67
- 2.11   Schritt 11: Durchbrüche / 2D-Details 71
- 2.12   Schritt 12: Planzusammenstellung 75

Kapitel 3   **DIE GRUNDFUNKTIONEN IM DETAIL** 85
- 3.1   Vorwort: 86
- 3.2   Allgemeines 87
- 3.3   Arbeiten mit Rastern 94
- 3.4   Wände 99
- 3.5   Fenster und Türen 117
- 3.6   Decken und Böden 132
- 3.7   Dächer 154
- 3.8   Treppenmodellierung 177
- 3.9   Räume und Flächen 218
- 3.10   Bemaßung 225
- 3.11   Beschriftungen und Notizen 241

INHALT

3.12 Topographie 246
3.13 Möblierung 266
3.14 Detaillierung 270
3.15 Planzusammenstellung und -gestaltung 279
3.16 Erste Schritte für eigene Vorlagen 316
3.17 Eigene Tastaturbelegungen erstellen 326
3.18 Grundlagen des Familieneditors 329

INDEX 345

Kapitel 1

1

Getting Started – Einführung

1.1	Hinweise zur Benutzung des Buches	8
1.2	Hinweise zur Installation des Programms	11
1.3	Grundsätzliches zum Programm	15

1.1 Hinweise zur Benutzung des Buches

Symbole

In diesem Handbuch werden einige Symbole und Schreibweisen wiederholt angewandt, um eine übersichtliche Gestaltung zu erreichen. Hier werden diese Elemente kurz vorgestellt, damit Sie sich in den folgenden Kapiteln schnell zurechtfinden.

Zeichnung von der CD laden: Zu jedem Kapitel ist auf der beigelegten CD eine entsprechende Zeichnung vorhanden. So können Sie jederzeit an jedem Punkt einsteigen!

Achtung: Fehlerquelle! Typische Fehler werden hier gezeigt und gegebenenfalls auch deren Lösung!

Hinweise: Hier werden nützliche Hinweise zum Umgang mit dem Programm gegeben.

Tipps: Hier werden Tipps und Tricks zu den jeweiligen Themen beschrieben.

Schreibweisen zur Navigation

Menübrowser und Befehle

Mit der neuen Oberfläche von Revit 2010 wurde auch der Menübrowser neu eingeführt. Klicken Sie auf den Button R links oben in der Bildschirmecke, um in den Menübrowser zu gelangen. Befehle, die über den Menübrowser zu erreichen sind, werden hier im Buch mit Kapitälchen dargestellt.

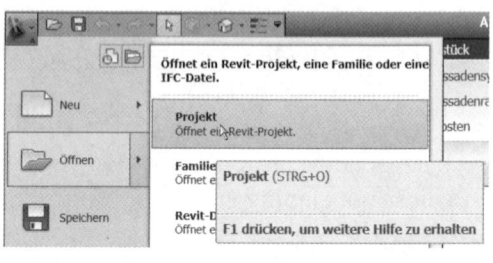

Beispiel: Menü ÖFFNEN|PROJEKT

1.1 Hinweise zur Benutzung des Buches

Befehle, die über einen Button aufgerufen werden, werden mit derselben Schreibweise gekennzeichnet. In der Regel wird auch mit angegeben, wo der Befehl in der Entwurfsleiste zu finden ist.

Beispiel: Rufen sie in der Rubrik START den Befehl WAND auf.

Dateien

Auf dem Datenträger zum Buch befinden sich verschiedene Projekt- bzw. Hilfsdateien zum Programm. An verschiedenen Stellen können Sie diese Dateien laden, um direkt einzusteigen oder um besondere Inhalte begutachten zu können. Wenn möglich, wird auch das entsprechende Grafiksymbol mit dargestellt.

Beispiel:

> Laden Sie die Datei Schritt 1 von der CD.

Tasten auf dem Keyboard

Sondertasten der Tastatur werden umrahmt dargestellt, z. B. [Enter].

Abkürzungen

LMT = Linke Maustaste

RMT = Rechte Maustaste

QAT = »Quick Access Tabbar« oder Schnellzugriff-Werkzeugkasten

TK = Tastaturkürzel

> Hinweis: Die Tastaturkürzel sind »Abkürzungen« der Befehle. Viele CAD-Konstrukteure schwören aufgrund der Zeitersparnis auf diese Eingabe über die Tastatur.

Auch ich benutze die Kürzel gerne und werde sie auch häufig wiederholen, damit Sie sich diese gut einprägen können, denn in der Tat erleichtert das die Arbeit ungemein.

Die Kürzel können auch individuell belegt werden, ich beziehe mich hier auf ein eigenes Set, nicht auf die englische Standardbelegung nach der Installation. Um dieselben Kürzel verwenden zu können, laden Sie sich bitte das Set maxcad_standard.xml über das Menü in den OPTIONEN wie unten dargestellt.

> Tipp: Die xml-Datei können Sie auch unter www.maxcad.de bei »Tipps und Tricks« herunterladen.

Kapitel 1 — GETTING STARTED – EINFÜHRUNG

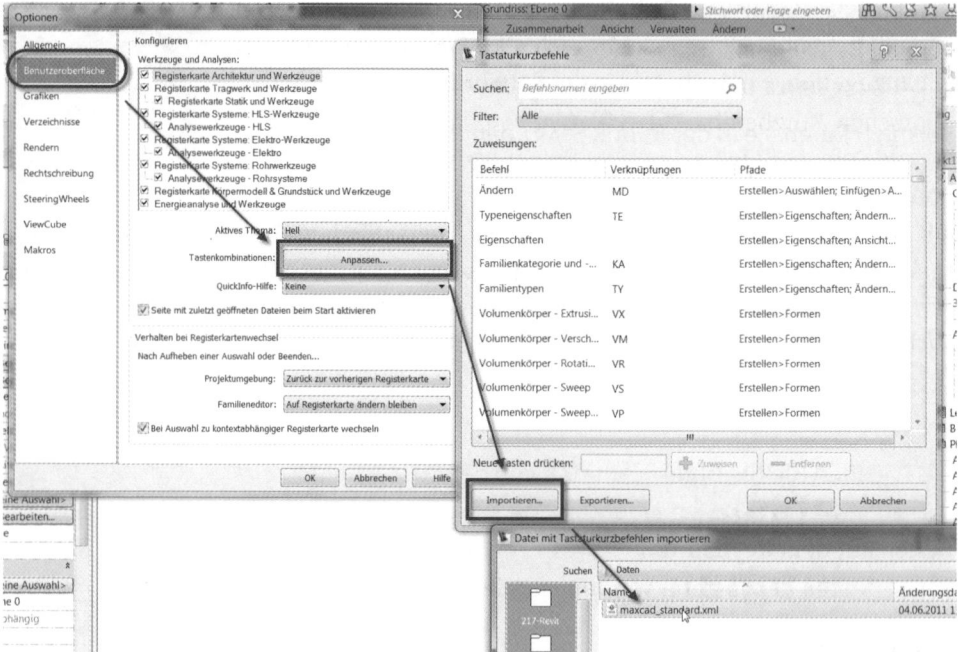

 Alle Tastaturkürzel werden ohne Bestätigung (`Enter`) eingegeben, das heißt, tippen Sie beispielsweise »ww« ein, so wird sofort der Befehl WAND aktiviert!

 Vor der Version 2011 benötigen Sie für die Tastaturkürzel die Datei Keyboardshortcuts.txt, die in den Ordner »Program« im Installationsverzeichnis eingefügt werden muss.

 Alternativ können Sie die Tastaturkürzel auch über die Rubrik ANSICHT|BENUTZEROBERFLÄCHE erreichen.

Wählen Sie in der erscheinenden Dialogbox die Option BESTEHENDE EINSTELLUNGEN FÜR TASTATURKURZBEFEHLE ÜBERSCHREIBEN aus, um nur die deutschen Kurzbefehle zu erhalten. Andernfalls könnten einige Befehle doppelte Belegungen enthalten.

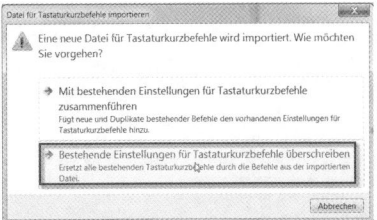

Tipp: Neu ab der Version 2011 ist der Befehl »Letzten Befehl wiederholen«. Man kann diese Funktion mit der Betätigung der [Enter]-Taste erreichen, zweimal [Enter] wiederholt den vorletzten Befehl! Diese »Sonderbefehle« sind allerdings »hardcoded« und können nicht umdefiniert werden.

1.2 Hinweise zur Installation des Programms

Die Installation ist seit der Verson 2012 etwas benutzerfreundlicher gestaltet. Zunächst können Sie im erscheinenden Bildschirm zwischen drei Optionen wählen:

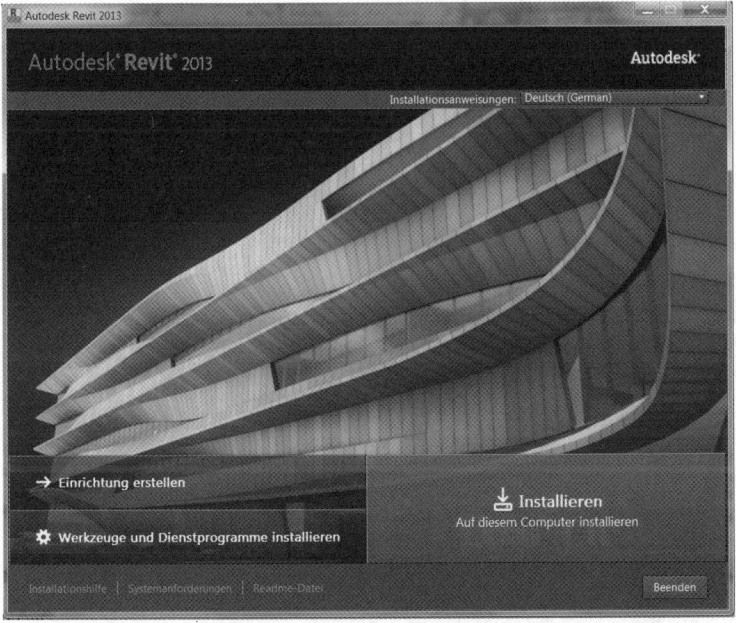

INSTALLIEREN – führt eine lokale Installation auf dem Rechner durch. In der Regel ist das die gewünschte Vorgehensweise für die Installation eines einzelnen Arbeitsplatzes.

Kapitel 1 — GETTING STARTED – EINFÜHRUNG

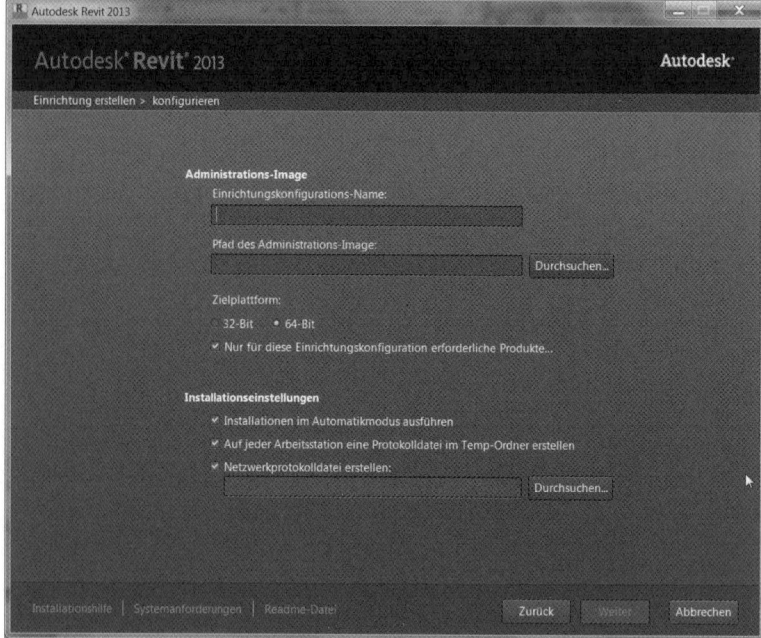

EINRICHTUNG ERSTELLEN – Mit dieser Option können Sie auf einem Server ein Image des Installationspakets ablegen, mit dem dann bequem auf mehreren Workstations die Installationen lokal ausgeführt werden können. Diese Vorgehensweise ist zu empfehlen, wenn mehrere Arbeitsplätze mit Revit ausgestattet werden sollen.

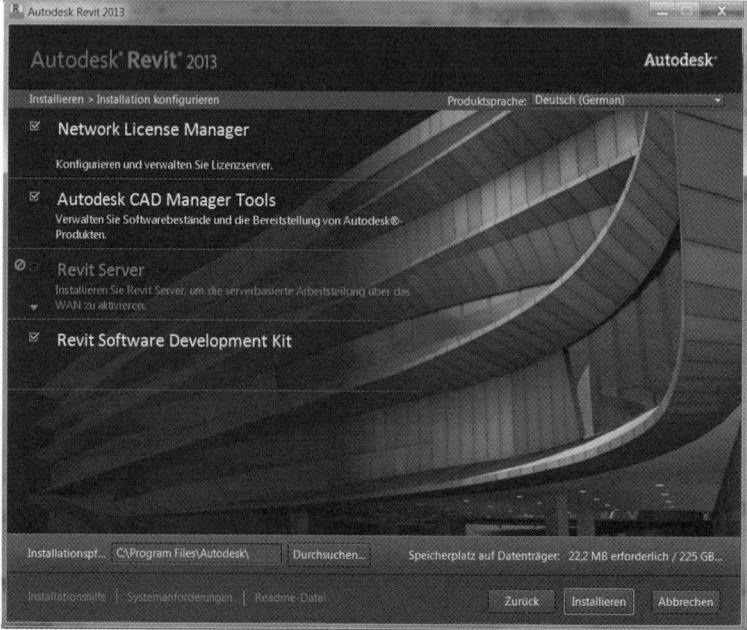

1.2 Hinweise zur Installation des Programms

WERKZEUGE UND DIENSTPROGRAMME INSTALLIEREN – hier finden sich spezielle Tools für die Verwaltung bzw. Administration wie z. B. der Revit Server (für die Arbeit in einer Multiuserumgebung über VPN Verbindungen) oder der Network License Manager (für die Netzwerklizenzen). Diese Tools sind optional zu installieren und werden nicht zwingend von jedem gebraucht.

Weitere Informationen zur Installation können Sie unter dem Punkt INSTALLATIONSHILFE erreichen.

> Tipp: Wenn Sie mehrere Arbeitsplätze hintereinander einrichten wollen, ist es sinnvoll, zuerst einen »Musterplatz« zu installieren, bei dem alle erforderlichen Einstellungen bezüglich der Pfade der Bibliotheken, Vorlagen, Speicherpfade etc. eingestellt werden. Speichern Sie anschließend die Datei `Revit.ini` – diese befindet sich im »Program«-Verzeichnis der Installation – und kopieren Sie die Datei auf die folgenden Arbeitsplätze, um sich das nochmalige Einstellen der Optionen zu ersparen.

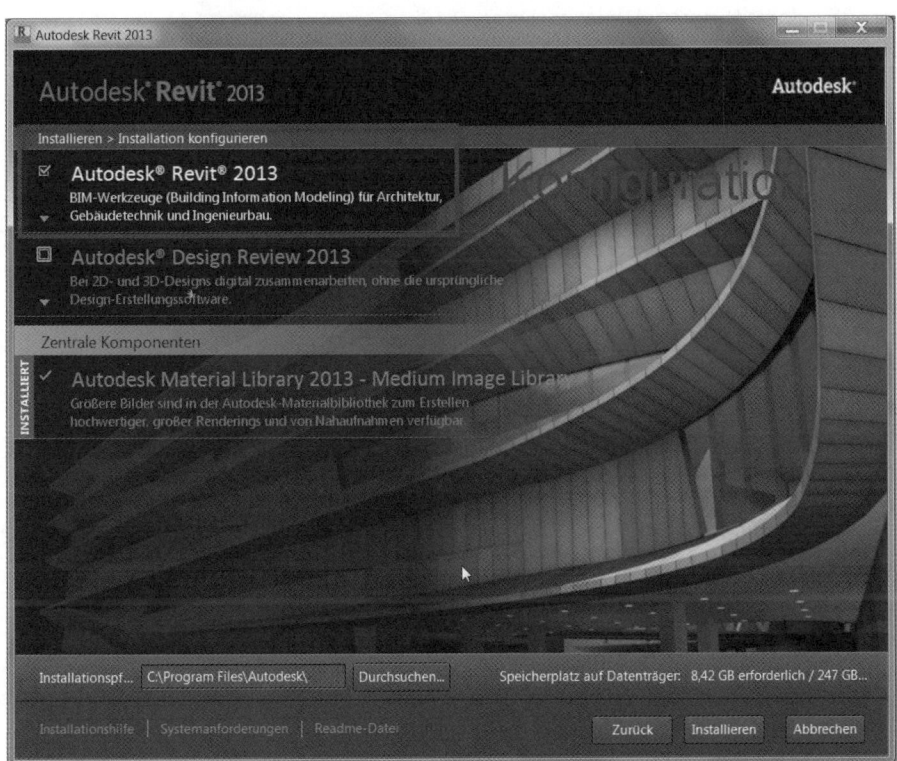

Nachdem INSTALLATION gewählt wurde, können Sie Revit mit einem Klick auf den oberen Eintrag konfigurieren.

Österreichische Templates und Familien:

Für frühere Versionen von Revit waren bereits spezielle österreichische Templates und Familien über das Subscription Center verfügbar. Mit der Version 2013 sind diese Inhalte für alle Kunden zugänglich. Sie finden ein aktuelles Set der Daten z. B. unter www.maxcad.de im Downloadbereich. Zusätzlich wurden auch für Revit Structure neue Templates und Familien für österreichische Kunden erstellt.

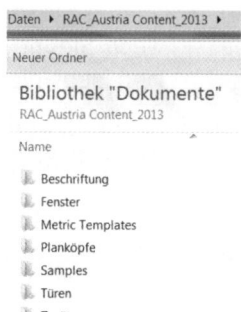

 Tipp: Wenn Sie die Inhaltspakete nachträglich noch hinzufügen wollen, können Sie die Daten auch nachinstallieren. Gehen Sie dazu in die Systemsteuerung und klicken Sie unter PROGRAMM DEINSTALLIEREN auf den Eintrag AUTODESK REVIT 2013. Wählen Sie anschließend den Button DEINSTALLIEREN/ ÄNDERN.

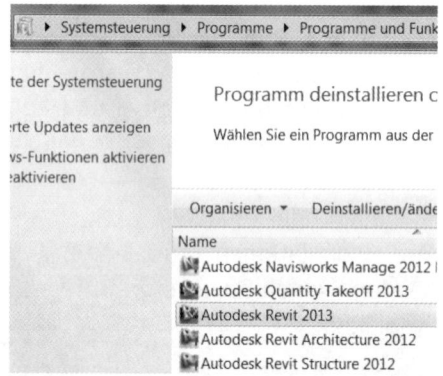

Im folgenden Dialogfenster können Sie nun die Option FUNKTIONEN HINZUFÜGEN ODER ENTFERNEN wählen, in der Sie dann anschließend die Pakete wählen können.

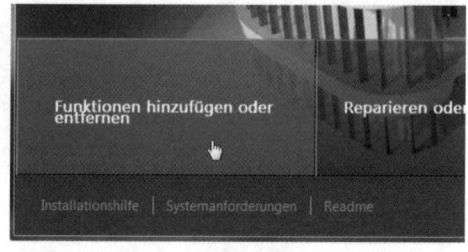

 Tipp: Der österreichische erweiterte Inhalt ist sehr gelungen! Dort sind sehr aufwendig gestaltete Bauteile hinzugefügt worden, die z. T. auch für die deutsche Umgebung sehr interessant sind (z. B. Fassadenelemente). Beachten Sie bitte auch die PDF-Dateien im Ordner Zusätze, in denen viele spezielle Funktionsweisen der Familien und Vorlagen genauer erklärt sind.

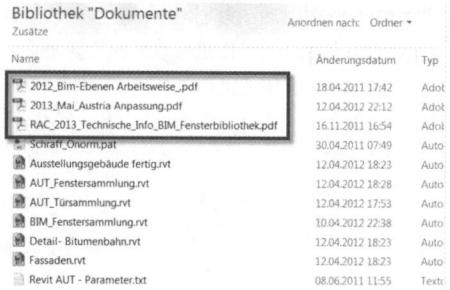

1.3 Grundsätzliches zum Programm

Achten Sie immer darauf, dass Sie mit einer gültigen Lizenz arbeiten, wenn Sie Ihr Projekt speichern wollen. Während einer laufenden Session ist es nicht möglich die Lizenz »nachzuladen« und die Daten dann zu speichern! Mit anderen Worten: Wenn Sie ohne gültige Lizenz begonnen haben zu zeichnen, können Sie die Daten später nicht mehr speichern!

Service Packs einbeziehen

Es kann automatisch im Internet oder auf der Festplatte nach vorhandenen Service Packs gesucht werden, die bei der Installation gleich mit einbezogen werden. Somit entfällt das lästige Nachinstallieren der Updates. Sie können die Dateien direkt aus dem Internet laden oder – falls schon mehrere Installationen durchgeführt wurden – einen Speicherort auf der Festplatte angeben, an dem die entsprechende Datei liegt.

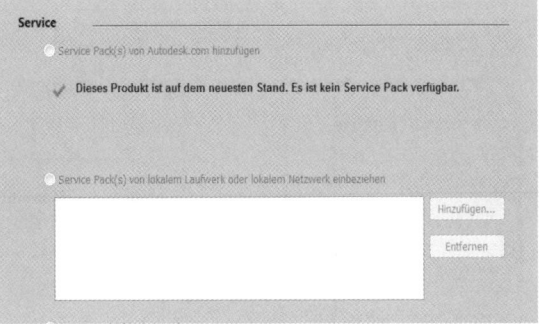

1.3 Grundsätzliches zum Programm

Der Startbildschirm

Ab der Version 2010 hat sich der Startbildschirm etwas geändert: Man hat einen Auswahlbildschirm, von dem Dateien direkt von der Festplatte geöffnet, neue Projekte begonnen oder auch die zuletzt bearbeiteten Dateien aufgerufen werden können. Die Liste der zuletzt geöffneten Projekte ergänzt sich automatisch (auf der rechten Hälfte – hier im Beispiel ist der Bildschirm nach der Installation gezeigt, dort sind schon ein paar Beispieldateien voreingestellt).

Mit dem Button ÖFFNEN können Sie Dateien von der Festplatte auswählen, oder Sie können über den Button NEU ein neues Projekt beginnen.

Kapitel 1 — GETTING STARTED – EINFÜHRUNG

Mit dem Button NEUER ENTWURFSKÖRPER können Sie Massenkörper für konzeptionelle Entwürfe anfertigen (»Building Maker«). Es wird die Vorlage M_Körper.rfa geöffnet, in der man eine entsprechende Volumenkörperfamilie entwerfen kann.

Neu ab der Version 2011 ist die zusätzliche Rubrik »Ressourcen«, in der man direkt Zugang zur (Online-)Hilfe erhält, darunter auch Videos zum schnellen Einstieg.

Zeichenoberfläche

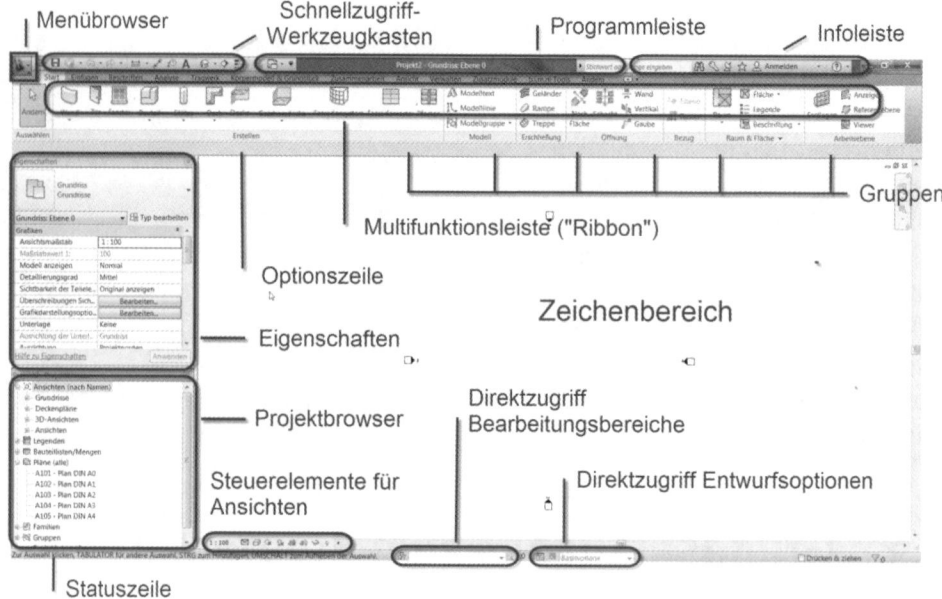

Übersicht über die einzelnen Bereiche bzw. Begriffe der Benutzeroberfläche

Begriffe der Benutzeroberfläche

- In der **Programmleiste** finden Sie den Namen des aktuellen Projekts.
- Im Menübrowser sind einige nützliche Befehle enthalten wie z. B. ÖFFNEN und SPEICHERN. Klicken Sie auf das Symbol R, um in das Menü zu gelangen.
- Im Schnellzugriff-**Werkzeugkasten** (QAT) sind häufig wiederkehrende allgemeine Befehle enthalten, wie ÖFFNEN/SPEICHERN. Der QAT kann individuell mit Befehlen ergänzt werden: Klicken Sie dazu mit der RMT auf

einen Befehl und wählen Sie aus dem Kontextmenü den Eintrag ZUM SCHNELLZU-
GRIFF-WERKZEUGKASTEN HINZUFÜGEN.

- Über die Infoleiste erreicht man schnell verschiedene Hilfsfunktionen. In der Textleiste können z. B. direkt Suchbegriffe eingegeben werden.

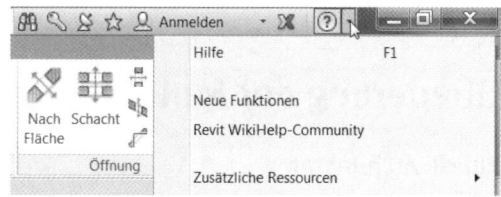

- Die **Optionsleiste** beinhaltet je nach aufgerufenem Befehl verschiedene Buttons zur weiteren Bearbeitung des Bauteils. Diese Buttons sind in der Regel nur dort aufrufbar, daher sollten Sie diesem Bereich stets große Aufmerksamkeit widmen!

- Mit dem **Projektbrowser** können Sie durch die einzelnen Ansichten des Projekts navigieren (unter den Begriff »Ansichten« fallen in Revit auch Grundrisse und Bauteillisten). Aktivieren bzw. wechseln Sie eine Ansicht mit einem Doppelklick.

- Die **Steuerelemente für Ansichten** (ehemals Ansichtskontrollleiste) steuern verschiedene grafische Aspekte wie z. B. den Maßstab oder auch die Sichtbarkeiten von Elementen.

- In der **Statuszeile** schließlich wird immer das zurzeit aktuelle Bauteil angezeigt.

- Die **Multifunktionsleiste** (»Ribbon«) dürfte mittlerweile vielen aus den Office-Paketen von Microsoft her bekannt sein und ist ohne Zweifel das Herzstück der Menüführung. Sie ist in Rubriken – von Autodesk auch als »Tabulatortasten« bezeichnet – gegliedert. Jede Rubrik kann noch mehrere Gruppen enthalten, in denen die zugehörigen Befehle nochmals logisch sortiert sind. Bei der Aktivierung von verschiedenen Befehlen (z. B. des Befehles WAND) wird zusätzlich noch hinter der letzten Rubrik eine weitere sichtbar: die kontextabhängige Registerkarte, in der relevante Unteroptionen zum Befehl gezeigt werden. Oftmals sind hier Optionen sichtbar, die in den Vorgängerversionen in der Optionsleiste zu finden waren.

- Ab der Version 2013 sind die verschiedenen Versionen etwas umstrukturiert worden. Die Palette reicht nun von einem »Revit LT« bis hin zur »Revit Building Design Suite Ultimate«. Der Unterschied liegt im Umfang bzw. der Fachrichtung der einzelnen Versionen. Die in diesem Buch eingesetzte Version ist Teil der letztgenannten Suite, damit möglichst alle verfügbaren Funktionen abgebildet sind. Je nach vorhandener Version kann also Ihre Multifunktionsleiste etwas von der im Buch gezeigten abweichen. Im Wesentlichen betrifft das die ersten drei Rubriken (Architektur, Ingenieurbau, Gebäudetechnik), da z. B. im Revit Structure keine Gebäudetechnik vorhanden ist und somit diese Rubrik fehlt, usw.

- Eine Neuerung hierbei ist, dass in den Building-Suites die bisherige Trennung von Architecture, Structure und MEP aufgehoben ist (»Revit One Box«), also alle drei

Fachschalen im selben Programm zur Verfügung stehen. Natürlich sind auch weiterhin die Bereiche Architektur, Tragwerksplanung und Gebäudetechnik einzeln verfügbar.

Gliederung der Multifunktionsleiste

Rubrik Architektur

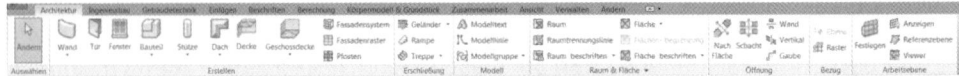

Bemerkungen: Nicht verfügbar in den Versionen Revit Structure bzw. Revit MEP.

Besonderheiten: Ebenen, Raster Arbeitsebenen, Referenzebene, Flächenpläne, Arbeitsebenenviewer

Rubrik Ingenieurbau

Bemerkungen: Nicht verfügbar in den Versionen Revit Architecture bzw. Revit MEP.

Besonderheiten: Alle Tragwerksbauteile wie Balken, Stützen, Fundamente sind hier zu finden.

Rubrik Gebäudetechnik

Bemerkungen: Nicht verfügbar in den Versionen Revit Architecture bzw. Revit Structure.

Besonderheiten: Kabeltrassen, Rohre, Kanäle etc. befinden sich hier.

Rubrik Einfügen

Bemerkungen: CAD VERKNÜPFEN und CAD IMPORTIEREN sind zwei getrennte Befehle!

Besonderheiten: Punktwolken. EINFÜGEN AUS ZWISCHENABLAGE ist hier nicht zu finden! Siehe dazu Rubrik ÄNDERN!

Rubrik Beschriften

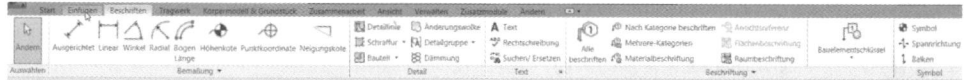

Bemerkungen: Alle diese Elemente sind nur »2D-Detaillierung« und nur in der jeweils erstellten Ansicht sichtbar.

Rubrik Berechnung

Bemerkungen: Rubrik zur analytischen Auswertung des Modells.

Rubrik Körpermodell und Grundstück

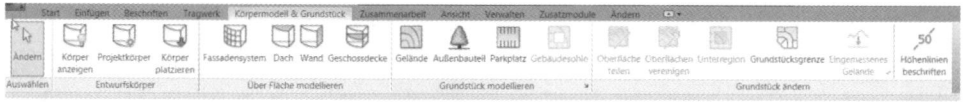

Bemerkungen: PROJEKTKÖRPER erstellt eine »interne« Familie.

Besonderheiten: Um komplexe (externe) Körperfamilien modellieren zu können, muss im Menübrowser über den Befehl NEU|ENTWURFSKÖRPER die Familie Körper.rfa geöffnet werden. Hier steht eine Reihe neuer Möglichkeiten der Modellierung unregelmäßiger Körper zur Verfügung.

Rubrik Zusammenarbeit

Bemerkungen: BASISBAUTEILE ABSTIMMEN ist für die Kontrolle verlinkter Revit-Modelle gedacht.

Besonderheiten: Die Bearbeitungsbereiche sind auch direkt in der Zeichenfläche in der Statuszeile verfügbar.

Rubrik Ansicht

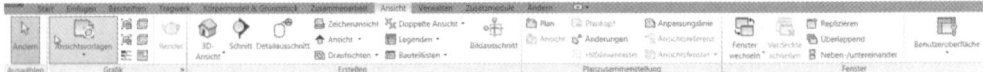

Bemerkungen: Die Ansichtseigenschaften sind ab der Version 2011 in den Eigenschaften aktiv, sobald keine anderen Objekte gewählt sind.

Besonderheiten: Unter BENUTZEROBERFLÄCHE können unter anderem die Browseransicht und die Tastaturkurzbefehle geändert werden.

Rubrik Verwalten

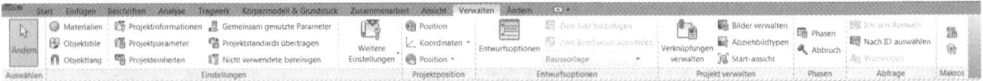

Bemerkungen: Die Entwurfsoptionen sind ab der Version 2011 auch direkt über die Statuszeile am unteren Bildschirmrand erreichbar.

Rubrik Zusatzmodule

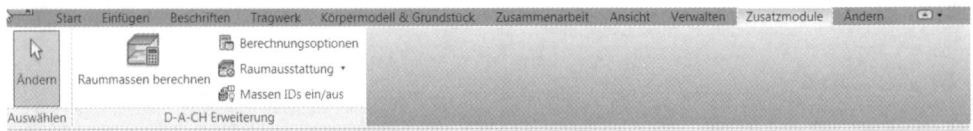

Bemerkungen: Diese Rubrik erscheint nur, wenn externe Zusatzapplikationen geladen wurden (z. B. die DACH-Erweiterungen oder Revit-Extensions, etc.).

Rubrik Ändern

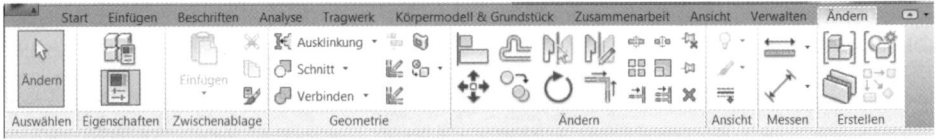

Bemerkungen: Hier befindet sich der Befehl AUSGERICHTET EINFÜGEN. Neu ab Version 2012: Baugruppe und Teilelemente erstellen.

1.3 Grundsätzliches zum Programm

Drop-down-Erweiterungen

Bei verschiedenen Befehlen ist in der unteren Hälfte am Button ein kleiner Pfeil zu sehen. Klicken Sie auf diesen Pfeil, um weitere Optionen für den jeweiligen Befehl zu erhalten. Nebenstehend ein Bild für den Befehl WAND. Es werden hier mehrere Unteroptionen zur Erstellung von Wänden angeboten.

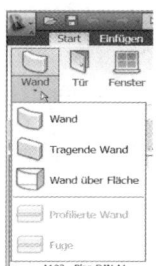

Die Befehle PROFILIERTE WAND und FUGE sind nicht in Grundrissen verfügbar, da dort eine entsprechende Modellierung nicht möglich wäre. Wechseln Sie in eine passende Ansicht, um diese Befehle ausführen zu können (z. B. Südansicht).

Kontextabhängige Registerkarte

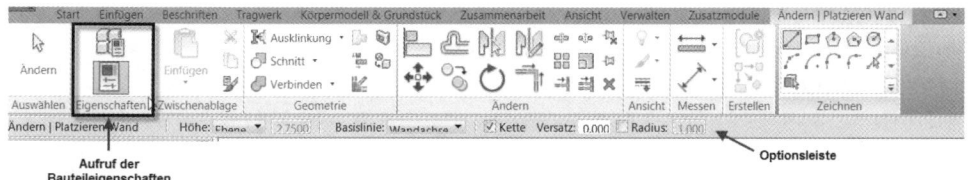

Nach dem Aufruf verschiedener Befehle erscheint am rechten Ende des Ribbons diese Rubrik, deren Name und Aussehen sich je nach Situation ändert. Sie enthält – abhängig vom aufgerufenen Befehl – verschiedene passende Tools, die für die Ausführung wichtig sind.

Zusätzlich wird die Optionsleiste aktiv, die ebenfalls individuelle Optionen zum Befehl bereithält.

Wenn das Eigenschaftenfenster aktiviert ist, bleibt es auf dem Bildschirm dauerhaft sichtbar vorhanden. Die Typenauswahl ist dort integriert.

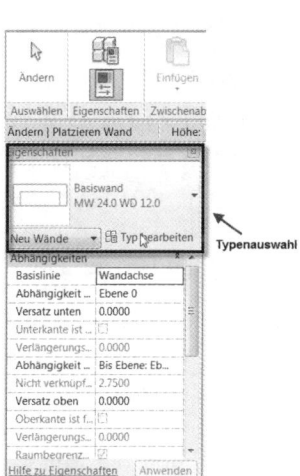

QuickInfos

Wenn Sie auf einen Befehl zeigen, wird nach einer kurzen Zeit eine passende Kurzbeschreibung angezeigt. Falls vorhanden, wird ein definiertes Tastaturkürzel hinter dem Befehlsnamen in Klammern angegeben.

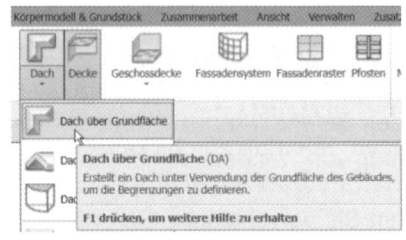

Bleiben Sie für ca. eine weitere Sekunde auf derselben Position, wird die Erklärung nochmals erweitert. Bei vielen Befehlen sind dabei zur besseren Veranschaulichung Beispiele angefügt, die ab der Version 2011 eine kurze Video-Animation enthalten.

 Wird bei aktiver QuickInfo die Taste `F1` gedrückt, erscheint automatisch das passende Hilfethema!

Der Umfang und die Geschwindigkeit der Anzeige können über die Optionen angepasst werden (Menübrowser OPTIONEN|BENUTZEROBERFLÄCHE|QUICKINFO - HILFE).

Grundlegende Navigation im Programm

Linke Maustaste: Wählt Objekt aus. Zur besseren Orientierung, welches Objekt gerade gewählt werden würde, werden die Elemente beim »Überfahren« mit dem Mauscursor hervorgehoben (dicke Umrandung). Zusätzlich werden in der Statusleiste die Kategorie und der Elementtyp angezeigt. Aktive (angeklickte) Elemente werden farbig hervorgehoben (Standardvorlage: blau). Zum Abwählen wird die Taste `Esc` gedrückt.

Gedrückte mittlere Maustaste: Aktiviert den »PAN«-Modus, das heißt, der Bildausschnitt kann verschoben werden. Halten Sie die mittlere Maustaste gedrückt und ziehen Sie die Maus in die Richtung, in die Sie den Bildschirmausschnitt verschieben wollen. Sollte diese Funktion in Revit nicht ansprechen, dann stellen Sie in der Systemsteuerung die Belegung der mittleren Maustaste auf »Standard« (die genaue Bezeichnung kann je nach Modell etwas variieren, evtl. verschiedene Einstellungen probieren, es sollten weder spezielle Funktionen belegt werden noch sollte die mittlere Maustaste deaktiviert sein).

Mausrad: Vergrößert bzw. verkleinert den Bildschirmausschnitt (Zoom).

Rechte Maustaste: Ruft das Kontextmenü auf. Das Kontextmenü passt sich der jeweiligen Situation an. Klicken Sie z. B. mit der RMT in einen Werkzeugkasten, erhalten Sie Optionen zur Sichtbarkeit der Werkzeugkästen. Klicken Sie auf eine Wand, erhalten Sie verschiedene Optionen zur Bearbeitung von Wänden. Einige der Optionen sind nur über das Kontextmenü erreichbar, ein Blick lohnt also immer mal wieder. Manche Optionen variieren bei verschiedenen Bauteilen, andere wiederholen sich. So kann z. B. immer der letzte Befehl wiederholt werden, die Option befindet sich stets im oberen Abschnitt des Kontextmenüs.

Mittlere Maustaste und Umschalttaste gleichzeitig gedrückt halten und Maus bewegen: Aktiviert den »Orbit«. Sie können so Ihr Modell in einer 3D-Ansicht umkreisen.

Doppelklick mit mittlerer Maustaste: Der Befehl ZOOM GRENZEN wird ausgeführt, die Ansicht wird also zentriert dargestellt. (Neu in Version 2013)

`Strg` **und klicken:** Fügt Elemente der aktuellen Auswahl hinzu.

`⇧` **und klicken:** Entfernt Elemente aus der Auswahl.

`Entf`: Löscht alle aktiven (blauen) Bauteile.

`Esc`: Befehl abbrechen, Elementauswahl aufheben

Dezimaltrennzeichen: Nach der Standardinstallation ist als Dezimaltrennzeichen der Punkt definiert (wie bei Auto-CAD etc.). Alternativ kann man in der Rubrik VERWALTEN|EINHEITEN auch das Komma als Trennzeichen setzen. Hier im Handbuch habe ich in den Dateien die Einstellung für den Punkt beibehalten. Man kann diese Einstellung jederzeit im Projekt wechseln, Sie können also beides probieren. Bei den Beschreibungen im Fließtext habe ich das in Deutschland übliche Komma gesetzt.

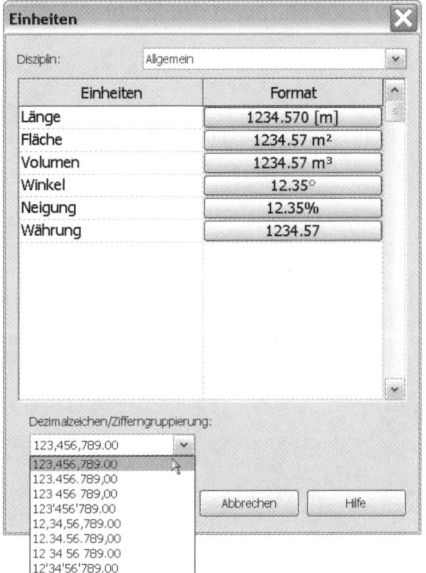

Aus der Drop-down Liste können Sie eine für Sie passende Einstellung wählen. Dabei können auch verschiedene Tausender-Trennungen gewählt werden.

SteeringWheels/Navigationsleiste

Klicken Sie auf den Button rechts am Bildschirmrand oder drücken Sie die Taste [F8], um ein SteeringWheel zu aktivieren.

Sollte die Navigationsleiste nicht sichtbar sein, können Sie sie unter der Rubrik ANSICHT|BENUTZEROBERFLÄCHE|NAVIGATIONSLEISTE wieder aktivieren.

Die SteeringWheels erleichtern die Navigation im Programm, wobei Sie das Aussehen je nach Situation leicht abändern. Nebenstehend eine Auswahl von verschiedenen möglichen Darstellungen der Wheels.

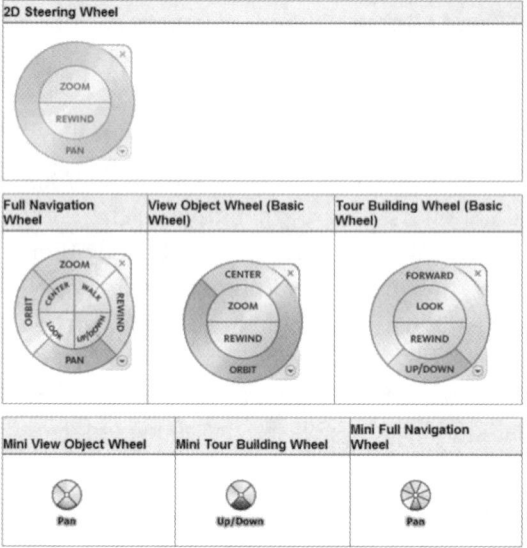

1.3 Grundsätzliches zum Programm

Klicken Sie auf den Pfeil unter dem Steering-Wheels-Button, um das Optionsmenü aufzurufen. Hier können Sie verschiedene Einstellungen zur Darstellungsweise wählen.

Wenn ein SteeringWheel aktiviert ist, folgt das Rad den Bewegungen der Maus auf dem Bildschirm.

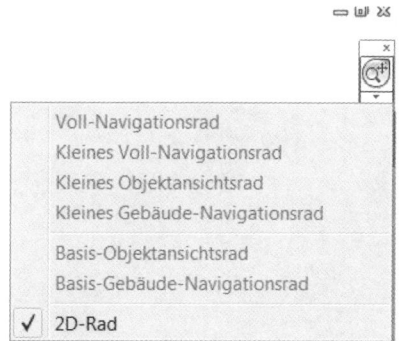

Wenn Sie die Maus innerhalb des Wheels bewegen, können Sie die verschiedenen Bereiche des Wheels ansteuern. Um eine der Funktionen aufzurufen, klicken Sie mit der linken Maustaste und halten Sie sie gedrückt. So können Sie zoomen, den Ansichtsbereich verschieben (PAN) oder verschiedene andere spezielle Navigationspunkte aufrufen.

Tipp: Für Zoom, Pan und Orbit (Schwenken in der 3D-Ansicht) sind die weiter oben genannten Tasten der Maus in der Regel die schnellere Methode. Die Funktion »Navig.« (WALK) hingegen kann nur über das SteeringWheel in einer 3D-Kameraansicht erreicht werden! Diese Funktion ermöglicht Ihnen, das Modell aus der »Ego-Perspektive« zu erleben. Halten Sie den Mausbutton gedrückt und bewegen Sie die Maus in die gewünschte Richtung, um durch das Haus zu »wandern«.

Kapitel 2

Schnelleinstieg: Ein Haus in 12 Schritten

2.1	Schritt 1: Die Wände	28
2.2	Schritt 2: Türen und Fenster	38
2.3	Schritt 3: Geschossdecken einfügen	42
2.4	Schritt 4: Dach	45
2.5	Schritt 5: Treppen und Geländer	51
2.6	Schritt 6: Räume und Flächen	58
2.7	Schritt 7: Bemaßung	60
2.8	Schritt 8: Beschriftung	64
2.9	Schritt 9: Topographie	65
2.10	Schritt 10: Möblierung	67
2.11	Schritt 11: Durchbrüche / 2D-Details	71
2.12	Schritt 12: Planzusammenstellung	75

Auf den nachfolgenden Seiten soll ein einfacher Grundriss eines Einfamilienwohnhauses entstehen, der die grundlegenden Befehle des Programms zeigen soll. Dabei wird nur sehr oberflächlich auf die einzelnen Funktionen eingegangen; für ausführliche Beschreibungen wird immer auf das entsprechende Kapitel im Buch weiter hinten verwiesen.

Somit können Sie dieses Kapitel anfangs als »Schnellstart« nutzen und später als »Stichwortregister«, um bestimmte Befehle schnell im Buch wiederzufinden.

Den fertigen Plan des Gebäudes finden Sie als PDF-Datei auf der Buch-CD. So können Sie sich den Plan entweder als Datei im Hintergrund auf dem Bildschirm anzeigen oder auch ausdrucken lassen, um ihn besser im Blickfeld zu haben.

Sie müssen nicht zwingend alle Schritte in der angegebenen Reihenfolge nachvollziehen. Die im jeweiligen Abschnitt benötigten Dateien liegen auf der CD und tragen den Namen, der am Anfang des jeweiligen Abschnitts angegeben wird.

Die einzelnen Begriffe zur Benutzeroberfläche sind in Abb. 1 erläutert.

2.1   Schritt 1: Die Wände

Außenwände

 Öffnen Sie die Zeichnung Schritt 1 im Ordner Kap II.

Kurz zur Navigation in Revit:

Benutzen Sie das Mausrad zum Hinein- bzw. Wegzoomen und die gedrückte mittlere Maustaste zum Verschieben des Ansichtsbereichs (Pan).

Drücken Sie die Tastenkombination »za«, um den Bildschirm wie im Bild gezeigt zu zentrieren (ZOOM ALLES). Alternativ können Sie ab Version 2013 auch einen Doppelklick mit der mittleren Maustaste ausführen.

2.1 Schritt 1: Die Wände

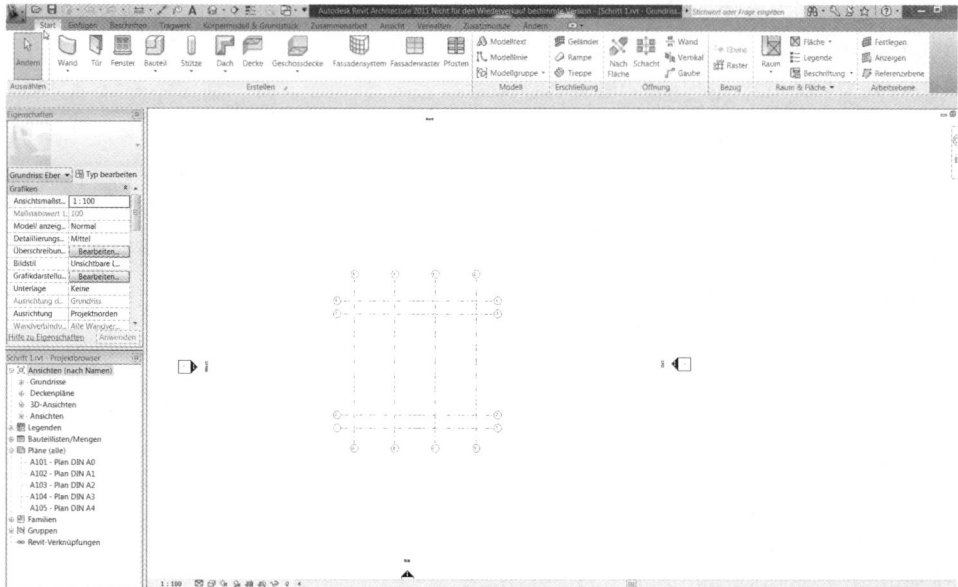

Wählen Sie aus der Rubrik ARCHITEKTUR|ERSTELLEN das Werkzeug WAND (TK »ww«).

Wählen Sie aus dem Typenwahlfenster (auf den kleinen Pfeil klicken) den Typ BASISWAND: MW 36.5.

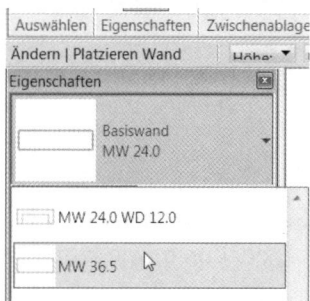

Stellen Sie bei POSITIONSLINIE die Option TRAGENDE SCHICHT: AUSSENKANTE ein. Damit wird die Ausrichtung der Wand in der Zeichnung festgelegt.

Vergewissern Sie sich, dass die Option KETTE sowie die Linie aktiviert sind.

Ist die Option KETTE aktiv, ist der zweite Klick in der Zeichnung automatisch immer der Anfangspunkt der nächsten Linie. Ist diese Option hingegen nicht aktiv, erfolgt die Angabe des Startpunkts der nächsten Linie mit einem separaten Klick!

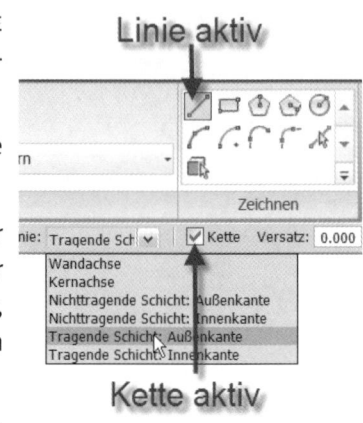

Mehr zur Wandkonstruktion erfahren Sie im Abschnitt *3.4 Wände*.

Zoomen Sie etwas in das vorgefertigte Achsraster hinein (die Funktion RASTER ist im Abschnitt *3.3 Arbeiten mit Rastern* näher beschrieben).

Wenn Sie den Mauscursor in die Nähe eines Kreuzungspunkts (z. B. Punkt bei Raster A2) bewegen, »rastet« der Cursor bei diesem Punkt ein (= »Fang«).

Achten Sie auf die Fangsymbole, um genaue Zeichnungen zu erstellen.

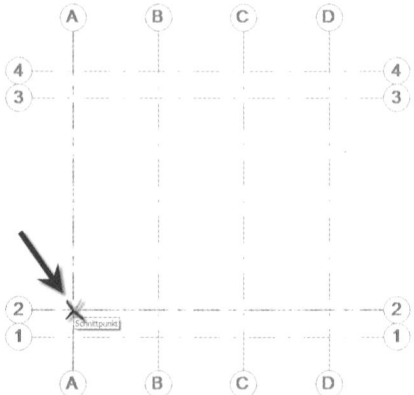

 Hinweis: Die Einstellung der Fangpunkte können Sie in der Rubrik VERWALTEN unter dem Punkt EINSTELLUNGEN|OBJEKTFANG vornehmen.

Klicken Sie nun auf diesen Punkt und bewegen Sie den Cursor nach oben auf den Punkt A3, bis der Cursor wiederum einrastet.

Klicken Sie auf diesen Punkt und die Wand wird erzeugt. Da die Option KETTE aktiv ist, ist der Endpunkt der ersten Wand zugleich auch der Startpunkt für die zweite Wand.

Klicken Sie nun der Reihe nach die Punkte auf dem Raster ab, damit ein geschlossener Grundriss entsteht.

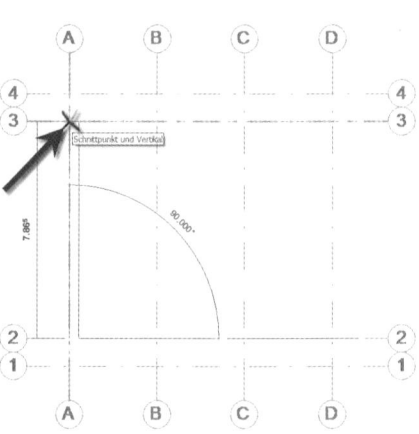

2.1 Schritt 1: Die Wände

Das Ergebnis sieht dann so aus:

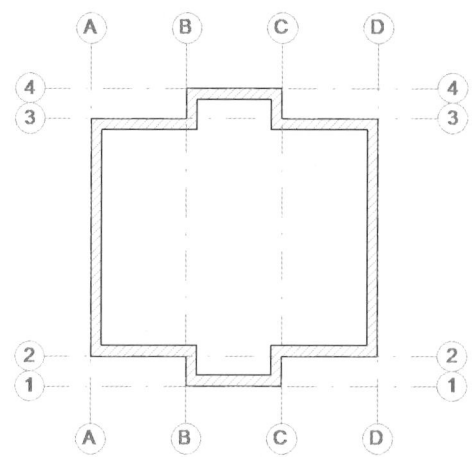

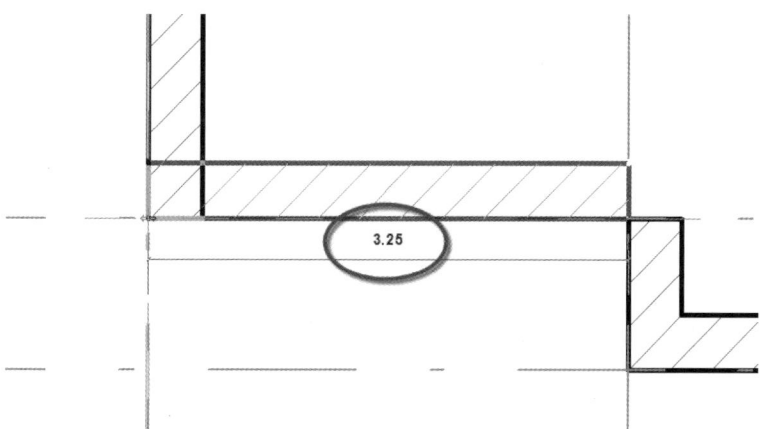

 Hinweis: Es erscheinen blaue Bemaßungen an den Wänden. Diese Maße sind nur temporäre Bemaßungen, sie verschwinden wieder, wenn der Befehl zu Ende geführt oder abgebrochen wird (Esc).

Mehr zu den temporären Bemaßungen erfahren Sie im Abschnitt *3.5 Temporäre Bemaßungen*.

Tragende Innenwände

Wählen Sie im Typenauswahlfenster den Typ BASISWAND: MW 24.0.

 Tipp: Für die nächsten Schritte sollte die Option KETTE deaktiviert sein, da die Endpunkte der Wände nun nicht die Anfangspunkte der nächsten Wände sein werden.

Klicken Sie ungefähr diese Position an:

Das genaue Maß spielt dabei vorerst keine Rolle.

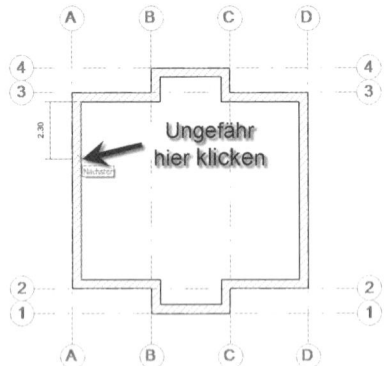

Bewegen Sie nun die Maus nach rechts bis an das Außenmauerwerk und klicken Sie ein zweites Mal.

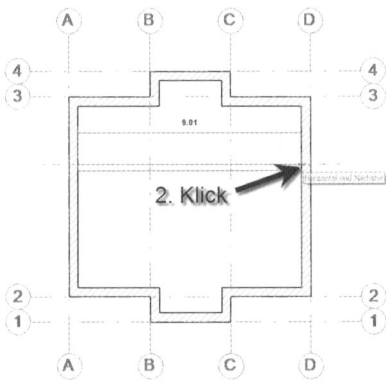

Die Innenwand wird gezeichnet und es erscheinen wieder die temporären Bemaßungen.

> Hinweis: Sollte die temporäre Bemaßung nicht automatisch erscheinen, dann beenden Sie mit [Esc] den laufenden Befehl und klicken Sie die Wand an. Es erscheint daraufhin die temporäre Bemaßung (in Blau).

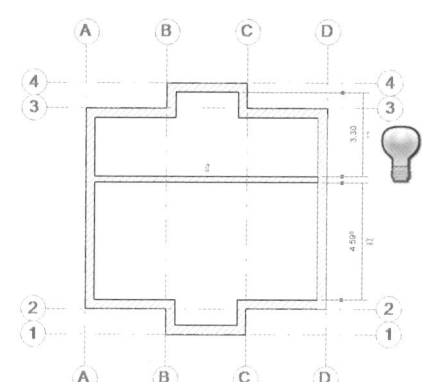

Klicken Sie in das untere Maß, geben Sie das richtige Maß von 3.385 m ein und bestätigen Sie mit [Enter].

Das Ergebnis:

Die Innenwand sitzt nun an der richtigen Position.

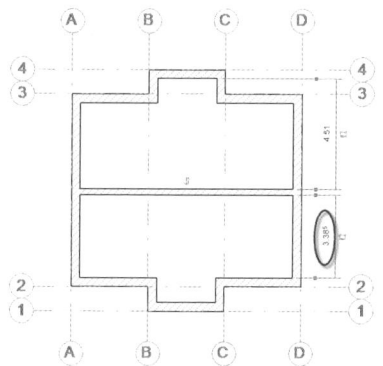

> Tipp: Falls Ihr Ergebnis etwas von dem abgebildeten Beispiel abweicht, ist dies im Moment unerheblich. Die Bauteile können jederzeit geändert bzw. korrigiert werden.

Nichttragende Innenwände

Rufen Sie den Befehl WAND auf (falls noch nicht aktiv) und wählen Sie den Typ BASISWAND: MW 11.5.

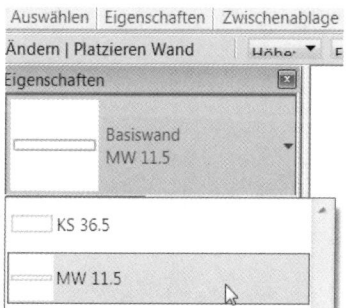

Die Option KETTE sollte auch hier deaktiviert sein und die Positionslinie auf TRAGENDE SCHICHT: AUSSENKANTE eingestellt werden.

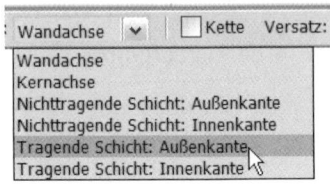

Zeigen Sie nun mit dem Mauscursor auf die Ecke der Außenwand bei Achse C2, sodass das Quadrat für den Fangpunkt ENDPUNKT erscheint.

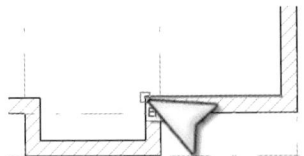

Stellen Sie die Wand fertig, indem Sie in der senkrechten Verlängerung der Linie auf die obere Ecke (bei Achse C3) der Außenwand klicken.

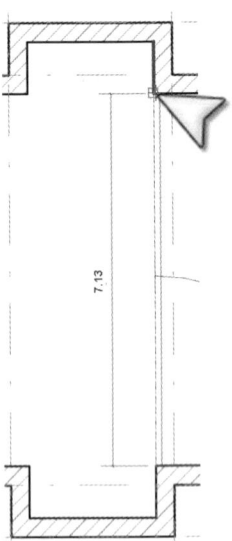

Wiederholen Sie diesen Vorgang für die Ecke bei Achse B3.

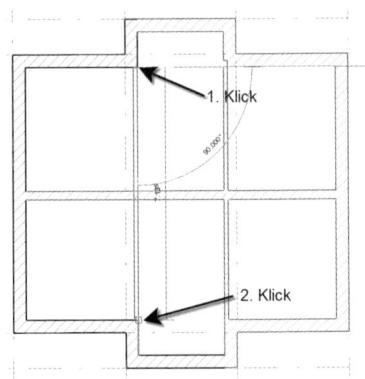

2.1 Schritt 1: Die Wände

In den nächsten Schritten werden die Wände im Eingangsbereich ergänzt.

Klicken Sie dazu auf die Außenwand rechts oben (ohne genaue Position).

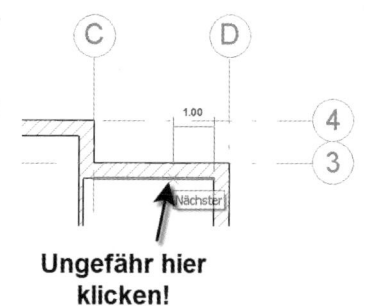

Ungefähr hier klicken!

Verlängern Sie die Linie bis zur 24er-Wand.

Es erscheinen die temporären Bemaßungen.

Klicken Sie auf das rechte Maß (hier im Beispiel 1.0) ...

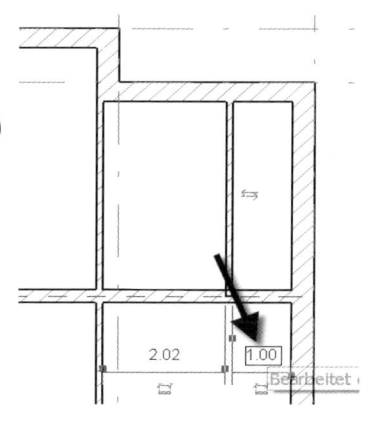

... und geben Sie das Maß 1.51 ein.

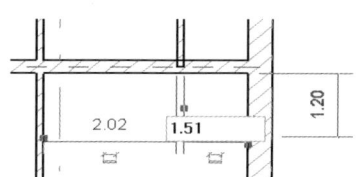

Zuletzt wird noch die Zwischenwand zwischen WC und Treppenhaus eingefügt – zunächst ohne genaues Maß.

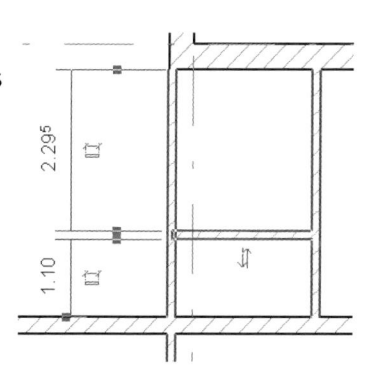

Klicken Sie wieder die temporäre Bemaßung an und geben Sie das exakte Maß ein (2.01 im WC).

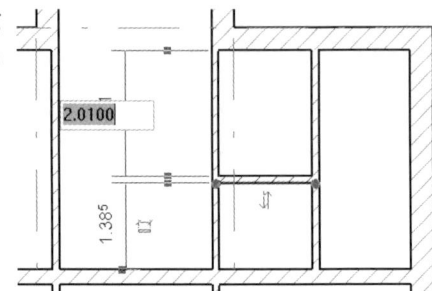

Das Ergebnis:

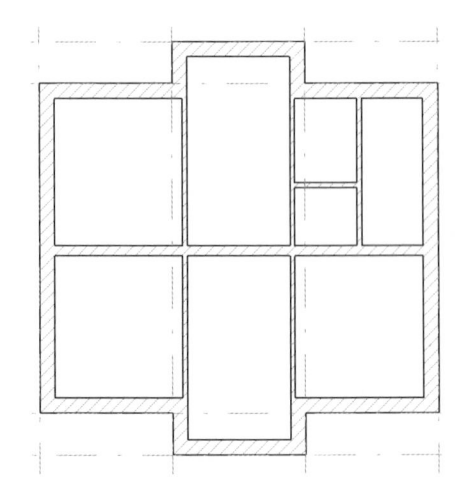

Die Wand bei Achse B ist noch zu lang, sie soll an der Querwand gestutzt werden.

Klicken Sie in der Rubrik ÄNDERN auf STUTZEN.

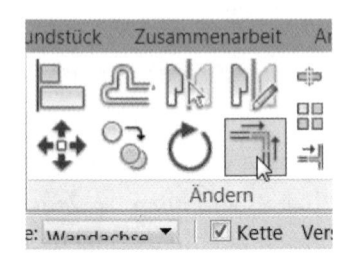

Klicken Sie wie folgt die Wände an:

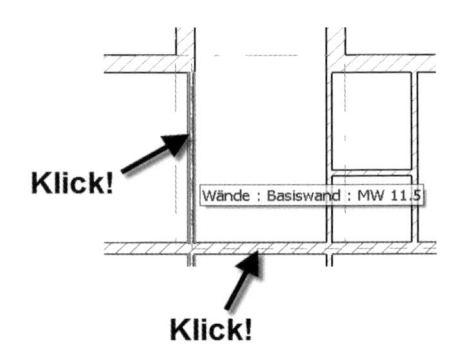

2.1 Schritt 1: Die Wände

Das Ergebnis:

Die Wand bei Achse C zwischen WC und Essbereich soll nun »aufgebrochen« werden, um einen Durchgang zu schaffen. Dazu wird die Wand zuerst getrennt und dann gestutzt.

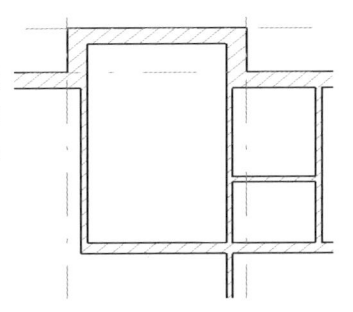

Klicken Sie zuerst auf TEILEN.

Der Mauscursor wandelt sich in einen »Cutter«. Fahren Sie damit auf die zu trennende Wand und klicken Sie einmal darauf.

Die Wand erhält nun einen »Bruchpunkt« (blaue Linie).

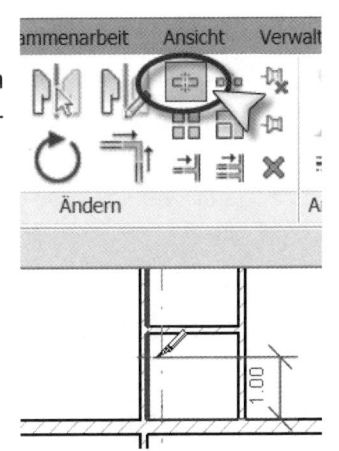

Jetzt können die Wände gestutzt werden.

Wählen Sie dazu wieder das Werkzeug STUTZEN.

Klicken Sie die Wände an den markierten Punkten an. Die Wand wurde wiederum über die Ecke gekürzt.

Die verbleibende senkrechte Wand soll jetzt an die Kante der waagrechten Wand gekürzt werden.

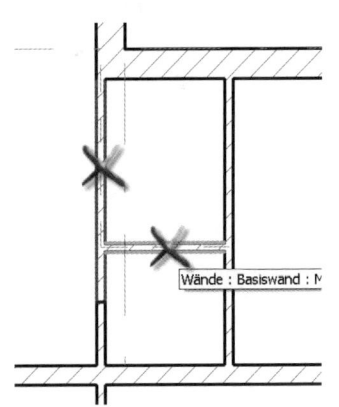

Aktivieren Sie hierzu die Option EINZELNES ELEMENT STUTZEN/DEHNEN.

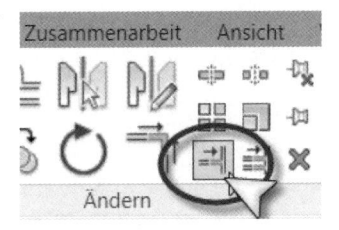

Klicken Sie zuerst auf die 24er-Wand (das Objekt, das die Stutzkante definiert), dann auf die 11.5er-Wand (das Objekt, das gestutzt werden soll).

Die Reihenfolge ist hier zwingend!

Ergebnis:

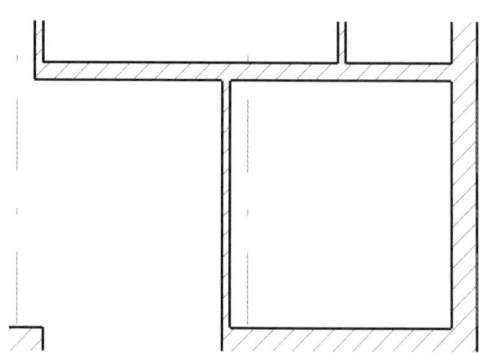

2.2 Schritt 2: Türen und Fenster

Türen einfügen

Nachdem im Schritt 1 die Wände erzeugt wurden, werden in diesem Abschnitt die Türen und Fenster in die Wände eingefügt.

Öffnen Sie die Zeichnung Schritt 2 im Ordner Kap II.

Wählen Sie das Werkzeug TÜR (TK »tu«).

Wählen Sie aus dem Typenauswahlfenster den Typ DREHFLÜGEL 1-FLG – STAHLZARGE 88.5 x 2.26 aus.

Hinweis: Zunächst werden wir in diesem Beispiel alle Türen gleich gestalten, im Kapitel 3.5 *Fenster und Türen* wird dann gezeigt, wie man die Türtypen einfach austauscht!

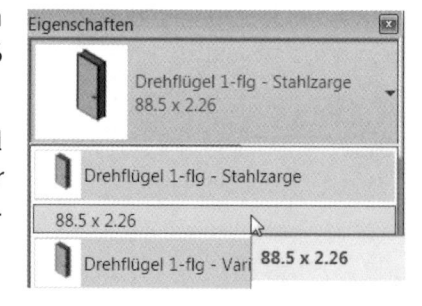

2.2 Schritt 2: Türen und Fenster

Deaktivieren Sie in der Funktionsleiste in der Rubrik BESCHRIFTUNG die Option BEI PLATZIERUNG BESCHRIFTEN.

Informationen zu den Optionen beim Werkzeug TÜR erhalten Sie ebenfalls im Abschnitt *3.5 Fenster und Türen*.

Das Platzieren der Türen und Fenster erfolgt wieder über die temporären Bemaßungen. Klicken Sie also zuerst ungefähr auf die Position der Außentüre, in etwa hier:

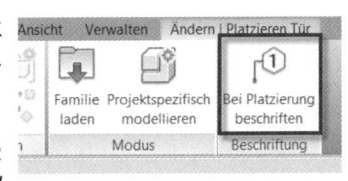

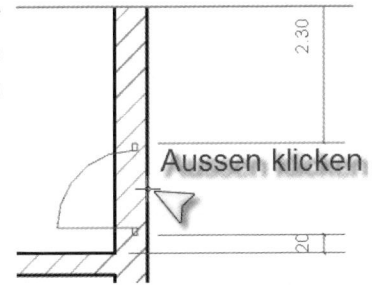

Klicken Sie dann auf das untere Maß und geben Sie .125 ein, um einen Anschlag von 12.5 cm von der unteren Wand zu erhalten.

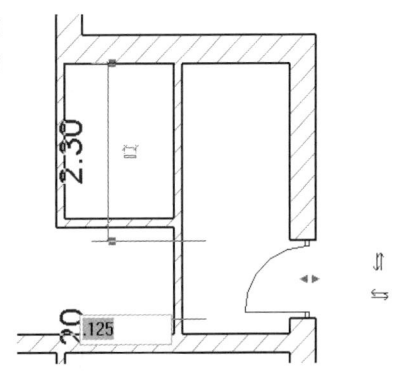

Tipp: Die Position der Aufschlagrichtung der Tür wird durch den angeklickten Punkt der Mauer bestimmt. Klicken Sie die äußere Linie der Außenwand an, schlägt diese Tür nach innen hin auf, klicken Sie auf die innere Linie der Außenwand, schlägt sie nach außen auf. Dies wird vorab schon als »Vorschau« angezeigt, sobald sich der Mauscursor auf der Wand bewegt. Die Bandseite der Tür können Sie mit der Leertaste wechseln.

Pfeile Klicken, um die Anschlagrichtung zu wechseln!

Tipp: Die Aufschlagrichtungen lassen sich auch später noch mit den blauen Pfeilchen jederzeit verändern: anklicken, dann auf die Pfeile klicken.

Fügen Sie nach dem gleichen Schema wie bei der Außentür alle Innentüren ein.

Das Ergebnis könnte in etwa so aussehen:

Die Maße zu den Wänden spielen vorerst keine Rolle, wählen Sie sinnvolle Abstände nach Ihren Vorstellungen.

Wie man andere Türtypen in das Projekt laden kann bzw. die Maße der Türöffnung ändern kann, erfahren Sie im Abschnitt *3.5 Fenster und Türen*.

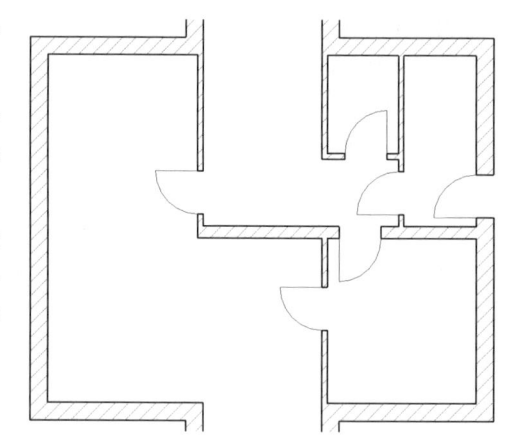

Fenster einfügen

Aktivieren Sie das Werkzeug FENSTER (TK »ff«) und wählen Sie den Typ FENSTER 1-FLG: 1.01 x 1.01 aus.

Beim Einfügen der Fenster kann auch gleich automatisch eine Beschriftung der Brüstungshöhe erzeugt werden. Dazu muss die Option BEI PLATZIERUNG BESCHRIFTEN aktiv sein.

Klicken Sie auf den Button BESCHRIFTUNGEN.

Wählen Sie in der Zeile FENSTER den Typ BESCHRIFTUNG FENSTER: BRH für die Brüstungshöhe.

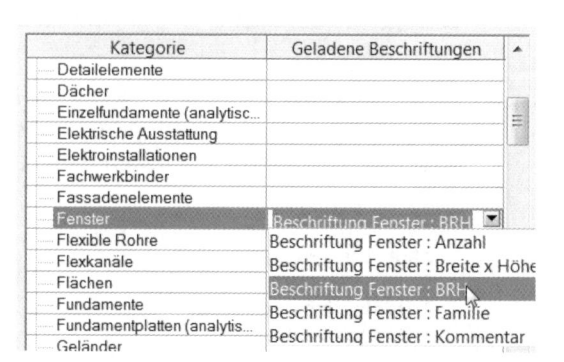

2.2 Schritt 2: Türen und Fenster

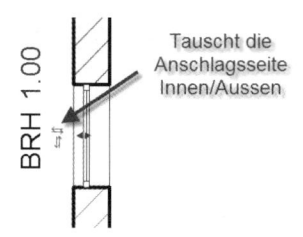

Tipp: Die Fenster haben eine Außen- bzw. Innenseite (Fensterflügel/Fensterbrett). Zeigen Sie daher beim Einfügen der Fenster auf die Außenkante der Wand, dann werden die Fenster mit dem Fensterflügel nach innen eingefügt. Es können jedoch auch jederzeit nachträglich – wie bei den Türen – die Anschlagsseiten mit den blauen Pfeilchen (das Bauteil muss aktiv sein!) vertauscht werden.

Fügen Sie die Fenster mit Hilfe der temporären Bemaßungen in den Grundriss ein. Die Maße könnten dabei ungefähr so aussehen:

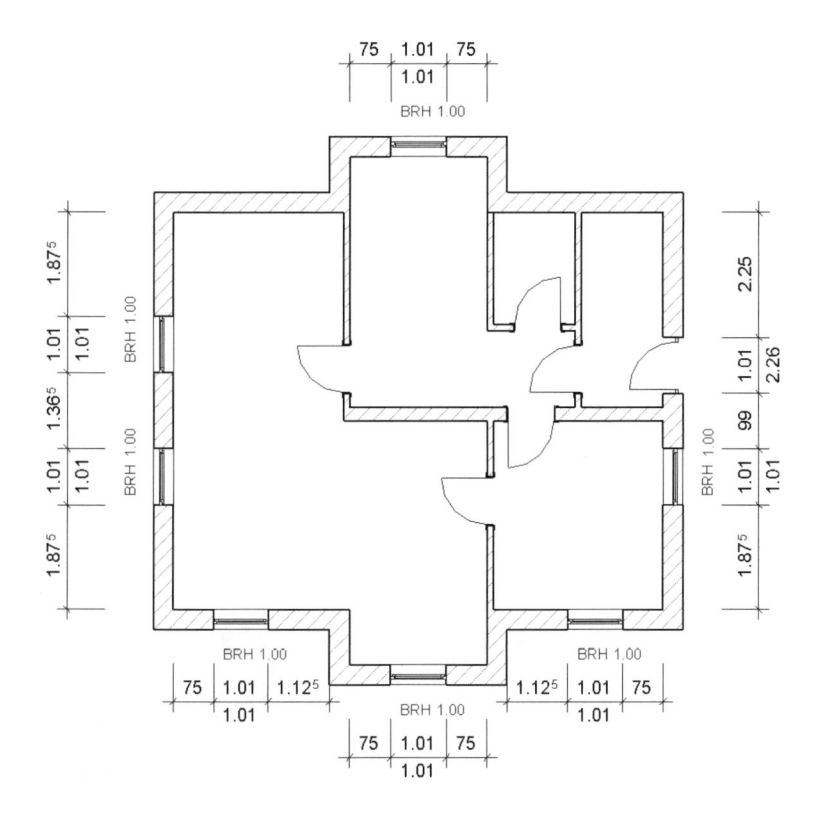

Mehr Informationen rund um das Werkzeug FENSTER finden Sie im Abschnitt *3.5 Fenster und Türen*.

Das Erstellen von Bemaßungen wird im Abschnitt *3.11 Bemaßung* erläutert.

2.3 Schritt 3: Geschossdecken einfügen

Öffnen Sie die Zeichnung Schritt 3 im Ordner Kap II.

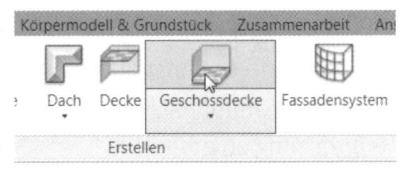

Wählen Sie das Werkzeug GESCHOSSDECKE (TK »gg«) aus der Rubrik ARCHITEKTUR.

Revit wechselt automatisch in den »Skizzenmodus«. In diesem Modus können 2D-Skizzen angefertigt werden, die Bauteile selbst (Wände, Türen, Fenster etc.) können nicht verändert werden. Zur Verdeutlichung sind diese ausgegraut.

Hinweis: Im Eigenschaftenfenster werden abhängig vom augenblicklich aktiven Element entweder die Eigenschaften der Skizzenlinien oder die Eigenschaften der Geschossdecke selbst angezeigt!

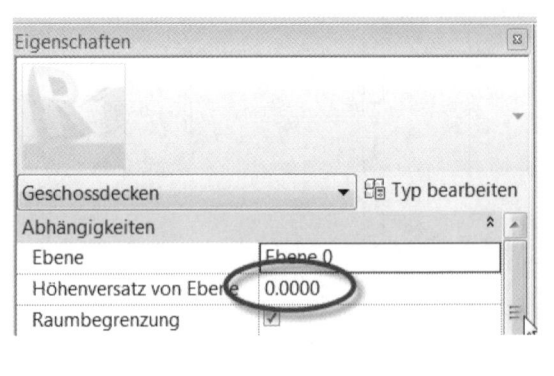

Stellen Sie im Eigenschaftenfenster die EBENE auf EBENE 0 und den HÖHENVERSATZ VON EBENE 0.0000 ein, denn als Erstes soll die Bodenplatte eingefügt werden, die mit der Oberkante auf der Ebene 0 liegt.

Vergewissern Sie sich, dass der Befehl WÄNDE AUSWÄHLEN aktiv ist und stellen Sie den Versatz auf .15 ein.

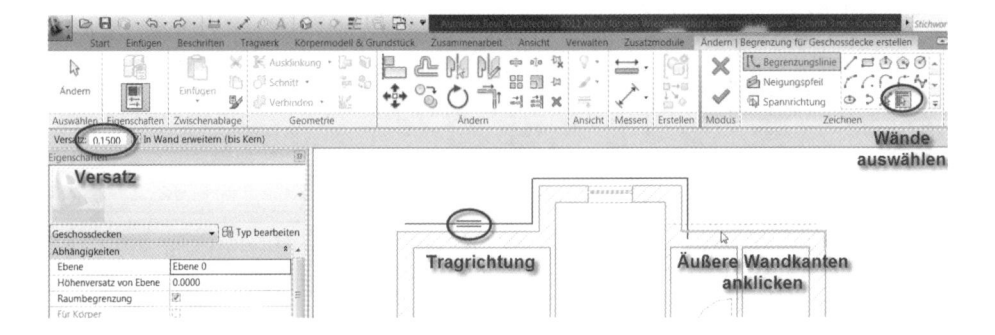

2.3 Schritt 3: Geschossdecken einfügen

Tipp: Bewegen Sie die Maus bei der Eingabe des Versatzes nicht, solange der Cursor im Textfeld steht, da ansonsten der Cursor automatisch wieder an den Beginn des Textfeldes springt. Nachdem die Eingabe erfolgt ist (hier im Beispiel .15), klicken Sie in einen freien Bereich in der Zeichenfläche, um den Cursor aus dem Eingabefeld zu entfernen. Dieses Verhalten ist zwar seit einigen Versionen bekannt, aber sicherlich nicht vom Erfinder gewünscht ...

Klicken Sie nun nacheinander auf die Außenkanten der Außenwände, um eine Umgrenzung zu erstellen.

Es entsteht eine rote Linie im Abstand von 15 cm um das Gebäude herum, die die Außenkante der Geschossdecke darstellt.

Auf Kante zeigen, 1x Tab-Taste 1x Klicken

Achtung: Diese Skizze muss unbedingt eine geschlossene Schleife ergeben, damit ein 3D-Bauteil daraus erzeugt werden kann.

Tipp: Durch Zeigen auf eine der Außenkanten und einmaliges Tippen der ⎵-Taste wird eine »Linienkette« ausgewählt. Die Linienkette wird durch eine grüne gestrichelte Linie symbolisiert. Klickt man nun auf die Kante, erhält man im Nu eine komplette Umgrenzung ...

Wenn Sie auf BEARBEITUNGSMODUS BEENDEN klicken, wechselt die Ansicht vom Skizzenmodus wieder in den »normalen« Modus zurück.

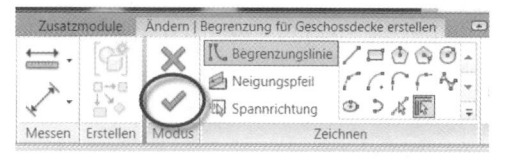

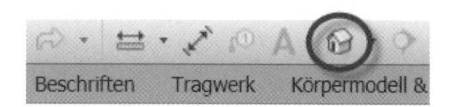

Um das Ergebnis begutachten zu können, wechseln Sie in die 3D-Ansicht (TK »,,«).

Tipp: Wenn gleichzeitig die Umschalttaste und die mittlere Maustaste gedrückt sind, kann das Bauteil frei gedreht werden. Über das Anklicken des ViewCubes können auch verschiedene andere fest eingestellte Positionen abgerufen werden.

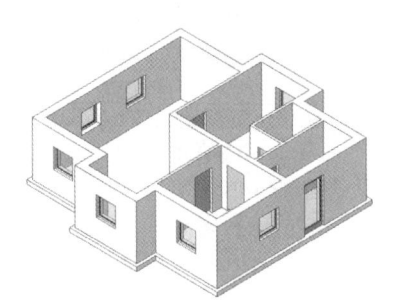

Hinweis: Im Grundriss war die Kante der Geschossdecke nicht sichtbar, da die Geschossdecken in der verwendeten Vorlage ausgeblendet sind. Die Sichtbarkeiten von Bauteilen können Sie mit dem Tastaturkürzel »vv« erreichen.

Nun soll die Decke über dem EG erstellt werden.

Wechseln Sie mit einem Doppelklick auf den entsprechenden Eintrag im Projektbrowser von der 3D-Ansicht in die Ansicht EBENE 0.

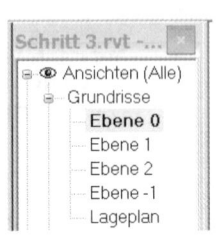

Hinweis: In welcher Ansicht Sie die Geschossdecken erstellen, ist prinzipiell egal, wichtig ist die Einstellung der Abhängigkeiten in den Eigenschaften! So können Sie getrost die Decke über dem 2. OG in der Ansicht EBENE 0 erstellen (falls das nötig sein sollte ...).

Rufen Sie den Befehl GESCHOSSDECKE auf.

Stellen Sie in den Eigenschaften bei EBENE die EBENE 1 ein.

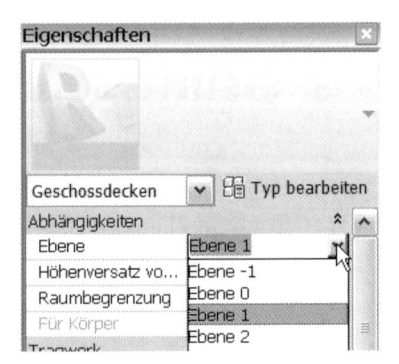

Geben Sie in der Optionsleiste bei VERSATZ den Wert -.115 ein.

Überprüfen Sie, ob WÄNDE AUSWÄHLEN aktiv ist, und erstellen Sie eine Skizze wie vorher erklärt (Außenkanten einzeln anklicken oder auch über die ⎡Tab⎤-Taste eine Linienkette auswählen).

Durch das negative Vorzeichen wird die rote Linie um 11.5 cm von der Außenkante nach innen hin versetzt erzeugt.

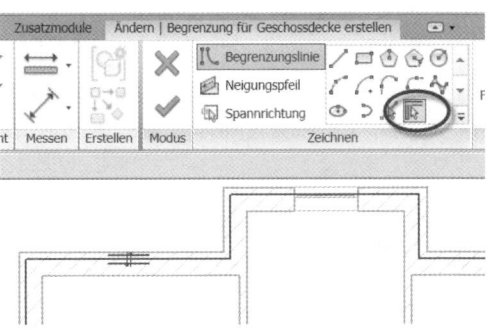

Schließen Sie die Erstellung der Geschossdecke mit BEARBEITUNGSMODUS BEENDEN (grüner Haken) ab.

Wenn Sie das darauf folgende Dialogfenster mit JA beantworten, werden die Wände gleich auf die Unterkante der Geschossdecke gestutzt.

Die Zwischenwände reichen somit automatisch bis zur UK Geschossdecke – leider aber auch die Außenwände. Das werden wir später wieder ändern, im Moment kann das so belassen werden.

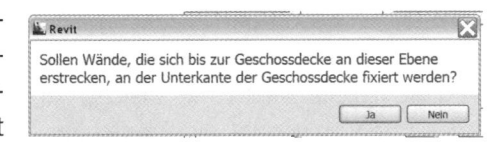

> Tipp: Wenn die Außenwände vorher über die Ebene der eingefügten Decke hinausreichen, werden sie nicht an der Unterkante der Decke fixiert. Das Deckenauflager kann man in so einem Fall automatisch bereinigen lassen, das erspart zusätzlich etwas manuelle Arbeit. Es empfiehlt sich daher, die Wände möglichst über mehrere Ebenen laufen zu lassen.

2.4 Schritt 4: Dach

Im nächsten Schritt soll ein Satteldach über dem Erdgeschoss erstellt werden.

Öffnen Sie die Zeichnung Schritt 4 im Ordner Kap II.

Wechseln Sie in die EBENE 1, indem Sie einen Doppelklick auf den entsprechenden Eintrag im Projektbrowser ausführen.

Wählen Sie das Werkzeug DACH ÜBER GRUNDFLÄCHE in der Rubrik ARCHITEKTUR.

Revit wechselt nun wieder in den Skizzenmodus, die Entwurfsleiste ändert sich entsprechend ab.

Prüfen Sie, ob WÄNDE AUSWÄHLEN aktiviert ist, und geben Sie bei DACHÜBERSTAND den Wert 0.3 ein.

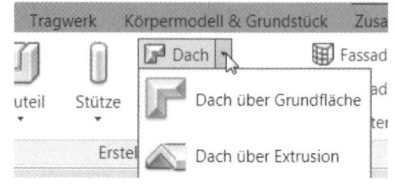

Belassen Sie fürs Erste die restlichen Einstellungen so, wie sie sind, und zeigen Sie mit der Maus auf die Außenkante der nördlichen (oberen) Außenwand. Die Wand wird daraufhin dicker dargestellt, eine grüne gestrichelte Linie erscheint über der Wand.

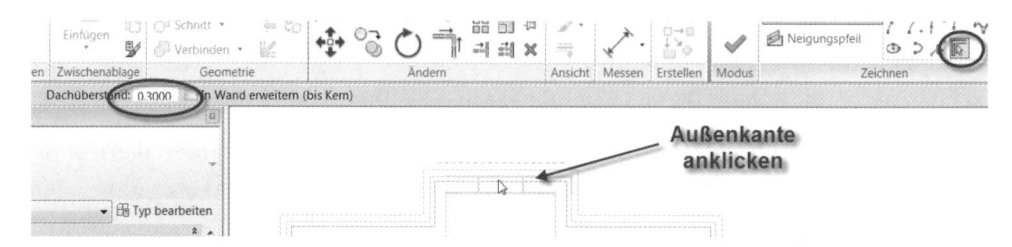

Sobald Sie die Wand angeklickt haben, wird der grüne Strich (Voransicht) zu einer roten Linie, die die Traufe darstellt. Das kleine Winkelsymbol mit der Zahl 30 symbolisiert, dass an dieser Linie eine Traufe mit der Dachneigung 30° entstehen soll.

Wiederholen Sie den Vorgang für die südliche (untere) Wand.

Entfernen Sie nun das Häkchen bei BESTIMMT NEIGUNG in der Optionsleiste. Damit werden die Giebelseiten des Daches erstellt.

2.4 Schritt 4: Dach

Klicken Sie auf die westliche (linke) und östliche (rechte) Außenwand.

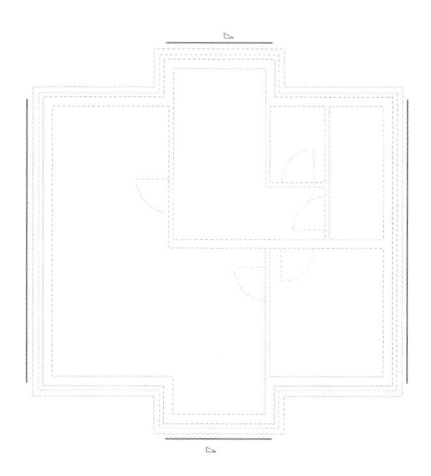

Hinweis: Durch das Erstellen der Linien über die Außenwände passt sich das Dach automatisch an, wenn später eine der Außenwände verschoben werden sollte. Die Dachkante wird also in Abhängigkeit der Außenwand erstellt!

Wählen Sie das Werkzeug STUTZEN und klicken Sie auf die Dachlinien, um diese miteinander zu verbinden.

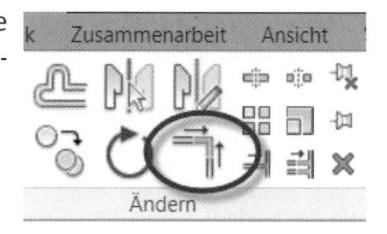

Verbinden Sie die restlichen Ecken genauso miteinander.

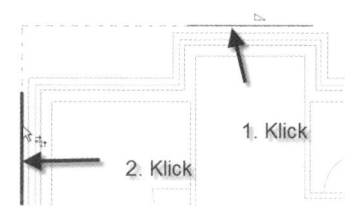

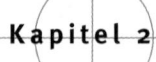

Ergebnis:

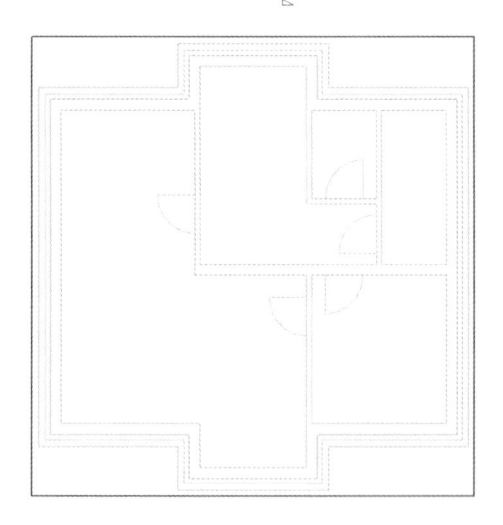

Stellen Sie in den Eigenschaften die Dachneigung auf 45° ein.

Klicken Sie auf BEARBEITUNGSMODUS BEENDEN (grüner Haken).

Eigenschaften	
Dächer	▼ 🗄 Typ
Für Körper	☐
Basisversatz von E...	0.0000
Zuschnittsebene o...	Keine
Zuschnittsversatz o...	0.0000
Konstruktion	
Dachabschluss Tra...	Vertikal
Zuschnittsversatz u...	0.0000
Firsthöhe von Ebene	0.0000
Abmessungen	
Neigung	45.00°
Stärke	0.1800

2.4 Schritt 4: Dach

Das Ergebnis in der Ansicht »Ebene 1« ...

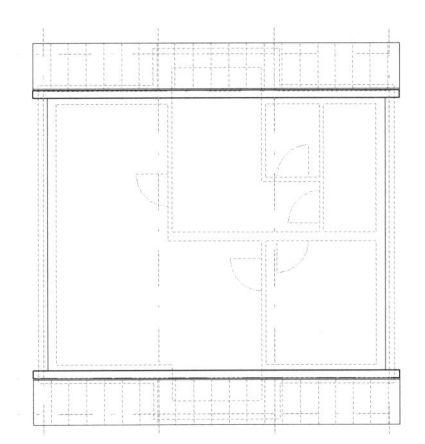

... und in der 3D-Ansicht:

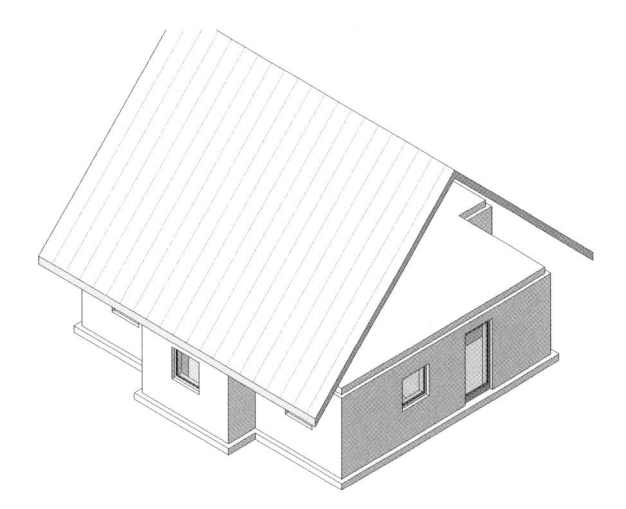

Nun werden die Außenwände am Dach fixiert. Wechseln Sie in die 3D-Ansicht und *zeigen* Sie mit dem Mauscursor auf eine der Außenwände. Die Wand wird daraufhin dick dargestellt.

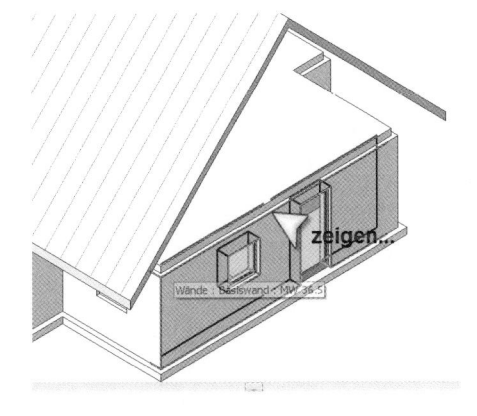

Drücken Sie einmal die ⇥-Taste: Alle Außenwände werden daraufhin dick dargestellt (Wandkette).

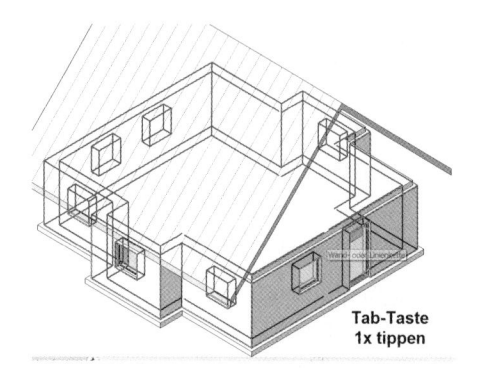

Tab-Taste 1x tippen

Klicken Sie nun auf die Außenwand, werden alle Außenwände blau (aktiv) dargestellt.

1x klicken

Klicken Sie auf den Button FIXIEREN OBEN/ BASIS im Ribbon.

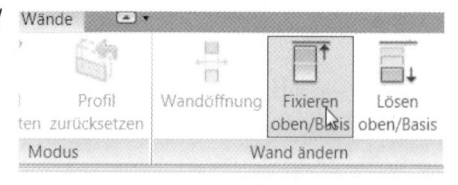

Klicken Sie auf das Dach.

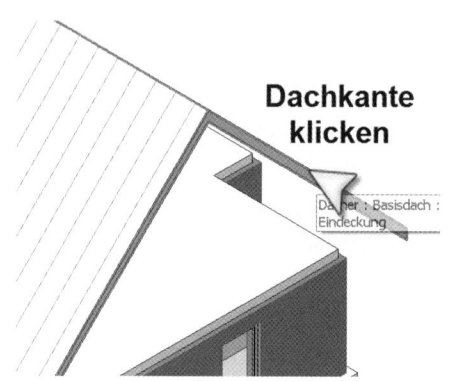

Dachkante klicken

Ergebnis:

Die Außenwände wurden ringsum bis zur Dachhaut verlängert.

Die weiteren Funktionen des Werkzeugs DACH werden im Abschnitt *3.7 Dächer* ausführlich beschrieben.

Die Außenhülle eines ersten, stark vereinfachten Grundrisses ist somit erstellt. In den folgenden Schritten werden verschiedene Bauteile im Gebäudeinneren ergänzt.

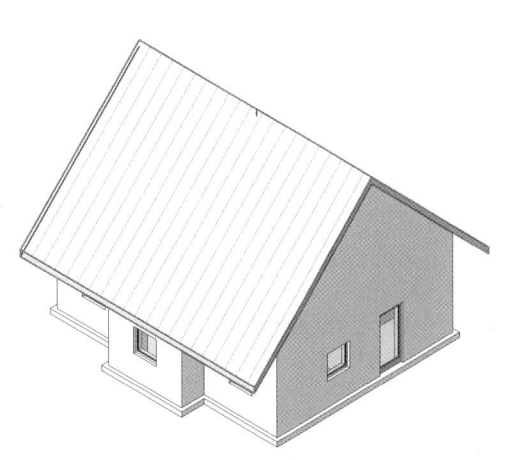

2.5 Schritt 5: Treppen und Geländer

Öffnen Sie die Zeichnung Schritt 5 im Ordner Kap II.

Eine Treppe soll vom Erdgeschoss ins Obergeschoss führen. Doppelklicken Sie im Projektbrowser auf den Eintrag EBENE 0 und zoomen Sie in den Treppenhausbereich.

Klicken Sie auf das Werkzeug TREPPE in der Rubrik ARCHITEKTUR (TK »tr«).

Revit wechselt in den Skizzenmodus, hier wird unsere Treppe zunächst wieder als Skizze »aufgerissen«.

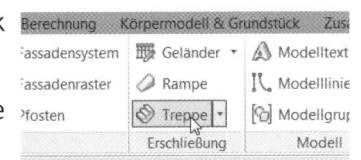

Die Treppenkonstruktion kann über verschiedenste Methoden erfolgen. Die einfachste Methode ist die Modellierung über die Funktion LAUF, hier nimmt uns das Programm möglichst viel Arbeit ab.

Um die Funktion LAUF komfortabel nutzen zu können, kann es anfangs sinnvoll sein, die Antrittspunkte vorab als 2D-Skizze erfasst zu haben. In der Beispielzeichnung sind die An- und Austrittspunkte als die Punkte 1–4 konstruiert, um den Einstieg möglichst einfach zu halten.

> Tipp: Ausführliche Informationen zur Treppenkonstruktion erhalten Sie im Abschnitt *3.8 Treppenmodellierung*.

Klicken Sie also auf die Funktion Lauf und wählen Sie im Typenauswahlfenster den Typ Ortbetontreppe Massiv – Stufen Holz. Scrollen sie anschließend in der Eigenschaftenliste etwas nach unten bis zur Rubrik Bemassungen.

> Tipp: Stellen Sie bei der Treppenkonstruktion immer zuerst die Eigenschaften ein, da die Skizze maßgeblich von den Einstellungen der Treppe abhängt. Eine nachträgliche Änderung benötigt hier (ausnahmsweise) unter Umständen mehr Zeit als das Ändern einer bestehenden Form.

Stellen Sie den Wert Gewünschte Anzahl an Steigungen auf 16.

Die Werte Stufenhöhe und Auftrittsbreite werden normalerweise automatisch angepasst. In der derzeitigen Version von Revit ist die Kopplung an die Auftrittsbreite allerdings (noch?) deaktiviert, sodass dieser Wert manuell nachgetragen werden muss.

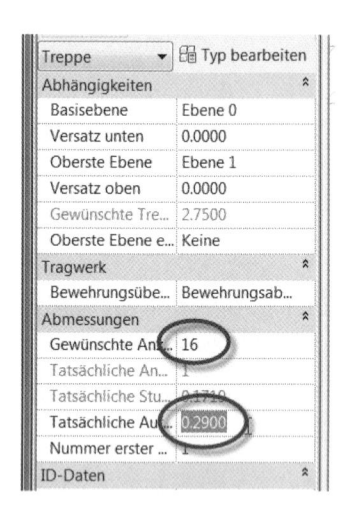

Klicken Sie nun auf die Punkte »1.« und »2.«.

Es wird der 1. Lauf generiert.

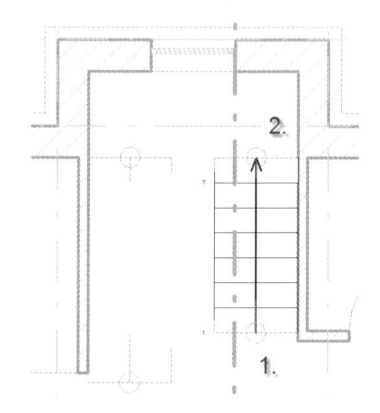

2.5 Schritt 5: Treppen und Geländer

Klicken Sie anschließend auf den 3. und 4. Punkt, um den zweiten Lauf zu erstellen.

Das Podest zwischen den Läufen wird automatisch generiert.

Beenden Sie den Bearbeitungsmodus.

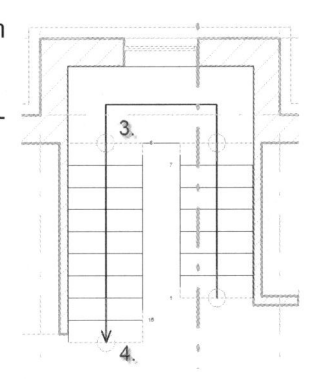

Revit wechselt wieder zurück zur normalen Ansicht und erstellt die Volumengeometrie für die Treppe.

Hinweis: Bei genauer Betrachtung werden Sie feststellen, dass 17 Linien gezeichnet wurden. Das liegt daran, dass die letzte Linie keine »echte« Steigung mehr ist, sondern vielmehr die Kante des Austritts auf dem Podest. Man kann dieses Verhalten über die Eigenschaften des Laufes umstellen (MIT SETZSTUFE ENDEN), damit mit der Setzstufe die Skizze abgeschlossen wird. Mehr dazu im Kapitel *3.8 Treppenmodellierung*.

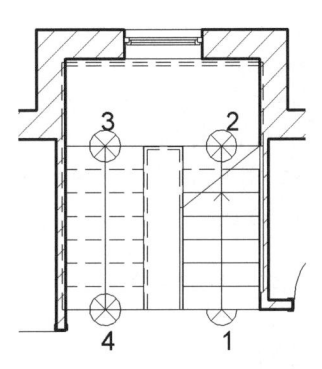

Um einen besseren Überblick über die Treppengeometrie zu bekommen, wird jetzt ein Schnitt angelegt.

Klicken Sie hierzu in der Rubrik ANSICHT auf SCHNITT (TK »sy«).

Klicken Sie im Zeichenbereich ungefähr auf die markierten Stellen, um eine Schnittlinie zu erzeugen.

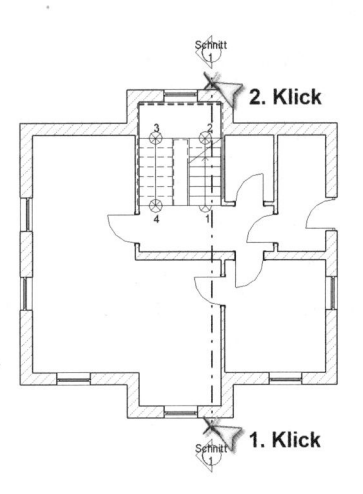

💡 Hinweis: Sollte der Schnitt in die andere Richtung verweisen, klicken Sie auf die blauen Pfeilchen neben der Schnittlinie um die Ansichtsrichtung zu wechseln.

💡 Hinweis: Die grüne gestrichelte Linie, die bei aktivierter Schnittlinie erscheint, stellt den Ansichtsbereich des Schnittes dar.

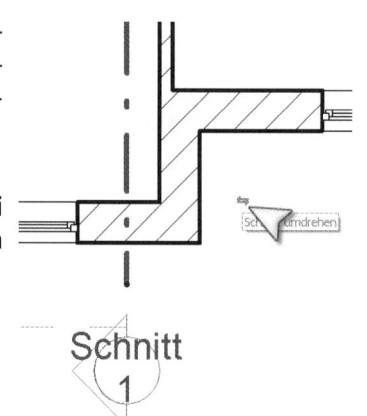

Im Projektbrowser wird nun automatisch eine entsprechende neue Ansicht generiert. Mit einem Doppelklick auf SCHNITT 1 können Sie sofort in die Schnittansicht wechseln.

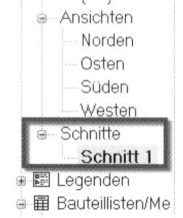

Ergebnis:

In der Decke über dem Erdgeschoss fehlt noch die Aussparung für die Treppe. Um das Treppenloch in die Decke einfügen zu können, muss einfach nur die Skizze des Bauteils entsprechend abgeändert werden.

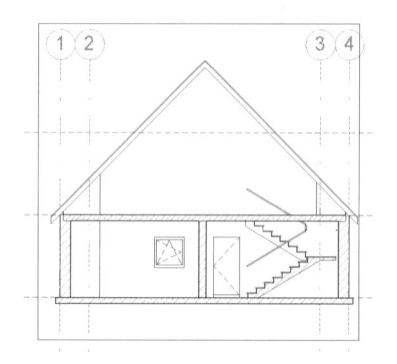

Klicken Sie dazu im Schnitt auf die Decke, die auf der Ebene 1 liegt, und aktivieren Sie unter MODUS den Befehl BEGRENZUNG BEARBEITEN.

Wählen Sie in der folgenden Dialogbox eine Ansicht aus, in der die Deckenkante gut sichtbar ist, z. B. GRUNDRISS: EBENE 0.

Das Programm wechselt in die gewählte Ansicht und in den Skizzenmodus.

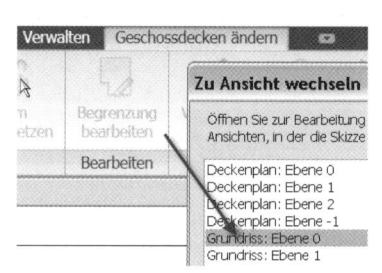

2.5 Schritt 5: Treppen und Geländer

Die Deckenkante wird nun als rote Linie dargestellt. Zoomen Sie auf das Treppenhaus.

Wählen Sie die Eingabeoption RECHTECK (1. Klick).

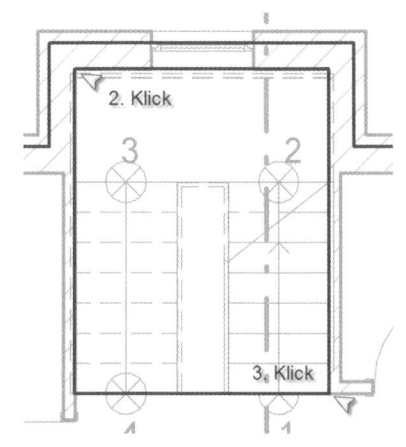

Erstellen Sie wie nebenstehend gezeigt vier Linien um die Treppenhauswände herum, um eine Öffnung in der Geschossdecke zu erzeugen (2. und 3. Klick).

Hinweis: Wird innerhalb der Begrenzungslinien einer Geschossdecke nochmals eine geschlossene Schleife erstellt, erkennt Revit diese Skizze als Deckenöffnung.

Es gibt auch noch andere Möglichkeiten, Deckenöffnungen zu erzeugen, z. B. mit dem Befehl SCHACHT in der Rubrik ARCHITEKTUR|ÖFFNUNGEN oder auch Aussparungen über BAUTEIL/AUSSPARUNGEN (entsprechende Familien müssen evtl. erst geladen werden – siehe auch Abschnitt *2.11 Schritt 11: Durchbrüche /2D-Details*).

Klicken Sie auf BEARBEITUNGSMODUS BEENDEN um die Skizze abzuschließen.

Klicken Sie beim erscheinenden Dialogfenster wieder auf JA.

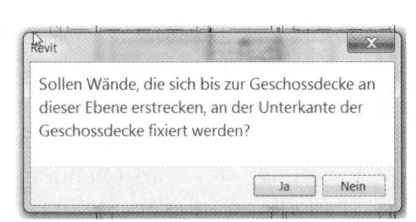

Hinweis: Alle Wände der Ebene werden auf die Unterkante der Decke gestutzt. Das ist zwar für die Innenwände richtig, bei den Außenwänden wird aber dadurch nur die Vormauerung im OG weitergeführt. Das wird im späteren Verlauf noch geändert.

Wechseln Sie wieder in den Schnitt.

Der Treppenausschnitt ist nun sichtbar.

Um ein anderes Geländer zu erhalten, klicken Sie darauf und wählen Sie einen anderen Typ aus dem Typenauswahlfenster, z. B. GELÄNDER: STAHL (1) – HORIZONTAL.

Wechseln Sie nun in die Ebene 1. Dort muss das Treppengeländer um das Treppenloch herum noch verlängert werden.

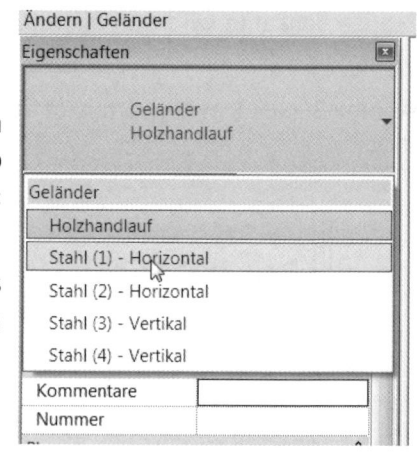

Klicken Sie das Geländer an und wählen Sie PFAD BEARBEITEN in der Optionsleiste.

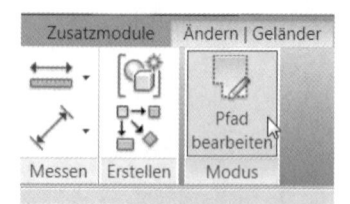

Revit wechselt in den Skizzenmodus, das Geländer wird als einfache Linie dargestellt.

Wählen Sie in der Entwurfsleiste LINIEN, setzen Sie ein Häkchen bei KETTE und ergänzen Sie die Skizze wie unten gezeigt.

⚠️ Wichtig! Ergänzen Sie das Linienstück am Treppenaustritt als eigenes Linienstück (nicht durch Verlängerung der bestehenden Linie), damit an dieser Stelle auch ein Knick im Geländer entsteht und so ein waagrechtes Geländer auf dem Podest eingefügt wird!

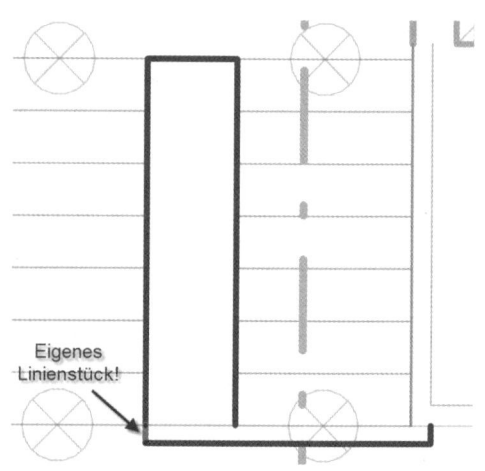

2.5 Schritt 5: Treppen und Geländer

Klicken Sie auf BEARBEITUNGSMODUS BEENDEN.

Ergebnis:

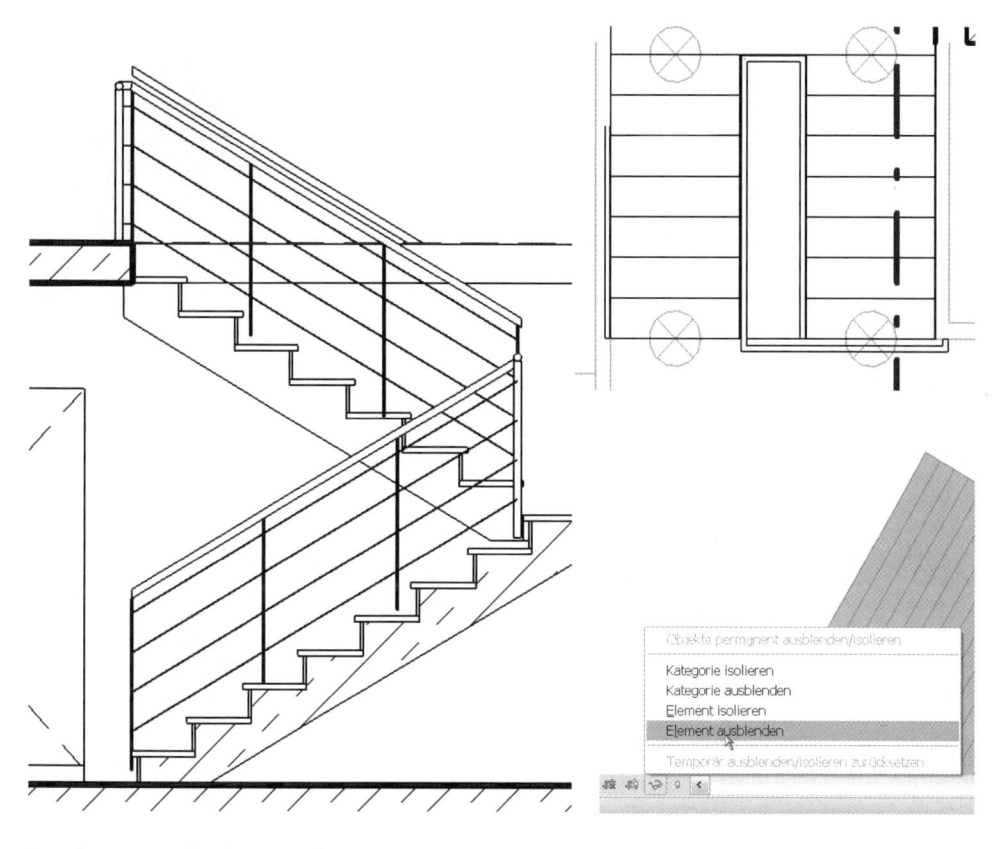

Für die Kontrolle des Ergebnisses in 3D muss das Dach ausgeblendet werden, um in das Gebäude »hineinschauen« zu können.

Wechseln Sie also in die 3D-Ansicht und klicken Sie auf das Dach (es wird blau).

Klicken Sie auf die Brille in der Ansichtssteuerungsleiste und wählen Sie dort den Eintrag ELEMENT AUSBLENDEN.

Das Dach verschwindet daraufhin, die Bauteile sind jedoch nicht gelöscht! Zum Zeichen, dass nicht alle Elemente eingeblendet sind, erscheint die Brille und der Bildschirmrand wird cyanfarben hinterlegt.

Drehen Sie das Modell (Taste ⇧ und mittlere Maustaste gleichzeitig drücken), bis Sie das Treppenhaus gut sehen können.

> Unser Modell enthält noch einige Fehler, einen Teil davon werden wir gleich ausmerzen, andere erst nach und nach zu späteren Zeitpunkten, z. B. die Innenwände im Obergeschoss oder auch die Verschneidung der Außenwände.

Das Geländer auf der Außenseite des Treppenlaufs (sichtbar als dünne Linie in der Wand) kann gleich entfernt werden. Klicken Sie dazu auf das Geländer und drücken Sie dann die Entf-Taste auf der Tastatur.

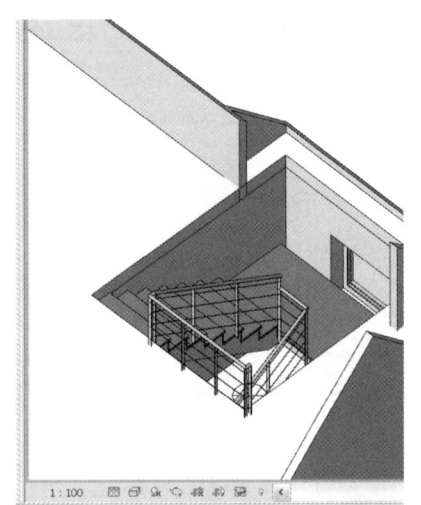

2.6 Schritt 6: Räume und Flächen

Öffnen Sie die Zeichnung Schritt 6 im Ordner Kap II.

Wählen Sie in der Rubrik ARCHITEKTUR den Befehl RAUM (TK »rm«).

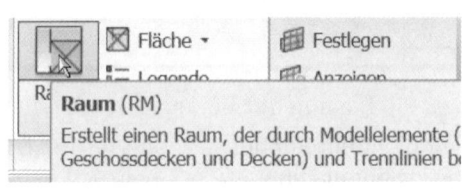

Wählen Sie im Typenauswahlfenster den Typ RAUMBESCHRIFTUNG: NUMMER, NAME, FLÄCHE.

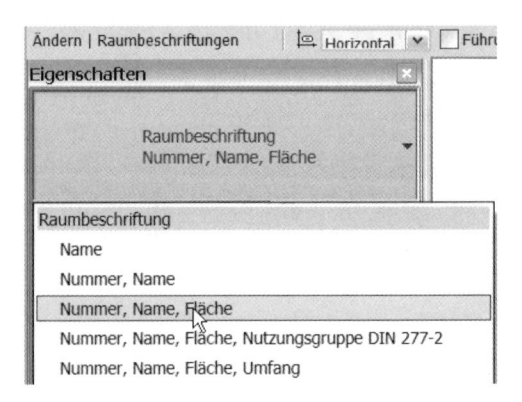

2.6 Schritt 6: Räume und Flächen

Klicken Sie in einen Raum.

Eine Raumbeschriftung wird erzeugt, die blaue Fläche stellt die Ausdehnung des Raums dar (temporär).

Wiederholen Sie die Schritte für die restlichen Räume.

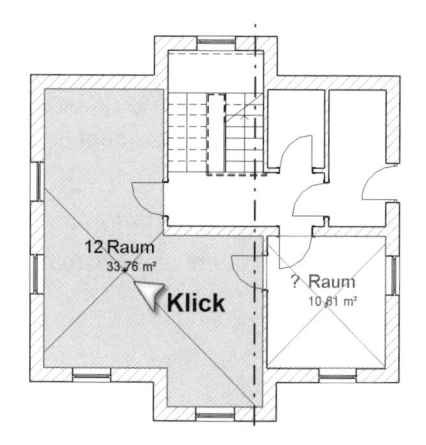

Das Ergebnis im Erdgeschoss:

Beenden Sie den Befehl mit `Esc`.

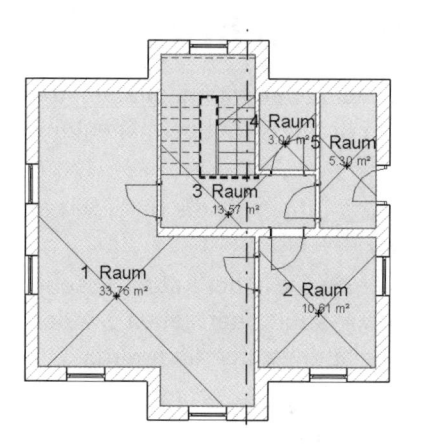

Klicken Sie nun der Reihe nach doppelt auf die Beschriftung »Raum« und geben Sie die jeweilige Raumbezeichnung ein.

Das vorläufige Ergebnis könnte in etwa so aussehen:

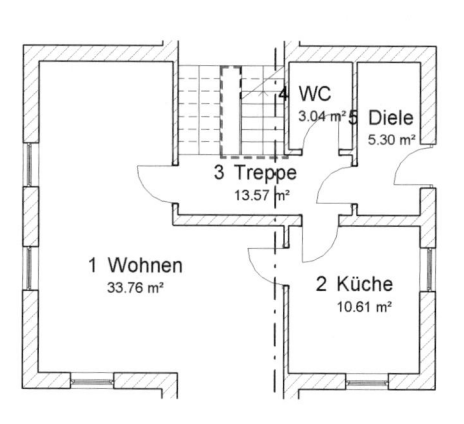

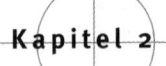

Klicken Sie auf die Beschriftung des Raums »WC« und stellen Sie in der Optionsleiste die Beschriftungsausrichtung auf VERTIKAL, damit die Beschriftung gedreht wird und somit besser in den Raum passt.

Mehr zur Raumbeschriftung erfahren Sie im Abschnitt 3.9 *Räume und Flächen*.

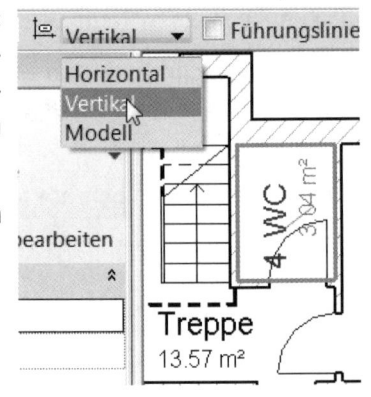

2.7 Schritt 7: Bemaßung

Bisher haben wir nur mit temporären Bemaßungen gearbeitet. Nun ist es an der Zeit, den Grundriss mit permanenten Bemaßungen zu versehen.

Öffnen Sie die Datei Schritt 7 im Ordner Kap II.

Wählen Sie in der Rubrik BESCHRIFTEN das Werkzeug AUSGERICHTET aus der Gruppe BEMASSUNG oder geben Sie das Tastaturkürzel »bb« ein, damit die ausgerichtete Bemaßung aufgerufen wird.

Hinweis: Zur besseren Übersicht wurden in dieser Zeichnung störende Bauteile ausgeblendet, wie z. B. die Schnittlinie und die Raumbeschriftungen. Zu den Sichtbarkeiten/Überschreibungen der Grafiken siehe auch Abschnitt 3.3 *Allgemeines*.

In der Optionsleiste sollten folgende Einstellungen stehen:

Zeigen Sie nun auf die Kante, die Sie bemaßen wollen, sie wird daraufhin dick dargestellt.

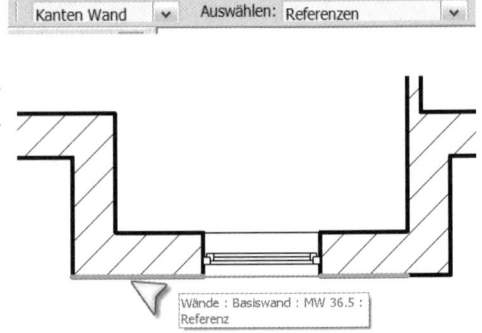

2.7 Schritt 7: Bemaßung

Klicken Sie nun einmal auf die Kante. Sie wird daraufhin rot und am Mauscursor hängt eine Maßlinie, die sich wie ein Gummiband mitbewegt.

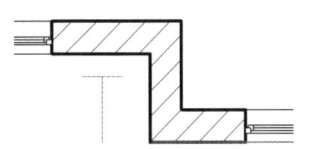

Zeigen Sie auf eine weitere Kante und klicken Sie darauf.

Eine Maßzahl wird erzeugt und hängt am Mauscursor.

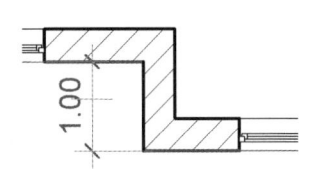

Klicken Sie auf weitere Wandkanten, die in der Maßlinie enthalten sein sollen.

Die Maßlinie könnte dann in etwa so aussehen:

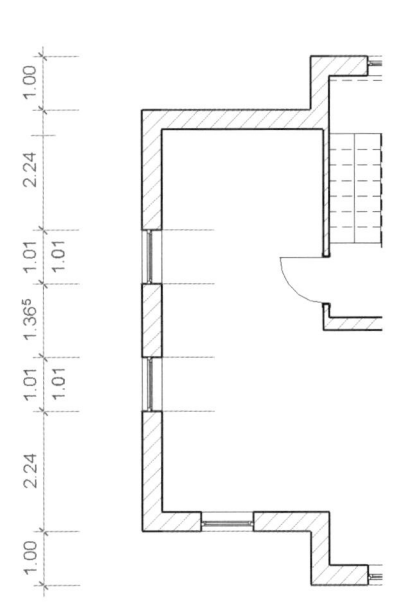

Die Maßkette hängt noch immer beweglich am Mauscursor.

Klicken Sie nun einmal in einen freien Bereich, so wird diese Maßkette beendet.

Der Bemaßungsbefehl ist jedoch immer noch aktiv, das heißt, Sie können sogleich die nächste Maßkette erstellen.

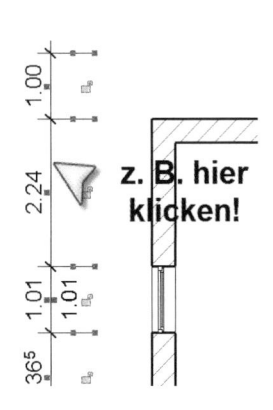

Kapitel 2 — SCHNELLEINSTIEG: EIN HAUS IN 12 SCHRITTEN

⚠️ Achtung: Drücken Sie nicht auf Esc, da sonst die Maßkette abgebrochen wird und der Vorgang wiederholt werden muss. Vor allem Umsteiger von AutoCAD müssen sich hier umgewöhnen.

Die zweite Maßkette könnte in etwa so aussehen:

Bevor Sie diese Maßkette absetzen, bewegen Sie sie langsam an die erste Maßkette heran. In einer bestimmten Position findet Revit automatisch einen »Einrastpunkt«. Das hilft Ihnen beim gleichmäßigen Ausrichten der Maßkette.

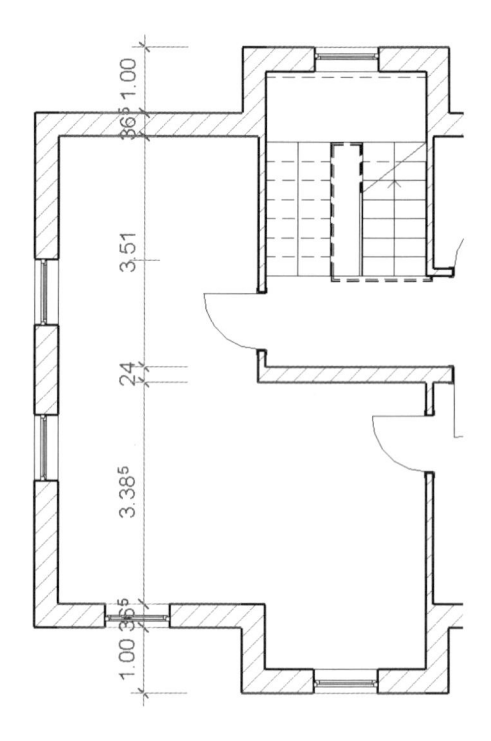

Etwa in diesem Bereich finden Sie den automatischen Fang. Klicken Sie nun einmal in einen freien Bereich.

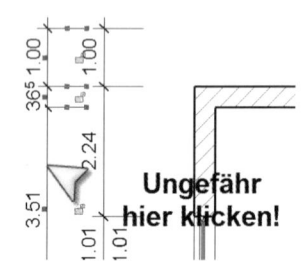

Ungefähr hier klicken!

2.7 Schritt 7: Bemaßung

Erstellen Sie auf dieselbe Art und Weise noch eine Maßlinie für die Gesamtbreite des Hauses.

Ergebnis:

Ergänzen Sie den Grundriss um die restlichen Maße, z. B. so:

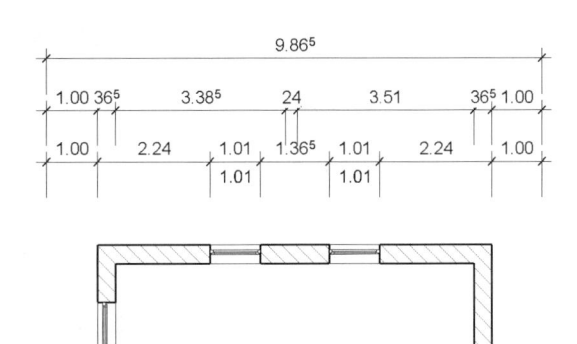

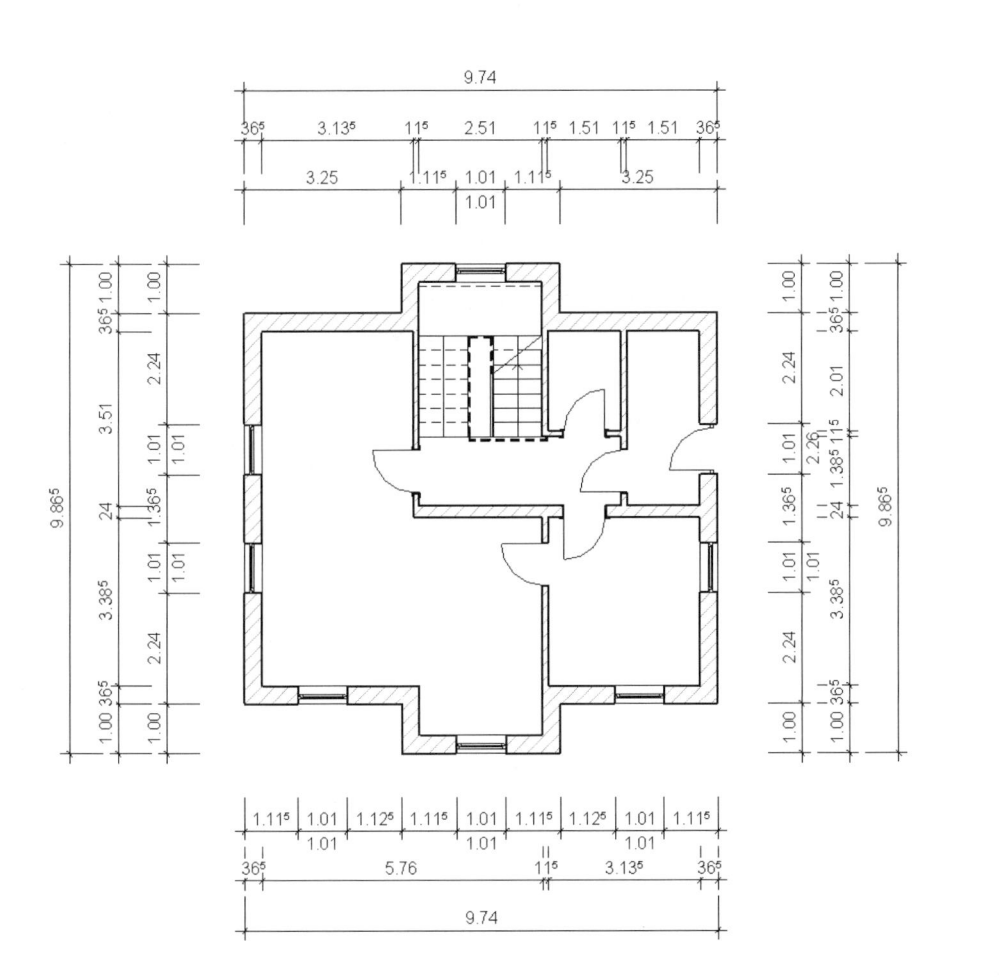

Ausführliche Beschreibungen der Optionen für die Bemaßung finden Sie im Abschnitt *3.10 Bemaßung*.

2.8 Schritt 8: Beschriftung

In dieser Zeichnung soll noch die Brüstungshöhe der Fenster ergänzt werden.

Öffnen Sie die Zeichnung Schritt 8 im Ordner Kap II.

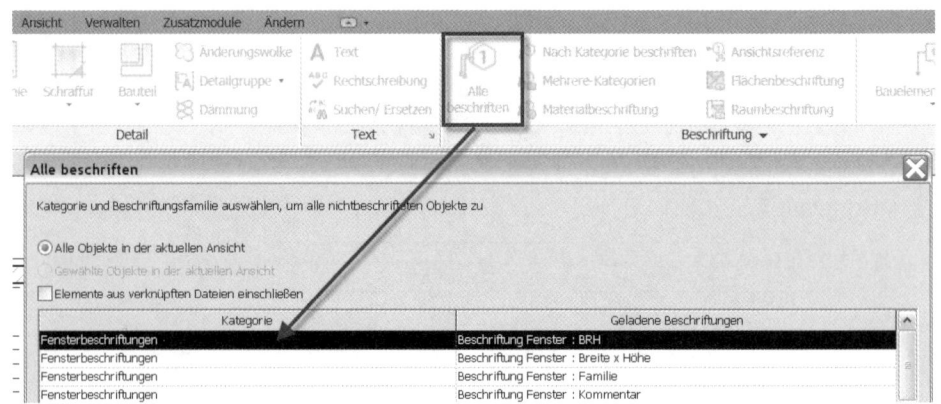

Wechseln Sie in die Rubrik BESCHRIFTEN und wählen Sie das Werkzeug ALLE BESCHRIFTEN. Wählen Sie im sich öffnenden Dialogfenster die erste Zeile aus.

Wenn Sie das Fenster mit OK schließen, werden daraufhin in dieser Ansicht alle Fenster mit der Beschriftung versehen.

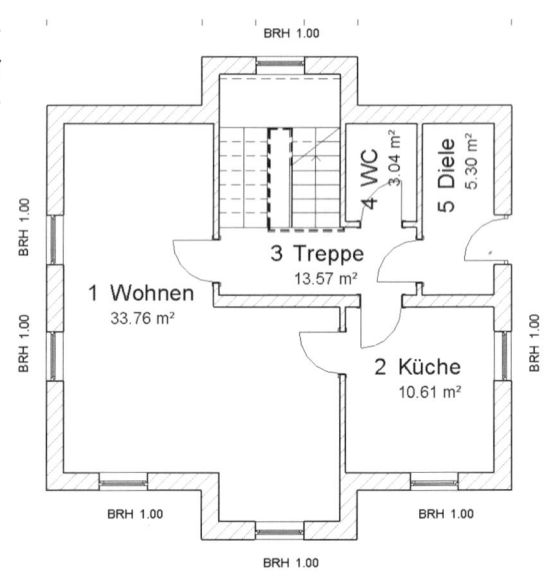

Die Beschriftungen sollten jedoch noch etwas verschoben werden, damit sie in etwa mittig zum Fenster auf dem Plan erscheinen. Klicken Sie dazu auf den Beschriftungstext und ziehen Sie mit dem blauen Schiebekreuzchen die Beschriftung auf den gewünschten Platz.

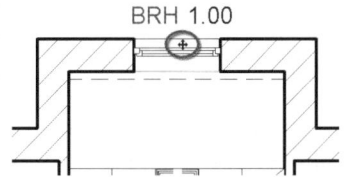

Über den Befehl NACH KATEGORIE BESCHRIFTEN können auch einzelne Beschriftungen abgesetzt werden, z. B. die Sturzhöhe einer Tür. Beschriftungen lesen automatisch Werte aus den Eigenschaften aus und geben diese auf dem Plan wieder. Ändern sich diese Werte aus der Konstruktion heraus (z. B. andere Brüstungshöhe durch Verschieben eines Fensters in der Ansicht), so ändert sich automatisch auch die Beschriftung mit!

Achtung: Der Befehl TEXT liest keine Werte automatisch aus, hier können stattdessen freie Bemerkungen eingetragen werden.

Mehr Informationen zu den Beschriftungen finden Sie im Abschnitt *3.11 Beschriftungen*.

2.9 Schritt 9: Topographie

Öffnen Sie die Zeichnung Schritt 9 im Ordner Kap II.

Wechseln Sie in die Ansicht LAGEPLAN.

Wählen Sie aus der Kategorie KÖRPERMODELL & GRUNDSTÜCK den Befehl GELÄNDE aus.

Revit wechselt in den Skizzenmodus. Hier kann nun gewählt werden, wie das Gelände erstellt werden soll. Prinzipiell stehen zwei Möglichkeiten zur Verfügung. Es können digitale Geländemodelle importiert (AUS IMPORTIERT ERSTELLEN) oder aber auch manuell Punkte eingegeben werden (Befehl PUNKT PLATZIEREN).

Zunächst werden wir ein Geländemodell mit manuell definierten Punkten erstellen.

Wählen Sie also den Befehl PUNKT PLATZIEREN.

In der Optionsleiste kann nun bei ANSICHT eine ABSOLUTE HÖHE, das heißt bezogen auf ±0.00, eingegeben werden.

Unser Gelände soll z. B. 15 cm unter der Ebene 0 liegen. Geben Sie daher den Wert -0.15 im Feld ABSOLUTE HÖHE ein.

Beschreiben Sie ein beliebiges Rechteck um das Gebäude herum. Revit wird die äußeren Eckpunkte miteinander verbinden. Das Ergebnis könnte in etwa so aussehen:

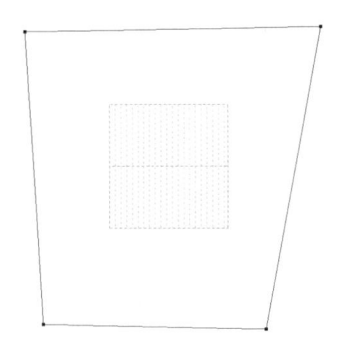

Hinweis: Wenn Sie bereits erstellte Punkte in ihrer Lage verändern wollen, dann klicken Sie auf ÄNDERN|OBERFLÄCHE BEARBEITEN und verschieben die Punkte mit gedrückter linker Maustaste per Drag-and-drop an eine andere Position.

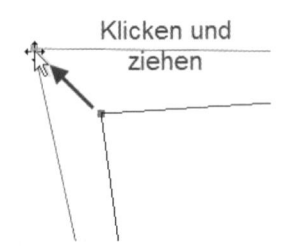

Wenn Sie mit der Gestaltung des Geländes fertig sind, klicken Sie auf den grünen Haken (OBERFLÄCHE FERTIG STELLEN).

Nun ist das Gelände erstellt, wenn es auch vorerst noch etwas unspektakulär wirkt. Auf weitere Bearbeitungsweisen wird jedoch später noch eingegangen.

Weitere Informationen zur Oberflächengestaltung finden Sie im Abschnitt *3.12 Topographie*.

2.10 Schritt 10: Möblierung

Als Nächstes wollen wir die Räume mit verschiedenen Möbeln ausstatten.

Öffnen Sie die Datei Schritt 10 im Ordner Kap II.

Um Ihnen die Arbeit zu erleichtern, wurde die Sichtbarkeit der Bemaßung und der Raumbeschriftungen deaktiviert. Sie können dies im Menü ANSICHT|SICHTBARKEIT/ GRAFIKEN (TK »vv«) nachvollziehen. Wechseln Sie von der Registerkarte MODELLKATEGORIE in die Registerkarte BESCHRIFTUNGSKATEGORIE.

Die Kategorien BEMASSUNGEN und RAUMBESCHRIFTUNGEN sind deaktiviert und somit in den Ansichten nicht sichtbar. Weitere Informationen über die Überschreibungen der Grafiken finden Sie im Abschnitt *3.2 Allgemeines*.

Schließen Sie das Dialogfenster mit OK bzw. ABBRECHEN.

Bevor wir nun mit der Möblierung beginnen, ein paar Gedanken vorweg.

Grundsätzlich ist es möglich, die Möbel als 2D-Objekte oder aber auch als 3D-Objekte zu platzieren. Zu bedenken gilt, dass 3D-Objekte im Allgemeinen mehr Speicherplatz benötigen als 2D-Objekte. Daher sind 3D-Objekte immer dann zu bevorzugen, wenn man auch tatsächlich dreidimensionale Innenansichten erstellen will. Wird die Möblierung sowieso nur in den Grundrissen dargestellt, genügt es vollkommen, 2D-Objekte zu benutzen. Die Systemressourcen werden dadurch ein wenig geschont.

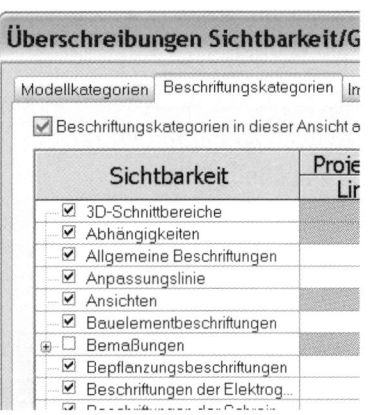

Für unser Beispiel werden zunächst einige 3D-Objekte benutzt. Die Anleitung ist jedoch als »Leitfaden« gedacht, seien Sie daher kreativ und probieren Sie andere Familien aus!

Um nun ein Möbelstück zu platzieren, wechseln Sie in die Rubrik ARCHITEKTUR und wählen den Befehl BAUTEIL (TK »bt«).

Im Typenauswahlfenster sind nun verschiedene Bauteile auswählbar. Die Auswahl könnte in etwa so aussehen:

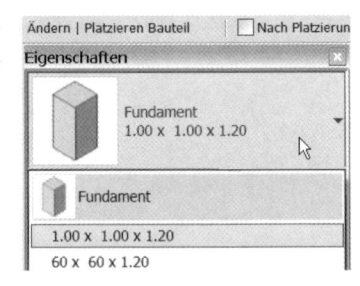

Diese Bauteile sind in der Vorlage schon vorab geladen, für die Möblierung werden jedoch weitere Bauteile benötigt. Da sie noch nicht ins Projekt geladen wurden, klicken Sie nun in der Optionsleiste auf FAMILIE LADEN.

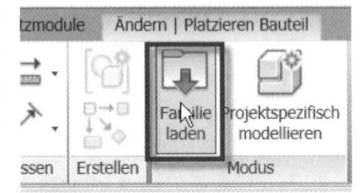

Die Ordner der METRIC LIBRARY werden jetzt angezeigt.

Wechseln Sie in den Ordner Möbel und dort in den Ordner Wohnen.

Wenn Sie die Ansicht auf MINIATURANSICHT einstellen, sehen Sie ein kleines Vorschaubild der jeweiligen Familie.

2.10 Schritt 10: Möblierung

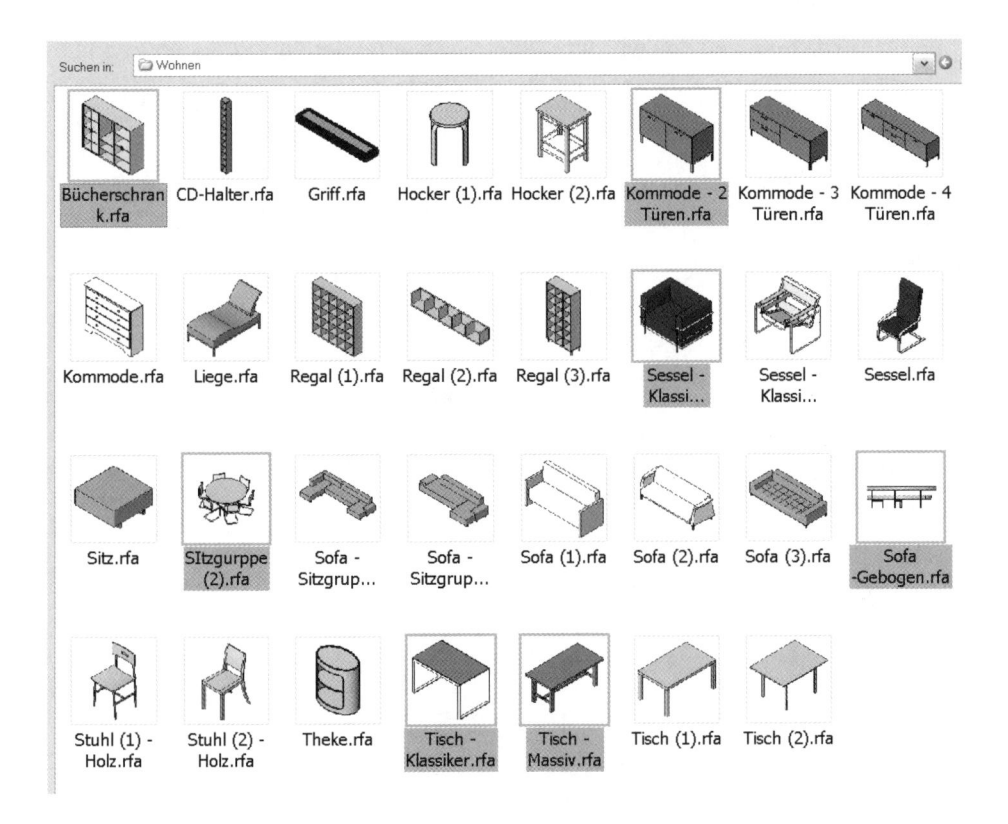

Tipp: Falls Sie die Vorschau nicht gezeigt bekommen, könnte das an den Systemeinstellungen von Windows liegen. Unter den ORDNEROPTIONEN kann dort das Verhalten beeinflusst werden. Entfernen Sie gegebenenfalls dort das Häkchen bei IMMER SYMBOLE STATT MINIATURANSICHTEN ZEIGEN.

Sie können nun entweder einzelne Familien auswählen und in das Projekt laden oder auch mit gedrückter [Strg]-Taste mehrere verschiedene Familien auswählen und in einem Schritt in das Projekt laden. Das kann dann allerdings je nach System etwas Zeit in Anspruch nehmen.

Beachten Sie, dass mit jeder Familie bzw. jedem Typ die Dateigröße des Projekts wächst! Laden Sie daher keine unnötigen Familien in das Projekt.

Schließen Sie nach Auswahl der gewünschten Familie(n) das Dialogfenster mit ÖFFNEN.

Kapitel 2 — SCHNELLEINSTIEG: EIN HAUS IN 12 SCHRITTEN

Nachdem alle Familien geladen wurden, sehen Sie wieder den Grundriss der Ebene 0. Klicken Sie nun nochmals auf das Typenauswahlfenster.

Die geladenen Familien sind aufgeführt und können gewählt werden.

Wählen Sie z. B. das SOFA -GEBOGEN und platzieren Sie es in die Ecke neben der Tür im Wohnzimmer.

Tipp: Drücken Sie die Leertaste, um das Sofa in 90°-Schritten zu drehen, bevor Sie es platzieren. Wenn Sie dabei auf eine schräge Linie zeigen, wird das Bauteil auch an diesem Winkel ausgerichtet!

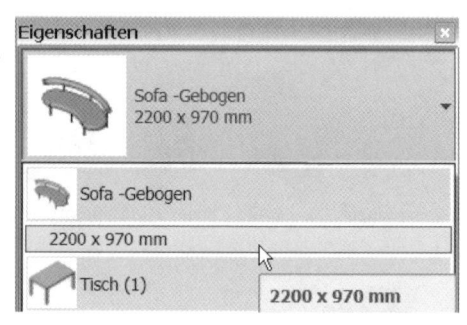

Verfahren Sie mit den restlichen Bauteilen genauso, bis der Grundriss in etwa so aussieht:

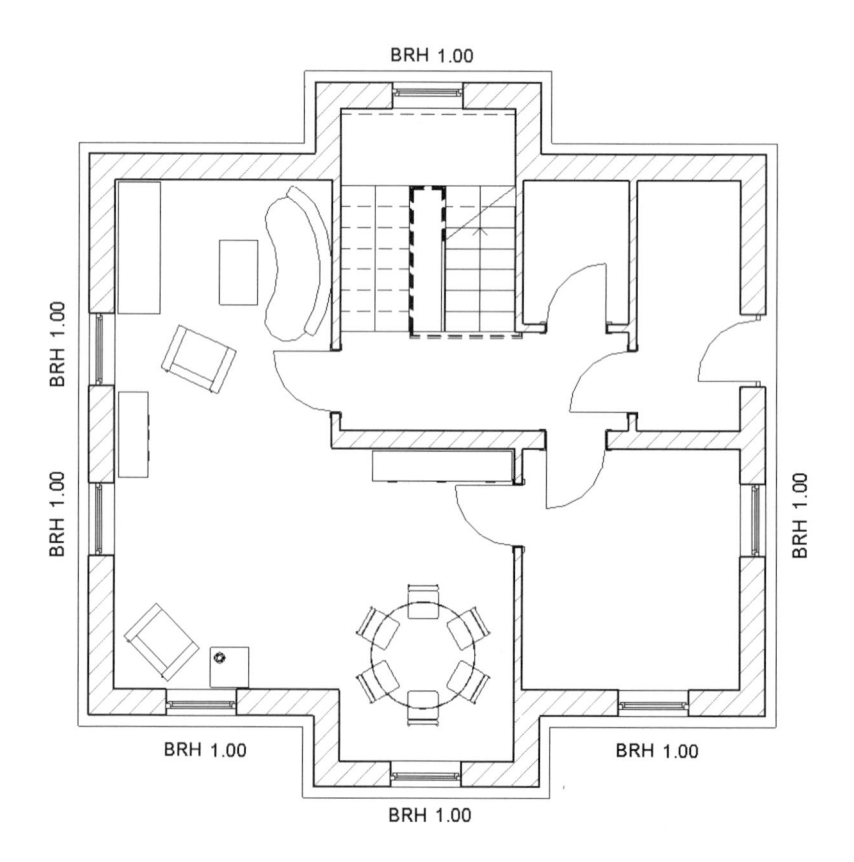

Ergänzen Sie nun die restlichen Räume.

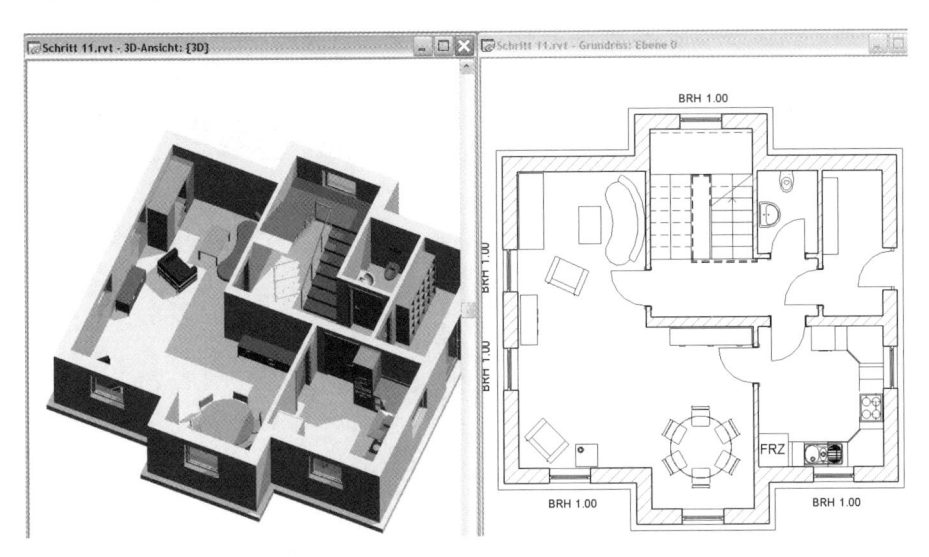

Zu weiteren Informationen siehe auch Abschnitt *3.13 Möblierung*.

> Hinweis: Zu den Einstellungen für die 3D-Ansicht siehe Abschnitt *3.15 Planzusammenstellung und -gestaltung*.

2.11 Schritt 11: Durchbrüche / 2D-Details

Das Modell ist nun schon sehr weit gediehen, doch bevor wir zur Planzusammenstellung kommen, soll noch die Entwässerung eingezeichnet werden.

Öffnen Sie die Zeichnung Schritt 11 im Ordner Kap II.

Wählen Sie BAUTEIL und klicken Sie in der Menüleiste auf LADEN (TK »bt«).

Wählen Sie in der METRIC LIBRARY den Ordner Aussparungen und markieren Sie den WANDSCHLITZ und den DECKENDURCHBRUCH.

Klicken Sie auf ÖFFNEN.

Die Aussparungen werden jetzt in das Projekt geladen.

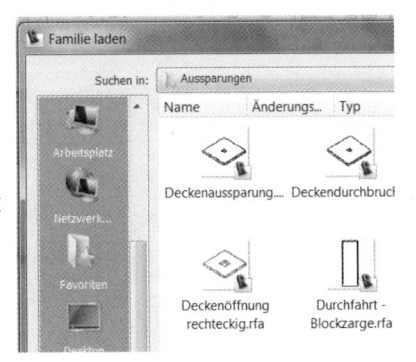

Wählen Sie im Typenauswahlfenster WAND-SCHLITZ WS.

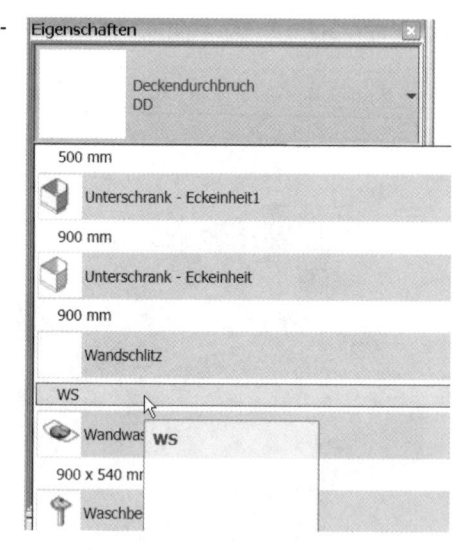

Platzieren Sie nun den Wandschlitz in die Nähe der Ecke des WCs und geben Sie über die temporäre Bemaßung einen Abstand zur Außenwand von 25 cm ein.

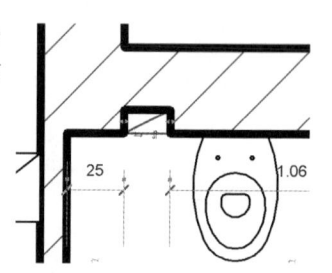

Wiederholen Sie den Vorgang für den Wandschlitz in der Küche.

Beenden Sie den Befehl mit `Esc`.

Wählen Sie nun beide Wandschlitze (mit gedrückter `Strg`-Taste können Elemente zur Auswahl hinzugefügt werden).

Geben Sie bei AUSSPARUNG HÖHE den Wert 2.75 ein, da die Aussparungen über die gesamte Geschosshöhe laufen sollen.

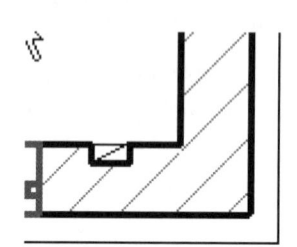

2.11 Schritt 11: Durchbrüche / 2D-Details

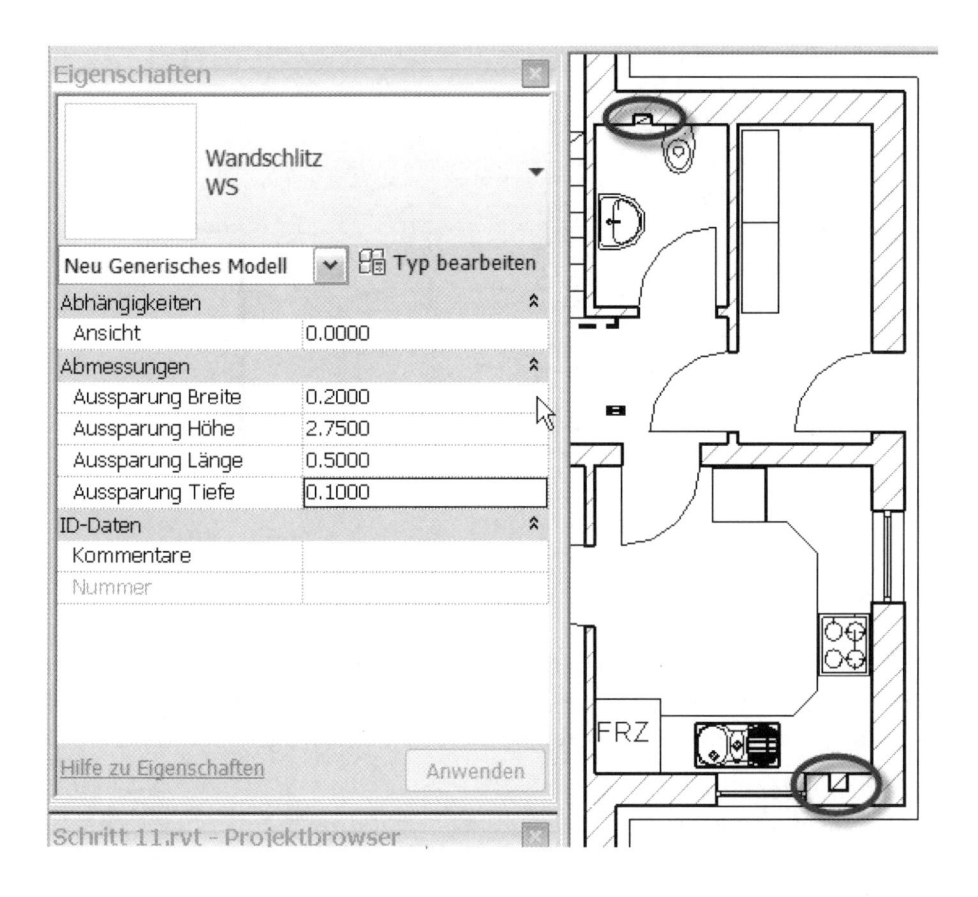

Tipp: Sie können mehrere Bauteile zugleich ändern, wenn diese gleiche Eigenschaften besitzen.

Hinweis: Der Parameter AUSSPARUNG LÄNGE hat keine weitere Funktion in dieser Familie. Er ist ein Projektparameter, der zur Auswertung spezifischer Daten herangezogen werden kann.

Wählen Sie nun das Bauteil DECKENDURCHBRUCH DD.

Platzieren Sie den Deckendurchbruch so vor dem Wanddurchbruch, dass die Kanten gut sichtbar sind.

Geben Sie in den Exemplareigenschaften des Deckendurchbruches für die Größe der Aussparung bei LÄNGE den Wert .2 und bei BREITE den Wert .1 ein. Der Durchbruch wird sich daraufhin in der Größe entsprechend anpassen und man könnte ihn anschließend auf die gewünschte Position schieben (über den Wandschlitz).

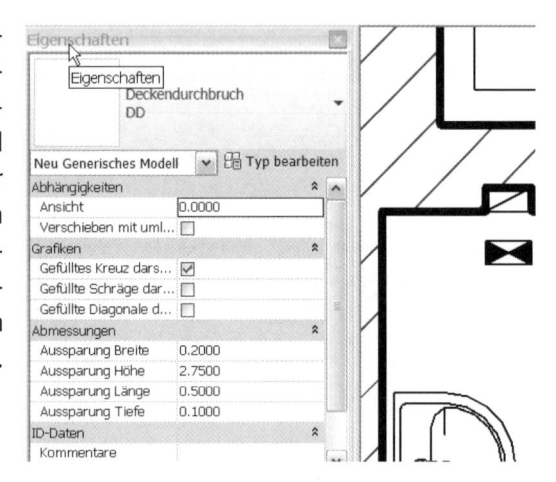

> Hinweis: Die restlichen Parameter (Höhe bzw. Tiefe) sind wieder funktionslos.

Die Kanten des Deckendurchbruches können an den Kanten des Wandschlitzes ausgerichtet werden und sollen fest mit diesen verbunden werden, damit im Falle einer Änderung des Wandschlitzes der Deckendurchbruch gleich mit geändert wird.

Rufen Sie den Befehl AUSRICHTEN in der Rubrik ÄNDERN auf und stellen Sie bei BEVORZUGEN die Option KANTEN WAND ein.

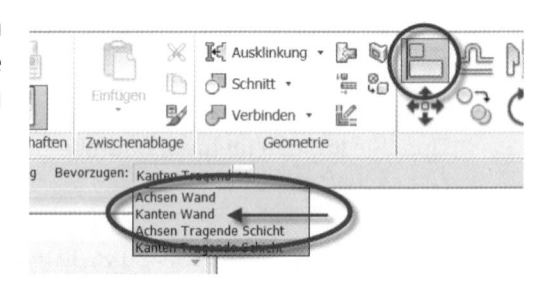

Klicken Sie zuerst auf die Mitte des Wandschlitzes und dann auf die Mitte der Deckenaussparung.

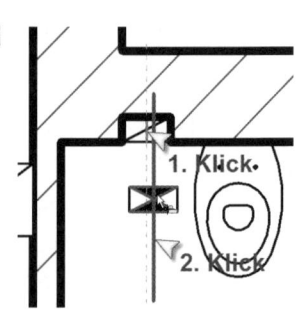

Die Kante wird ausgerichtet und ein kleines Schlösschen erscheint. Klicken Sie auf dieses Symbol und die Kanten sind fest miteinander verbunden!

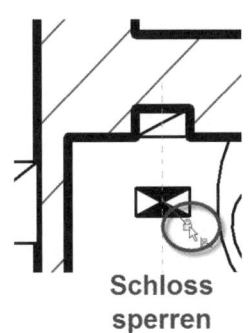

Schloss sperren

Wiederholen Sie den Vorgang mit der Vorderkante der Aussparungen, denken Sie dabei an das Absperren der Schlösschen.

Versuchen Sie nun einmal, den Wandschlitz zu verschieben. Wenn Sie korrekt gearbeitet haben, verschieben sich Wandschlitz und Deckendurchbruch immer gemeinsam.

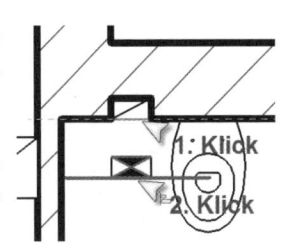

Wiederholen Sie die Schritte für den Deckendurchbruch in der Küche.

> Tipp: Damit der Deckendurchbruch abgesetzt werden kann, muss die Geschossdecke in der Ansicht auch sichtbar sein. Schalten Sie daher eventuell die Kategorie sichtbar.

Falls der Durchbruch in der Küche durch die Arbeitsplatte verdeckt wird, schalten Sie den Bildstil der Ansicht auf DRAHTMODELL.

Im Abschnitt *3.14 Detaillierung* werden noch weitere Details ergänzt.

2.12 Schritt 12: Planzusammenstellung

Wir haben in 11 Schritten einen elementaren Eingabeplan erstellt, ohne dabei weiter in die Tiefe zu gehen. Im nächsten Kapitel werden Sie Gelegenheit finden, dem Gebäudemodell noch viel mehr Daten hinzuzufügen.

Bevor wir uns aber an die weitere Ausarbeitung wagen, fügen wir die bis jetzt erstellten Ansichten des Modells in einem Plan zusammen. Dabei werden wir die Standardvorlagen der Planrahmen benutzen. Weitere Informationen zur Erstellung eigener Vorlagen finden Sie im Abschnitt *3.16 Erste Schritte für eigene Vorlagen*.

> Öffnen Sie die Zeichnung Schritt 12 im Ordner Kap II.

Kapitel 2 — SCHNELLEINSTIEG: EIN HAUS IN 12 SCHRITTEN

Wechseln Sie im Projektbrowser in die Ansicht A102 – PLAN DIN A1.

Um einzelne Ansichten auf dem Plan zu platzieren, ziehen Sie die gewünschte Ansicht einfach per Drag-and-drop auf den Planbereich, z. B. die Ansicht EBENE 0. Sie erhalten dann um den Cursor herum einen roten Rahmen, der die Begrenzungen der Ansicht darstellt.

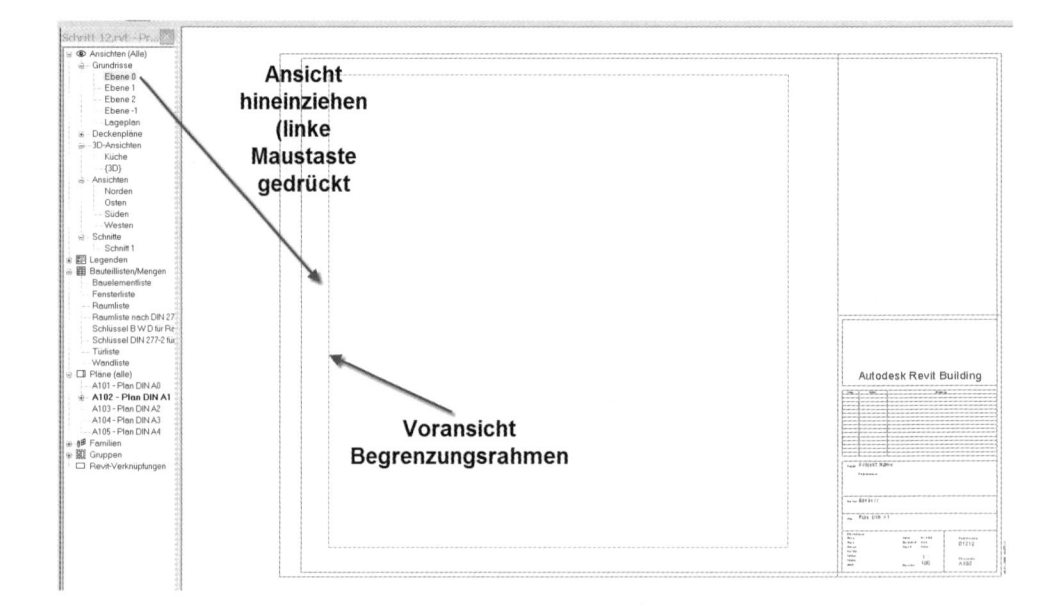

Klicken Sie nun mit der linken Maustaste in den Planbereich, um die Ansicht zu platzieren.

Das Ergebnis wird Sie wohl zunächst noch nicht zufriedenstellen, da der Begrenzungsrahmen sehr weitläufig um den Grundriss herumgeht.

2.12 Schritt 12: Planzusammenstellung

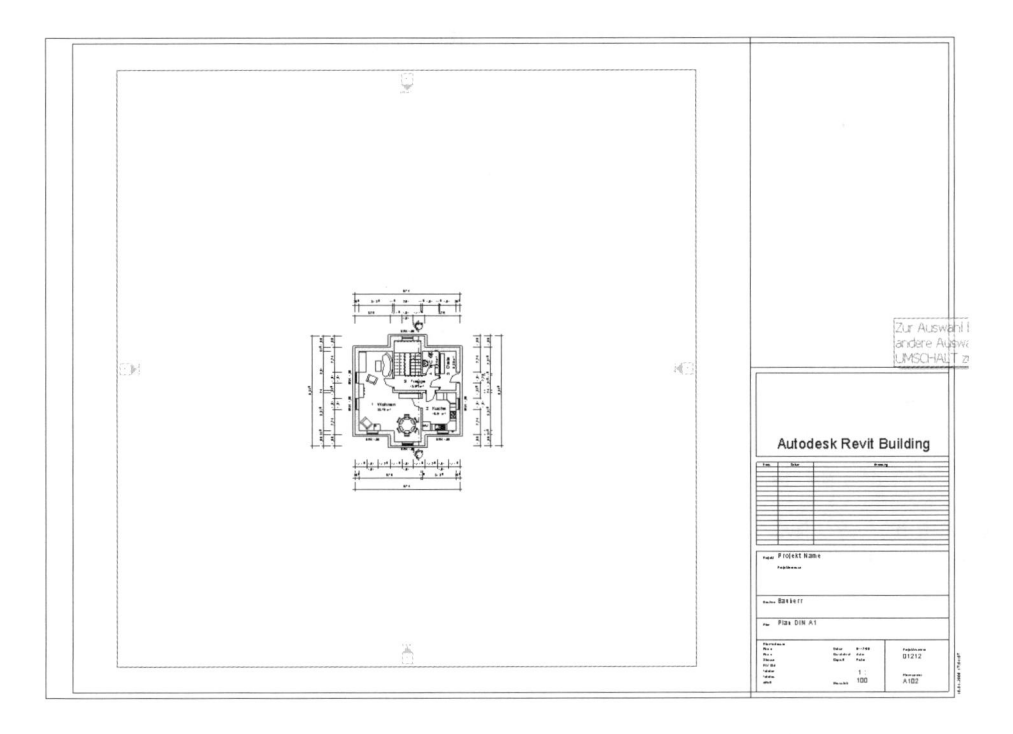

Die Beschriftung der Ansichten Norden, Osten usw. stört das Erscheinungsbild. Wir werden also nun die Beschriftungskategorien der Ansichten durchgehen, um das Erscheinungsbild für den Plan zu verbessern.

Um diese Arbeit zu minimieren, gibt uns Revit die Möglichkeit, Ansichtsvorlagen zu erstellen, die das »Kopieren« der Einstellungen einer Ansicht in die nächste ermöglicht. Diese Funktion wird gleich im Anschluss noch erläutert, um den Arbeitsaufwand so gering wie möglich zu halten. Je nach Geschmack des Benutzers bzw. den Gepflogenheiten des Büros können natürlich auch eigene Vorlagen (Templates) für Revit erstellt werden. Dort werden solche Einstellungen dauerhaft gespeichert.

In der geöffneten Zeichnung Schritt 12 sind von mir bereits einige Ansichtsvorlagen ergänzt worden.

Wechseln Sie in die Ansicht EBENE 0.

Klicken Sie im Projektbrowser mit der RMT auf den Eintrag EBENE 0 und wählen Sie den Eintrag ANSICHTSVORLAGE ANWENDEN.

Wählen Sie im erscheinenden Dialogfenster den Eintrag EINGABE – GRUNDRISSE – PLAN.

Schließen Sie das Dialogfenster mit OK.

Jetzt sind in der Ansicht der Ebene 0 die Ansichtsbeschriftungen verschwunden. Um die genauen Einstellungen zu sehen, können Sie die Sichtbarkeiten der Ansicht aufrufen (TK »vv« – Sie erinnern sich vielleicht?). In der Rubrik BESCHRIFTUNGSKATEGORIEN ist die Kategorie ANSICHTEN nun ausgeblendet.

Wiederholen Sie diesen Vorgang für die Ansichten Norden, Osten, Süden, Westen. Wählen Sie dort den Eintrag EINGABE – ANSICHTEN – PLAN.

Daraufhin verschwinden die Raster, die Ebenen und die Schnittbeschriftungen.

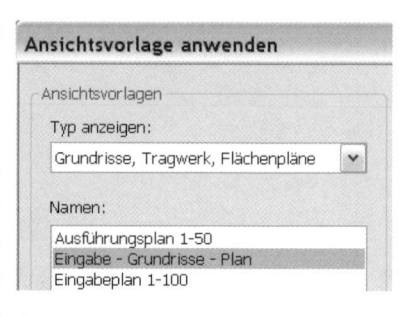

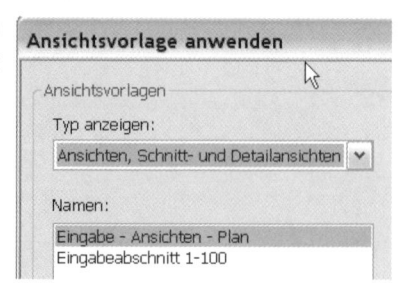

> Tipp: Sie können auch mit gedrückter ⇧-Taste mehrere Ansichten auf einmal auswählen!

Der Schnitt wird noch auf dieselbe Weise eingestellt – wählen Sie hierfür die Vorlage EINGABE – SCHNITT – PLAN.

Wechseln Sie nun wieder zurück in die Ansicht A102 – PLAN DIN A1.

Sie können sehen, dass die Ansicht der Ebene 0 bereits im Plan aktualisiert ist –

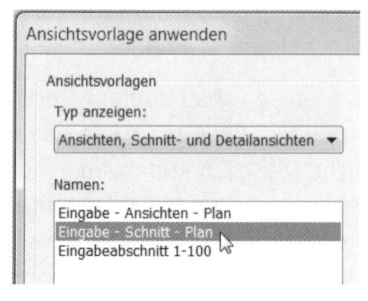

»A change anywhere is a change everywhere!« Revit aktualisiert immer alle Ansichten, dazu zählen auch die Pläne!

2.12 Schritt 12: Planzusammenstellung

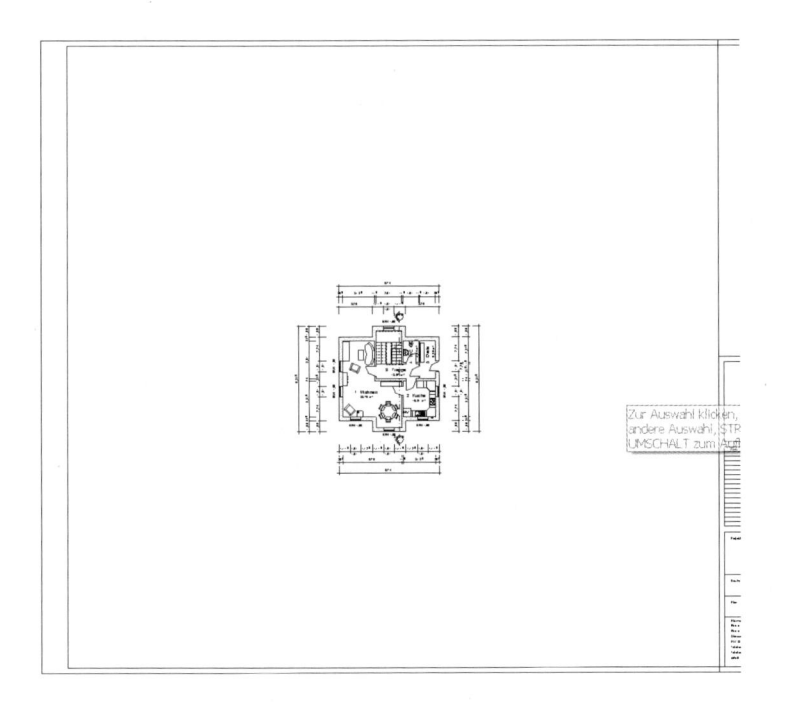

Ziehen Sie nun die restlichen Ansichten auf den Plan und ordnen Sie diese sinnvoll an. Das Ergebnis könnte dann in etwa so aussehen:

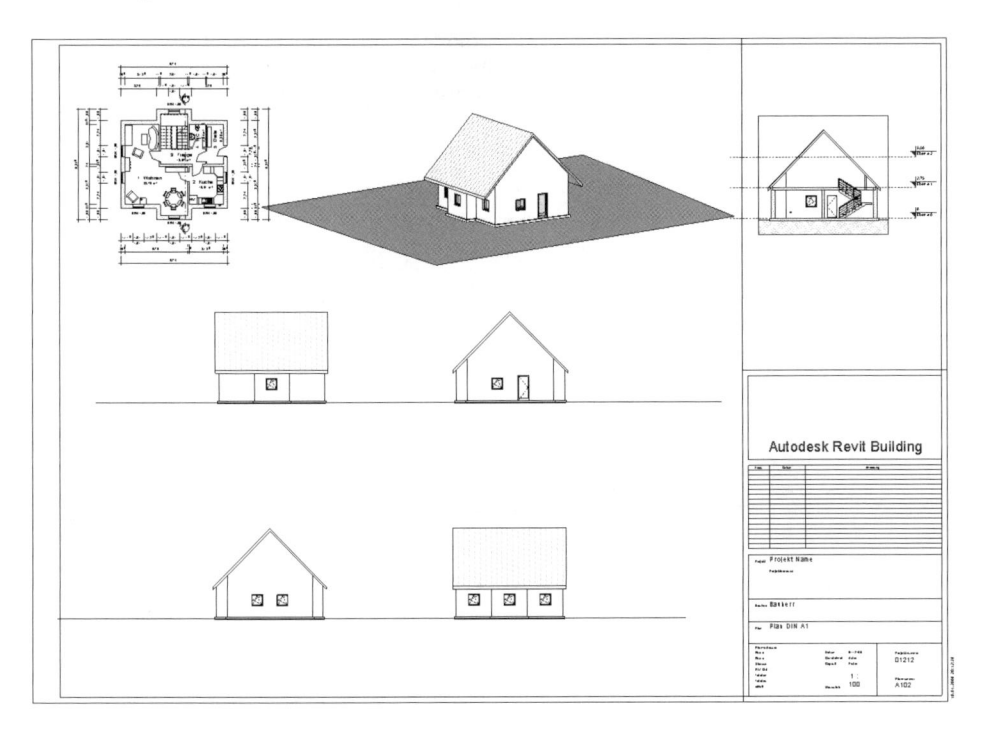

> Der Entwurf sieht noch etwas »roh« aus, da ich den Schwerpunkt zunächst auf ein schnelles Ergebnis gelegt habe. Auf die gestalterischen Elemente wird jedoch noch ausführlich in Kapitel 3 eingegangen.

Zum Ergänzen der Daten im Plankopf doppelklicken Sie auf die jeweilige Beschriftung. Alle dunkelblau erscheinenden Texte sind Parameter, die verändert werden können.

Projekt Neubau Einfamilienwohnhaus

Projektadresse

Ausnahmen stellen hierbei die Beschriftungen »Projektadresse« und »Maßstab« dar. Diese Beschriftungen sind im Gegensatz zu den restlichen hellblau dargestellt.

In Revit bedeutet die hellblaue Farbe bei Beschriftungen generell, dass diese nicht direkt geändert werden können. Beim Maßstab ist klar: Er wird aus den Grundrissen übernommen, eine direkte manuelle Änderung ist nicht sinnvoll.

Die Projektadresse ist in dieser Vorlage als Parameter hinterlegt, der über den Befehl PROJEKTINFORMATIONEN in der Rubrik VERWALTEN geändert werden kann.

Klicken Sie dort bei PROJEKTADRESSE auf BEARBEITEN und geben Sie die Adresse ein.

Schließen Sie die Dialogboxen mit OK.

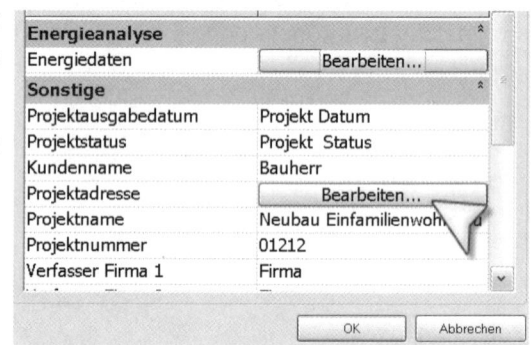

2.12 Schritt 12: Planzusammenstellung

Der Plankopf könnte nun so aussehen:

Projekt	**Neubau Einfamilienwohnhaus**		
	Schloßallee 1		
	12345 Musterstadt		

Bauherr	**Wohnbau GmbH**

Plan	**Grundrisse und Ansichten**

Planverfasser			
Planungs AG	Datum	07.05.11	Projektnummer
CAD Service	Gezeichnet	Hie	
Mörtelstrße 1	Geprüft		**11-001**
12345 Musterort			
13245-56789		1 :	Plannummer
12345-567890			
	Maßstab	**100**	**E001**

Nun wollen wir den Plan noch ausdrucken lassen.

Klicken Sie auf das Symbol DRUCKEN.

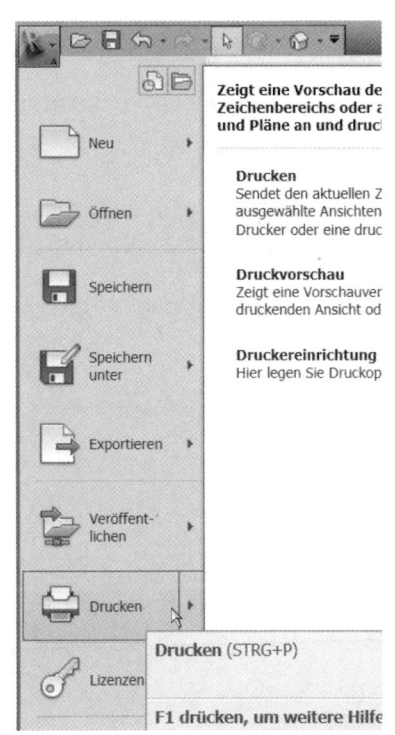

Stellen Sie unter DRUCKER den gewünschten Plotter ein.

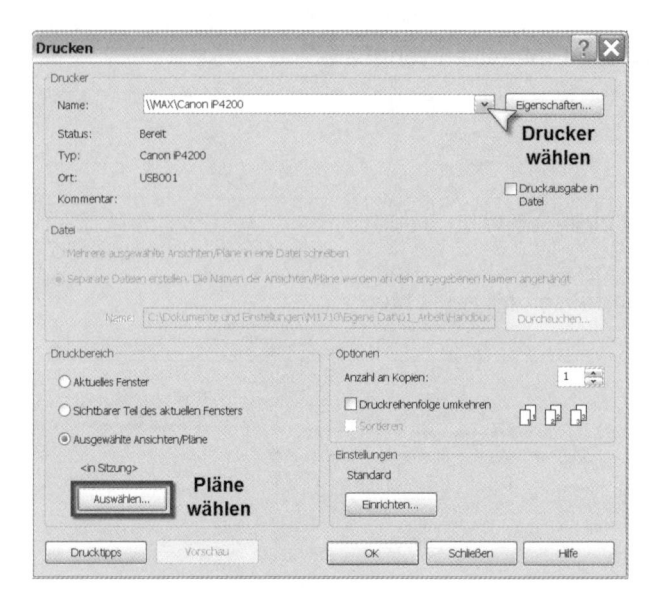

Markieren Sie unter DRUCKBEREICH die Option AUSGEWÄHLTE ANSICHTEN/PLÄNE.

Klicken Sie dann auf AUSWÄHLEN.

Entfernen Sie das Häkchen bei ANSICHTEN, um die Übersicht zu erleichtern.

Markieren Sie nun den gewünschten Plan, bei mir ist es der Name ZEICHNUNGSPLAN: A102 – GRUNDRISSE UND ANSICHTEN.

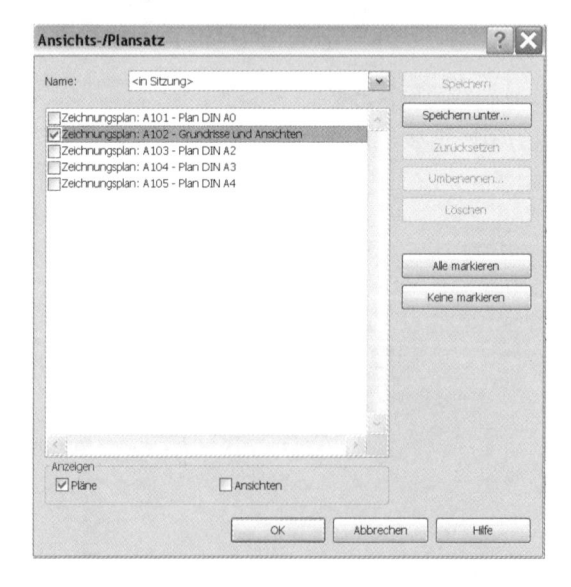

2.12 Schritt 12: Planzusammenstellung

Die Bezeichnung variiert evtl. je nach Ihrer Beschriftung des Plans.

> Hinweis: Die Option AUSGEWÄHLTE ANSICHTEN/PLÄNE ist für den Ausdruck von mehreren Plänen mit derselben Größe bestens geeignet (Stapelplot). Für den Ausdruck eines einzelnen Plans wäre die Option AKTUELLES FENSTER genauso möglich gewesen.

Klicken Sie nun auf OK und entscheiden Sie, ob Sie die Einstellungen speichern wollen. Es spielt für unser Beispiel keine Rolle, wie Sie sich entscheiden.

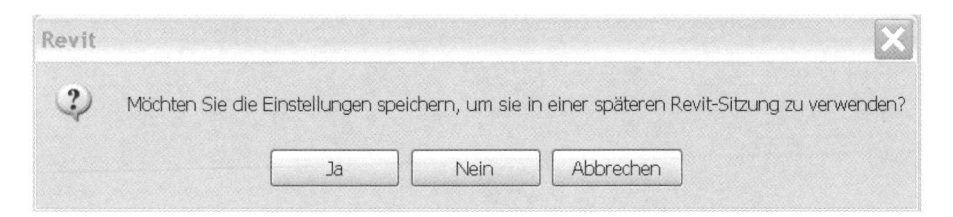

Klicken Sie nun unter EINSTELLUNGEN auf EINRICHTEN, um zur Seiteneinrichtung zu gelangen.

Stellen Sie dort die einzelnen Optionen nach Ihrem Geschmack bzw. Ihren Erfordernissen ein.

> Achten Sie darauf, dass bei ZOOM die richtige Einstellung aktiv ist. Bei der Einstellung AN SEITE ANPASSEN wird der Plan nicht im Maßstab ausgedruckt! In der Regel sollte hier ZOOM mit 100 % GRÖSSE gewählt werden.

Bei ANSICHTEN VERDECKTER LINIEN kann normalerweise die Einstellung VEKTORVERARBEITUNG belassen werden, das spart beim Ausdruck etwas Zeit. Sollten die Grafiken nicht umgerechnet werden können, bringt Revit selbstständig eine entsprechende Meldung und stellt die Berechnung um.

Die Einstellungen könnten in etwa so aussehen:

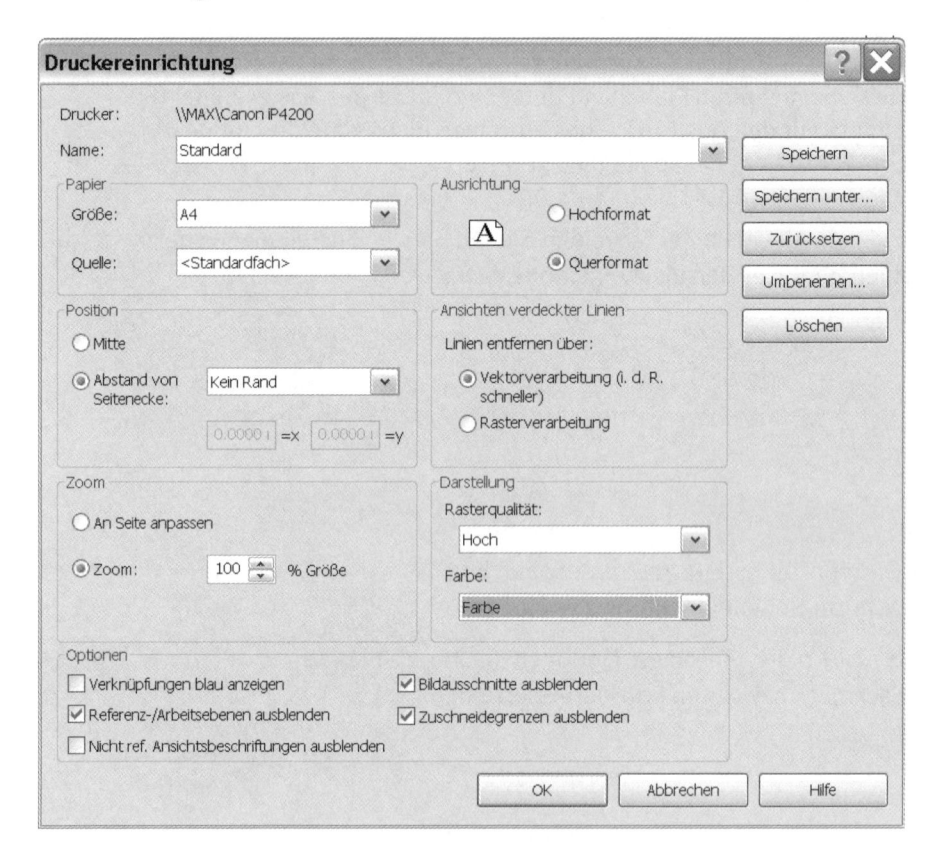

Klicken Sie nun zweimal auf OK und der Druckauftrag wird an den Drucker bzw. Plotter gesendet.

Gratulation – Sie haben den ersten Plan fertiggestellt!

Hiermit ist das zweite Kapitel des Kurses abgeschlossen. Sie haben in diesem Kapitel einen ersten »Crash«-Plan in Revit Architecture erstellt und Fertigkeiten im Umgang mit den grundlegenden Befehlen und Arbeitsweisen erlangt.

Kapitel 3

Die Grundfunktionen im Detail

3.1	Vorwort:	86
3.2	Allgemeines	87
3.3	Arbeiten mit Rastern	94
3.4	Wände	99
3.5	Fenster und Türen	117
3.6	Decken und Böden	132
3.7	Dächer	154
3.8	Treppenmodellierung	177
3.9	Räume und Flächen	218
3.10	Bemaßung	225
3.11	Beschriftungen und Notizen	241
3.12	Topographie	246
3.13	Möblierung	266
3.14	Detaillierung	270
3.15	Planzusammenstellung und -gestaltung	279
3.16	Erste Schritte für eigene Vorlagen	316
3.17	Eigene Tastaturbelegungen erstellen	326
3.18	Grundlagen des Familieneditors	329

3.1 Vorwort:

Im Kapitel 2 wurde das Gebäudemodell eines Einfamilienwohnhauses mit Hilfe der grundlegenden Funktionen von Revit Architecture entwickelt. Dabei wurden die wichtigsten Befehle angerissen und angewandt. Im Kapitel 3 werden diese Befehle (zum Teil) wiederholt bzw. näher erklärt. Somit sollten Sie in der Lage sein, die Basisbefehle sicher in vielfältigen Situationen zu Ihrem Vorteil anwenden zu können.

Ganz nebenbei wird das bereits erstellte Gebäudemodell Schritt für Schritt weiter ausgebaut, verändert, variiert.

Als Nebeneffekt wird also das behandelt, was uns im Alltag oft Kopf- und Magenschmerzen bereitet: Änderungen am Bauwerk bedeuten bei der Arbeit mit vielen CAD-Systemen häufig grundlegende Eingriffe am Gebäudemodell. Das geht auf Kosten der Arbeitszeit und oft auch auf Kosten der Qualität des Modells, da sich durch inkonsistente Bauteile, Ansichten etc. Fehler einschleichen können.

Nicht so bei Revit Architecture. Der Name leitet sich vom englischen Begriff »revise instantly«, im übertragenen Sinne mit »sofortige Änderung« übersetzbar, ab und der Name ist im wahrsten Sinne des Wortes Programm: Sämtliche Änderungen können in beliebigen Ansichten erfolgen und werden auf alle anderen Ansichten sofort übertragen. Der Slogan »A change anywhere is a change everywhere« trifft den Nagel also auf den Kopf. Das garantiert immer ein konsistentes Gebäudemodell und hilft somit, wertvolle Arbeitszeit zu sparen.

Da Sie bereits mit Revit gearbeitet haben, werden Sie dies schon wissen; bevor ich also noch mehr Worte über die Philosophie von Revit Architecture verliere, verweise ich den interessierten Leser auf die Seite von Autodesk, auf der noch viele interessante Informationen über Revit zu finden sind. Die offizielle Autodesk »Homepage« von Revit Architecture befindet sich auf der Seite: www.autodesk.com/revit.

Infos, Tipps und Tricks rund um Revit Architecture erhalten Sie übrigens auch auf meiner Homepage www.maxcad.de.

3.2 Allgemeines

Sichtbarkeiten der Kategorien (Layerverwaltung)

Für den Import bzw. Export steht im Menü DATEI mit dem Befehl IMPORT/EXPORT-EINSFTELLUNGEN eine Möglichkeit bereit, Zuweisungen der Bauteile auf Layer bestimmen zu können. Zum Konstruieren bzw. Entwerfen müssen Sie sich jedoch keine Gedanken über die Aufteilung der Bauteile auf Layer machen! Revit ordnet alle Bauteile nach Kategorien, die einzeln über das Dialogfenster ÜBERSCHREIBUNGEN SICHTBARKEIT/GRAFIKEN (TK »vv«) gesteuert werden können.

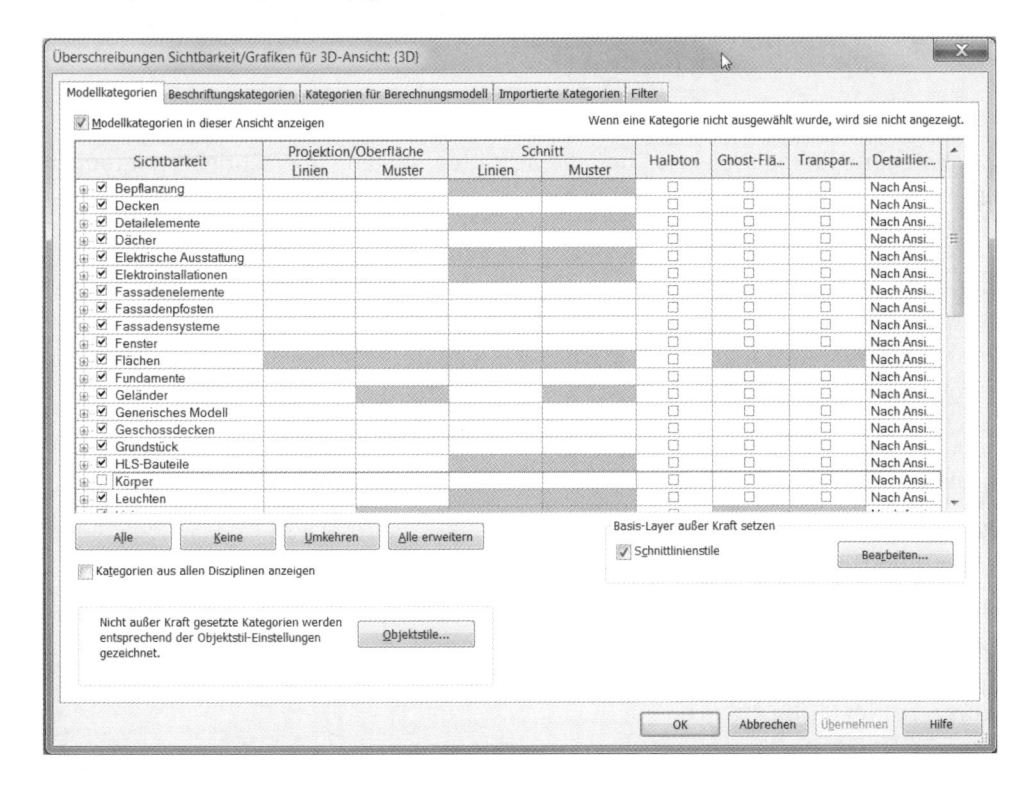

Die Dialogbox ist in mindestens vier Kategorien eingeteilt:

MODELLKATEGORIEN – Beinhaltet alle Bauteile des Modells (Wände, Türen, Fenster etc.)

BESCHRIFTUNGSKATEGORIEN – Beinhaltet alle Beschriftungsobjekte (Ansichtsbeschriftungssymbole, Bemaßungen, Notizen etc.)

IMPORTIERTE KATEGORIEN – Beinhaltet die Elemente von importierten Zeichnungen (DWG).

FILTER – hier kann die Sichtbarkeit von vorher erstellten Filtern eingestellt werden.

> Falls Entwurfsoptionen im Modell erstellt wurden, gibt es eine 5. Kategorie mit der Bezeichnung ENTWURFSOPTIONEN. Werden Revit Projekte importiert, erscheint noch eine entsprechende 6. Kategorie. Ist Revit Structure installiert, erscheint die Rubrik KATEGORIEN FÜR BERECHNUNGSMODELL.

Alle Kategorien, die in der Spalte SICHTBARKEIT ein Häkchen haben, werden in der jeweiligen Ansicht dargestellt. Entfernen Sie das Häkchen, um die Kategorie in dieser Ansicht nicht darstellen zu lassen!

> Achtung: Die Einstellungen beziehen sich nur auf die jeweils aktive Ansicht!

Wenn man eine Zeile markiert, können jeweils die Linienstärke und das Linienmuster der Kategorie für die Projektion und die Schnittdarstellung überschrieben werden.

Mit den Checkboxen bei HALBTON bzw. TRANSPARENT wird die Darstellung entsprechend aktiviert, unter DETAILLIERUNGSGRAD kann jeweils ein Wert gewählt werden, der dann für diese Kategorie immer gilt, unabhängig vom Detaillierungsgrad in der Ansicht. So ist es z. B. möglich, die Fenster im Grundriss als gerade Linien (Detaillierungsgrad MITTEL) darstellen zu lassen, während der Rest der Ansicht den Detaillierungsgrad GROB erhält.

Über die Schnittlinienstile kann gesteuert werden, wie die Bauteile miteinander verschnitten werden.

Zusätzlich befindet sich noch ein Button in der Dialogbox, mit dem man direkt in die Objektstile gelangt (alternativ zu erreichen über VERWALTEN|EINSTELLUNGEN|OBJEKTSTILE bzw. TK »oo«). Die Einstellungen dort betreffen dann die Bauteile im gesamten Projekt!

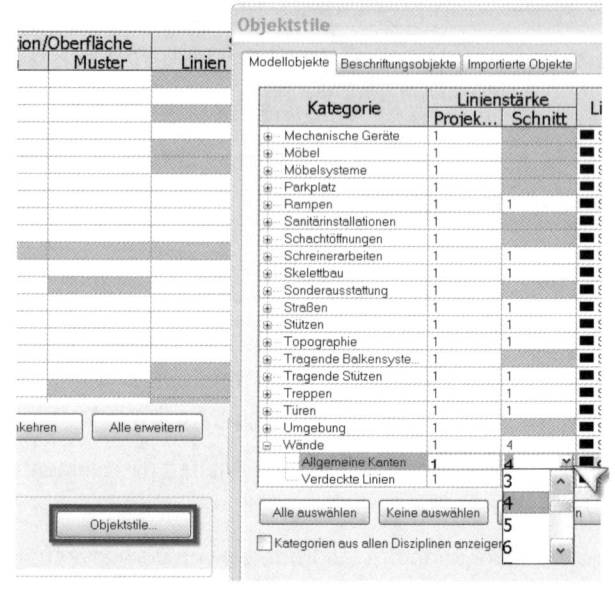

3.2 Allgemeines

Tipp: Stellen Sie hier in der Rubrik WÄNDE den allgemeinen Kantenstil auf Linienstärke 4 (entspricht der Stärke der geschnittenen Bauteile) ein, um im Bereich der Wandverschneidungen dicke Linien zu erhalten.

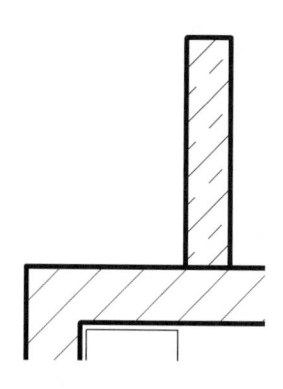

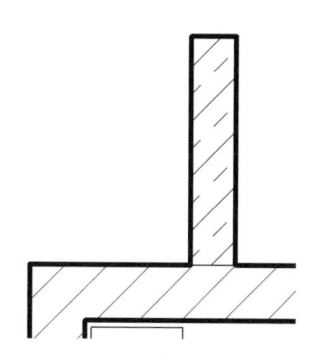

Vorher: Trennlinie dünn (Linienstärke 1)   Nachher: Trennlinie dick (Linienstärke 4)

Die Einstellungen in den Objektstilen betreffen das gesamte Projekt!

Ausblenden von Bauteilen

Um im Laufe des Projekts die Ansichten übersichtlich zu halten bzw. bestimmte Bauteile für eine Konstruktion sehen zu können, ist es nötig, andere Bauteile auszublenden.

Prinzipiell wird zwischen zwei Arten der Ausblendung unterschieden.

Temporäre Ausblendungen

Aufruf des Befehles: Bauteil das ausgeblendet werden soll wählen, auf das Brillensymbol in der Anzeigeleiste klicken und dann die entsprechende Option wählen.

ELEMENT AUSBLENDEN: Das Element ist dann in dieser Ansicht (und nur in dieser!) für den Moment nicht mehr sichtbar.

ELEMENT ISOLIEREN: Das gewählte Element bleibt sichtbar, der Rest wird ausgeblendet.

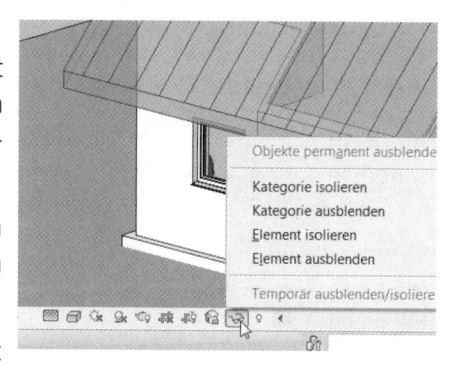

KATEGORIE AUSBLENDEN bzw. KATEGORIE ISOLIEREN: Funktioniert entsprechend der oberen Beschreibung, mit dem Unterschied, dass alle Elemente der gewählten Kate-

Kapitel 3 — DIE GRUNDFUNKTIONEN IM DETAIL

gorie zugleich ausgeblendet bzw. isoliert werden (z. B. alle Elemente der Kategorie FENSTER).

Zum Zeichen, dass in einer Ansicht Elemente temporär ausgeblendet wurden, erscheint ein Rahmen um die Zeichenfläche und die Brille am unteren Bildschirmrand wird farbig hinterlegt.

Wie der Name schon vermuten lässt, sind diese Ausblendungen nicht von langer Dauer:
Wird Revit beendet, werden alle Ausblendungen automatisch wieder zurückgesetzt. Wird das Projekt geplottet, werden die temporären Ausblendungen nicht berücksichtigt, diese Bauteile sind also auf dem Plan wieder sichtbar!

Permanente Ausblendungen bzw. Überschreibungen

Um Bauteile nun dauerhaft aus Ansichten entfernen zu können, kann man die Funktion IN ANSICHT AUSBLENDEN verwenden.

> Dieser Befehl ist ab Revit Architecture 2008 verfügbar! In früheren Versionen kann dafür die Funktion FILTER verwendet werden (siehe folgenden Abschnitt).

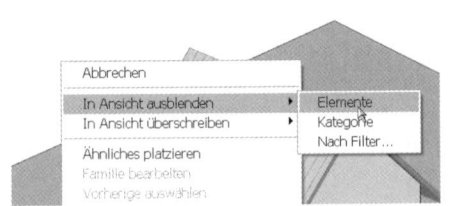

Markieren Sie dazu das betreffende Bauteil und rufen Sie das Kontextmenü (RMT) auf. Wählen Sie dort den entsprechenden Eintrag. Alternativ kann wieder ein Tastaturkürzel benutzt werden (»hh«).

Derart ausgeblendete Elemente bzw. Kategorien werden *nicht* geplottet!

Um diese Elemente wieder einzublenden, müssen Sie zuerst auf das Glühlampensymbol in der Ansichtskontrollleiste klicken. Daraufhin werden alle in dieser Ansicht ausgeblendeten Elemente magentafarben angezeigt. Als Zeichen dafür, dass Sie sich im Moment im Modus »Verdeckte Elemente anzeigen« befinden, wird ein farbiger Rand um den Zeichenbereich gelegt, die restlichen Bauteile werden ausgegraut angezeigt.

Wählen Sie in diesem Modus die Bauteile, die wieder eingeblendet werden sollen, und rufen Sie erneut das Kontextmenü auf. Wählen Sie den Eintrag IN ANSICHT ANZEIGEN|ELEMENTE bzw. KATEGORIE.

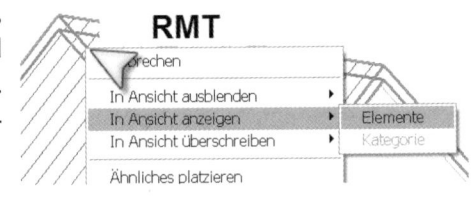

3.2 Allgemeines

Die Elemente werden nun in dieser Ansicht wieder angezeigt. Schließen Sie den Modus, indem Sie wieder auf das Glühlämpchen klicken.

Ebenfalls neu ab Revit 2008 ist die Funktion IN ANSICHT ÜBERSCHREIBEN. Dieser Befehl funktioniert im Grunde wie der vorherige, nur mit dem Unterschied, dass die Bauteile grafisch verändert werden können, sie können z. B. transparent dargestellt werden.

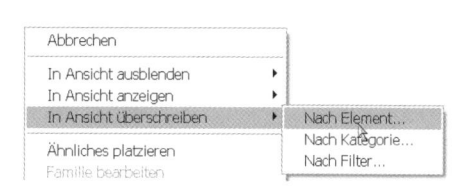

SICHTBAR: Ein- und Ausblenden des Elements in der Ansicht.

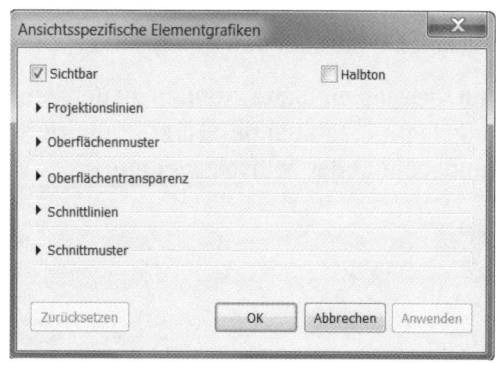

HALBTON: Das Element wird ausgegraut. Halbton hat keine Auswirkung auf die Materialfarbe in schattierten Ansichten.

GHOST-FLÄCHEN: Diese Funktion ist nur in der Version 2012 verfügbar. Die Bauteile erscheinen »milchglasartig« in der jeweiligen Ansicht. Ab der Version 2013 befindet sich diese Funktion unter dem Begriff OBERFLÄCHENTRANSPARENZ im selben Dialogfenster.

TRANSPARENT: Hier gilt dasselbe wie für GHOST-FLÄCHEN.

Wenn Elemente transparent sind, werden nur Kanten und Füllmuster auf den Elementflächen gezeichnet. Die Flächen zwischen Musterlinien werden nicht gezeichnet. Im Darstellungsmodus »Verdeckte Linie« und »Schattierung mit Kanten« sind Teile der Kanten verdeckt. Eine Kante kann durch die Flächen beliebiger nicht-transparenter Elemente und durch Flächen des eigenen Elements (auch wenn es als transparent gekennzeichnet wurde) verdeckt werden. Kanten werden durch andere transparente Elemente nicht verdeckt.

- PROJEKTIONSLINIEN: Bearbeiten von Linienstärke, -farbe und -muster
- OBERFLÄCHENMUSTER: Bearbeiten von Sichtbarkeit, Farbe und Muster
- OBERFLÄCHENTRANSPARENZ: Ab der Version 2013 verfügbar: ersetzt GHOST-FLÄCHEN bzw. TRANSPARENT
- SCHNITTLINIEN: Bearbeiten von Linienstärke, -farbe und -muster
- SCHNITTMUSTER: Bearbeiten von Sichtbarkeit, Farbe und Muster

Entfernen Sie die Häkchen aus den Checkboxen, um die Darstellung wieder rückgängig zu machen.

Filter

Bauteile können auch mit Hilfe von Filtern ausgeblendet werden. Dazu muss man im ersten Schritt einen Filter definieren. In der Filterdefinition ist enthalten, nach welchen gemeinsamen Kriterien bestimmte Elemente gefiltert werden sollen. In der Zeichnung Abschnitt 3.3 Wände ist z. B. ein solcher Filter definiert worden, um das Dach, die Geschossdecke und die Topographie in der 3D-Ansicht auszublenden.

Die Filterdefinition befindet sich in der Gruppe GRAFIK der Rubrik ANSICHT.

Klicken Sie dort auf den Befehl FILTER.

Auf der linken Seite können neue Filter angelegt, bestehende Filter dupliziert, umbenannt oder gelöscht werden.

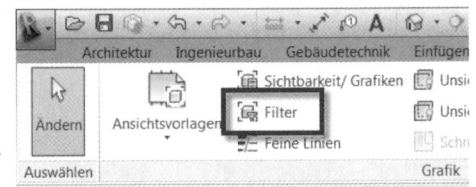

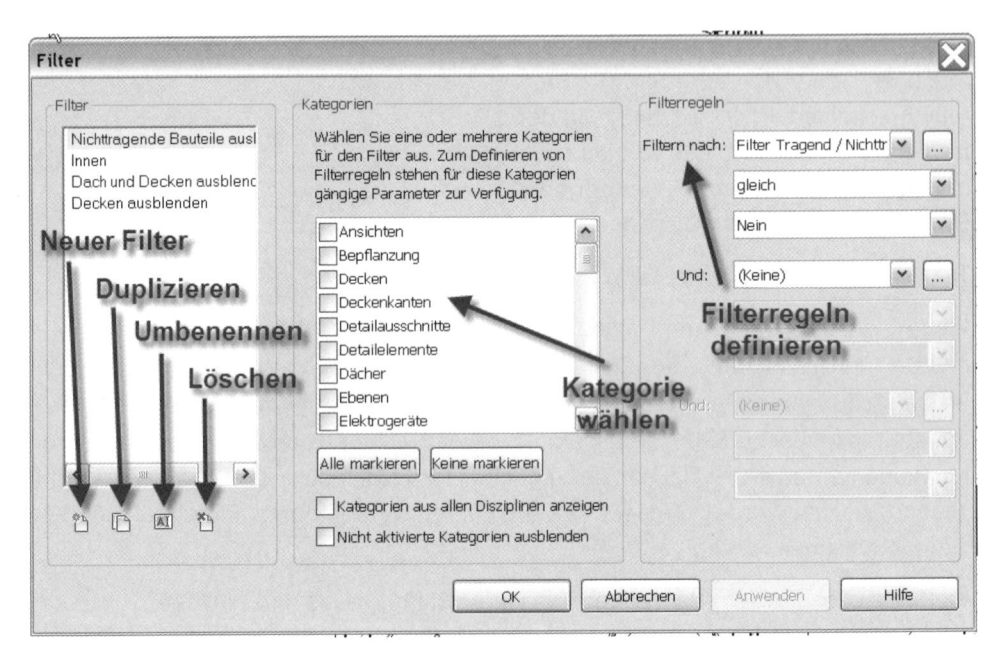

Wählen Sie dann eine oder mehrere Kategorien von Bauteilen, in denen der Filter wirksam sein soll.

So können Sie z. B. alle Wände mit der Breite 11.5 cm filtern lassen, egal ob Mauerwerk oder Kalksandstein:

- Kategorie: WÄNDE
- Filtern nach: BREITE
- Operator: GLEICH
- Wert: 11.5

3.2 Allgemeines

Im Beispiel der Ausblendungen der Elemente in der 3D-Ansicht wurde definiert:

- Kategorien: DÄCHER, GESCHOSSDECKEN und TOPOGRAPHIE
- Filtern nach: KOMMENTAR
- Operator: GLEICH
- Wert: AUSBLENDEN

So wird erreicht, dass alle Bauteile dieser Kategorien mit dem Wert AUSBLENDEN in der Rubrik KOMMENTAR gefiltert werden.

> Hinweis: Nach dem Definieren des Filters ist weiter keine Auswirkung sichtbar. Revit fasst vorerst diese Bauteile nur zusammen als eine Art »unsichtbaren Auswahlsatz«. Die direkte Anwendung des Filters geschieht jedoch erst im Dialogfenster Überschreibungen Sichtbarkeit/ Grafiken.

Rufen Sie als Nächstes also dieses Dialogfenster auf (TK »vv«).

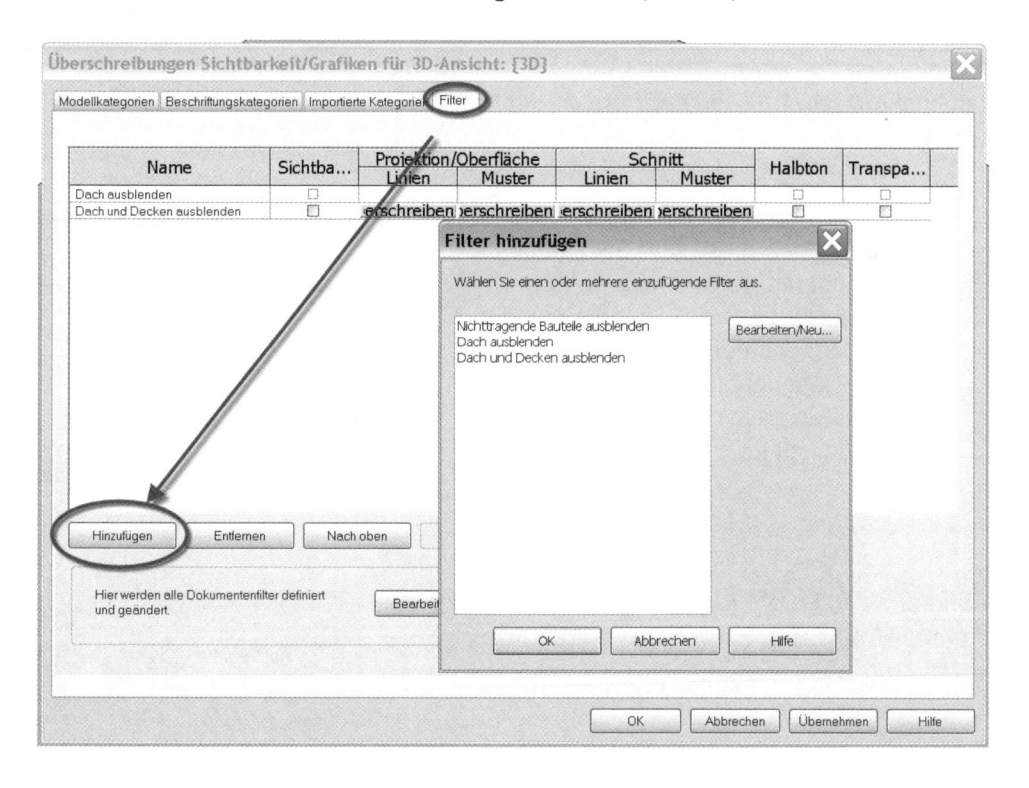

Wählen Sie die Registerkarte FILTER und klicken Sie dort auf HINZUFÜGEN. In der folgenden Dialogbox können Sie dann aus den vorher definierten Filtern wählen. Wenn Sie nun in der Spalte SICHTBARKEIT das Häkchen entfernen, werden die gefilterten Bauteile in dieser Ansicht nicht mehr angezeigt!

Insgesamt ist diese Methode etwas aufwendiger als das Ausblenden einzelner Bauteile über das Kontextmenü. Sind aber viele Bauteile betroffen, ist diese Methode sehr interessant!

3.3 Arbeiten mit Rastern

Im Kapitel 2 haben wir im ersten Schritt eine Zeichnung mit einem bereits bestehenden Raster begonnen. Dieses Raster wollen wir nun selbst erstellen, wobei deutlich wird, wie man Raster am besten nutzen kann.

Öffnen Sie eine leere Zeichnung (DATEI|NEU|PROJEKT). Dadurch wird die Standardvorlage `DefaultDEUDEU.rte` geöffnet. Ab der Version 2013 erscheint eine Dialogbox zur Auswahl der gewünschten Kategorie der Vorlage (architektonisch, tragwerksplanerisch oder gebäudetechnisch).

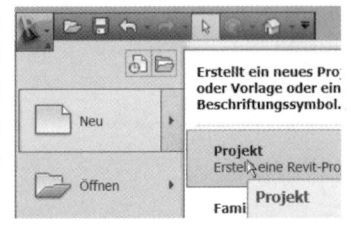

Hinweis: Nach der Standardinstallation befindet sich diese im nebenstehend abgebildeten Verzeichnis. Sollten Sie in einem Firmennetzwerk arbeiten und die Vorlagendatei nicht finden, fragen Sie gegebenenfalls Ihren Systemadministrator nach dem verwendeten Installationspfad.

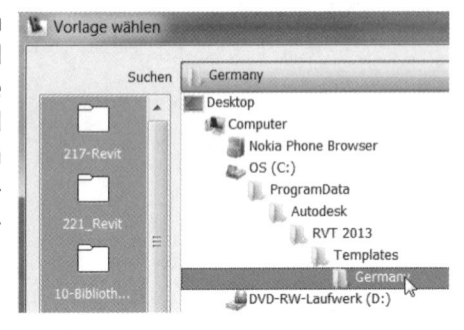

Rufen Sie den Befehl RASTER in der Rubrik ARCHITEKTUR bzw. START auf.

Zeichnen Sie eine beliebige waagerechte Linie.

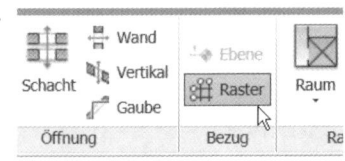

Bedeutung/Verwendung der Symbole:

[A]: Häkchen deaktivieren, um die Beschriftung auszublenden.

[B]: Klicken, um von 3D auf 2D umzuschalten. Dies steuert das Verhalten der Rasterlinien in den Ansichten zueinander. Zunächst sind alle Rasterlinien in den verschiedenen Ansichten, in denen sie sichtbar sind, miteinander verbunden. Ändert man die Länge der Rasterlinie in einer Ansicht, wird sie in den restlichen Ansichten auch geändert. Stellt man nun die Einstellung von 3D auf 2D um, wird die Rasterlinie in dieser Ansicht nicht mehr mit verändert. So kann man in einzelnen Ansichten unterschiedliche Darstellungen der Rasterlinien erreichen.

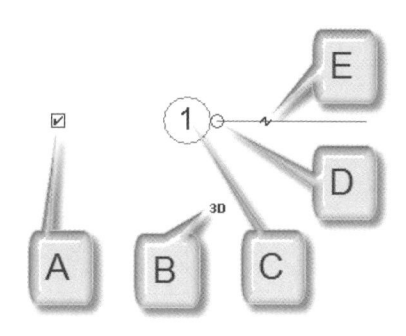

[C]: Die Beschriftung. Sie wird automatisch um 1 erhöht, wenn weitere Rasterlinien hinzukommen. Änderungen der Beschriftung erfolgen über einen Doppelklick. Trägt man Buchstaben statt Zahlen ein, dann wird automatisch bei der nächsten hinzugefügten Rasterlinie der nächste Buchstabe gewählt.

Die Darstellung der Beschriftung ist über eine Familie gesteuert und kann über das Typenauswahlfenster umgestellt werden.

[D]: Der blaue Kreis symbolisiert den Anfasser der Rasterlinien. Klicken und ziehen Sie hier, um die Länge der Rasterlinien zu verändern.

[E]: Klicken Sie hier, um die Beschriftung der Rasterlinie zu »brechen«. Die Beschriftung kann dann mit Hilfe der erscheinenden blauen Punkte an eine andere Stelle gezogen werden.

Wir werden nun weitere Rasterlinien hinzufügen, einmal über die temporäre Bemaßung und einmal über die Funktion KOPIEREN.

Raster zeichnen

Zeichnen Sie eine weitere waagerechte Rasterlinie zur bestehenden hinzu. Nutzen Sie dabei die Fangoption von Revit. Wenn Sie ungefähr in der senkrechten Flucht der ersten Linie sind, erscheint eine grüne gestrichelte Linie (a). Klicken Sie nun in die Zeichnung, um den Anfangspunkt der Rasterlinie zu bestimmen. Wiederholen Sie dies für den rechten Endpunkt (b). Vorteil: Die Rasterlinie ist gleich mit der ersten fest verbunden (Symbol: Schloss abgesperrt) (c).

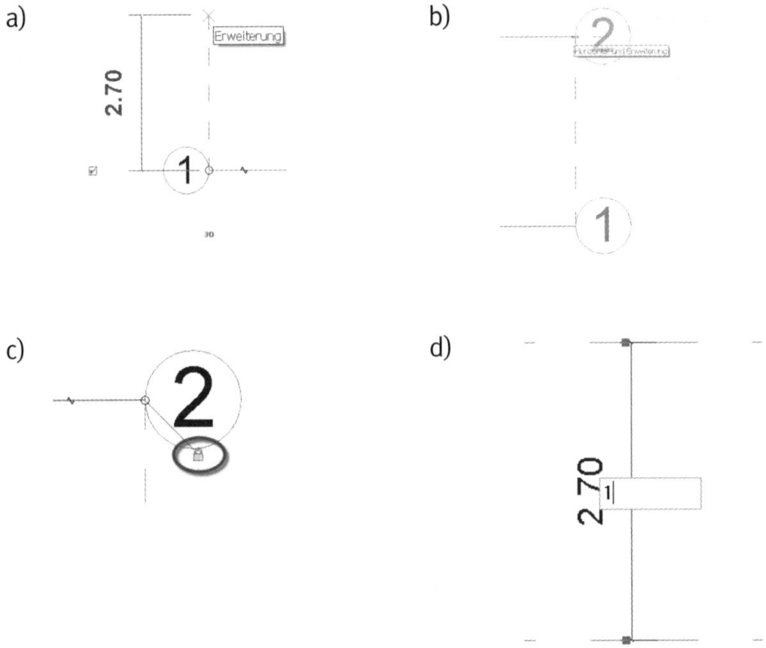

a) b)

c) d)

Klicken Sie nun auf das temporäre Maß und geben Sie 1 ein, um einen Abstand von 1 m zur unteren Linie zu erzeugen (d).

Ergebnis:

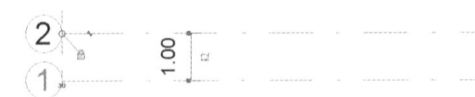

Wiederholen Sie die Vorgehensweise für die beiden restlichen waagrechten Linien. Die Maße sehen Sie hier:

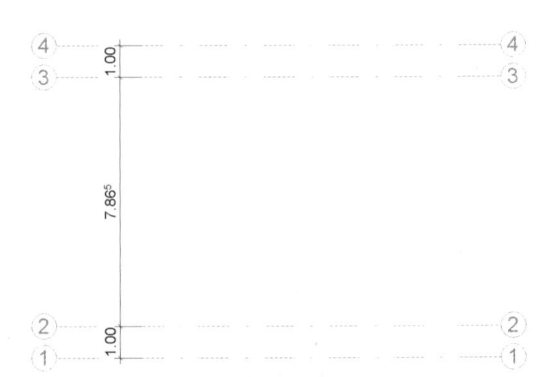

Raster über »Kopieren«

Erzeugen Sie zunächst wie schon beschrieben eine vertikale Rasterlinie im linken Bereich.

Klicken Sie auf die Beschriftung und benennen Sie die Rasterlinie in »A« um.

Beenden Sie den Befehl mit zweimal [Esc].

Klicken Sie nun auf die Rasterlinie A, sie erscheint daraufhin blau.

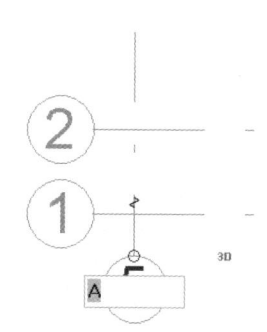

Wählen Sie jetzt den Befehl KOPIEREN in der erscheinenden Rubrik ÄNDERN.

Setzen Sie das Häkchen bei der Option MEHRERE, so können Objekte beliebig oft hintereinander kopiert werden.

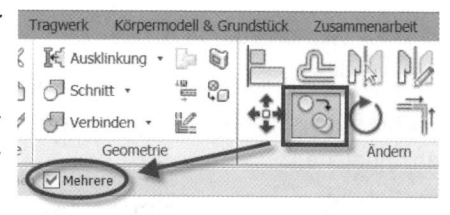

Geben Sie nun einen Ausgangspunkt an, z. B. den Schnittpunkt der Achsen 4 und A.

Fahren Sie mit der Maus waagerecht nach rechts, geben Sie dann direkt das Maß 3.25 ein und drücken Sie die [Enter]-Taste, um eine Kopie in genau diesem Abstand zu erzeugen.

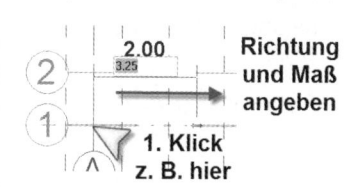

Eine Rasterlinie mit der Beschriftung »B« wird erstellt.

Fahren Sie weiter nach rechts und geben Sie diesmal das Maß 3.24 ein. Drücken Sie wieder [Enter].

Die Achse C wird erstellt.

Wiederholen Sie den Vorgang für die Achse D mit einem Abstand von 3.25 m.

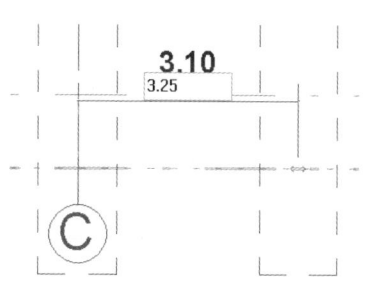

Ergebnis (mit Bemaßung):

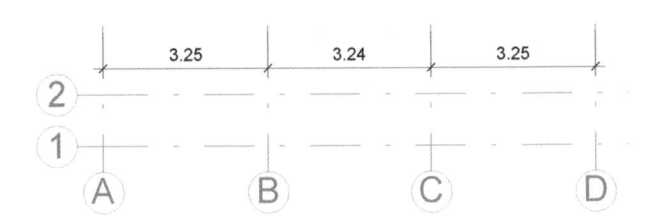

Tipp: Die ersten Versuche werden eventuell misslingen und Sie werden einige der Rasterlinien wieder löschen, z. B. die Rasterlinie 5. Wenn Sie dann eine neue Rasterlinie erstellen, erhält diese die nächste Nummer, also die Nummer 6, dann 7 usw. Sie müssten also alle Rasterlinien manuell umbenennen. Diese Arbeit lässt sich umgehen, indem Sie gleich nach der Erstellung der Rasterlinie 6 diese in 5 umbenennen. Bei der nächsten Rasterlinie zählt Revit dann wieder bei der Nummer 6 weiter ...

Klicken Sie nun auf die Achse 1.

Nehmen Sie die Achse am rechten Referenzpunkt und ziehen Sie sie ein bisschen nach links oder rechts, um die Optik etwas anzugleichen.

Da die Achsen miteinander verbunden sind (Schloss gesperrt!), schieben sich alle Achsen der rechten Seite zugleich auf die angegebene Position.

Hinweis: Die Achsen sollten sich mit den Referenzebenen wie z. B. den Ebenen in den Ansichten schneiden, um Darstellungsfehler zu vermeiden.

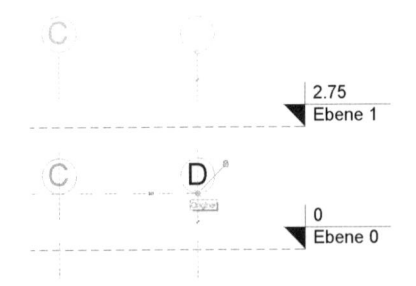

Beispiel:

In einer der Ansichten wurden die Achsen A-D unter die Ebene 1 verkürzt.

Ergebnis in der Ebene 1:

Diese Achsen sind nicht mehr sichtbar, da sie von der Ebene 1 nicht geschnitten werden!

Behebung des Fehlers: Verlängern Sie die Achsen wieder bis zur obersten Referenzebene.

3.4 Wände

Betrachten wir nun den Befehl WAND näher. Der Aufruf des Befehls erfolgt über die Rubrik ARCHITEKTUR bzw. START (das Tastaturkürzel für den Befehl lautet »ww«).

Die Optionen des Befehls Wand

Zunächst kann man grob drei Bereiche unterteilen: Die Befehle des »Ändern«-Tabs, die Optionsleiste und den Eigenschaftenbereich

Das Eigenschaftenfenster: Im Wesentlichen gibt es auch hier wieder drei Bereiche. Die Untergliederung umfasst das Typenauswahlfenster [A], die Typeneigenschaften (bzw. die Typenparameter) [B] und die Exemplareigenschaften (bzw. die Exemplarparameter) [C]. Diese Rubrik ist vor allem wichtig für die Einstellung der Ober- sowie Unterkante der Wände. Wichtig hierbei: Die

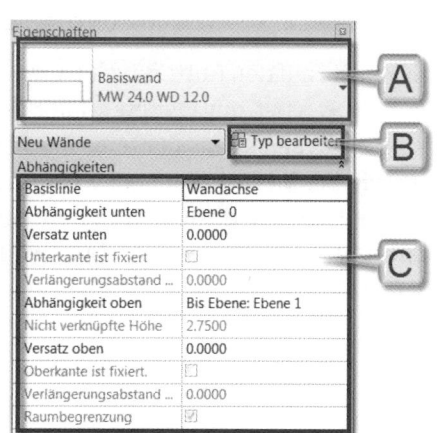

Wände sind nicht geschossabhängig! Sie können die Wände beliebig nach oben und unten verlängern.

Die Eigenschaften sind aufgeteilt in Exemplareigenschaften und Typeneigenschaften. Die Exemplareigenschaften sind ab der Version 2011 dauerhaft sichtbar offen. Alle Änderungen, die Sie hier vornehmen, wirken sich nur auf das jeweils gewählte Element aus, alle anderen Exemplare bleiben von den Einstellungen unberührt.

> Tipp: Das Fenster kann auch auf einem zweiten Monitor platziert werden. Sollten Sie das Fenster versehentlich geschlossen haben, dann kann es über das Kontextmenü (RMT) wieder aktiviert werden.

BASISLINIE: Gibt die Ausrichtung der Wand an. Wird die Wandstärke der Wand geändert, verschiebt sich die Wand von dieser Position aus in die entsprechenden Richtungen.

ABHÄNGIGKEIT UNTEN: Bestimmt die Abhängigkeit der Unterkante der Wand. Im EG wäre das also in der Regel die Ebene 0.

VERSATZ UNTEN: Ein Wert, um den die Unterkante der Wand von der Ebene versetzt ist. Ein Minuswert versetzt die Unterkante um den angegebenen Wert nach unten, ein Pluswert nach oben.

ABHÄNGIGKEIT OBEN: Bestimmt die Abhängigkeit der Oberkante der Wand. Für die Wand im EG ist dies typischerweise die Ebene 1. Allerdings kann das stark von der Verwendung abhängen. Bei den Außenwänden ist es oft sinnvoll, den Kniestock oder Ähnliches zu verwenden. Die Innenwände sollten auf jeden Fall mit der Ebene der Geschossdecke verbunden sein. Großer Vorteil hierbei: Wird die Geschosshöhe verändert, muss nur die Ebene im Schnitt angehoben werden, alle mit dieser Ebene verbundenen Wände werden automatisch mitgeführt. Mit drastischeren Worten: In einem Großprojekt können so mit einem Klick Hunderte von Wänden geändert werden!

VERSATZ OBEN: Wie VERSATZ UNTEN, nur für die Oberkante.

Klicken Sie auf den Button TYP BEARBEITEN, so wird ein Fenster mit weiteren Informationen geöffnet (Typeneigenschaften). Die Änderungen, die Sie hier vornehmen, wirken sich auf alle Bauteile mit diesem Wandtyp aus, also z. B. auf alle Wände des Typs BASISWAND: MW 24.0.

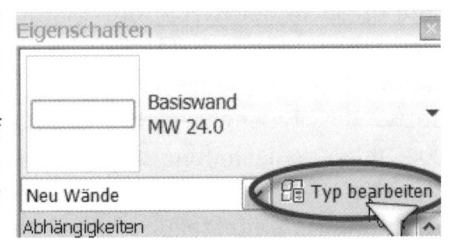

3.4 Wände

Interessant ist hier vor allem die Rubrik TRAGWERK.

Klicken Sie dort auf BEARBEITEN.

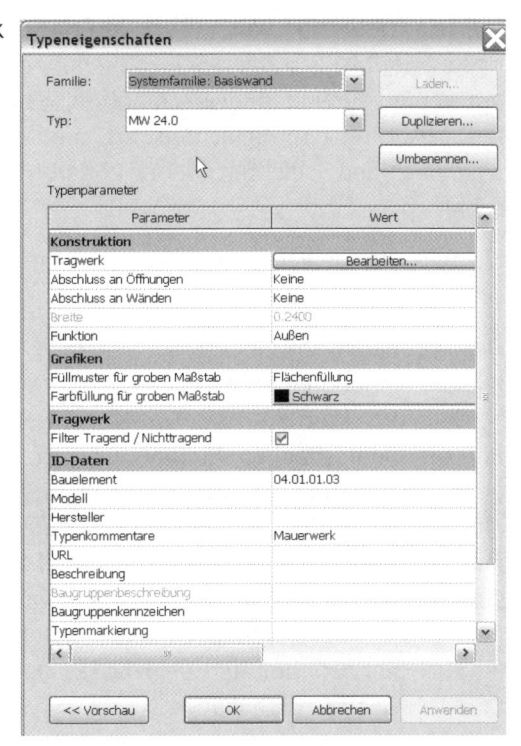

Sie können sehen, dass hier eine »Tragende Schicht« mit 24.0 cm definiert ist. Wenn Sie wollen, können Sie hier die Stärke der Wände also jederzeit ändern. Bedenken Sie jedoch, dass sich alle Änderungen, die Sie hier tätigen, auf alle Wände des Typs auswirken!

Die Spalte MATERIAL steuert das Aussehen der Wand im Grundriss (Schraffuren) sowie der Oberflächen in den Ansichten (schattierte Ansichten und fotorealistische Darstellungen). Die Spalte FUNKTION ist für die Verschneidungen (»Prioritäten«) der Schichten wichtig, sowohl innerhalb eines Typs als auch mit andern Bauteilen, wie z. B. Geschossdecken.

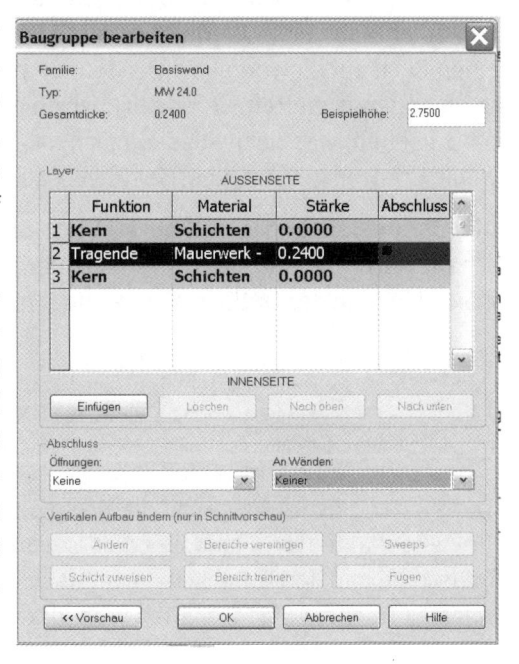

Die Prioritäten sind von 1 (höchste Priorität) bis 5 (niedrigste Priorität) geordnet. Schichten mit gleichen Prioritäten werden miteinander verschmolzen, wenn sie sich treffen bzw. kreuzen. Schichten mit niedrigerer Priorität werden an den Schichten mit den höheren Prioritäten verschnitten.

Kern	Schichten
gende Schich	Mauerwerk -
Tragende Schicht [1]	
Träger [2]	
Dämmung/Luftschicht [3]	
Nichttragende Schicht 1 [4]	

Ein Beispiel für Verschneidungen bei mehrschaligen Wänden:

Das Typenauswahlfenster: Hier sind die gängigsten Wandtypen schon mal in der Vorlage vordefiniert. Von der 10er-Gipskartonwand bis zur mehrschaligen Stahlbetonwand ist einiges vertreten. Aber keine Sorge: Was noch nicht direkt in der Liste ist, kann jederzeit manuell noch erstellt werden. Die Wandkonstruktionsarten sind im nächsten Abschnitt noch genauer beschrieben. Weitere »Exoten«, die auch hier zu finden sind, sind die Fassaden und die »Geschichtete Wand«.

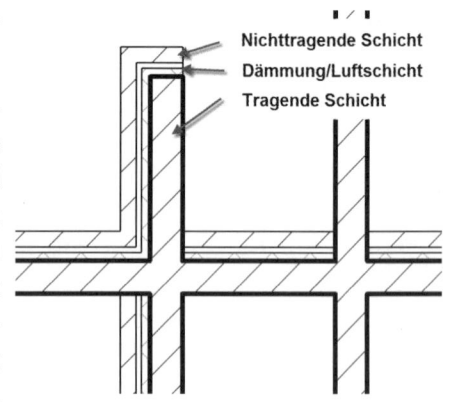

Die Zeichnung DE Wandfamilien (im Ordner Beispiele/Bibliotheken) auf der beiliegenden CD enthält einen Überblick über die Wände. So können Sie, wenn Sie wünschen, einen Blick auf die vorgefertigten Wandtypen werfen und ein wenig damit herumexperimentieren. Werfen Sie jedoch noch einen Blick auf die Zeichnung Wände flexibel, um zu sehen, was noch alles möglich ist. Sie werden feststellen: Der Fantasie sind wenig Grenzen gesetzt, eher der Physik auf der Baustelle ...

Die Optionsleiste: Sie enthält wichtige Einstellungsmöglichkeiten aus den Eigenschaften zum Befehl WAND. Da sie elementar wichtig sind, sind sie praktischerweise gleich direkt in der Optionsleiste zu finden.

BASISLINIE: Gibt an, wo genau die Wand platziert wird. Möglich sind die Achsen bzw. die Außenkanten der Wand. Bei mehrschaligen Wänden wird nochmals zwischen der Tragschale und der Außenschale unterschieden. Die Positionslinie kann nachträglich jederzeit über die Eigenschaften verändert werden.

Bei Änderungen der Wandstärke wird die Positionslinie als Bezug verwendet. Beziehen Sie diese Tatsache in Ihre Überlegungen mit ein, es könnte Zeit sparen.

KETTE: Erlaubt das Erstellen von mehreren Wänden, wobei der Endpunkt einer Wand den Anfangspunkt der folgenden Wand definiert. Funktioniert ähnlich wie der Befehl »Polylinie« aus AutoCAD. Ein mit KETTE erstellter Wandzug besteht jedoch weiterhin aus einzelnen Bauteilen. Ist der Befehl KETTE nicht aktiv, wird bei der Angabe des Endpunkts der Wand der Befehl »ausgesetzt«, das heißt, man muss nochmals klicken, um den nächsten Startpunkt zu definieren. Faustregel: Zum Erstellen der Außenwände ist der Befehl KETTE praktisch, für die Erstellung der Trennwände deaktiviert man ihn besser.

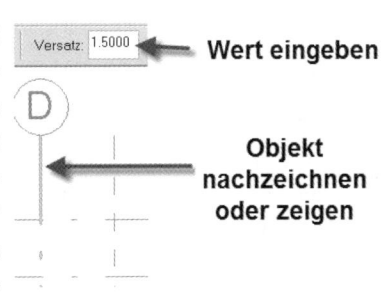

VERSATZ: Geben Sie hier einen Wert an, um den das gezeichnete Objekt versetzt werden soll. Versetzt wird »in Fahrtrichtung links«. Geben Sie einen negativen Wert ein, um die Richtung zu tauschen. Ist zusätzlich die Option LINIEN AUSWÄHLEN aktiv, können Sie mit dem Mauszeiger die Versatz-Richtung bestimmen. Fahren Sie dazu auf der Linie leicht auf die entgegengesetzte Seite, um die Richtung zu wechseln. Eine grüne gestrichelte Linie gibt zusätzlich optische Hilfestellung.

RADIUS: Wird für Bogen- bzw. Kreiskonstruktionen benötigt.

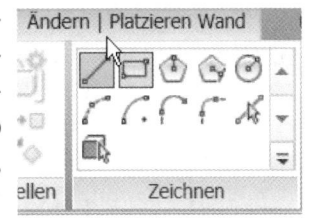

Der Ändern-Tab: Diese Rubrik wird automatisch beim Aufruf des Befehls WAND sichtbar und enthält mehrere verschiedene Gruppen. In der Gruppe ZEICHNEN sind verschiedene Zeichenfunktionen vorhanden, die im Prinzip selbsterklärend sind. Klicken Sie auf einen der Buttons, um die einzelnen Optionen aufzurufen.

Die Option ZEICHNEN haben wir im Kapitel 2 schon ausgiebig genutzt. Dabei werden jeweils ein Anfangspunkt und ein Endpunkt für die Ausdehnung der Wand definiert.

Eine besondere Funktion in den Zeichenbefehlen ist die Option LINIEN AUSWÄHLEN:

Mit dieser Option werden Wände anhand bestehender Linien erstellt. Das erspart schon mal die ein oder andere Minute Zeit. Diese Funktion ist auch bei vielen anderen Bauteilen verfügbar, scheuen Sie sich nicht davor, sie zu benutzen!

Wählen Sie zur Übung diese Option und klicken Sie auf die Rasterlinien.

Die auftauchende grüne Linie gibt die Position der zu erstellenden Wand an, dazu gleich noch mehr bei der Option POSITIONSLINIE. Mit jedem Klick auf die Objekte wird eine Wand erstellt.

Machen Sie die gerade erstellten Wände wieder rückgängig.

Mit der Option FLÄCHEN AUSWÄHLEN kann man auf die Flächen von Körpermodellen Wände legen.

Weitere Tipps:

- Probieren Sie, die Wände an den Achsen auszurichten und abzuschließen und verschieben Sie anschließend die Achsen. Die Wände ändern sich logischerweise gleich mit, was sehr hilfreich sein kann. Ich empfehle aber dringend, nach einem sauberen System zu arbeiten und nicht alles kunterbunt zu »verschließen«. Sie könnten sonst den Überblick verlieren und wissen dann nicht mehr, welche Bauteile sich wo verändern. Eine sinnvolle Vorgehensweise wäre, dass Bauteile wie Wände nur an Achsen angeschlossen sind. So weiß man später immer, an welcher Stelle man die Abhängigkeit wieder entfernen kann.

- Wenn Sie einen 2D-DWG-Plan umarbeiten müssen zu einem 3D-Projekt, können Sie ihn importieren (siehe auch Abschnitt *3.12 Topographie*) und dann die Wände mit der Option LINIEN AUSWÄHLEN relativ rasch nachzeichnen!

- Wände können über mehrere Geschosse reichen (wie andere Bauteile auch). Dies kann Ihnen beim Erstellen des Projekts behilflich sein. Sofern sich die Lage, die Materialien und die Bauteildicken nicht ändern, ist es oft von Vorteil, dort die Wände entsprechend an die oberste Ebene zu binden. Sollte sich nun zu einem späteren Zeitpunkt etwas ändern, müssen nicht in allen Geschossen die entsprechenden Bauteile einzeln geändert werden, sondern es reicht, die Änderung einmal durchzuführen. Meist kann man die Außenwände vom Erdgeschoss aus über mehrere Geschosse hinweggehen lassen (im Optimalfall bis zum Dach).

Teilelemente (Neu in 2012)

- Der Befehl TEILELEMENTE ERSTELLEN ist neu ab der Version 2012. Mit diesem Befehl ist es z. B. möglich, Wände in einzelne Schichten zu unterteilen. Damit ist es beispielsweise möglich, nur die Dämmungsschicht der Wand in eine andere Phase zu stecken (eine bestehende Außenwand soll mit

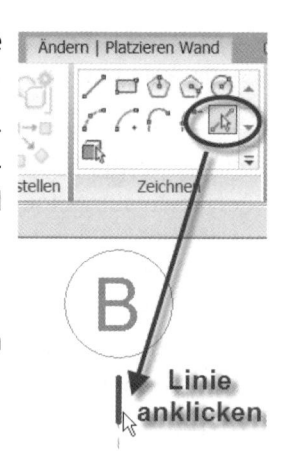

3.4 Wände

einer Wärmedämmung versehen werden). Auch für die Ermittlung von Massen ist diese Vorgehensweise oft hilfreich. Der Befehl wurde in der Version 2013 um einige Punkte verbessert, z. B. das Aufteilen nach Rasterlinien der das Anlegen von Fugen.

- Um den Befehl zu nutzen, klicken Sie auf eine mehrschichtige Wand und wählen Sie dann den Befehl TEILELEMENTE ERSTELLEN. Wählen Sie anschließend eine Schicht der Wand aus, die Sie trennen wollen (z. B. die Dämmung).

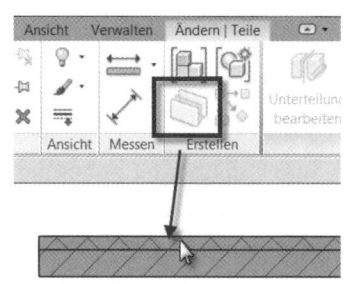

- Danach können Sie die Schichten dieser Wand einzeln editieren. Wenn Sie die Dämmungsschicht anwählen, haben Sie in den Eigenschaften die Möglichkeit, Griffe zu aktivieren und andere Materialien zu vergeben.

- Des Weiteren können Sie die Wandschicht auch in eine andere Phase verschieben.

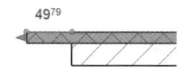

Temporäre Bemaßungen

Bevor wir die Wände im Projekt weiter bearbeiten werden, werfen wir noch einen kurzen Blick auf die temporären Bemaßungen.

Immer wenn Bauteile aktiv geschaltet werden, erscheinen automatisch die temporären Bemaßungen. Über diese Bemaßungen können Sie die genauen Abmessungen der Geometrie bestimmen.

Klicken Sie dazu auf die Maßzahl und ändern Sie einfach deren Wert. Die Bauteile werden dann von Revit entsprechend verschoben.

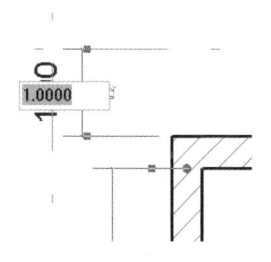

> Tipp 1: Verschoben wird immer das Bauteil, das rot markiert ist (= aktives Bauteil)!

Kapitel 3 — DIE GRUNDFUNKTIONEN IM DETAIL

> Tipp 2: Es wird in der Regel nicht eine *Länge* einer Wand verändert, sondern der *Abstand* zur nächsten Wand. Sie müssen also »um die Ecke denken«!

Die vorgeschlagenen Referenzpunkte (hier die Innenmaße der Wände) können Sie jederzeit ändern, indem Sie auf die blauen Punkte (= Steuerelemente) an der Bemaßung klicken.

Dabei springt die Bemaßung auf die nächste Referenz, die Revit findet, dazu gehört auch die Achse der Wand. Um von der Innenkante der Wand auf die Außenkante zu kommen, muss also zweimal geklickt werden.

Ab der Version 2011 bleiben einmal eingestellte Referenzen erhalten, das heißt, beim späteren Aufruf derselben Wand kommt die zuletzt eingestellte Referenz.

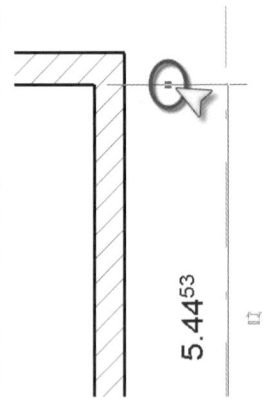

> Tipp: Die Größe der temporären Bemaßungen kann in den Optionen in der Rubrik GRAFIKEN umgestellt werden.

Ebenso können die Steuerelemente über mehrere Referenzen hinweg gezogen werden, indem die linke Maustaste gedrückt gehalten wird.

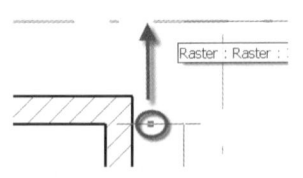

> Hinweis: Gültige Referenzen werden dick umrandet angezeigt.

Mit dem kleinen Bemaßungssymbol unter der temporären Bemaßung können Sie aus einer temporären Bemaßung eine permanente Bemaßung machen.

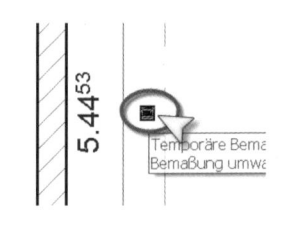

Ich empfehle dieses Vorgehen jedoch nur in Ausnahmefällen (z. B. im Familieneditor zum Erzeugen von Parameterbemaßungen), da mit dieser Methode lauter einzelne Bemaßungen erzeugt werden. Maßketten sollten generell über den Befehl BEMASSUNG als komplette »Einheit« erzeugt werden. Bei nachträglichen Änderungen dieser Maßketten kann dann etwas Zeit gespart werden. Mehr zu den Bemaßungen erfahren Sie im Abschnitt *3.10 Bemaßung*.

Wände editieren

Kommen wir nun zurück zu unserem Gebäudemodell.

Öffnen Sie die Zeichnung Kapitel 3.4 Wände.

Hinweis: Zur besseren Übersicht wurden in dieser Zeichnung Filter eingesetzt, um verschiedene Bauteile bequem aus- und einblenden zu können.

Unter SICHTBARKEIT/GRAFIKEN können Sie in der Registerkarte FILTER die Häkchen bei SICHTBARKEIT wieder setzen, um die Bauteile gegebenenfalls einzublenden.

Wir wollen nun ein wenig mit den Wänden experimentieren.

Zunächst werden wir die Oberkante der Wände vom Dach wieder lösen (die im Kapitel 2 an das Dach fixiert wurden), danach die Außenwände auswählen, in das Kellergeschoss kopieren und anschließend diese Wände in ein Stahlbetonmauerwerk ändern.

Zeigen (nicht klicken!) Sie in der 3D-Ansicht auf die Außenseite einer Wand.

Als optisches Hilfsmittel wird das Bauteil dick umrandet.

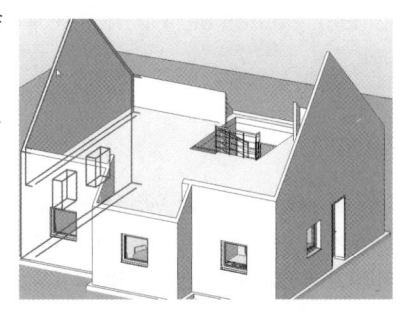

Drücken Sie einmal auf die Taste ⇥.

Jetzt wird eine »Wandkette« dick umrandet. Diese Kette beinhaltet Bauteile, die am Wandende miteinander verbunden sind. In unserem Falle umspannt diese Kette alle Außenwände.

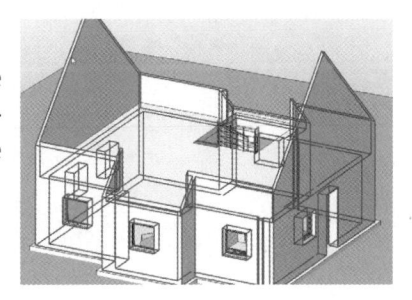

Kapitel 3 — DIE GRUNDFUNKTIONEN IM DETAIL

Klicken Sie auf die gezeigte Wand.

Jetzt sind alle Außenwände aktiviert!

> Sobald Sie die Maus von der Wand wegbewegen, geht die Markierung wieder verloren, versuchen Sie deshalb, die Maus möglichst still zu halten.

> Tipp: Alternativ können Sie auch mit gedrückter Strg-Taste einzelne Elemente zur Auswahl hinzufügen. Mit gedrückter ⇧-Taste werden einzelne Elemente entfernt.

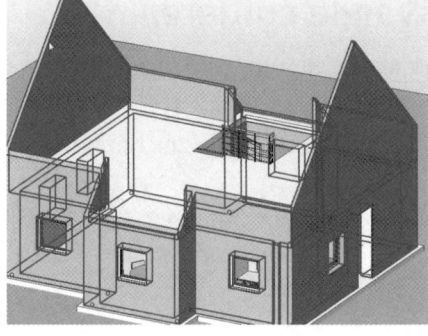

Werfen Sie einen Blick in die Entwurfsleiste.

Klicken Sie in der Gruppe WAND ÄNDERN auf LÖSEN OBEN/BASIS ...

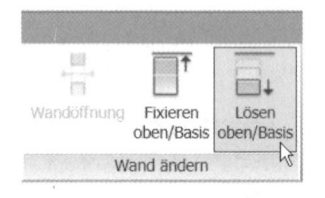

... und dann auf VON ALLEN LÖSEN, um die Abhängigkeiten der Oberkante wieder freizugeben.

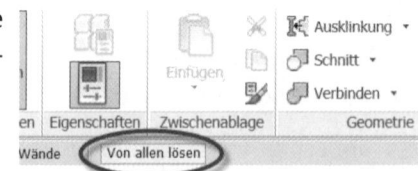

Die Oberkanten der Wände liegen jetzt wieder auf der Ebene 1, in der 3D-Ansicht kann man das gut nachvollziehen.

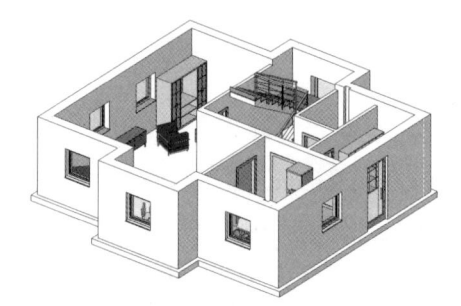

3.4 Wände

Markieren Sie die Außenwände nochmals auf dieselbe Weise:

Zeigen Sie auf eine Wand, drücken Sie die ⇧-Taste und klicken Sie dann auf die Wand.

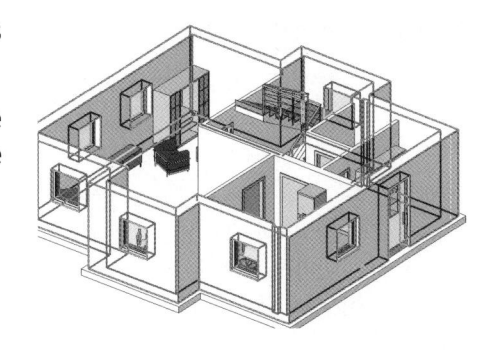

Wenn die Außenwände ausgewählt sind, kopieren Sie die ausgewählten Bauteile in die Zwischenablage über den Button IN ZWISCHENABLAGE KOPIEREN aus der Gruppe ZWISCHENABLAGE oder über das Tastaturkürzel [Strg]+[C].

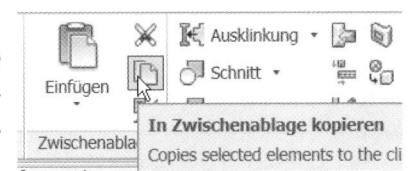

Klicken Sie anschließend auf den Punkt EINFÜGEN und wählen Sie die Option AN AUSGEWÄHLTEN EBENEN AUSGERICHTET und wählen Sie dann EBENE -1 aus.

Alternativ können Sie das Tastaturkürzel »in« eingeben.

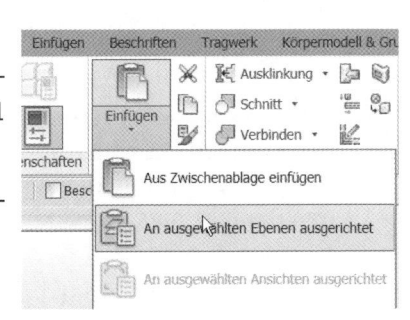

> Achtung: Der Befehl EINFÜGEN aus der Rubrik WAND ÄNDERN mag zunächst verlockend erscheinen. Benutzen Sie ihn hier dennoch nicht, denn Sie müssten dann manuell einen Einfügepunkt angeben.

In der 3D-Ansicht kann man gut erkennen, wie die Wände im Kellergeschoss eingefügt wurden.

Tipp: Man kann auch mehrere Geschosse auf einmal zum Einfügen anwählen!

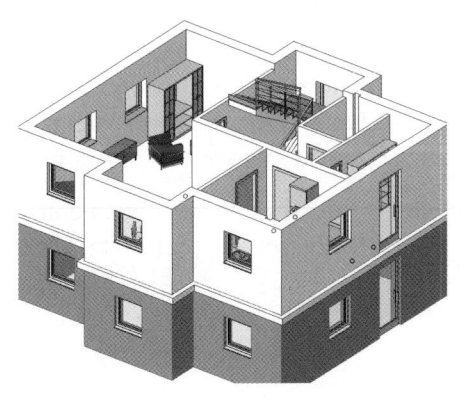

Kapitel 3 — DIE GRUNDFUNKTIONEN IM DETAIL

Wechseln Sie in die EBENE -1.

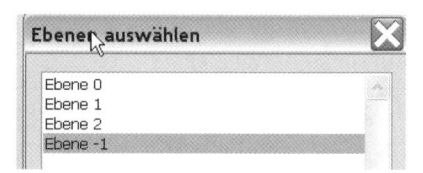

Die Außenwände sind in den Grundriss hineinkopiert worden. Grau hinterlegt sieht man die Einrichtung und Wände des Erdgeschosses »durchschimmern«.

Das kann durchaus hilfreich für die Modellierung sein, da man so bequem die Lage der Bauteile übereinander prüfen kann (z. B. tragende Wände).

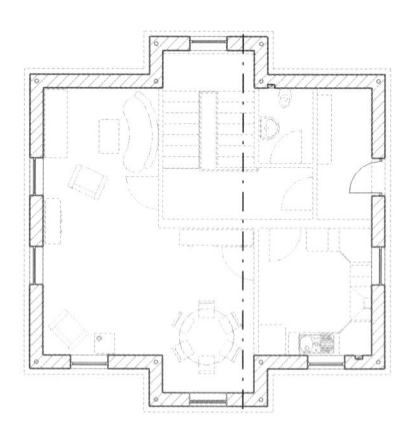

Tipp: Damit nichts verdeckt wird, blenden Sie die Kategorien DACH und GESCHOSSDECKEN über die Sichtbarkeiten der Grafiken (TK »vv«) aus. Dieser Button ist in den Ansichtseigenschaften aktiv, wenn keine anderen Bauteile markiert sind.

Unter dem Eintrag UNTERLAGE können Sie einfach die gewünschte Ebene per Drop-down-Menü auswählen.

Falls Sie nur die aktuelle Ebene sehen wollen, wählen Sie den Eintrag KEINE.

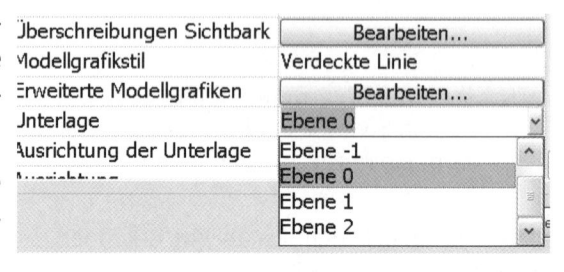

Die Außenwände sollen aus 30 cm Stahlbeton mit 10 cm Wärmedämmung bestehen. Dieser Typ ist in der Auswahlliste der Wandtypen noch nicht vorhanden. Wir werden diesen Typ im Folgenden neu anlegen und ihn den Außenwänden zuweisen.

Wählen Sie als Erstes alle Wände aus, die geändert werden sollen, also die Außenwände (Wand zeigen, ⇥-Taste, klicken).

3.4 Wände

Wählen Sie in den EIGENSCHAFTEN bei POSITIONSLINIE den Eintrag TRAGENDE SCHICHT: INNENKANTE aus, damit der neue Wandtyp im Keller bündig mit der Innenkante der Wände im EG gesetzt wird.

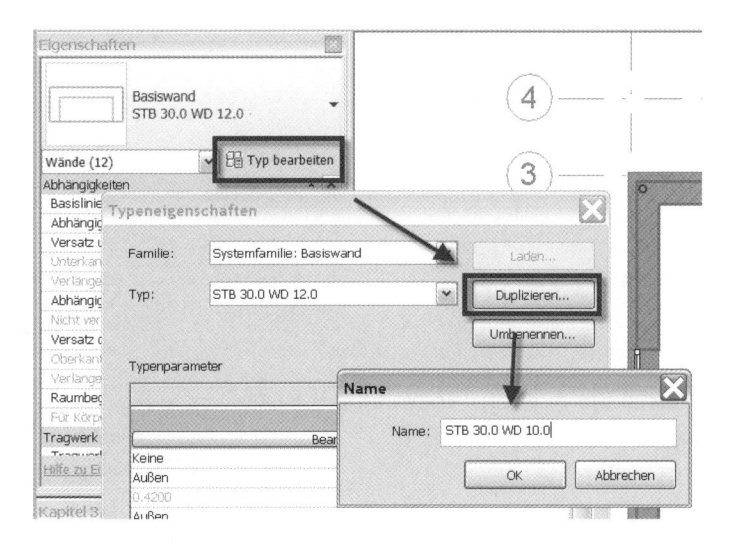

Tipp: Bei der Änderung der Wandstärke wird immer von der Positionslinie aus gerechnet! Liegt die Positionslinie also innen, wird die Wandstärke zur Außenkante hin geändert. Liegt sie in der Wandmitte, wird auf beide Seiten hin geändert usw.

Wählen Sie den Wandtyp STB 30.0 WD 12.0 aus dem Typenauswahlfenster aus.

Dieser Typ entspricht am ehesten dem neu gewünschten Typen. Somit können wir auf bereits passende Eigenschaften zurückgreifen und müssen nur noch wenige Einstellungen selbst tätigen. Zeit ist schließlich Geld ...

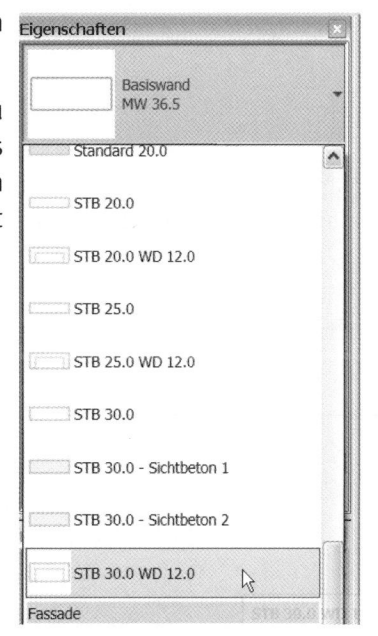

Kapitel 3 — DIE GRUNDFUNKTIONEN IM DETAIL

Klicken Sie auf TYP BEARBEITEN und dann auf DUPLIZIEREN, da wir den bestehenden Typ erhalten wollen.

Geben Sie als Namen STB 30.0 WD 10.0 ein und klicken Sie auf OK.

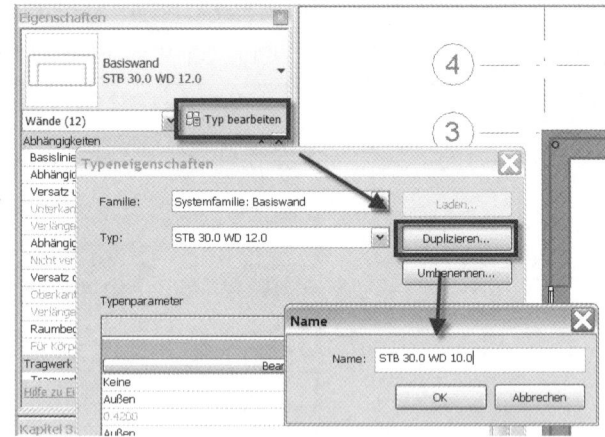

Klicken Sie nun bei TRAGWERK auf BEARBEITEN.

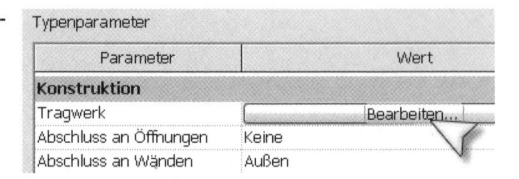

In diesem Dialogfenster können Sie Ihre eigene Wandkonstruktion erstellen:

Ändern Sie für unser Projekt die Stärke der Dämmungsschicht auf 10 cm ab.

Schließen Sie alle Dialogfenster mit OK.

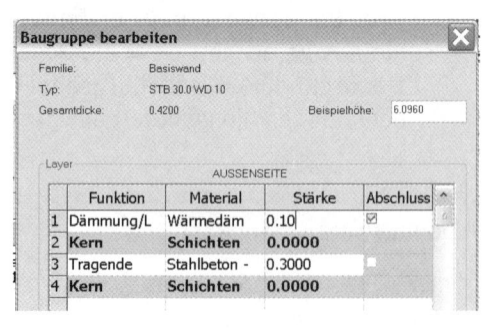

Nun werden alle zuvor markierten Elemente mit diesem Typ belegt.

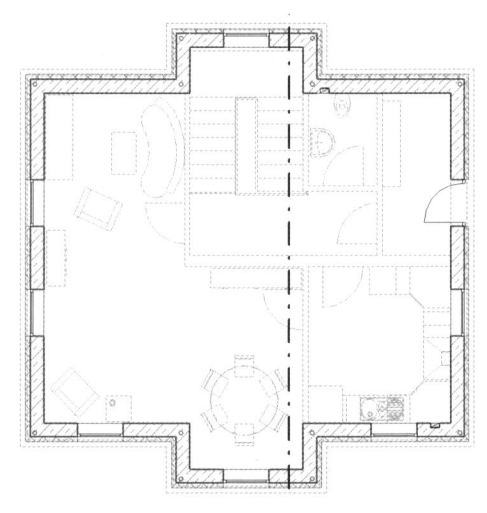

3.4 Wände

Ergänzen Sie die Kellerinnenwände (z. B. Ziegelmauerwerk 24 cm).

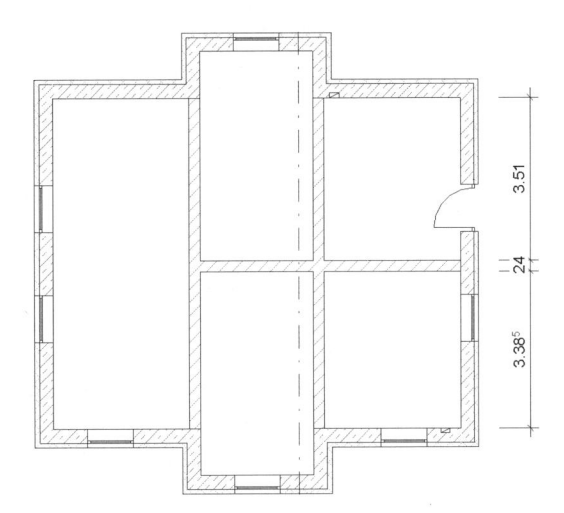

Tipp 1: Die Wandrichtung kann mit Hilfe der Richtungspfeile gewechselt werden.

Tipp 2: Bei der Mittelwand gibt es mehrere Möglichkeiten der Erstellung.

1. Man kann sie natürlich zeichnen und mit Hilfe der temporären Bemaßungen einrichten.
2. Man kann sie mit der Option WÄNDE ZEIGEN und mit eingeschaltetem EG-Grundriss als Unterlage anklicken und die Lage so aus dem EG übernehmen.
3. Oder man kann die Wand über KOPIEREN/EINFÜGEN – EBENE AUSWÄHLEN aus dem EG kopieren und im KG wieder einfügen.

Nun soll die Ebene 1 weiter bearbeitet werden.

Wie schon erwähnt, sind die Oberkanten der Wände nicht auf ein bestimmtes Geschoss beschränkt, sondern können variabel definiert werden.

Kapitel 3 — DIE GRUNDFUNKTIONEN IM DETAIL

Öffnen Sie die 3D-Ansicht.

Markieren Sie wieder die Außenwände des EG.

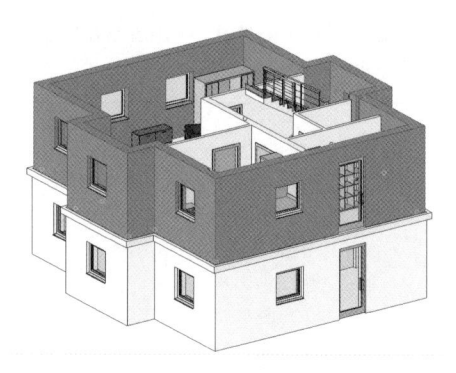

Öffnen Sie die ELEMENTEIGENSCHAFTEN und wählen Sie bei ABHÄNGIGKEIT OBEN über das Drop-down-Menü die Option BIS EBENE: EBENE 2.

Die Wände reichen jetzt von der Ebene 0 bis zur Ebene 2. Werden die Höhen der Ebenen verändert, ändert sich die Wandhöhe automatisch mit.

Für unser Projekt sollen die Wände allerdings dem Dachprofil folgen. Daher wird die Oberkante wieder an das Dach fixiert.

Wechseln Sie mit einem Doppelklick in die Ansicht EBENE 1.

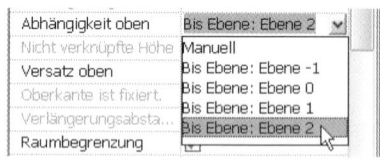

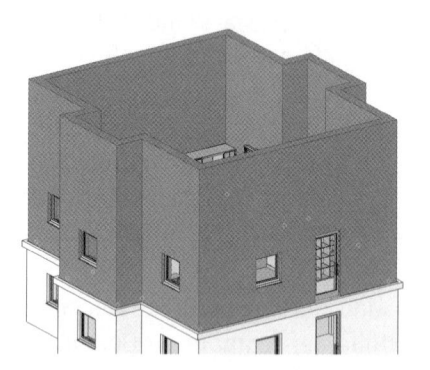

> Hinweis: Die Objektauswahl bleibt beim Wechsel in eine andere Ansicht über den Projektbrowser bestehen!

Klicken Sie nun in der Entwurfsleiste auf FIXIEREN OBEN/BASIS und klicken Sie dann auf das Dach.

Die Wände verschneiden sich daraufhin mit der Unterkante des Daches.

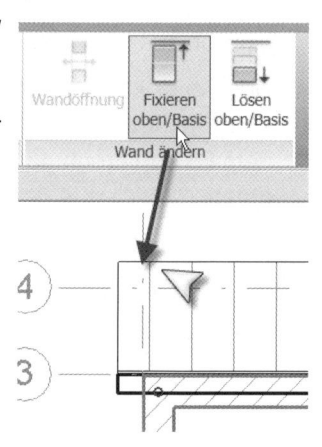

3.4 Wände

Kontrolle im Schnitt:

> Hinweis: Das Erdreich läuft im Moment noch durch das Kellergeschoss hindurch (Topographie aktivieren in den Sichtbarkeiten, falls das Gelände nicht sichtbar sein sollte!), da noch keine Sohle definiert ist. Diese Funktion wird im Abschnitt *3.12 Topographie* beschrieben.

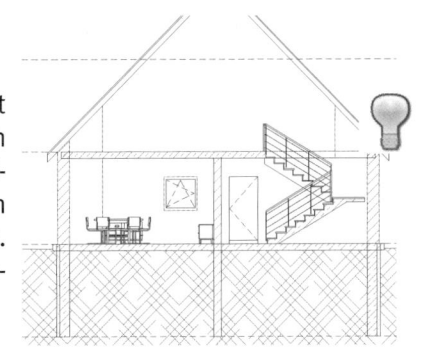

Ergänzen Sie nun die Innenwände als Gipskartonwände mit der Stärke 10 cm.

> Tipp: Wenn Sie das Dach bei der Bearbeitung stört, können Sie es temporär ausblenden. Klicken Sie dazu auf das Dach und drücken Sie das TK »tt«, das Dach ist dann ausgeblendet. Um es wieder sichtbar zu machen, drücken Sie einfach das TK »tz«. Wie der Name schon vermuten lässt, sind die Bauteile nur für den Augenblick ausgeblendet. Wird das Projekt geschlossen und wieder geöffnet, sind alle temporären Ausblendungen zurückgesetzt. Temporär ausgeblendete Bauteile sind auf dem Plot sichtbar! Siehe auch Abschnitt *3.2 Allgemeines*.

Ergebnis in der 3D-Ansicht:

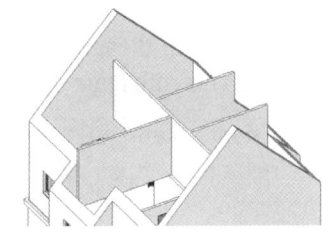

Die Zwischenwände sollen nun wie nebenstehend an der Ebene 2 und am Dach gestutzt werden.

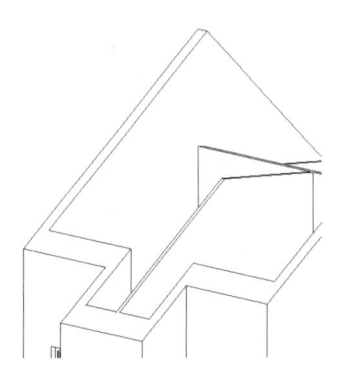

Kapitel 3 — DIE GRUNDFUNKTIONEN IM DETAIL

Würde man die Wände einfach an das Dach fixieren, würden sie jedoch bis zum Giebel laufen …

Was also tun?

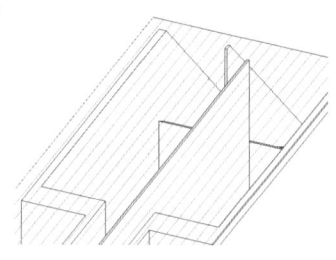

Lösung:

Für solche Situationen gibt es den Befehl PROFIL BEARBEITEN, der in der Optionsleiste auftaucht, wenn man eine Wand wählt.

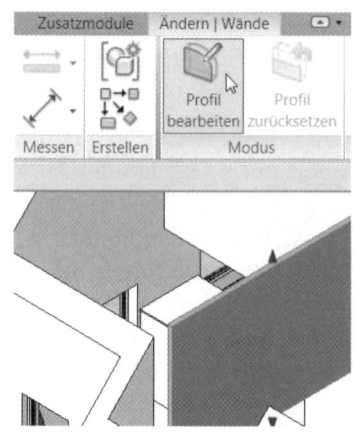

Klicken Sie auf diesen Button, dann wird die Kontur der Wand als rote Linie dargestellt.

Diese Kontur kann jetzt beliebig verändert werden. Einzige Bedingung: Es muss am Ende eine geschlossene Schleife entstehen.

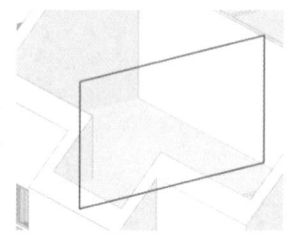

Wechseln Sie zur Bearbeitung in die Ansicht SCHNITT 1, um das Profil besser bearbeiten zu können.

Wählen Sie in der Entwurfsleiste den Befehl LINIEN und in der Optionsleiste LINIEN AUSWÄHLEN.

Klicken Sie nun auf die Unterkante der Dachhaut, die die Oberkante der Wand sein soll.

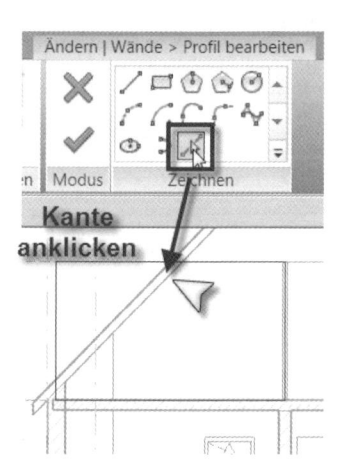

3.5 Fenster und Türen

Hinweis: Wenn Sie wollen, dass das Wandprofil automatisch dem Dach bei Änderungen der Neigung folgt, können Sie die Linie mit Hilfe der Schlösser an die Dachhaut binden.

Stutzen Sie nun die überstehenden Linien weg und klicken Sie auf BEARBEITUNGSMODUS BEENDEN.

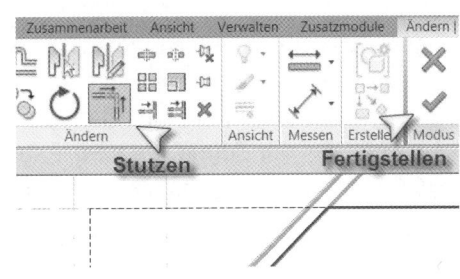

Ergebnis in der 3D-Ansicht:

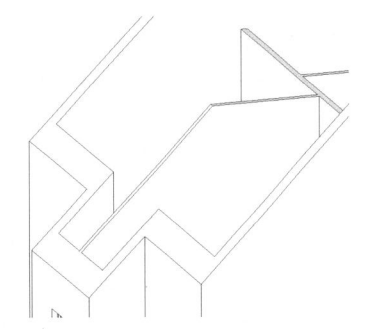

Wiederholen Sie diese Schritte für die beiden anderen Wände.

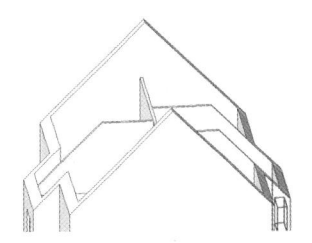

3.5 Fenster und Türen

Fenster

In dieser Lektion wird sowohl eine neue Familie ins Projekt geladen (ein Fenster mit Sprossen) als auch von einer schon geladenen Fensterfamilie ein neuer Typ erstellt. Dazu ist es wichtig, ein paar Begriffe vorab genauer zu klären.

Familie: Bezeichnet in Revit die verschiedenen Bauteile, z. B. gibt es verschiedene Fensterfamilien, die ins Projekt geladen werden können. In der Vorlagendatei ist schon eine Fensterfamilie geladen, mit der wir im zweiten Kapitel die Fenster erstellt haben: die Familie FENSTER 1-FLG. Auf den folgenden Seiten soll eine weitere Familie hinzugefügt werden: FENSTER 1-FLG: SPROSSEN VARIABEL. Diese Familien werden auch »Externe Familien« genannt, da sie tatsächlich als externe Datei in der Bibliothek (Metric Library) gespeichert sind.

Externe Familien können mit dem Familieneditor bearbeitet und verändert werden. Oder man macht sich eine eigene, komplett neue Familie, auch das ist möglich. Dabei kann man in dieser Familie eigene Parameter definieren, um somit »intelligente« Bauteile zu erhalten, die die Arbeit am Projekt erleichtern. Die grundlegende Vorgehensweise bei der Editierung bzw. Erstellung eigener externer Familien ist im Kapitel *3.18 Grundlagen des Familieneditors* beschrieben.

Interne Familien können nur innerhalb des Projekts entstehen, es wird also keine gesonderte Datei auf der Festplatte erzeugt. Eine interne Familie kann z. B. eine gewölbte Geschossdecke oder Wand sein.

Systemfamilien sind z. B. Wände, Treppen, Geschossdecken und Bemaßungen. Sie sind ebenfalls nicht in der Bibliothek zu finden und können auch nicht neu erstellt, sondern lediglich angepasst werden.

Die Familien selbst sind wiederum in **Typen** unterteilt. Die Familie »Fenster« kann z. B. die Typen »1.0 m x 1.0 m«, »1.5 m x 1.0 m« usw. enthalten. Die Familie »Wand« hat die Typen »Mauerwerk – Ziegel«, »Mauerwerk – Kalksandstein«, »Betonwand« usw.

Jeder Typ kann wiederum mehrere verschiedene **Exemplare** haben, z. B. ein rotes Fenster, ein blaues Fenster usw.

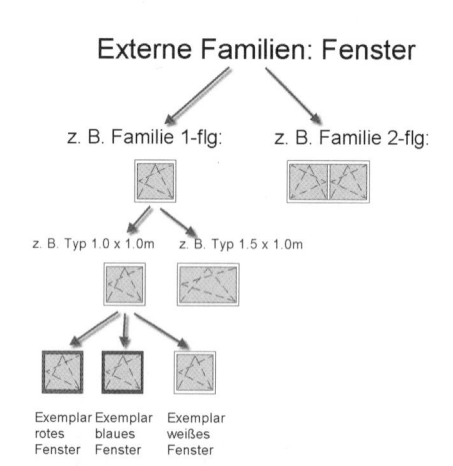

Dieses System spiegelt sich auch im Eigenschaftenfenster wieder. Wird ein Bauteil angewählt, erscheinen zunächst die EXEMPLARPARAMETER im Eigenschaftenfenster.

Wie der Name schon sagt, wirken sich alle Änderungen, die Sie hier vornehmen, auf das jeweils markierte Bauteil (= Exemplar) aus. Sie können also für jedes Fenster einzeln eine andere Brüstungshöhe vergeben oder verschiedene Materialien zuweisen usw.

3.5 Fenster und Türen

Nochmals: Geändert wird dann *das jeweils markierte Exemplar*!

Hinweis: Es ist aber durchaus möglich, die Exemplarparameter für mehrere gewählte Exemplare zu verändern (z. B. wenn mehrere Fenster gewählt sind, deren Brüstungshöhe).

Wenn Sie auf TYP BEARBEITEN klicken, öffnet sich das Dialogfenster TYPENEIGENSCHAFTEN. Hier können Sie neue Typen definieren oder vorhandene abändern. Alle Änderungen, die Sie hier tätigen, *wirken sich auf alle Exemplare dieses Typs aus*!

Beispiel: Sie haben für das FENSTER 1-FLG den Typ 1.01 x 1.01 angelegt und diesen schon zehnmal eingefügt. Nun verlangt der Bauherr, dass die Fenstergröße verändert wird auf 1.01 x 1.30 m. Um das zu erreichen, müssen jetzt lediglich die Typenparameter auf die entsprechende Größe geändert werden. Alle Exemplare dieses Typs werden dann entsprechend abgeändert!

Wir werden im Folgenden den Umgang mit Exemplaren und Typen an unserem Projekt üben.

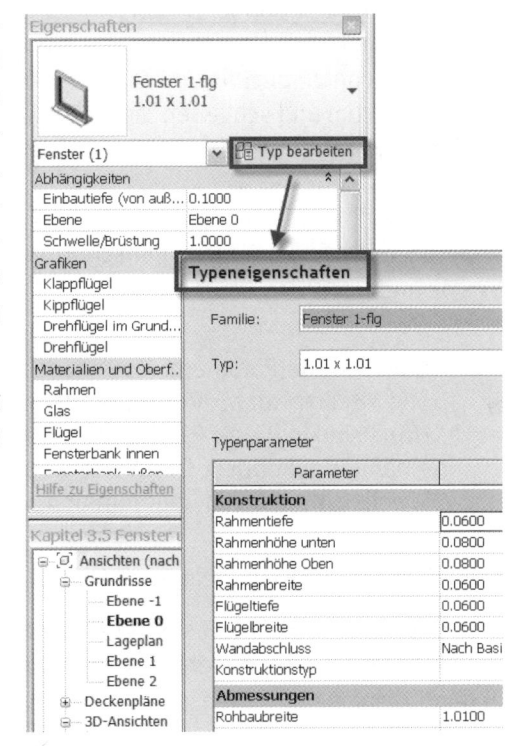

Fenstertyp über Eigenschaften ändern

Öffnen Sie die Zeichnung Kapitel 3.5 Fenster und Türen.

In dieser Zeichnung soll der vorhandene Typ FENSTER 1-FLG: 1.01 x 1.01 getauscht werden gegen einen Typ mit der Größe 1.26 x 1.26 m. Wählen Sie dazu ein beliebiges Fenster dieses Typs an, z. B. in der Ostansicht.

Rufen Sie die TYPENEIGENSCHAFTEN des Fensters auf und klicken Sie auf den Button UMBENENNEN. Damit können Sie dem momentan aktiven Typ eine neue Bezeichnung geben, um nicht im Projekt den Überblick zu verlieren. Benennen Sie diesen Typ in 1.26 x 1.26 um und schließen Sie die Dialogbox mit OK.

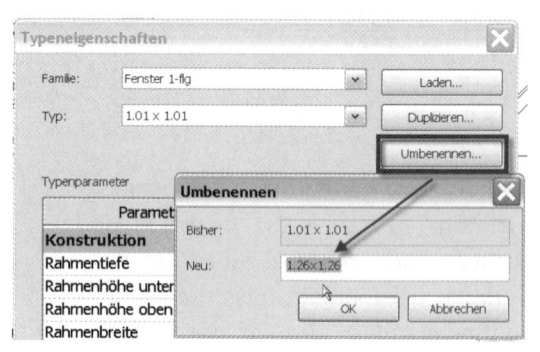

Ändern Sie nun in den Typeneigenschaften die BREITE und HÖHE des Bauteils.

Hinweis: Die Parameter ROHBAUBREITE und BREITE bzw. ROHBAUHÖHE und HÖHE sind in dieser Familie jeweils miteinander gekoppelt. Die Werte werden jeweils automatisch übernommen, wenn Sie die Zeile verlassen.

Schließen Sie alle Dialogfelder mit OK.

Ergebnis: Alle Fenster dieses Typs in diesem Projekt wurden nun auf das Maß 1.26 x 1.26 geändert, da wir die entsprechenden Parameter in den Typeneigenschaften geändert haben.

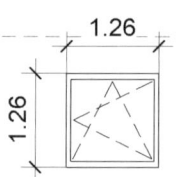

Achtung: Es gibt auch Fensterfamilien, in denen die HÖHE/BREITE als Exemplarparameter definiert ist, z. B. die Familie FENSTER 1-FLG: VARIABEL. Bei Verwendung dieser Familien sind die vorgenannten Editiermöglichkeiten nicht gegeben, daher empfiehlt sich deren Verwendung nur eingeschränkt (nur bei Bauwerken, bei denen alle Fenster unterschiedliche Maße haben, z. B. Altbausanierung).

3.5 Fenster und Türen

Fenstertyp austauschen mit Befehl »Alle Exemplare auswählen«

Im vorherigen Abschnitt wurden alle Fenster eines Typs über die Typeneigenschaften eines einzelnen Fensters geändert. Dasselbe Ergebnis kann man auch mit dem Befehl ALLE EXEMPLARE AUSWÄHLEN erzielen.

Zunächst soll die Familie FENSTER 1-FLG gegen die Familie FENSTER 1-FLG - SPROSSEN VARIABEL ausgetauscht werden.

Öffnen Sie den Grundriss EG, um das Fenster anwählen zu können. Wählen Sie aus dem Kontextmenü (RMT) den Eintrag ALLE EXEMPLARE AUSWÄHLEN|IN DIESER ANSICHT.

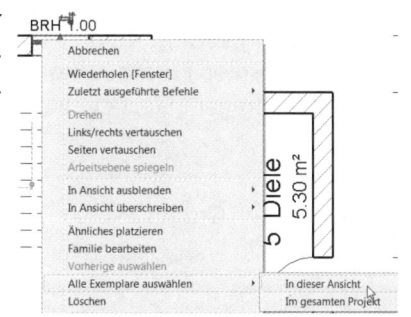

Achtung: Der Befehl ALLE EXEMPLARE AUSWÄHLEN|IM GESAMTEN PROJEKT wählt tatsächlich alle Bauteile desselben Typs im gesamten Projekt aus, unabhängig von der momentan aktiven Ansicht! Ab der Version 2011 hat man zur besseren Auswahl die Möglichkeit, auch nur die Exemplare einer Ansicht aufnehmen zu lassen.

Achtung: Wählt man diesen Befehl z. B. in einer Seitenansicht, dann werden alle Exemplare in der aktuellen Sichttiefe der Ansicht gewählt, das heißt, je nach Einstellung der Sichttiefe der Ansicht können Fenster auf den restlichen Seiten des Modells mit ausgewählt werden!

Die nun folgenden Änderungen betreffen also alle Fenster dieses Typs im EG.

Öffnen Sie die TYPENEIGENSCHAFTEN und klicken Sie auf LADEN.

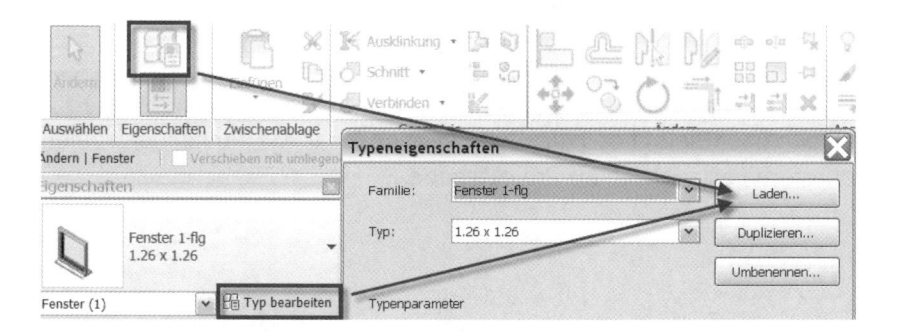

Kapitel 3 — DIE GRUNDFUNKTIONEN IM DETAIL

Öffnen Sie den Ordner Fenster in der Metric Library.

Nebenstehend ist der Standardinstallationspfad gezeigt.

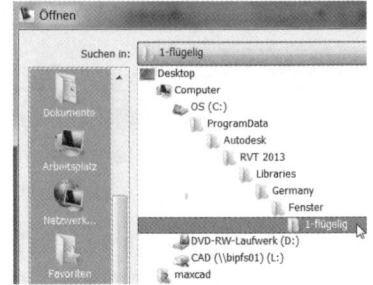

> Nach dem Klick auf LADEN sollte Revit gleich in den Ordner Metric Library springen. Sollte das bei Ihnen nicht der Fall sein, stellen Sie den Pfad unter EINSTELLUNGEN|OPTIONEN|VERZEICHNISSE entsprechend ein bzw. fragen Sie gegebenenfalls den Systemadministrator nach dem Pfad.

Öffnen Sie den Ordner 1-flügelig und klicken Sie einmal auf den Eintrag Fenster 1-flg - Sprossen variabel.rfa.

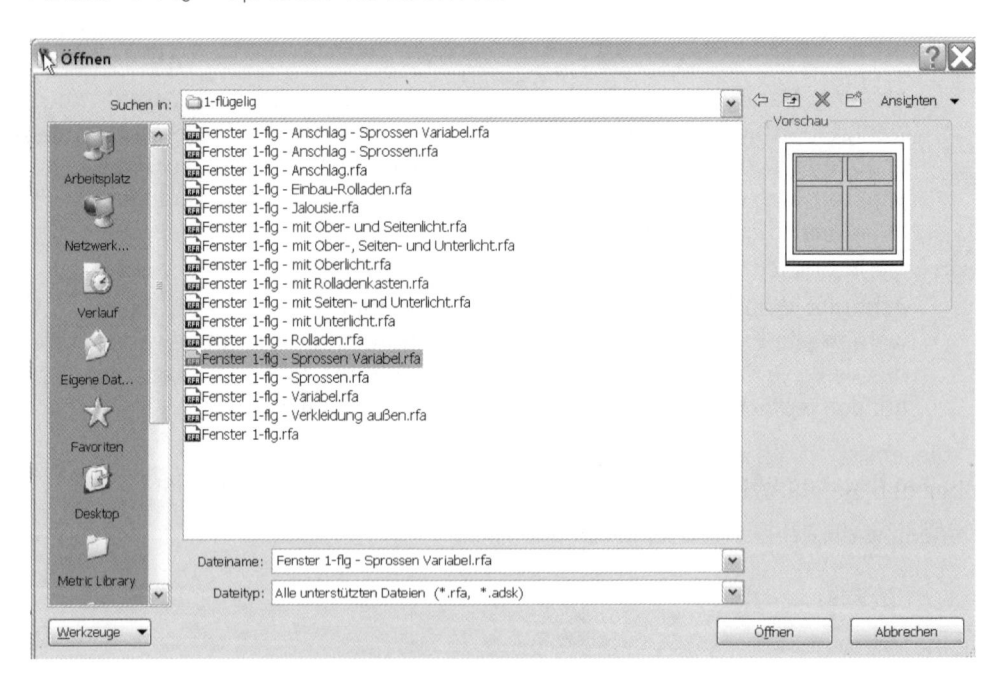

Nun wird die Typenliste (Dialogbox TYPEN ANGEBEN) sichtbar. Sie können jetzt einen oder auch mehrere Typen zugleich ins Projekt laden.

3.5 Fenster und Türen

Die Anzahl der verwendeten Typen hat direkten Einfluss auf die Dateigröße! Laden Sie deshalb im Zweifelsfalle lieber zuerst weniger Typen ins Projekt.

Klicken Sie auf den Eintrag »1.01 x 1.26«, um exakt diesen Typ ins Projekt zu laden.

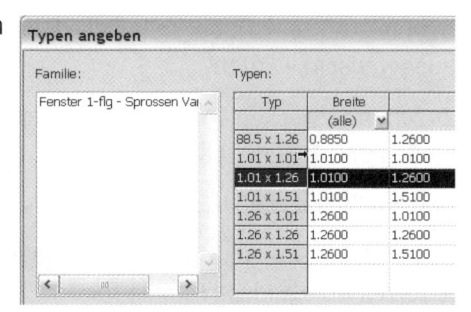

Schließen Sie die Typeneigenschaften und geben Sie im Eigenschaftenfenster bei SCHWELLE/BRÜSTUNG den Wert 0.9 ein. Klicken Sie auf OK, um das Dialogfenster zu verlassen.

Wechseln Sie zur Überprüfung des Ergebnisses in die Ostansicht. Damit die Sprossen dieser Familie auch tatsächlich sichtbar werden, stellen Sie die Detailstufe auf FEIN.

Ergebnis in der Ostansicht:

In diesem Abschnitt wurden alle Fenster über den Befehl ALLE EXEMPLARE AUSWÄHLEN aktiviert und ausgetauscht.

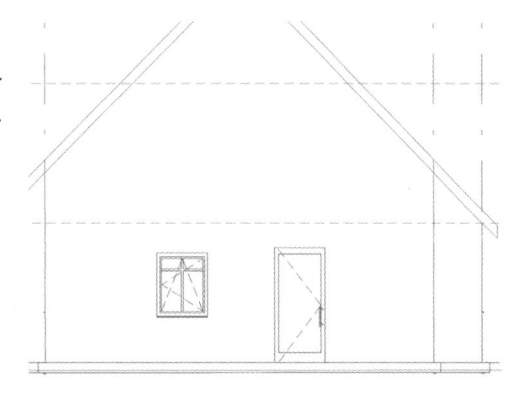

Fenstertyp eines Geschosses über den Eigenschaftenfilter austauschen

Als Nächstes werden die Kellerfenster geändert. Sie sollen einflügelig und 1.01 m x 0.75 m groß sein. Dabei sollen alle Fenster eines Geschosses – gleich welchen Typs – ausgetauscht werden.

Zu Übungszwecken werden wir zunächst ein Fenster im Kellergeschoss richtig einstellen und die Einstellungen dann auf die restlichen Kellerfenster übertragen.

Wählen Sie das Kellerfenster in der Ostansicht, öffnen Sie die TYPENEIGENSCHAFTEN.

In der Zeile FAMILIE können Sie jederzeit eine andere Familie für das Bauteil wählen (natürlich nur innerhalb der Kategorie FENSTER). Über das Drop-down-Menü (kleiner Pfeil rechts) erscheinen alle derzeit im Projekt geladenen Familien. Wählen Sie die Kategorie FENSTER 1-FLG aus.

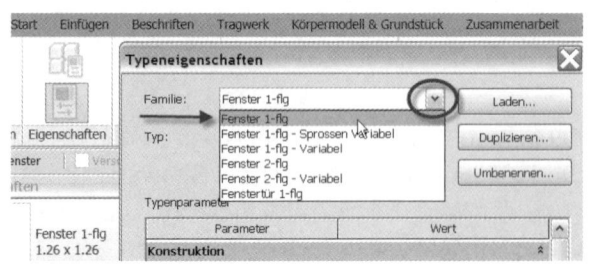

Im Fenster TYP ist derzeit nur der Typ 1.26 x 1.26 verfügbar. Wir wollen jedoch ein Fenster mit der Größe 100 x 75 cm. Klicken Sie deshalb auf DUPLIZIEREN, um diesen Typ zu kopieren und anschließend in einen anderen Typ abändern zu können.

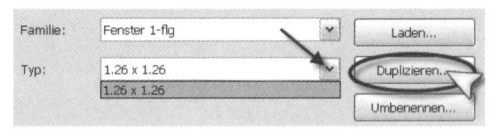

Vergeben Sie einen eindeutigen Namen, es empfiehlt sich hier meist, die Größe des Bauteils einzutragen, damit der Typ später leicht wieder identifiziert werden kann.

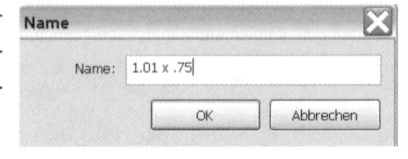

> Das ist allerdings nur der *Name* des Typs und hat noch nichts mit den Abmessungen selbst zu tun.

Schließen Sie das Dialogfenster mit OK.

Geben Sie bei ROHBAUBREITE und ROHBAUHÖHE die neuen Werte ein und klicken Sie auf OK.

3.5 Fenster und Türen

Hinweis: Die Parameter ROHBAUHÖHE und HÖHE entsprechen in dieser Familie automatisch demselben Wert. Aus dem Parameter HÖHE wird *immer* das Maß für die Bauteilöffnungen für die Bemaßung entnommen.

Geben Sie in den Exemplareigenschaften bei STURZHÖHE den Wert 2.25 ein.

Tipp: Alternativ können Sie auch die Brüstungshöhe angeben, die entsprechenden Werte werden immer korrekt angepasst.

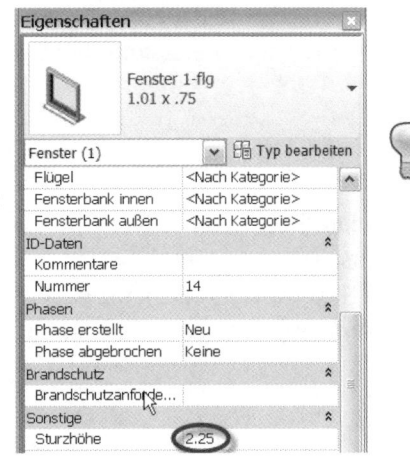

Entfernen Sie das Häkchen beim Parameter DREHFLÜGEL. Somit wird das Fenster in der Ansicht gleich korrekt angezeigt (im Detaillierungsgrad FEIN).

Schließen Sie das Fenster mit OK.

Die Ostansicht sollte jetzt folgendermaßen aussehen:

Wechseln Sie in die Ansicht EBENE -1.

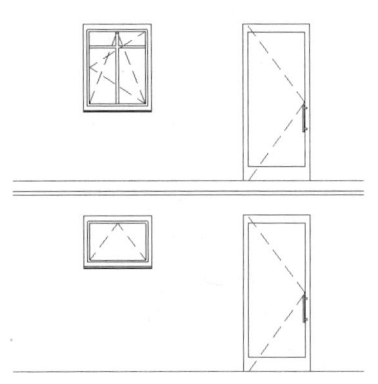

Für die Darstellung des Modells im Grundriss wird das Projekt in einer gewissen Höhe »physisch« geschnitten.

Die Brüstungshöhe des eben erstellten Fensters liegt über dieser Schnittebene, daher ist die Darstellung im Moment fehlerhaft.

Wir werden also die Schnittebene der Ansicht anheben.

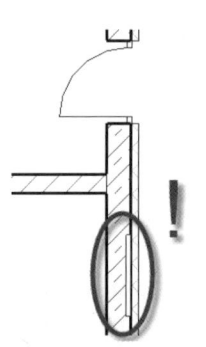

Scrollen Sie in den Ansichtseigenschaften (die im Eigenschaftenfenster aktiv sind, wenn kein weiteres Bauteil gewählt ist) bis ganz nach unten. Klicken Sie bei ANSICHTSBEREICH auf BEARBEITEN.

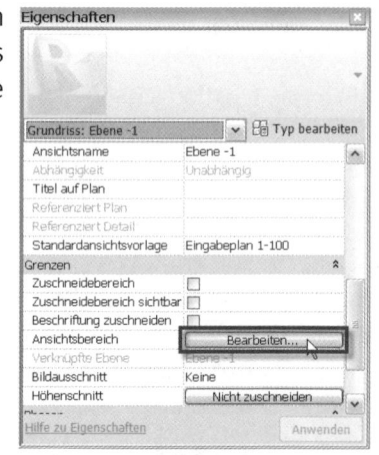

Geben Sie nun bei SCHNITTEBENE den Wert 1.75 ein, damit das Fenster wieder geschnitten wird.

Beenden Sie den Befehl mit OK.

Das Fenster wird jetzt richtig dargestellt!

OBERKANTE: Legt die obere Grenze des primären Bereichs fest. Die Elemente werden angezeigt, wie in ihren Objektstilen definiert. Die Elemente über dem Wert VERSATZ werden nicht angezeigt.

SCHNITTEBENE: Legt die Höhe fest, in der die Elemente in der Draufsicht geschnitten werden sollen. Gebäudebauteile, die unterhalb der Schnittebene liegen, werden als Projektionen angezeigt. Bauteile, die diese Ebene schneiden, werden geschnitten. Zu den geschnittenen Gebäudebauteilen gehören beispielsweise Wände, Dächer, Decken, Geschossdecken und Treppen. Verschiedene andere Kategorien wie z. B. Möbel oder mechanische Geräte werden sinnvollerweise auch dann als Projektion angezeigt, wenn sie von der Schnittebene geschnitten werden.

UNTERKANTE: Legt die Ebene für die untere Grenze des primären Bereichs fest. Die Unterkante darf nicht tiefer als die Ansichtstiefe liegen.

ANSICHTSTIEFE: Bestimmt den vertikalen Bereich für die Sichtbarkeit von Elementen zwischen angegebenen Ebenen. Bei einem Grundriss sollte sie unterhalb der Schnittebene liegen. Im Deckenplan sollte sie oberhalb liegen. Wenn Sie ein mehrgeschossiges Gebäude entwerfen, können Sie beispielsweise einen Grundriss des 10. Obergeschosses mit einer Ansichtstiefe bis zur ersten Ebene einrichten. Durch die Angabe einer Ansichtstiefe können Sie sichtbare Objekte unter der aktuellen Ebene anzeigen, beispielsweise Treppen, Balkone und durch Öffnungen in Geschossdecken sichtbare Objekte. Elemente, die im Bereich der Ansichtstiefe liegen, sind zwar sichtbar, werden aber nicht in die Auswahl aufgenommen, wenn diese über ein Fenster erfolgt (linke Maustaste gedrückt halten und ziehen).

Tipp: Es ist auch möglich, nur einzelne Bereiche mit unterschiedlichen Schnittbereichen zu versehen. Wählen Sie dazu den Befehl DRAUFSICHTEN|PLANBEREICH in der Rubrik ANSICHT der Entwurfsleiste. Dort können Sie dann einen 2D-Bereich für den jeweiligen Ausschnitt skizzieren. Unter PLANBEREICHSEIGENSCHAFTEN kann die Schnitthöhe angegeben werden.

Im nächsten Schritt werden alle Fenster des Kellergeschosses durch einen anderen Fenstertyp ersetzt werden.

Benutzen Sie hierzu diesmal den Befehl FILTER.

Wählen Sie dazu alle Fenster des Kellergeschosses aus.

Markieren Sie zunächst den ganzen Grundriss, indem Sie ein »Fenster« darüberziehen. Klicken Sie links oben in die Zeichnung und ziehen Sie die Maus mit gedrückter linker Maustaste nach rechts unten. Lassen Sie nun die Maustaste wieder los.

Jetzt sind alle Objekte in diesem Geschoss markiert (hellblau dargestellt).

Klicken Sie nun in der Optionsleiste auf das Trichtersymbol (Filter).

Entfernen Sie alle Häkchen bis auf das der Kategorie FENSTER.

Klicken Sie auf OK, um das Fenster zu schließen. Jetzt sind nur noch die Fenster markiert.

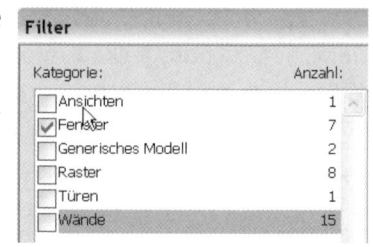

Öffnen Sie nun das Typenauswahlfenster und wählen Sie den vorher erstellten Typ FENSTER 1-FLG: 1.01 x .75.

> Alternativ kann man einzelne Typen von einem Bauteil zum nächsten übertragen, um den Bauteiltyp zu wechseln.

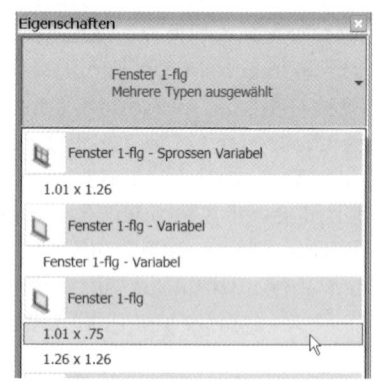

Dazu benutzt man den Befehl TYP ANPASSEN. Der Befehl befindet sich in der Menüleiste in der Rubrik ÄNDERN. Wählen Sie zuerst das Bauteil, von dem der Typ übernommen werden soll, und klicken Sie dann alle Bauteile an, die diesen Typ erhalten sollen. Sie können diesen Befehl z. B. benutzen, um Fenstern einen bereits vorhandenen Typ im Projekt zuzuweisen.

Nachteil bei dieser Methode: Werte der Exemplareigenschaften wie die Brüstungshöhe bei Fenstern werden nicht übernommen. Manchmal ist diese Methode aber trotzdem hilfreich (z. B. bei Fassadenelementen).

Öffnen Sie gleich darauf das Eigenschaftenfenster und geben Sie bei der STURZHÖHE den Wert 2.25 ein.

3.5 Fenster und Türen

Alle Fenster in der Ebene -1 haben jetzt einen anderen Typ zugewiesen bekommen.

An die Stelle der Außentür soll als Nächstes ein Kellerfenster gesetzt werden.

Wechseln Sie dazu in den Grundriss Ebene -1. Löschen Sie zuerst die Außentür im Keller (markieren und dann Entf-Taste drücken) und klicken Sie auf das Fenster links oben (bei Achse A3).

Dieses Fenster soll nun gespiegelt werden. Zur Definition der Spiegelachse stehen zwei Methoden zur Auswahl:

SPIEGELN - ACHSE WÄHLEN: Mit dieser Option wird die Spiegelachse durch direktes Anklicken eines Elements definiert.

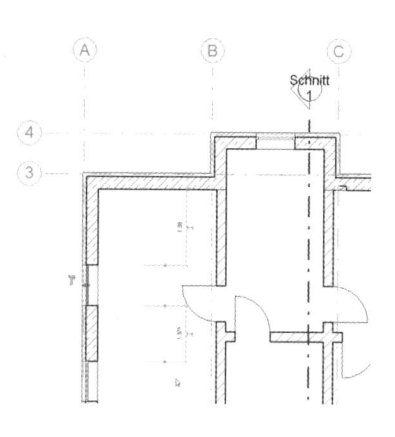

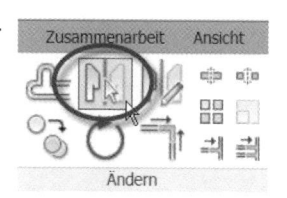

Beispiel: Wenn Sie mit dem Cursor über die Mitte des Fensters bei Achse B4 fahren, erscheint ein temporäres Symbol, das den Fang der Mittelachse des Fensters verdeutlicht.

Klicken Sie auf diese Linie und das Fenster, dann wird direkt auf die gegenüberliegende Wand gespiegelt.

SPIEGELN - ACHSE ZEICHNEN: Bei dieser Methode können Sie die Spiegelachse durch Zeichnen einer Linie definieren.

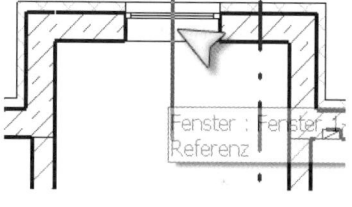

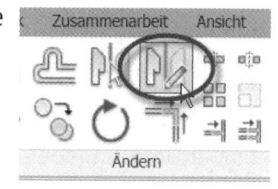

Beispiel: Klicken Sie nach dem Aufruf des Befehls zuerst auf den Mittelpunkt der Fensterbrüstung des Fensters bei Achse B4 und dann noch einmal senkrecht darunter.

Wenn die Option KOPIE in der Optionsleiste nicht aktiviert ist, wird das Ursprungsobjekt nach der Spiegelung gelöscht.

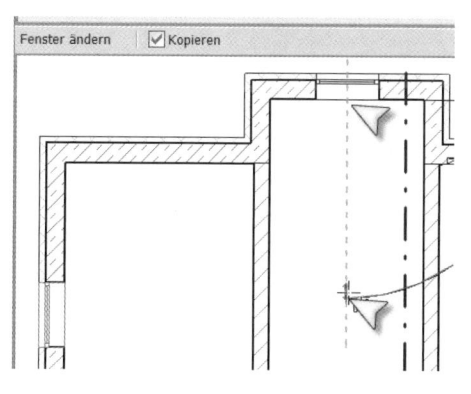

Fenster über Zwischenablage kopieren

Kopieren wir uns gleich noch die Fenster vom EG in die Giebelwände im OG. Da die Fenster direkt übereinander liegen sollen, bietet es sich an, hierzu die Zwischenablage zu benutzen.

Wechseln Sie in den Grundriss EG.

Wählen Sie mit gedrückter Strg-Taste die drei Fenster in der Ost- bzw. Westwand.

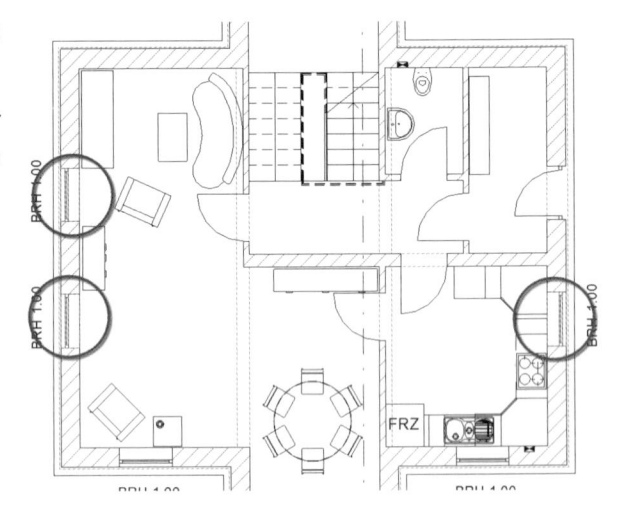

Drücken Sie dann die Tastenkombination Strg+C, um die Bauteile in die Zwischenablage zu kopieren. Alternativ können Sie auch aus der Gruppe ZWISCHENABLAGE den Befehl IN ZWISCHENABLAGE KOPIEREN aufrufen.

Wechseln Sie in die EBENE 1.

Wählen Sie nun aus derselben Gruppe den Befehl EINFÜGEN|AN AKTUELLER ANSICHT AUSGERICHTET (TK »ii«).

Daraufhin werden die Fenster direkt dort mit der Lage aus der Ursprungsebene eingefügt!

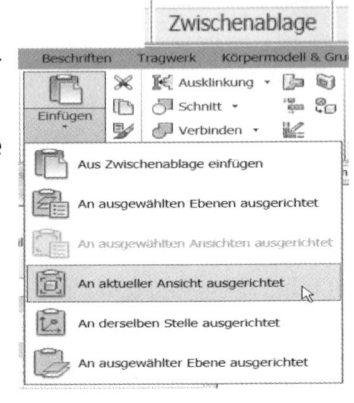

Stellen Sie aber bitte sicher, dass Sie bei dieser Methode zuvor in die gewünschte Ansicht gewechselt haben. Vergisst man diesen Schritt,

3.5 Fenster und Türen

erhält man evtl. Bauteile doppelt an derselben Stelle (z. B. bei Wänden) oder die Bauteile können nicht eingefügt werden (z. B. bei Fenstern). Revit macht uns in einem solchen Fall mit einer Warnmeldung auf die Kollision aufmerksam.

Klicken Sie auf das linke obere Fenster und wählen Sie den Befehl SPIEGELN-ACHSE WÄHLEN aus der Menüleiste und spiegeln Sie wieder das Fenster auf die Ostseite.

Sie können dazu die Achse der Mittelwand anklicken oder auch die Achse zeichnen, dazu könnte man bequem die Mitte des Daches anklicken.

Türen

Die Vorgehensweise bei den Türen entspricht weitgehend der bei den Fenstern.

Der Typ der Eingangstür soll getauscht werden. Aktivieren Sie die Tür, rufen Sie die TYPENEIGENSCHAFTEN auf und klicken Sie auf LADEN.

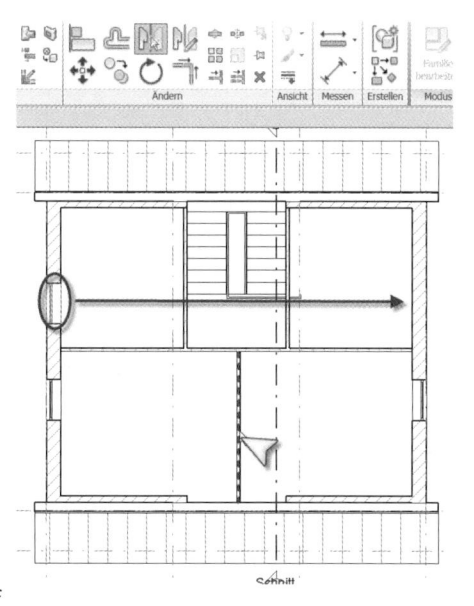

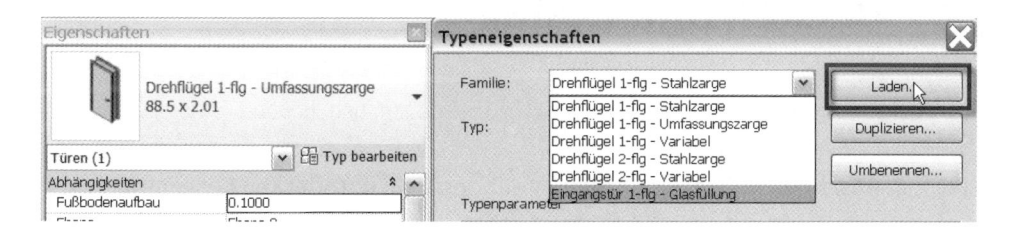

Kapitel 3 — Die Grundfunktionen im Detail

Wählen Sie den Ordner Türen in der Metric Library aus und öffnen Sie den Unterordner Außentüren und klicken Sie einmal auf den Eintrag Eingangstür 1-flg - Glasband.rfa.

Wählen Sie noch den Typ 1.01 x 2.26 aus und klicken Sie auf ÖFFNEN.

Diese Familie sieht etwas besser aus ...

> Hinweis: Auf www.revitcity.com wird in einer Art »Familien-Tauschbörse« der Up- und Download von Familien angeboten. Dort findet man viele brauchbare und schöne Bauteile, wenngleich vieles auf amerikanischen Einheiten »fußt« ... einen Besuch ist das Portal allemal wert! Denken Sie aber daran, dass solche Foren von der Community leben, versuchen Sie daher auch Ihrerseits interessante Familien hochzuladen.

Fügen Sie nun verschiedene Innentüren in die Ebene -1 sowie in die Ebene 1 ein. Das Ergebnis könnte in etwa so aussehen:

Ebene -1   Ebene 1

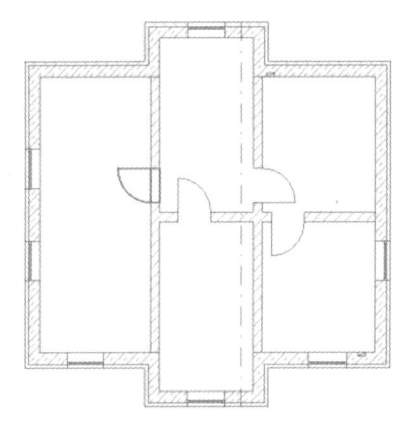

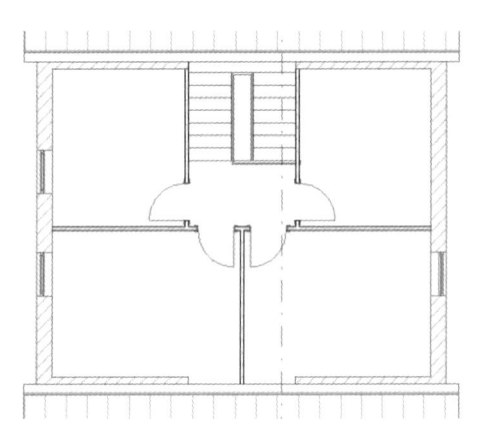

3.6 Decken und Böden

Öffnen Sie die Zeichnung Abschnitt 3.5 Decken und Böden.

In diesem Abschnitt wollen wir uns näher mit den Geschossdecken beschäftigen.

3.6 Decken und Böden

Geschossdecke über Kopie erstellen

Zuallererst brauchen wir noch eine Bodenplatte im KG. Diese können wir vom EG kurzerhand ins KG kopieren.

Wechseln Sie in den Schnitt 1.

Klicken Sie auf die Geschossdecke und wählen Sie aus der Menüleiste den Befehl KOPIEREN.

Klicken Sie nun auf einen Basispunkt (z. B. den Eckpunkt der Geschossdecke) und dann auf den Zielpunkt (senkrecht darunter bis zur Ebene -1).

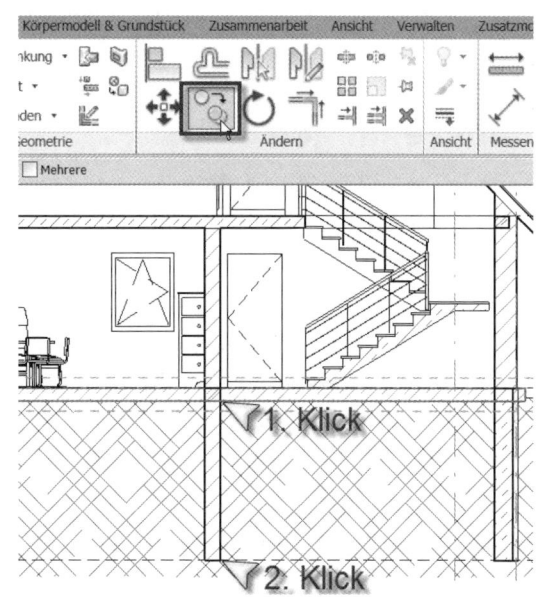

Weisen Sie der Bodenplatte im KG über das Typenauswahlfenster den Typ GESCHOSSDECKE: STB 25.0 zu, damit die Bodenplatte eine Materialstärke von 25 cm erhält.

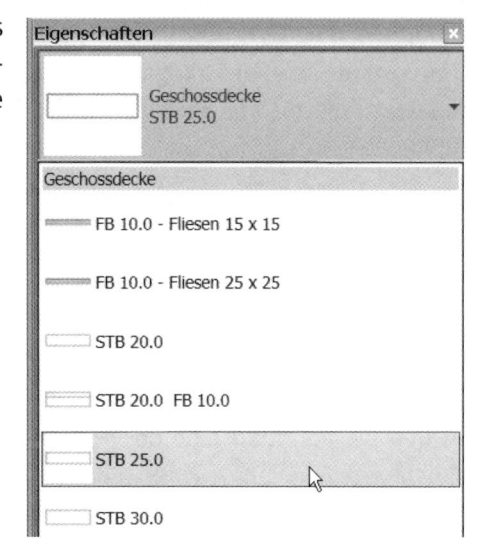

> Hinweis: Beim Kopieren der Geschossdecke von der Ebene 0 in die Ebene -1 wird dem kopierten Bauteil gleich die entsprechende Ebene in den Abhängigkeiten zugewiesen, statt der Ebene 0 steht hier nun die Ebene -1!

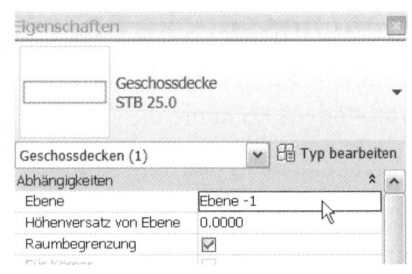

Sohle einfügen

Im Moment läuft noch das Gelände durch das Kellergeschoss. Um nicht mühsam das Gelände um unseren Baukörper herum »modellieren« zu müssen, gibt es in Revit den Befehl SOHLE, quasi eine Geschossdecke, die das Gelände gleich mit herausschneidet.

Da der Befehl nur im Zusammenhang mit einer bereits bestehenden Topographie genutzt werden kann, ist er in der Entwurfsleiste unter der Rubrik GRUNDSTÜCK zu finden.

Klicken Sie auf das Symbol GEBÄUDESOHLE.

Wenn Sie sich gerade in einer Ansicht befinden, deren Blickrichtung nicht senkrecht zu den Ebenen ist (z. B. der Schnitt), wird Revit Ihnen eine Liste der möglichen Ansichten anbieten, die für die Skizzierung der Sohle geeignet sind.

Wählen Sie die EBENE -1 und klicken Sie auf ANSICHT ÖFFNEN.

Vergewissern Sie sich, dass die Option WÄNDE AUSWÄHLEN in der Entwurfsleiste aktiv ist.

Fahren Sie nun über eine der Außenwände, drücken Sie die [Tab]-Taste, um die Linienkette der Außenwände zu aktivieren, und klicken Sie dann auf die Wand.

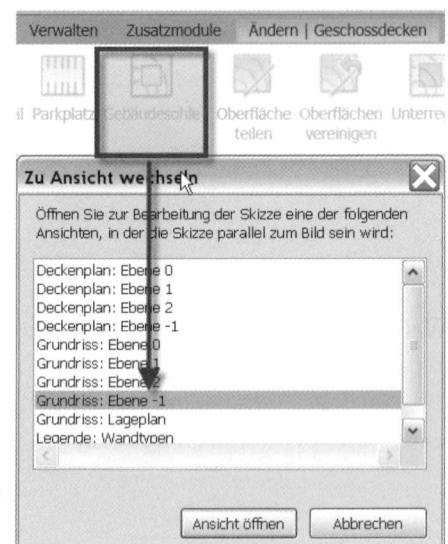

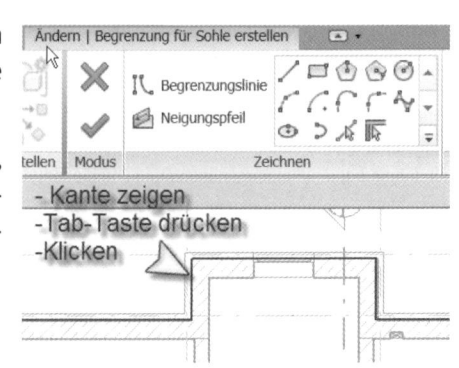

3.6 Decken und Böden

Weisen Sie im Eigenschaftenfenster die Abhängigkeiten Ebene = -1; Höhenversatz = -0.25 zu. Damit liegt die OK der Sohle genau auf der UK der Bodenplatte.

Klicken Sie auf SOHLE FERTIG STELLEN und wechseln Sie in den Schnitt.

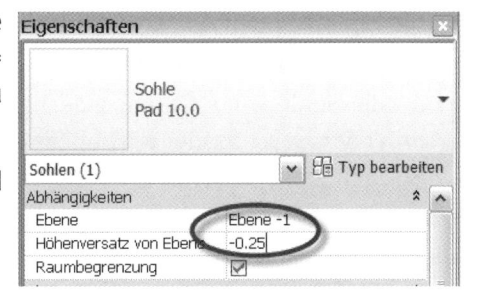

Ergebnis:

Das Gelände wurde innerhalb des Gebäudes sauber »herausgetrennt«.

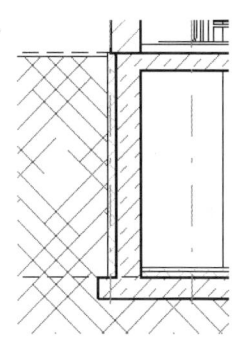

Die Sohle ist im Moment auf eine Stärke von 10 cm eingestellt. Natürlich kann man jederzeit wie gewohnt auch dieses Bauteil über die Typeneigenschaften entsprechend in der Dicke verändern.

Da die Sohle als Volumenkörper in der Darstellung nicht gebraucht wird, kann man die Sichtbarkeit der Sohle deaktivieren (TK »vv«).

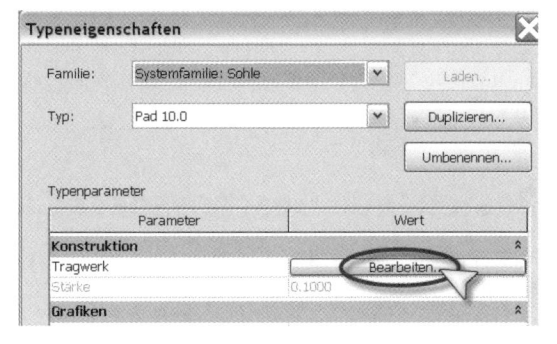

Die Kategorie SOHLEN finden Sie in den Sichtbarkeitseinstellungen als Unterkategorie von GRUNDSTÜCK.

Man könnte natürlich auch die Sohle gleich als Bodenplatte benutzen, dagegen sprechen meiner Erfahrung nach aber einige Gründe:

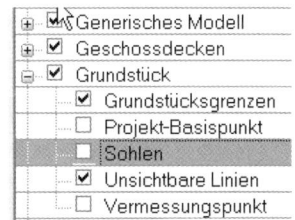

- Die Bodenplatte sollte in aller Regel einen Überstand von mindestens 15 cm zur Außenkante der Wand erhalten. Zeichnet man die Sohle so ein, erhalten Sie einen »Spalt« im Gelände um das Haus. Das sieht in der 3D-Ansicht schon mal gar nicht schön aus.

- Die Sohlen sind abhängig von der Topographie. Löscht man die Topographie, ist auch die Sohle verschwunden ...
- Da die Sohle keine Geschossdecke ist, taucht sie auch nicht in der Bauteilliste unter den Geschossdecken auf. Sie wird von Revit als Topographie betrachtet und erscheint auch dort in der Bauteilliste wieder.

Die Sohlen sind einfach nur ein Hilfsmittel, um die Topographie zu gestalten. Daher würde ich sie nicht weiter in das Gebäudemodell mit einbinden.

Um die Schraffurtiefe des Geländes unter der Bodenplatte einstellen zu können, klicken Sie im Menü KÖRPERMODELL & GRUNDSTÜCK auf den Pfeil am unteren Rand.

Unter SCHNITTGRAFIKEN können Sie nun das HÖHENNIVEAU DER BASIS ein wenig tiefer setzen, z. B. auf -4 m.

Tipp: Das Schnittmaterial kann hier – falls gewünscht – ebenfalls geändert werden.

Schließen Sie das Dialogfenster mit OK.

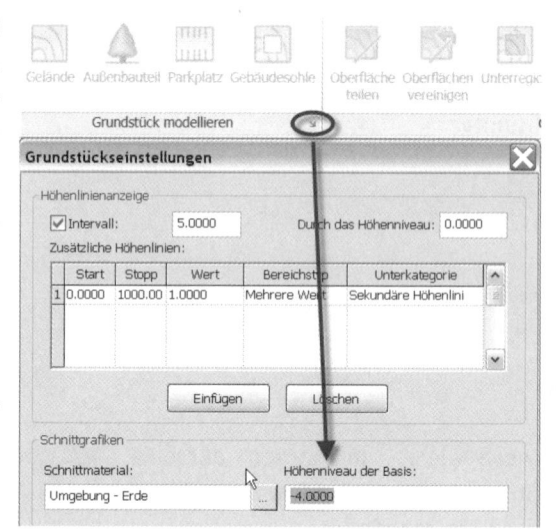

Bestehende Geschossdecke ändern

Nun soll die Decke im EG so abgeändert werden, dass sie bündig mit der Dämmung des Kellermauerwerks abschließt.

Klicken Sie auf die Decke im Schnitt und wählen Sie in der Optionsleiste BEGRENZUNG BEARBEITEN, um in den Skizzenmodus zu gelangen.

Revit erkennt wiederum, dass die Skizze im Schnitt nicht zu sehen wäre, und schlägt uns einige andere Grundrisse vor. Wählen Sie aus der Liste den Grundriss EBENE -1 und klicken Sie auf ANSICHT ÖFFNEN.

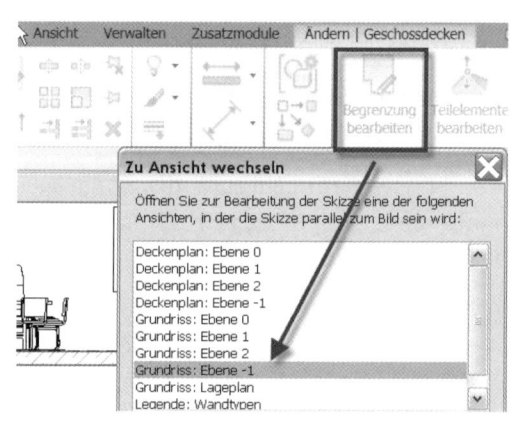

3.6 Decken und Böden

Sie sehen nun die 2D-Skizze der Deckenkante.

Wählen Sie mit der ⎡Tab⎤-Taste alle Linien aus. Geben Sie bei Versatz den Wert -0.065 ein, und aktivieren Sie die Option IN WAND ERWEITERN BIS KERN. Damit wird die Kante der Kernschicht der neue Ausgangspunkt für die Skizzenlinien.

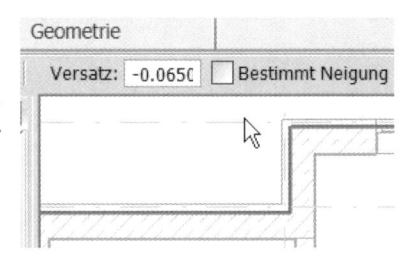

> Tipp: Die oben beschriebene Methode funktioniert nur, wenn man die Geschossdecke mit WÄNDE AUSWÄHLEN erstellt hat. Ein weiterer Vorteil von WÄNDE AUSWÄHLEN: Die Skizzenlinien sind tatsächlich von der gezeigten Wandkante abhängig, das heißt: Wird die Wand verschoben, verschiebt sich die Geschossdeckenkante gleich mit!

Alle gewählten Linien sind nun angepasst.

Wir werden jetzt gleich noch das Treppenloch einfügen. Wechseln Sie dazu in die Ansicht EBENE 0, da man dort die Umrisse der Treppe gut sehen kann.

> Hinweis: Sie können im Skizzenmodus jederzeit zwischen allen Ansichten wechseln!

Wählen Sie in der Entwurfsleiste den Befehl LINIEN und ändern Sie die Skizze wie unten dargestellt.

Klicken Sie nun auf SKIZZE FERTIG STELLEN.

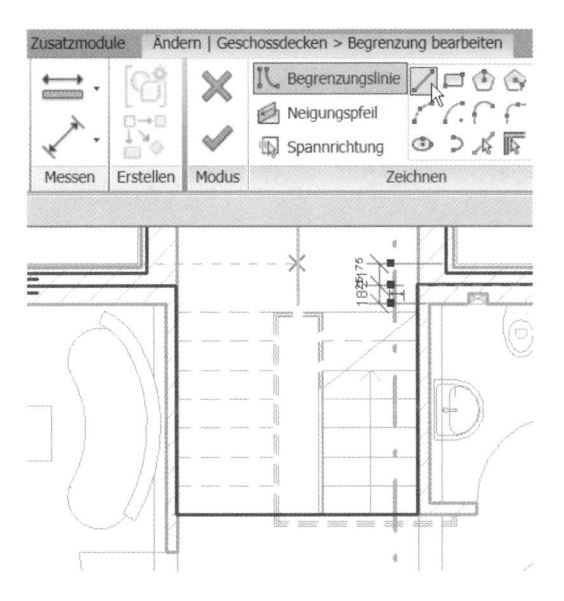

Mit der Option AUSKRAGUNG kann ab der Version 2011 ein zusätzlicher Versatz zur Skizzenlinie angegeben werden, z. B. für eine Balkonplatte. Beachten Sie hier die Eingabe des Vorzeichens, damit der Versatz auch auf der gewünschten Seite entsteht.

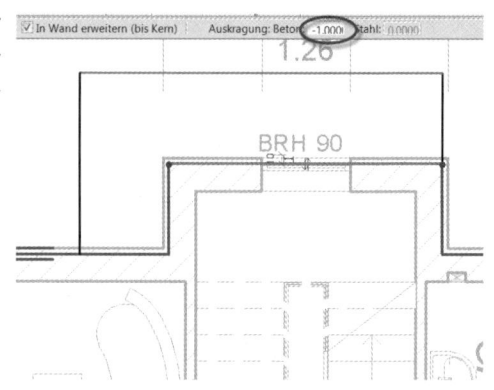

Die Doppellinie zur Skizzenlinie zeigt die Spannrichtung der Decke an. Später kann man ein entsprechendes Symbol automatisch auf der Decke platzieren lassen, um die Spannrichtung grafisch anzeigen zu lassen (ab Version 2011).

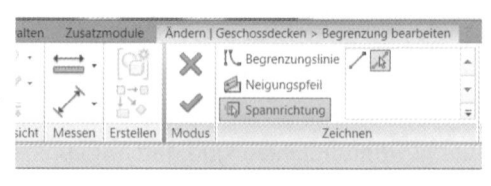

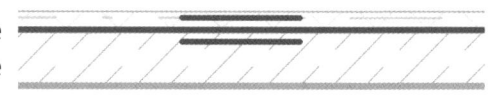

Die erscheinende Dialogbox können Sie mit NEIN beantworten. Wir werden die Oberkanten der Wände manuell einstellen, da sonst die Außenwände auch auf die Unterkante der Decke gestutzt werden würden.

Die Deckenauflager werden wir später noch bereinigen.

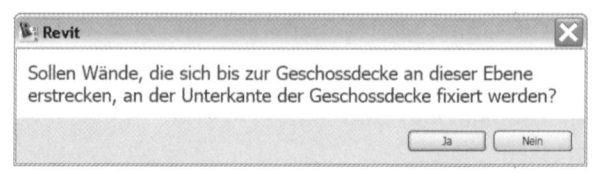

Geschossdecke über Extrusionskörper erstellen

Nun soll noch eine Decke für den Spitzboden eingefügt werden.

Diese Decke muss an den Kanten an das Dach angeschlossen werden.

Man könnte dazu durchaus den Befehl GESCHOSSDECKE verwenden und die Deckenkanten mit dem Dach verschneiden lassen, es gibt jedoch auch noch eine weitere Methode, die ich hier gerne zeigen möchte.

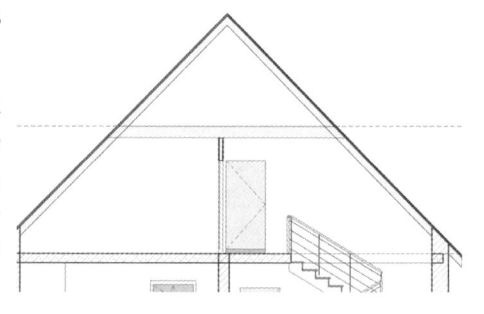

3.6 Decken und Böden

Wir werden die Decke als »Volumenkörper« in das Modell einfügen. Solche Bauteile werden auch als »Projektinterne Familien« bezeichnet (siehe auch Abschnitt *3.5 Fenster und Türen*).

Rufen Sie dazu in der Rubrik ARCHITEKTUR bzw. START den Befehl BAUTEIL|PROJEKTFAMILIE ERSTELLEN auf.

Wählen Sie dann eine passende Kategorie aus, in unserem Falle GESCHOSSDECKEN und klicken Sie auf OK.

Wenn Sie wollen, können Sie einen Namen vergeben (z. B. Decke Spitzboden). Der Name wird in den Bauteillisten in den entsprechenden Feldern wiedergegeben.

Revit öffnet den Familieneditor. Das erkennen Sie an der geänderten Entwurfsleiste, in der nun einige neue Befehle erscheinen, die nur hier verfügbar sind. Die restlichen Kategorien sind in diesem Modus ausgeblendet.

Wählen Sie den Befehl EXTRUSION.

Eine Extrusion bezeichnet einen Volumenkörper, bei dem eine 2D-Skizze in die dritte Dimension »extrudiert« (= hinausgestoßen) wird. Aus einem Rechteck entsteht so ein Quader, aus einem Kreis ein Zylinder usw.

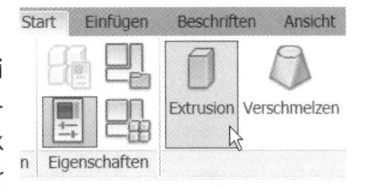

Die Skizze kann dabei sowohl auf einer horizontalen als auch auf einer vertikalen als auch auf einer schrägen Ebene erstellt werden. Diese Ebene wird als »Arbeitsebene« bezeichnet.

Wird der Befehl EXTRUSION aktiviert, erscheint unter Umständen (je nach gerade geöffneter Ansicht) eine Dialogbox, in der die gewünschte Arbeitsebene ausgewählt werden kann.

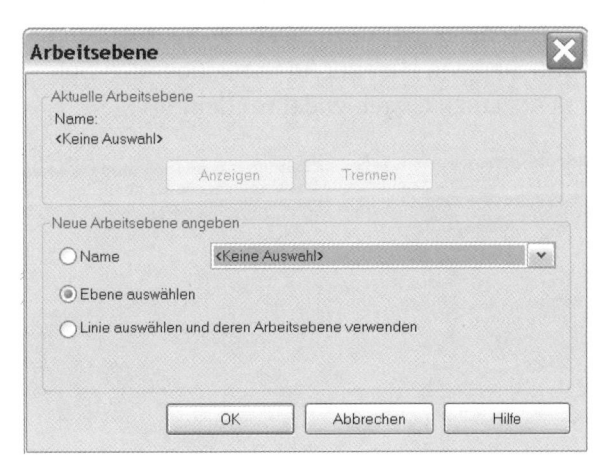

Hinweis: Erscheint die Dialogbox nicht, kann sie jederzeit über den Button FESTLEGEN in der Menüleiste (Rubrik ARCHITEKTUR bzw. START) aufgerufen werden.

Klicken Sie in der Dialogbox auf EBENE AUSWÄHLEN und zeigen Sie auf die Unterkante des Daches.

Drücken Sie nun mehrmals hintereinander die ⭾-Taste, bis die Giebelwand angezeigt wird.

Zur optischen Kontrolle werden die Kanten des jeweiligen Bauteils dick umrandet.

Am unteren Bildschirmrand wird zusätzlich noch angezeigt, welche Kategorie gerade ausgewählt werden würde.

Klicken Sie also dann, wenn die Giebelwand ausgewählt ist. Die Arbeitsebene wird daraufhin auf diese Wand gelegt.

Optisch erkennen Sie das nicht sofort, da die Arbeitsebene normalerweise nicht angezeigt wird. Sie kann aber zur Kontrolle über den Button ANZEIGEN eingeblendet werden.

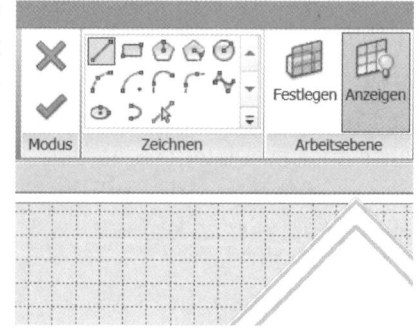

3.6 Decken und Böden

Wenn Sie den Button aktivieren, könnte das im Schnitt etwa so aussehen:

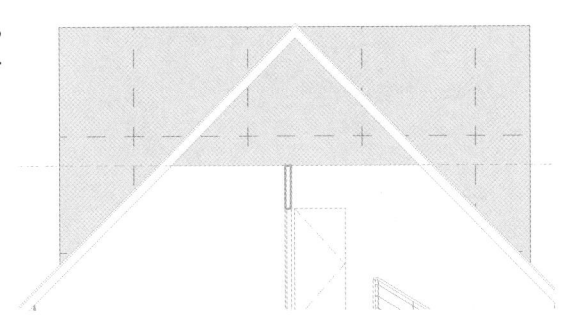

Wenn Sie in die 3D-Ansicht wechseln, sieht es so aus:

Experimentieren Sie ein wenig mit diesen Befehlen, um im Wechseln der Arbeitsebene sicher zu werden.

Sie können die Arbeitsebene in jede beliebige Lage bringen, z. B. in die Dachschräge.

Bringen Sie die Arbeitsebene am Ende wieder zurück auf die Giebelwand wie im oberen Bild dargestellt.

> Tipp: Mit dem in der Version 2012 neu eingeführten Arbeitsebenen-Viewer können Sie automatisch die Ansicht senkrecht zur Arbeitsebene ausrichten lassen. Das erleichtert die Arbeit z. B. beim Zeichnen von Dachsparren.

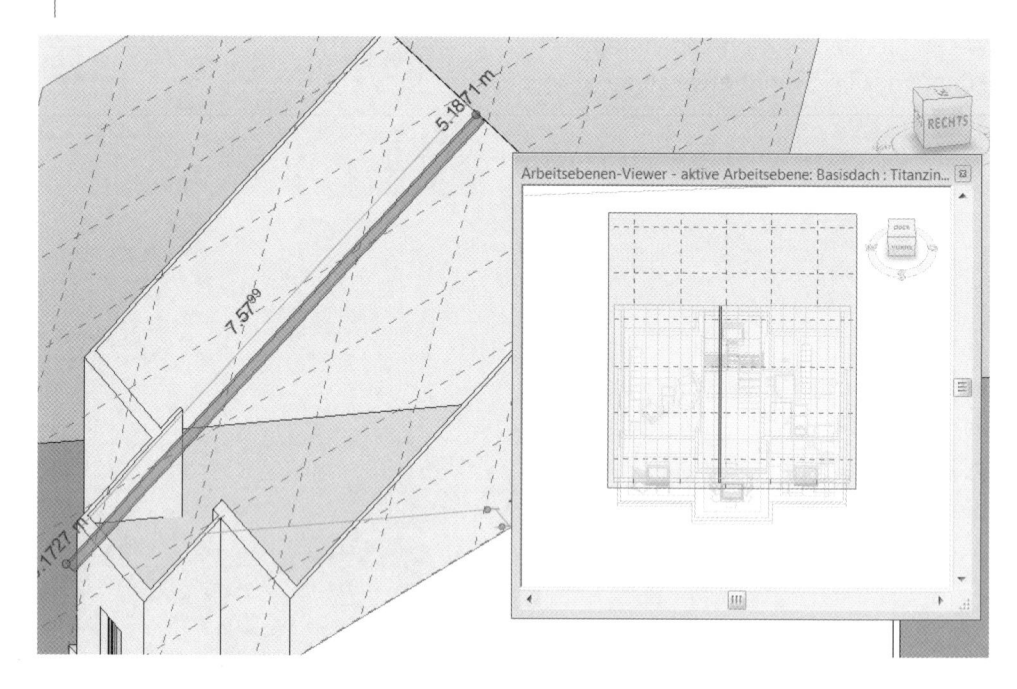

Wechseln Sie in die Ansicht SCHNITT 1 und skizzieren Sie nun mit dem Befehl LINIE ein Trapez mit der Höhe 20 cm.

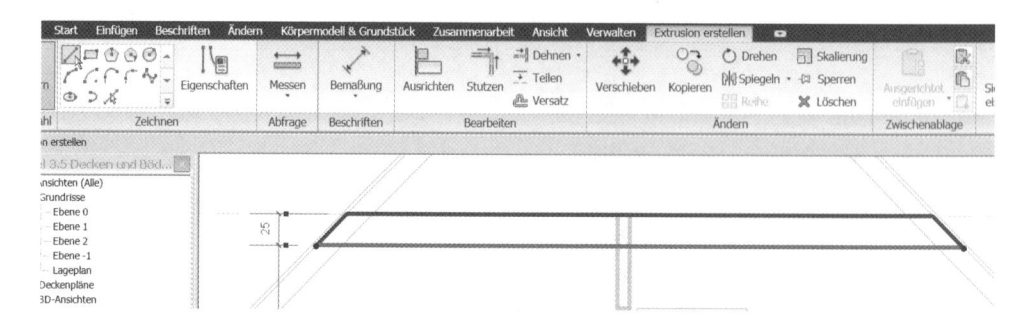

> Tipp: Mit dem Befehl AUSRICHTEN können Sie die Deckenkanten an die Dachschräge anbinden (Schloss absperren!). Wird die Decke oder auch das Dach später geändert, ändert sich die Geometrie entsprechend mit.

Der Wert TIEFE in der Optionsleiste gibt an, wie weit der Volumenkörper extrudiert werden soll. Geben Sie für unser Beispiel 8.99 ein, um den Extrusionskörper von einer Giebelwand zur anderen reichen zu lassen.

> Tipp: Wenn Sie den Wert nicht genau kennen, geben Sie vorerst eine beliebige Zahl ein und ändern Sie den Wert später in den Eigenschaften oder auch direkt im Projekt.

3.6 Decken und Böden

Nun wird in den Extrusionseigenschaften noch das Material festgelegt, aus dem der Volumenkörper bestehen soll. Klicken Sie in der Rubrik MATERIALIEN UND OBERFLÄCHEN auf den Eintrag MATERIAL, daraufhin erscheint ein kleines Symbol rechts im Feld.

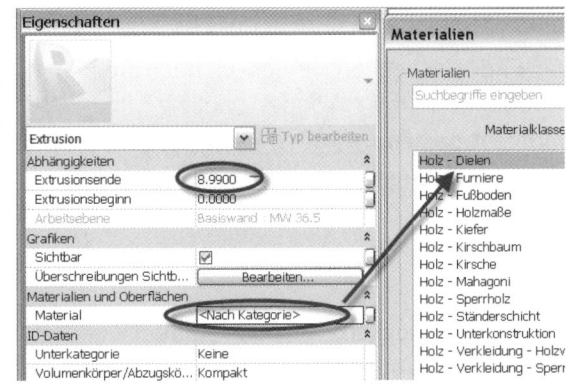

Klicken Sie darauf und es öffnet sich die Materialienliste, in der viele vorgefertigte Materialien enthalten sind. Scrollen Sie etwas nach unten und wählen Sie das Material HOLZ – DIELEN aus.

Schließen Sie die Dialogfenster mit OK.

Klicken Sie im Familieneditor auf BEARBEITUNGSMODUS BEENDEN.

Sie können die Decke im 3D-Bereich nochmals überprüfen. Sie sollte in etwa wie folgt aussehen:

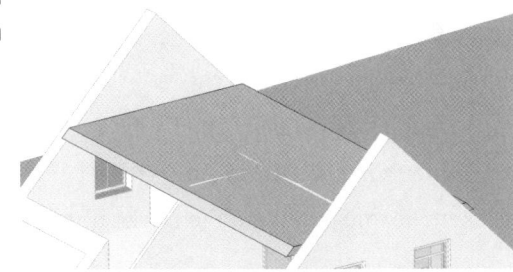

Falls Sie die Familie nochmals ändern wollen, markieren Sie sie und klicken Sie in der Menüleiste auf den Button PROJEKTELEMENT BEARBEITEN, die Ansicht wechselt dann wieder in den Skizzenmodus.

Wenn Sie mit dem Ergebnis zufrieden sind, klicken Sie auf MODELL FERTIG STELLEN. Der Familieneditor wird daraufhin geschlossen.

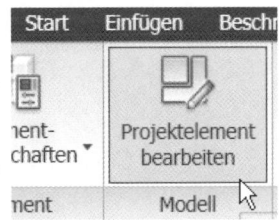

Das Ergebnis:

Am Ende der Lektion werden wir noch die Oberkanten der Wände, welche im Moment noch durch die Decken stoßen, richtig einstellen.

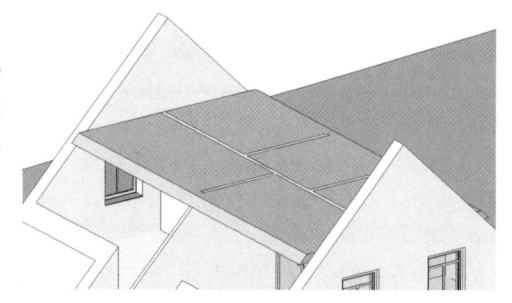

Es ist auch möglich, Geometrien über den Befehl ANSICHT|SCHNITTPROFIL BEARBEITEN zu verändern. Allerdings ist das nur eine »2D-Überschreibung« der Geometrie in der Ansicht und wirkt sich nicht direkt auf die Volumengeometrie des Bauteils aus.

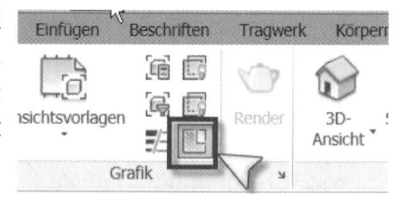

So wäre es z. B. möglich, eine Geschossdecke zu modellieren und das Profil dann über diesen Befehl anzupassen. Das Ergebnis wäre im Schnitt richtig, aber in der 3D-Ansicht nicht! Ich halte daher die vorherige Methode meist für die bessere.

Höhenlagen der Geschossdecken einstellen

Bisher haben wir uns noch nicht weiter mit den Fußbodenaufbauten befasst. Folgende Bedingungen sollen in unserem Projekt dafür gelten:

- ±0.00 soll OKFFB EG sein.
- Aufbauhöhe im KG: 13 cm
- Aufbauhöhe im EG: 11 cm
- Aufbauhöhe im OG: 10 cm

Klicken Sie im Schnitt auf die Decke über EG.

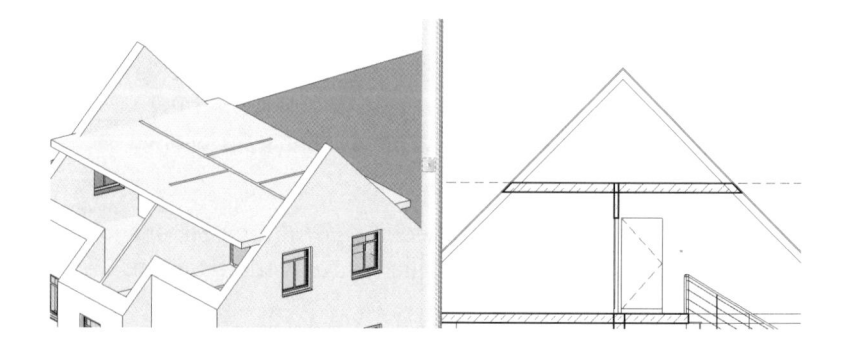

3.6 Decken und Böden

Wählen Sie im Typenauswahlfenster den Typ GESCHOSSDECKE: STB 20.0 FB 10.0.

Bei der Decke über KG gehen wir genauso vor, nur legen wir noch einen neuen Typ mit Fußbodenhöhe 11 cm an.

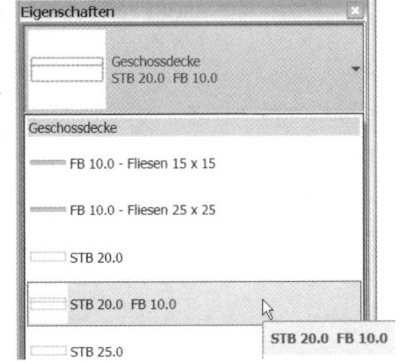

Klicken Sie also auf die Decke im EG und öffnen Sie die TYPENEIGENSCHAFTEN.

Wählen Sie dort wiederum den Typ STB 20.0 FB 10.0, klicken Sie dann auf DUPLIZIEREN und geben Sie einen neuen Namen ein, z. B. STB 20.0 FB 11.0.

Klicken Sie auf OK.

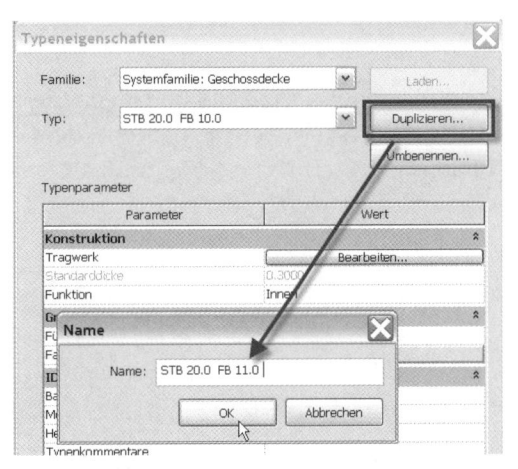

Wählen Sie bei TRAGWERK den Button BEARBEITEN und geben Sie in der ersten Zeile bei STÄRKE den Wert .11 ein

Schließen Sie die Dialogfelder mit OK.

Nun haben Sie der EG-Geschossdecke einen neuen Typ mit 11 cm Fußbodenaufbau zugewiesen.

Im KG soll getrennt von der Bodenplatte der Fußbodenaufbau eingefügt werden, damit keine ungewollten Überstände an der Außenkante der Bodenplatte entstehen.

Wechseln Sie dazu in die Ansicht EBENE -1 und wählen Sie in der Rubrik ARCHITEKTUR bzw. START den Befehl GESCHOSSDECKE.

Skizzieren Sie nun die Kante des Fußbodenaufbaus entlang der Innenkante der Kelleraußenwände.

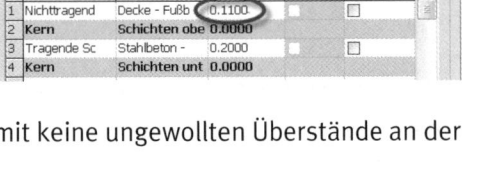

> Tipp: In diesem Fall ist die Option WÄNDE AUSWÄHLEN und das Anklicken der einzelnen Wandstücke an der Innenseite eine gute Wahl (Versatz = 0).

Wählen Sie in den Typeneigenschaften den Typ FB 10.0 – FLIESEN 15 x 15.

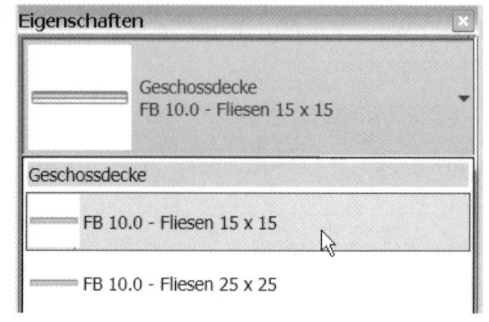

Gehen Sie auf DUPLIZIEREN und legen Sie wie vorher einen neuen Typ mit dem Namen FB 13.0 - Fliesen 15 x 15 an.

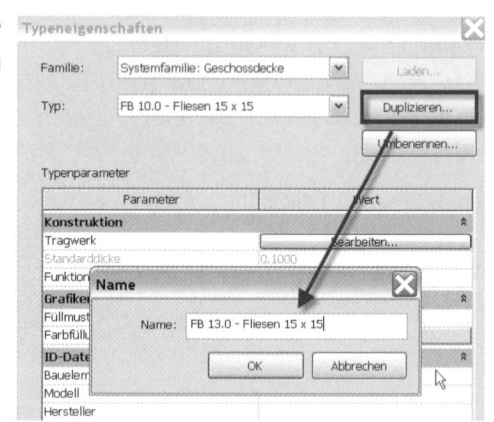

Tragen Sie beim Tragwerk in der Zeile 4 für die Wärmedämmung eine Stärke von 7 cm ein und schließen Sie die Dialogboxen mit OK.

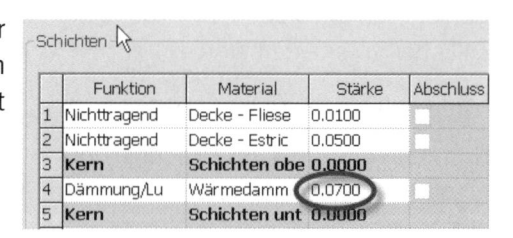

Geben Sie in den Elementeigenschaften einen Versatz von 13 cm von der Ebene -1 ein, damit der Fußboden über der Geschossdecke liegt.

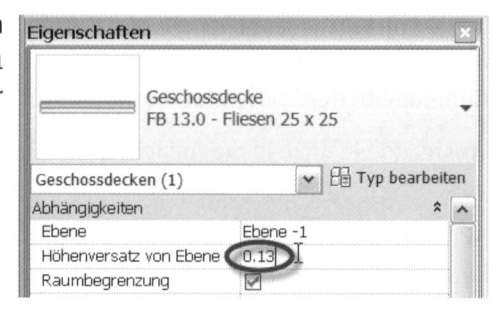

3.6 Decken und Böden

Die erscheinende Dialogbox beantworten Sie mit NEIN, da eine Verbindung der Geometrie hier nicht benötigt wird.

Klicken Sie auf BEARBEITUNGSMODUS BEENDEN und wechseln Sie zur Kontrolle in den Schnitt.

Ergebnis im Schnitt:

Nun wäre es noch hilfreich, wenn auch die Geschossdecken in den Ebenen 0 und 1 immer auf OK Rohdecke liegen würden, damit bei den Lagen der Bauteile nicht immer vom FFB aus gerechnet werden muss. Die Höhe des FFB im EG soll aber weiterhin ±0.00 betragen.

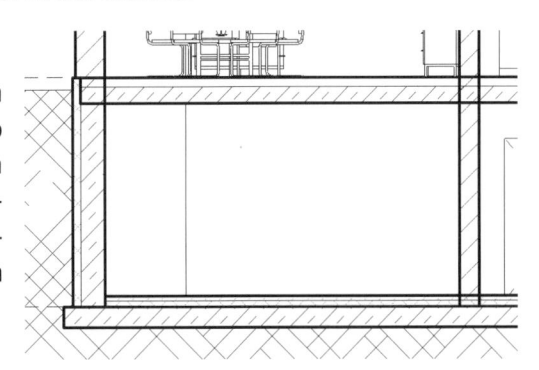

Doppelklicken Sie dazu auf die Höhenangabe der Ebene 0 und geben Sie den Wert -.11 ein. Daraufhin verschieben sich die abhängigen Bauteile mit der Ebene um 11 cm nach unten.

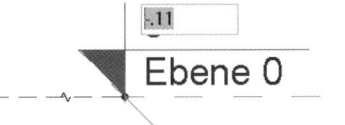

Damit die Oberkante des Fußbodens der Geschossdecke auf ±0.00 liegt, klicken Sie sie an und geben bei HÖHENVERSATZ VON EBENE den Wert .11 ein (also den Wert des Fußbodenaufbaus).

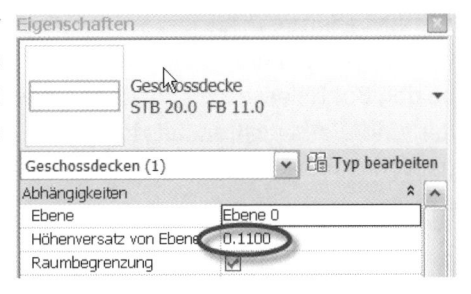

Klicken Sie auf die Decke über EG und geben Sie hier einen Versatz von 10 cm ein, damit die OK Rohdecke auf der Ebene 1 liegt.

Auch bei der Treppe können in den Eigenschaften diese Versätze angegeben werden, damit der Antritt auf der richtigen Höhe liegt.

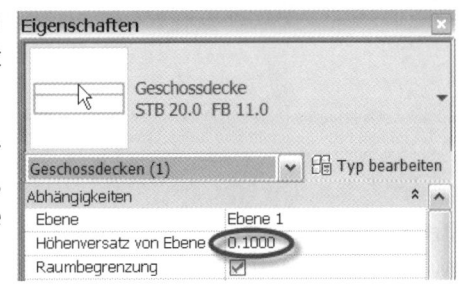

Markieren Sie daher die Treppe und geben Sie bei VERSATZ UNTEN den Wert .11 ein. Bei VERSATZ OBEN soll der Wert .1 eingetragen werden.

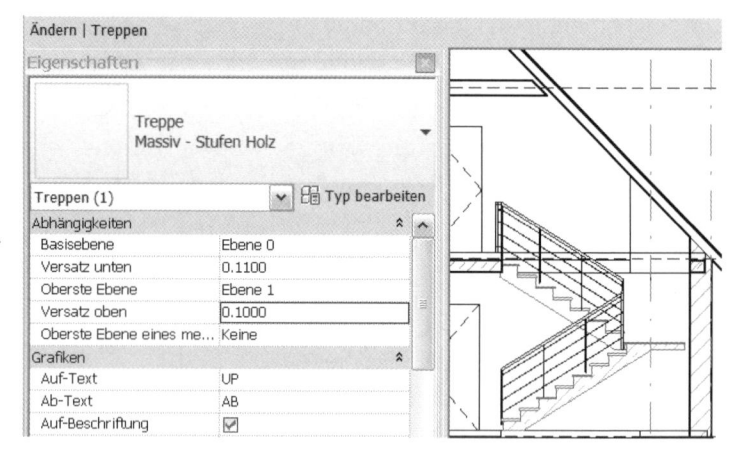

Deckenauflager bereinigen

Da wir nun die Geschossdecken und ihre Lage festgelegt haben, ist es sinnvoll, die Verschneidungen der Wände mit den Decken zu bereinigen.

Wählen Sie dazu den Befehl VERBINDEN|GEOMETRIE VERBINDEN, klicken Sie auf die Außenwand im KG und auf die Geschossdecke. Die beiden Bauteile werden miteinander verbunden und die Schichten mit demselben Material verschmelzen.

Klicken Sie nun auf die Außenwand im EG und die Geschossdecke.

Ergebnis:

Revit erkennt zwischen den Bauteilschichten und Materialien verschiedene Prioritäten und stutzt die Materialien entsprechend zurecht.

Wiederholen Sie die Schritte für die restlichen Wände, sodass am Ende alle Auflager und Wände richtig mit den Decken verschnitten sind.

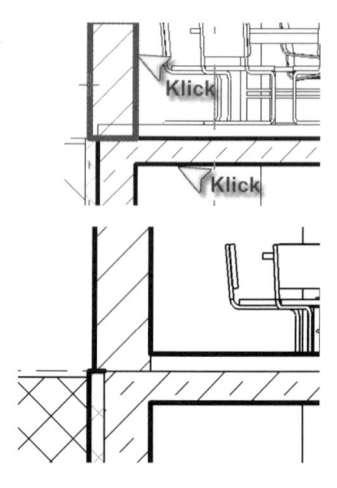

3.6 Decken und Böden

Die Berechnung der Verschneidungen der Materialien geschieht über die Prioritäten der Materialien. Diese Prioritäten sind unter KONSTRUKTION in den Eigenschaften einstellbar.

Bei der Mittelwand im Keller ist z. B. die Verschneidung noch nicht ganz richtig. Die Wand endet auf der unteren Dämmschicht, sie soll jedoch bis auf den Rohboden reichen. Offensichtlich sind hier die Prioritäten der Geschossdecke ungünstig eingestellt.

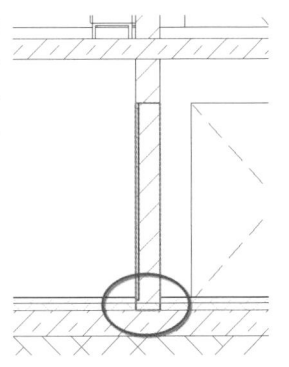

Wählen Sie die Decke an, öffnen Sie deren TYPENEIGENSCHAFTEN und klicken Sie in der Zeile TRAGWERK auf BEARBEITEN.

Stellen Sie in der Spalte FUNKTION eine niedrigere Priorität ein, z. B. DÄMMUNG/LUFTSCHICHT.

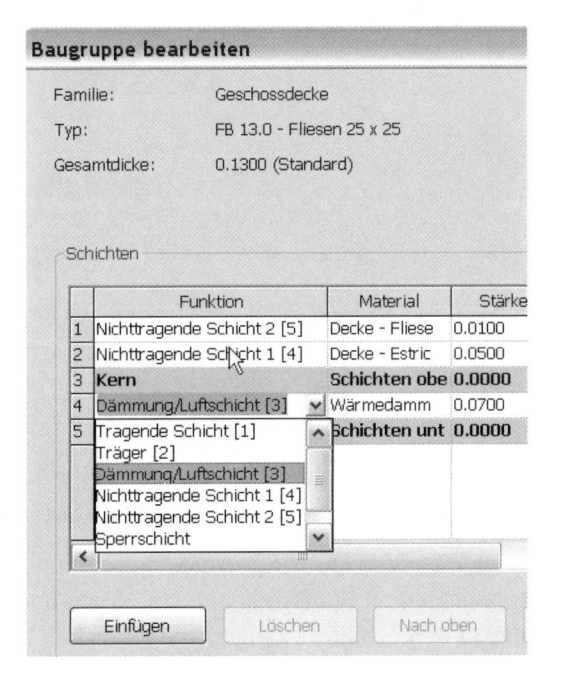

> Hinweis: »1« ist die höchste Priorität, »5« die niedrigste!

Schließen Sie die Dialogboxen.

Die Wand hat nun eine höhere Priorität als die Dämmschicht und reicht deshalb bis zur Geschossdecke!

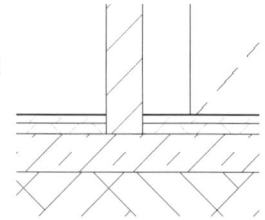

Schnittlinienstile

Im Moment passt die Darstellung der Schnittkanten bzw. der Linienstärken noch nicht.

Diese Einstellungen können für jede Ansicht separat definiert werden, damit die Verschneidungen im Grundriss anders vorgenommen werden können als im Schnitt.

Die Definition erfolgt in den Sichtbarkeiten der Grafiken (TK »vv«).

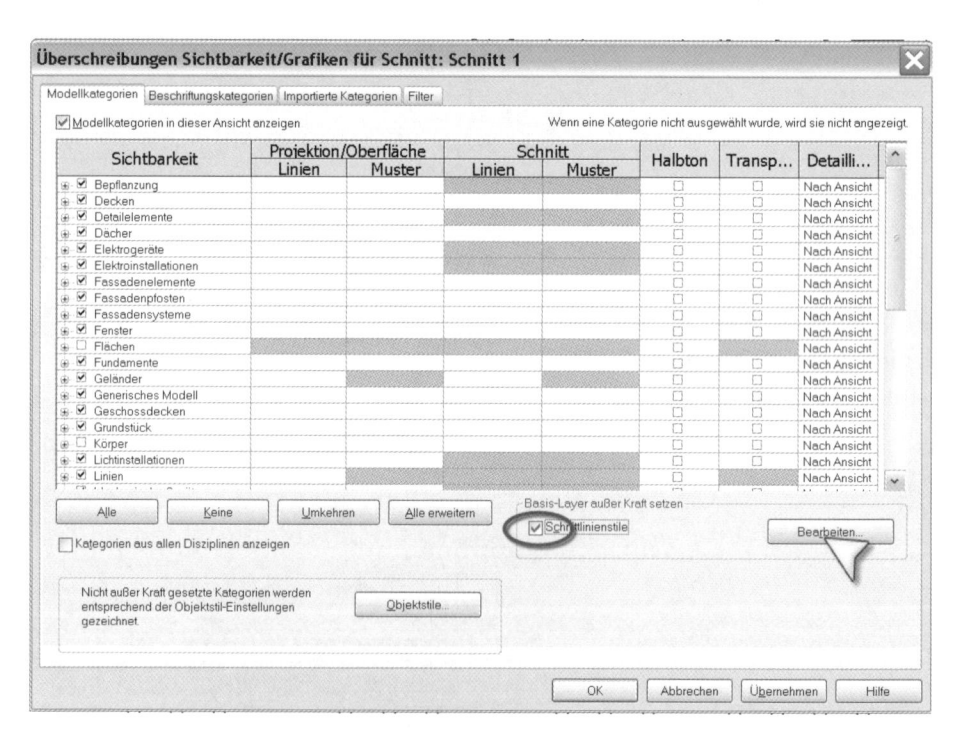

Setzen Sie dort unter BASIS-LAYER AUSSER KRAFT SETZEN das Häkchen bei SCHNITTLINIENSTILE und klicken Sie dann auf BEARBEITEN.

Stellen Sie sich nun die gewünschten Linienstärken der Kanten der einzelnen Schichten nach Ihren Wünschen ein. Die »Tragende Schicht« könnte beispielsweise etwas dicker dargestellt werden als die restlichen Kanten.

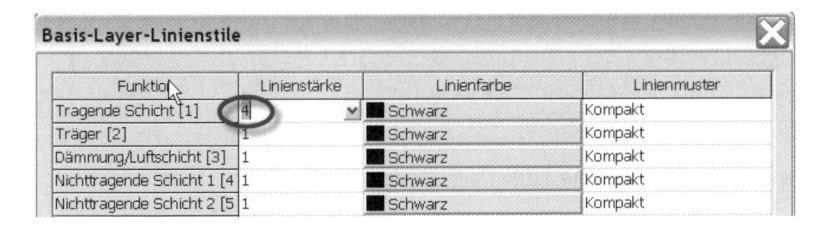

3.6 Decken und Böden

Funktion	Linienstärke	Linienfarbe	Linienmuster
Tragende Schicht [1]	4	Schwarz	Kompakt
Träger [2]	1	Schwarz	Kompakt
Dämmung/Luftschicht [3]	1	Schwarz	Kompakt
Nichttragende Schicht 1 [4]	1	Schwarz	Kompakt
Nichttragende Schicht 2 [5]	1	Schwarz	Kompakt

Zum Vergleich die verschiedenen Einstellungsmöglickeiten:
Schnittlinienstile deaktiviert:

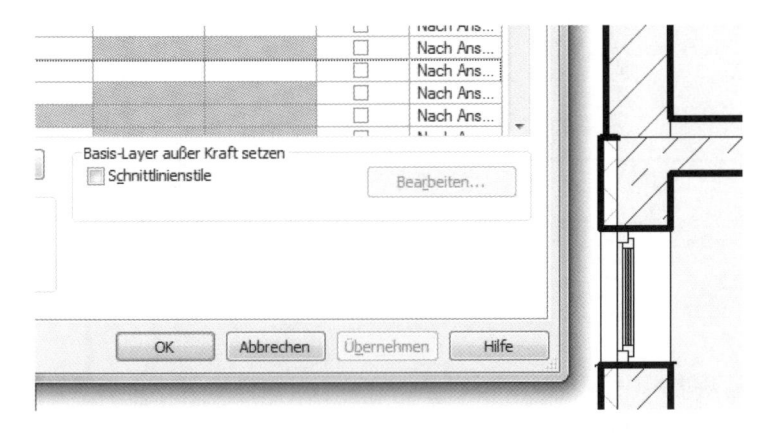

Die äußerste Kante geschnittener Bauteile wird dick umrandet
KERNSCHICHTBEREINIGUNG – Einstellung STANDARD

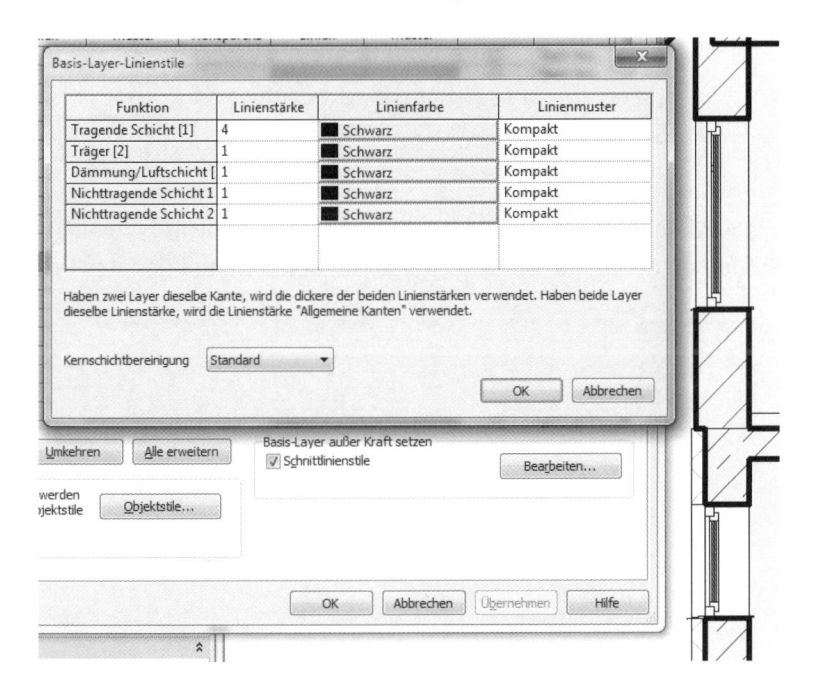

Funktion	Linienstärke	Linienfarbe	Linienmuster
Tragende Schicht [1]	4	Schwarz	Kompakt
Träger [2]	1	Schwarz	Kompakt
Dämmung/Luftschicht [	1	Schwarz	Kompakt
Nichttragende Schicht 1	1	Schwarz	Kompakt
Nichttragende Schicht 2	1	Schwarz	Kompakt

Haben zwei Layer dieselbe Kante, wird die dickere der beiden Linienstärken verwendet. Haben beide Layer dieselbe Linienstärke, wird die Linienstärke "Allgemeine Kanten" verwendet.

Kernschichtbereinigung Standard

Linien geschnittener Bauteile werden nach den Liniendefinitionen der Basis-Layer Lineinstile angezeigt. Linien zwischen Bauteilen gleichen Materiales werden nicht angezeigt, Linien zwischen verschiedenen Bauteilen unterschiedlichen Materiales werden dünn angezeigt.

KERNSCHICHTBEREINIGUNG – Einstellung FUNKTION VERWENDEN

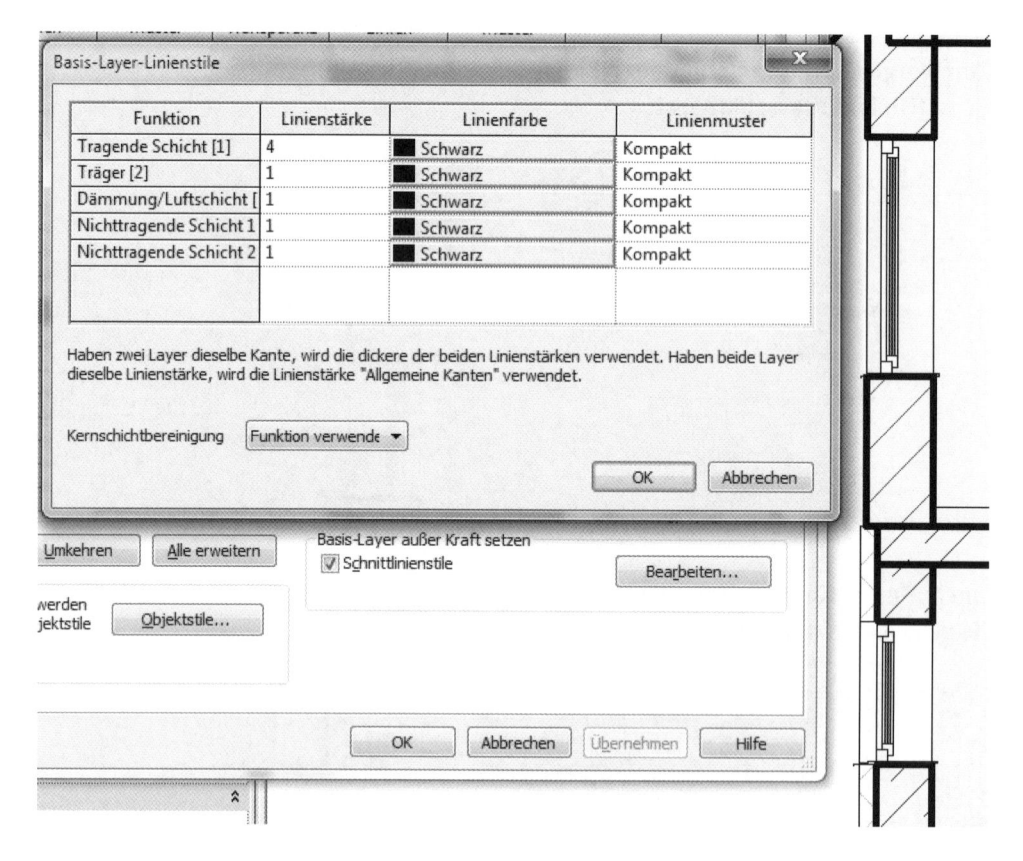

Funktion	Linienstärke	Linienfarbe	Linienmuster
Tragende Schicht [1]	4	Schwarz	Kompakt
Träger [2]	1	Schwarz	Kompakt
Dämmung/Luftschicht [	1	Schwarz	Kompakt
Nichttragende Schicht 1	1	Schwarz	Kompakt
Nichttragende Schicht 2	1	Schwarz	Kompakt

Haben zwei Layer dieselbe Kante, wird die dickere der beiden Linienstärken verwendet. Haben beide Layer dieselbe Linienstärke, wird die Linienstärke "Allgemeine Kanten" verwendet.

Kernschichtbereinigung Funktion verwende ▼

Der Stil der Trennlinie wird anhand der funktionalen Priorität der Schicht festgelegt. Für die Trennlinie wird immer der Stil für die Schicht mit der höheren funktionalen Priorität verwendet.

3.6 Decken und Böden

Kernschichtbereinigung – Allgemeinen Kantenstil verwenden

Die Linien zwischen der Betonwand und der Ziegelwand (= allgemeine Kanten) werden dargestellt und können individuell überschrieben werden.

Klicken Sie dazu auf den Button OBJEKTSTILE (direkt in der Dialogbox SICHTBARKEITEN DER GRAFIKEN oder auch im Menü EINSTELLUNGEN|OBJEKTSTILE) und wählen Sie in der Rubrik WÄNDE für die Unterkategorie ALLGEMEINE KANTEN die Linienstärke 4.

Schließen Sie die Dialogboxen mit OK.

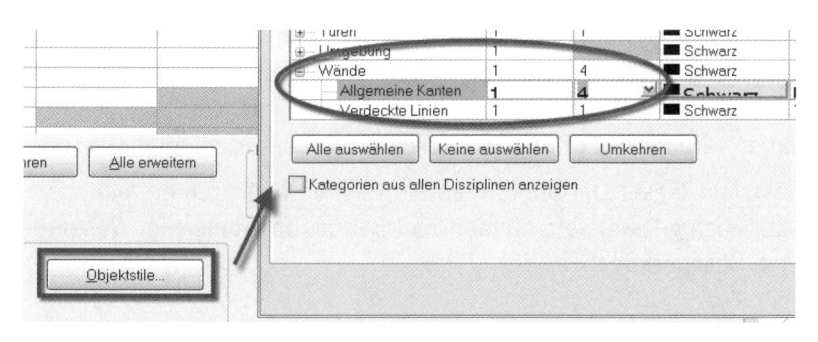

Die Bauteile werden nun wie nebenstehend dargestellt.

> Hinweis: Die Stärke der Linien hängt vom Maßstab ab und kann im Menü VERWALTEN|EINSTELLUNGEN|LINIENSTÄRKEN genau definiert werden.

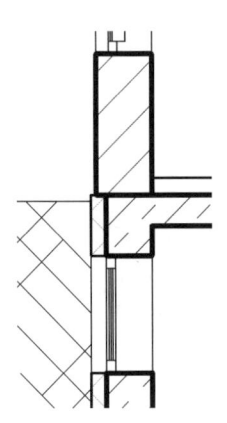

3.7 Dächer

Konstruktionsarten

Beim Aufruf des Befehls DACH stehen zunächst vier Optionen zur Auswahl:

- DACH ÜBER GRUNDFLÄCHE: In diesem Modus wird in einer Draufsicht die Umrisskante des Daches skizziert (ähnlich wie bei den Geschossdecken). Den einzelnen Kanten werden je nach Bedarf Neigungen zugewiesen. Beispiel: die Konstruktion des Hauptdaches in diesem Tutorial. Diese Funktion wird wohl am häufigsten zum Einsatz kommen.

- DACH ÜBER EXTRUSION: Hier wird das Dach im Profil angegeben, welches anschließend in eine Richtung extrudiert wird. So wird aus einem Bogen z. B. ein Tonnendach oder aus einem Spitzdach ein Satteldach. Beispiel: die Gaube, die gleich in diesem Abschnitt erstellt wird.

- DACH ÜBER FLÄCHE: Über diese Funktion können Sie aus Volumenkörpern Dachflächen ableiten. Das ist interessant, wenn man mit dem »Building-Maker« arbeitet. Hier können über Volumenkörper konzeptionelle Studien erstellt werden, die anschließend in »echte« Bauteile wie Wände und Dächer gewandelt werden können. Somit ist es möglich, Entwürfe für Wettbewerbe mit sehr wenig Zeitaufwand zur weiteren Ausarbeitung im Projekt in einzelne Bauteile zu wandeln.

- Weiterhin kann man diesen Befehl auch sehr schön benutzen, um unregelmäßige Dächerformen zu erstellen. Dabei wird mit Volumenkörpern die Dachform erstellt, anschließend wird das Dach über die Funktion DACH ÜBER FLÄCHE generiert. Beispiel: die Zeichnung Beispiel freies Modellieren.rvt auf der CD.
In den Grundlagen wird diese Option jedoch nicht weiter berücksichtigt.

- DACHUNTERSICHT: Mit dieser Option können Sie Dachuntersichten erstellen, die waagerecht oder auch geneigt sein können. Der Befehl funktioniert im Wesentlichen wie bei den Geschossdecken.

3.7 Dächer

Die Optionen des Befehls Dach

Bevor wir das bereits gezeichnete Dach weiter bearbeiten, werfen wir einen Blick in die EIGENSCHAFTEN des Bauteils.

In den Elementeigenschaften befinden sich ganz oben die ABHÄNGIGKEITEN.

Die BASISEBENE und der BASISVERSATZ bestimmen die Traufhöhe des Daches.

Die Funktion RAUMBEGRENZUNG sollte in der Regel eingeschaltet sein, damit die Raumvolumina richtig berechnet werden.

ZUSCHNITTSEBENE OBEN kann für Mansarddächer oder Dächer mit unterschiedlichen Traufhöhen benutzt werden.

Das Dach wird in der angegebenen Höhe abgetrennt, dann kann ein zweites Dach darübergesetzt werden.

Beispiel: Mansarddach

Unter SPARRENABSCHNITT kann die Darstellung des Sparrenkopfes variiert werden.

VERTIKAL MIT ZUSCHNITT UNTEN mit einer »Traufendicke« von 10 cm.

LOTRECHT ZUR DACHHAUT MIT ZUSCHNITT UNTEN mit einer »Traufendicke« von 10 cm.

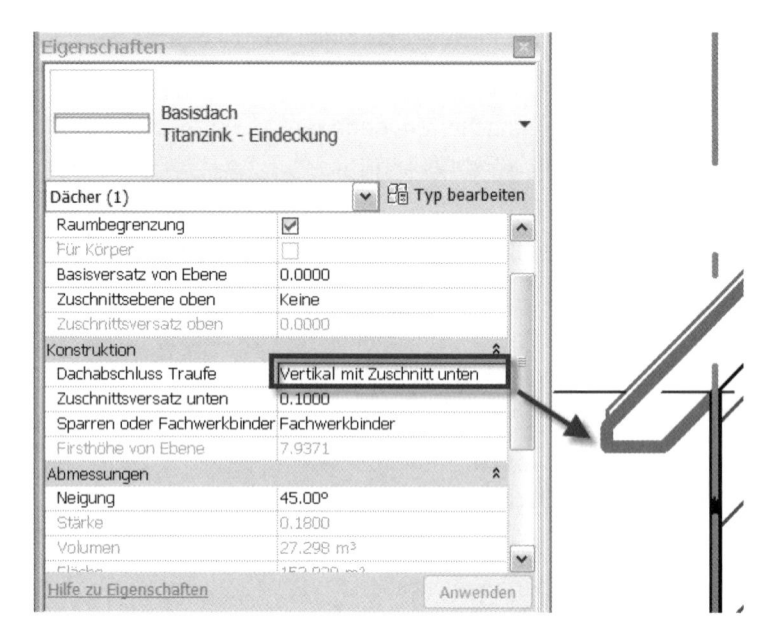

SPARREN ODER FACHWERKBINDER legt den Messpunkt des Wertes BASISVERSATZ VON EBENE fest (hier im Beispiel liegt das Dach genau auf der Ebene 1).

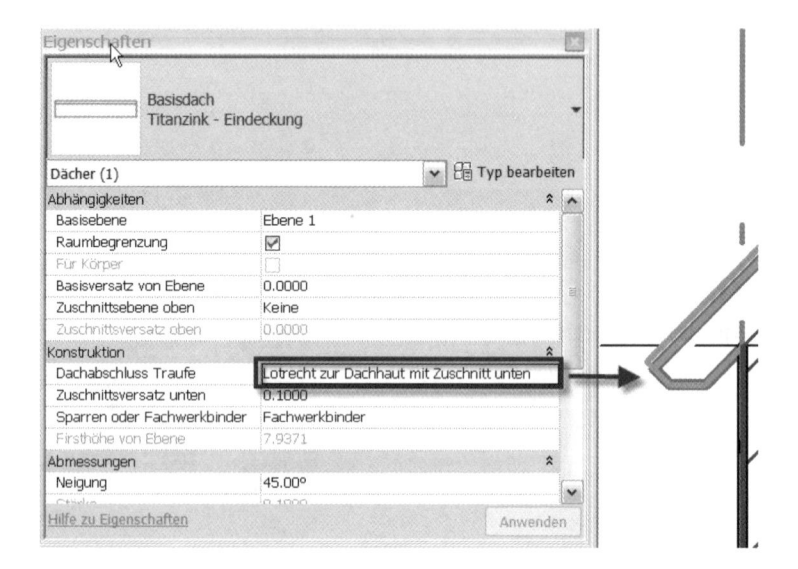

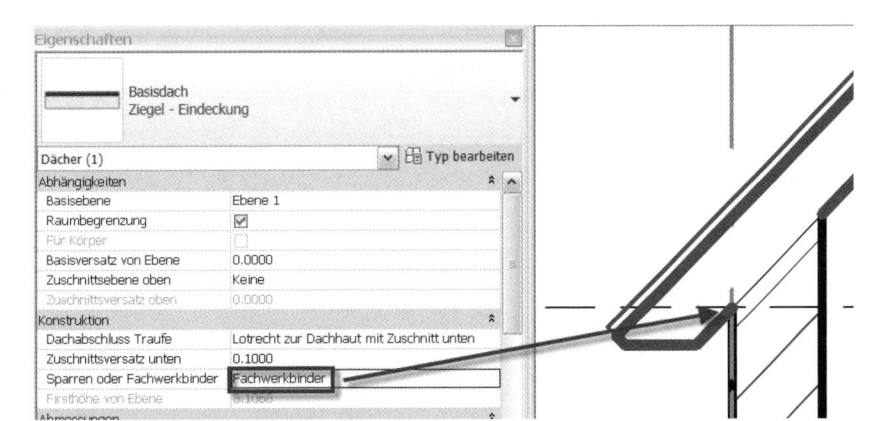

Bei FACHWERKBINDER wird von der Außenkante des Mauerwerks aus gemessen:

Bei SPARREN wird von der Innenkante des Mauerwerks aus gemessen:

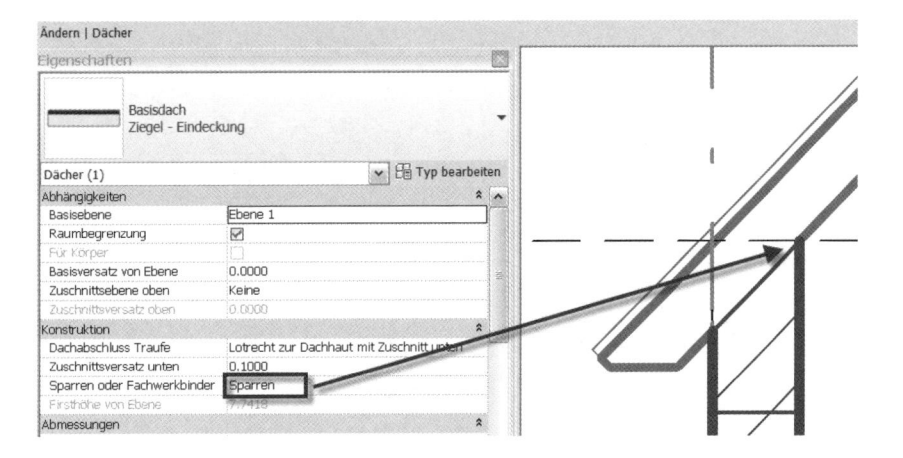

Der Wert FIRSTHÖHE VON EBENE stellt die Höhe des Firstes bezogen auf ±0.00 dar. Dieser Wert kann vorerst nicht geändert werden, da sich diese Höhe aus der Traufhöhe und der Dachneigung ergibt.

> Hinweis: Natürlich können Sie das Dach trotzdem über eine definierte Firsthöhe konstruieren. Benutzen Sie dazu die Funktion der Neigungspfeile (siehe auch gleich folgendes Beispiel) und geben Sie die Höhe für Traufe und First an.

Kapitel 3 — DIE GRUNDFUNKTIONEN IM DETAIL

Die TYPENEIGENSCHAFTEN:

Unter TYP BEARBEITEN kann die Konstruktion wie bei den Geschossdecken bzw. Wänden verändert werden.

Klicken Sie bei TRAGWERK auf BEARBEITEN ...

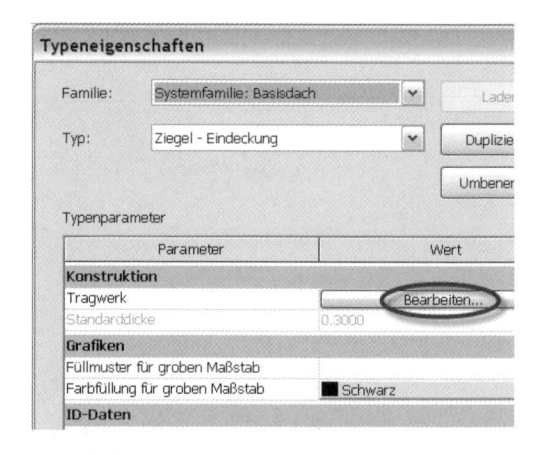

..., um neue bzw. andere Konstruktionsschichten definieren zu können.

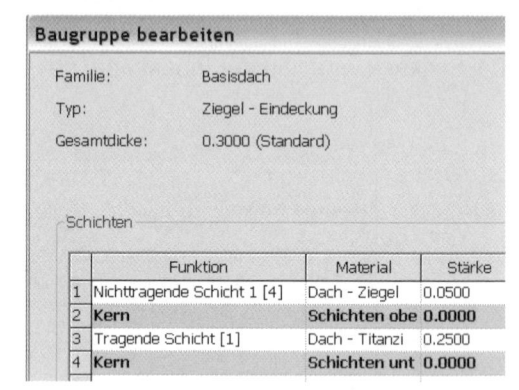

Hinweis: Denken Sie aber daran, dass diese Vorgehensweise alle Exemplare dieses Typs beeinflusst. Legen Sie sich daher gegebenenfalls einen neuen Typ an.

Dachneigung mit Neigungspfeilen erstellen

Öffnen Sie die Zeichnung Kapitel 3.7 Dächer.

Um die Funktionen des Befehls DACH besser zu verstehen, werden wir unserem Modell einen Zwerchgiebel sowie Gauben mit einem Satteldach hinzufügen.

Mit den Neigungspfeilen können Dachneigungen in verschiedenen Ausrichtungen erstellt werden.

3.7 Dächer

Klicken Sie auf das Dach und wählen Sie aus der Funktionsleiste den Befehl GRUNDFLÄCHE BEARBEITEN.

Daraufhin erscheint die Kontur des Daches im Skizzenmodus.

Wechseln Sie in die Ansicht EBENE 0.

Klicken Sie auf das Werkzeug ELEMENT TEILEN in der Menüleiste.

Klicken Sie im Abstand von 1.0 m von der rechten Seite auf die obere Dachlinie (Nordseite).

Wiederholen Sie diesen Schritt auf der anderen Seite der Linie und beenden Sie den Befehl mit [Esc].

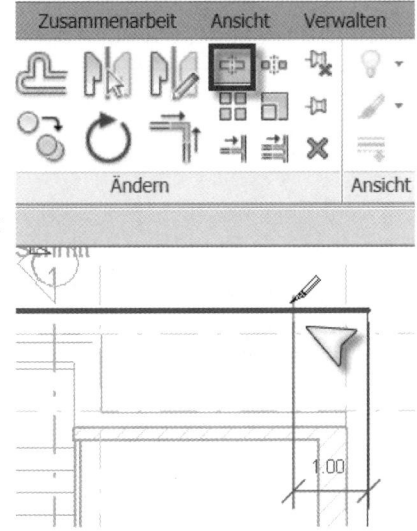

Klicken Sie nun in das mittlere Segment der Linie und deaktivieren Sie die Option BESTIMMT NEIGUNG.

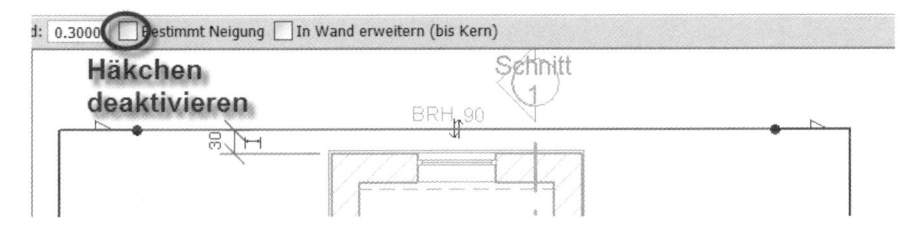

Damit haben wir erreicht, dass auf der Nordseite einerseits eine Traufe anliegt, andererseits in der Mitte ein Stück der Linie im Moment ohne Neigung verläuft.

Diesem Mittelstück können wir nun eine gegenläufige Neigung zuweisen.

Klicken Sie auf den Befehl NEI-GUNGSPFEIL und zeichnen Sie zwei Linien, die jeweils außen beginnen und zur Mitte hinzeigen.

Markieren Sie die beiden Neigungspfeile und wählen Sie über das Drop-down-Menü in der Zeile ANGEBEN die Option NEIGUNG.

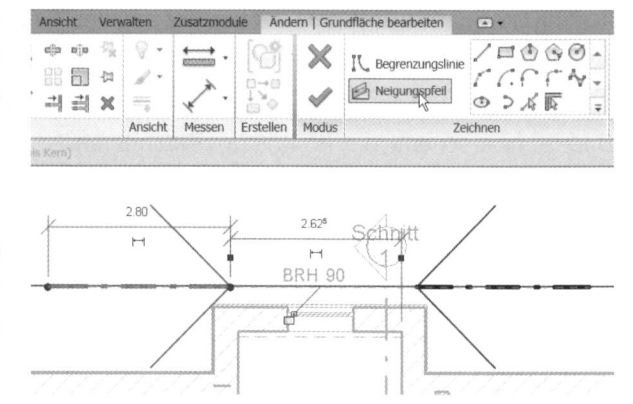

> Wenn Sie statt NEIGUNG die Option HÖHE BEI ENDE wählen, können Sie den First über die Höhe definieren.

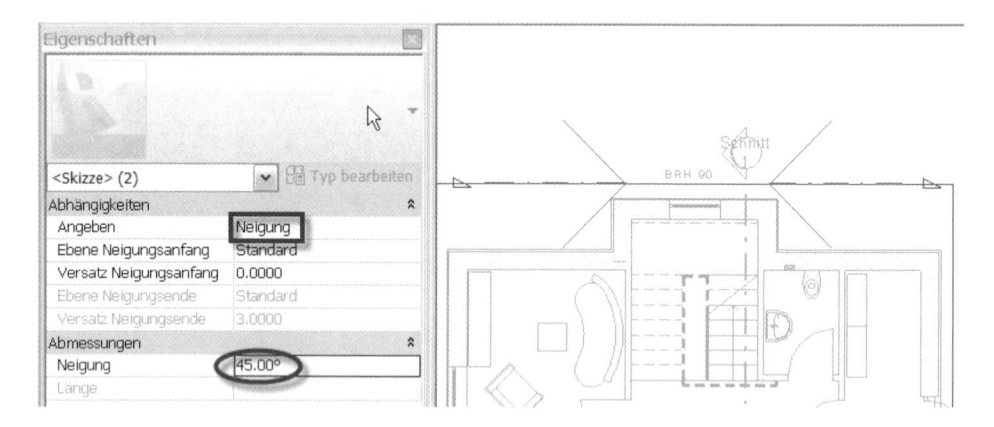

Als Neigungswinkel tragen Sie 45° ein und schließen die Dialogbox mit OK.

Beenden Sie die Skizze mit BEARBEITUNGSMODUS BEENDEN.

Ergebnis in der 3D-Ansicht:

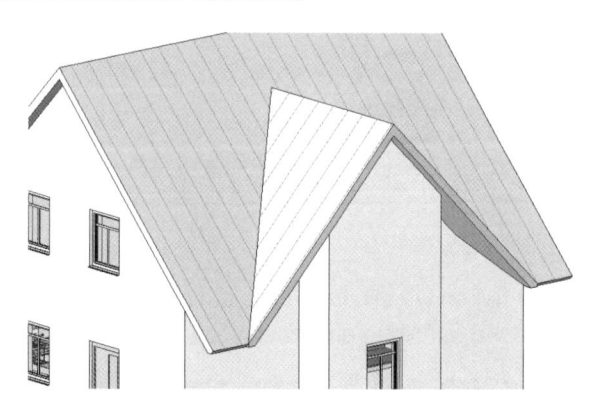

3.7 Dächer

Dach über Extrusion: Dachgaube

Auf der Südseite soll eine Gaube mit einem 45° geneigten Satteldach entstehen.

> Tipp: In der Metric Library befinden sich vorgefertigte Familien für Dachgauben, die sehr schnell in ein Projekt eingefügt werden können.

Ich will aber hier bewusst ausführlich eine »individuelle« Gaube erstellen, weil dabei viele Funktionen der Dachmodellierung sowie der Modellierung mit Revit allgemein veranschaulicht werden können. Außerdem sind die Bauteile der vorgefertigten Gaube nicht in den Bauteillisten einzeln auswertbar.

Sollte Ihnen diese Modellierung im Moment zu aufwendig sein, dann überspringen Sie ruhig diesen Abschnitt und kehren Sie später wieder zu diesem Punkt zurück!

Ich habe mir für die Gaube vorgestellt, dass sie über dem äußeren Fenster des EG liegen und auch in etwa dieselben Maße haben soll. Deshalb ist es hilfreich, zunächst Referenzebenen als »optische Landmarken« zu setzen.

Öffnen Sie die Ostansicht und wählen Sie in der Entwurfsleiste in der Rubrik START den Befehl REFERENZEBENE.

Zeichnen Sie nun zwei »Striche« in die Ostansicht ein. Justieren Sie die Ebenen gegebenenfalls mit AUSRICHTEN auf die Ober- bzw. Unterkante des Fensters.

Diese zwei gestrichelten Linien sind Ebenen und daher auch in den anderen Ansichten sichtbar. Somit können wir in der Südansicht ganz einfach die Ober- und Unterkante des Fensters bestimmen, ohne dass wir dabei das Fenster selbst sehen.

Wechseln Sie nun in die Südansicht.

Die beiden gestrichelten Linien sind die soeben erzeugten Referenzebenen!

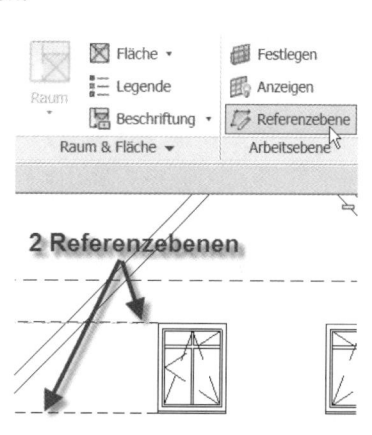

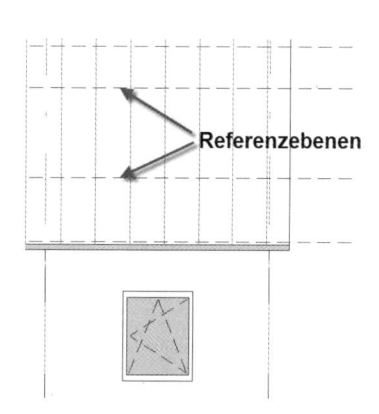

Kapitel 3 — DIE GRUNDFUNKTIONEN IM DETAIL

Tipp: Um die Übersichtlichkeit zu verbessern, können Sie auch die Sichtbarkeit der Ebenenbeschriftung, der Achsraster und der Schnittlinie deaktivieren. Schalten Sie gegebenenfalls auch den Schattenwurf aus, damit die Ansicht schneller aufgebaut wird.

Machen Sie sich noch zwei weitere Referenzebenen im Abstand von 65 cm zu den Fensterleibungen. Das wird später die Außenkante des Gaubendaches sein.

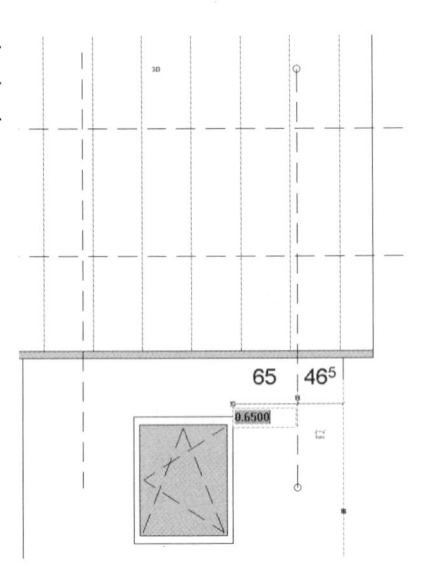

Das Dach wird über den Befehl DACH|DACH ÜBER EXTRUSION erstellt.

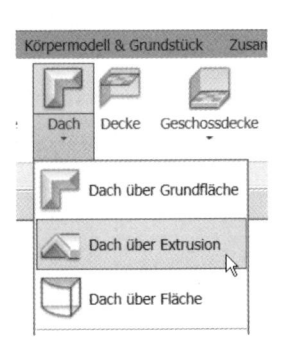

3.7 Dächer

Revit wird Sie nun nach der Arbeitsebene fragen.

Wählen Sie die Option EBENE AUSWÄHLEN ...

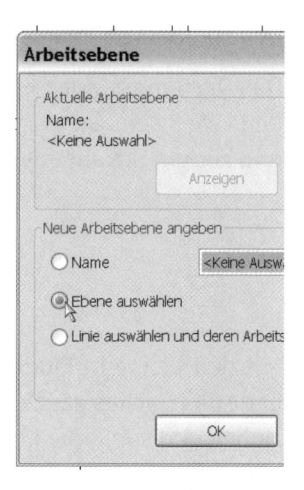

..., zeigen Sie auf die Fensterleibung und drücken Sie die ⎄-Taste, bis die Wand als Auswahl erscheint.

Klicken Sie nun darauf.

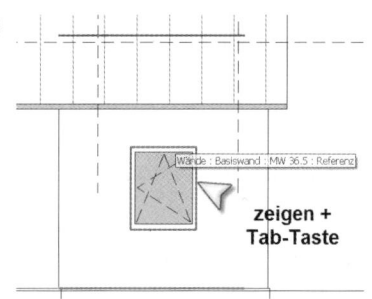

zeigen + Tab-Taste

Die Einstellungen im erscheinenden Dialogfenster können Sie wie von Revit vorgeschlagen belassen.

Sie gelangen nun in den Skizzenmodus.

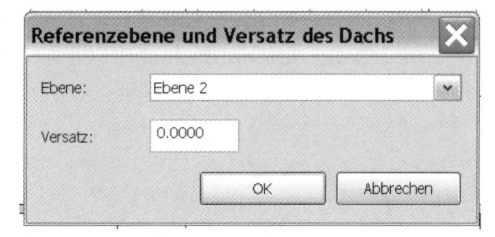

Zeichnen Sie zwei Linien im Winkel von 45° ein. Wechseln Sie in die 3D-Ansicht und klicken Sie auf BEARBEITUNGSMODUS BEENDEN.

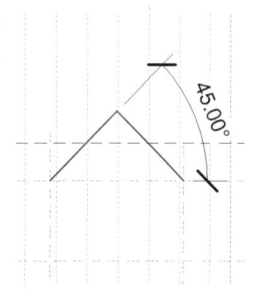

DIE GRUNDFUNKTIONEN IM DETAIL

Das Ergebnis sollte in etwa so aussehen:

Das Dach muss noch »etwas« gekürzt werden. Wechseln Sie dazu in die Ostansicht und klicken Sie auf das Dach.

Mit den kleinen blauen Dreiecken können Sie das Ende des Daches ganz einfach nach links oder rechts ziehen und somit die Länge verändern.

Stellen Sie das Dach ungefähr so ein:

Wechseln Sie zurück in die 3D-Ansicht.

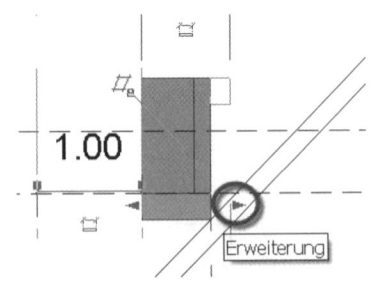

Wir werden das Gaubendach nun mit dem Hauptdach verbinden.

Wählen Sie dazu den Befehl DACH VERBINDEN.

Klicken Sie auf die Kante am Ende des Daches, das verbunden werden soll (Pfeil 1), klicken Sie als Zweites auf das Hauptdach (Pfeil 2).

> ⚠️ Achtung: Vergewissern Sie sich immer anhand der dicken Umrandung, dass das richtige Bauteil gewählt ist.

Ergebnis: Das Satteldach ist nun sauber an das Hauptdach gestutzt.

Wechseln Sie in die Ansicht LAGEPLAN, um das Dach von oben gut sehen zu können.

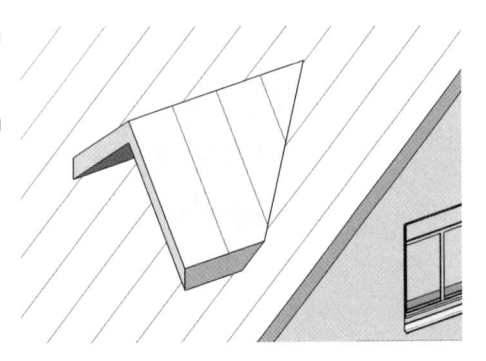

3.7 Dächer

Die Gaubenwände sollen als Holzkonstruktion mit Zinkblechabdeckung erstellt werden, die Innenwände sollen mit Gipskarton beplankt werden.

Erstellen wir hierzu zunächst einmal einen entsprechenden Wandtyp.

Wählen Sie den Befehl WAND aus der Entwurfsleiste (TK »ww«) und wählen Sie aus dem Typenauswahlfenster den Typ MW 11.5 bzw. eine andere einschalige Konstruktion.

Rufen Sie die TYPENEIGENSCHAFTEN auf und legen Sie einen neuen Typ mit dem Namen Gaubenverkleidung - Blech an.

Bearbeiten Sie nun die Konstruktion wie unten dargestellt:

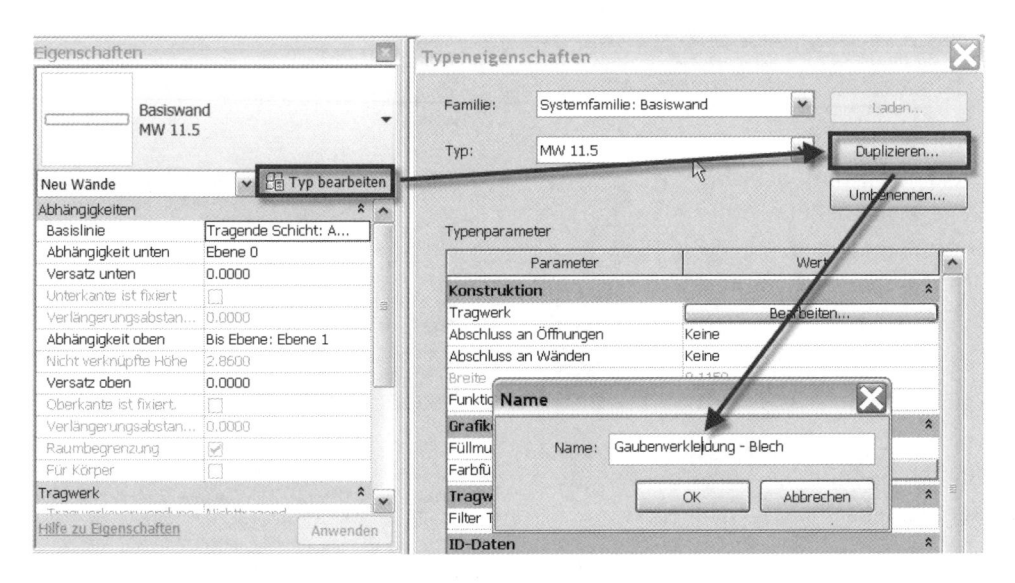

Fügen Sie zwei neue Schichten ein (Button EINFÜGEN) und verschieben Sie sie mit dem Button NACH UNTEN bzw. NACH OBEN. Somit haben wir eine zusätzliche Schicht für die GK-Verkleidung innen sowie eine Schicht für die Verblechung außen.

Teilen Sie nun den Schichten Materialien zu, indem Sie in die Spalte MATERIALIEN der jeweiligen Schicht klicken (bzw. auf den kleinen Pfeil).

Kapitel 3 — DIE GRUNDFUNKTIONEN IM DETAIL

Weisen Sie der Schicht in der Zeile 1 (= Außenseite) z. B. das Material Dach – Titanzink zu.

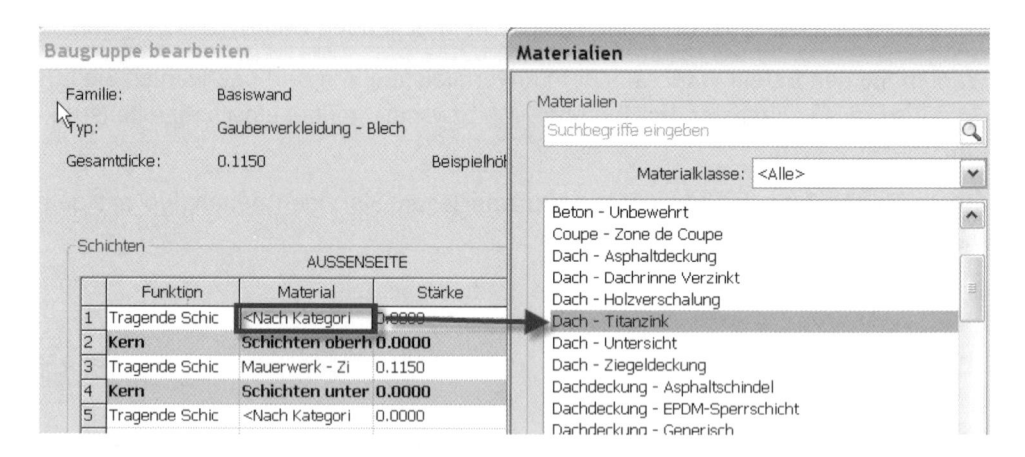

Weisen Sie der Schicht in Zeile 2 das Material Holz – Dielen und in der Zeile 3 Mauerwerk – Gipskarton zu.

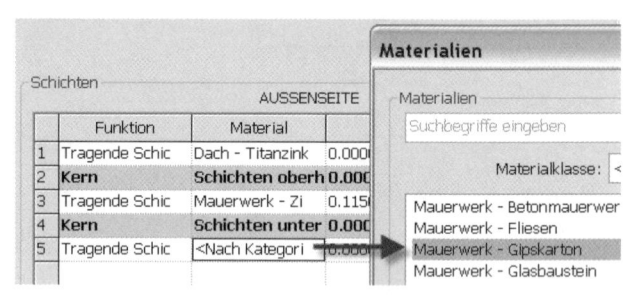

Stellen Sie nun die Konstruktionsstärken der einzelnen Schichten ein.

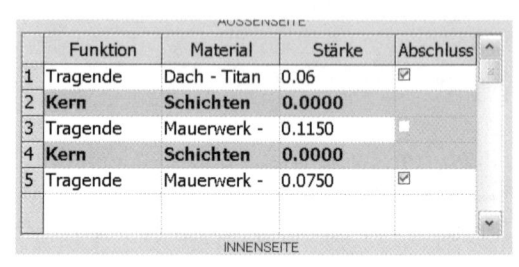

Stellen Sie bei der äußeren bzw. der inneren Schicht die Funktion von Tragende Schicht auf Nichttragende Schicht 1 [4] um.

3.7 Dächer

Hinweis: Die Zahlen hinter der Bezeichnung geben Aufschluss über die Prioritäten der Schicht bei den Verschneidungen!

Damit ist der Wandtyp definiert. Schließen Sie die Dialogbox EIGENSCHAFTEN.

Jetzt soll die Wand mit einem Überstand von 20 cm zum Dach gezeichnet werden. Klicken Sie in der Optionsleiste auf den Button LINIEN AUSWÄHLEN und stellen Sie die Unterkante der Wand auf Ebene 1 sowie die Oberkante auf Ebene 2 ein.

Die Positionslinie soll NICHTTRAGENDE SCHICHT AUSSENKANTE sein, stellen Sie bei Versatz einen Wert von 20 cm ein.

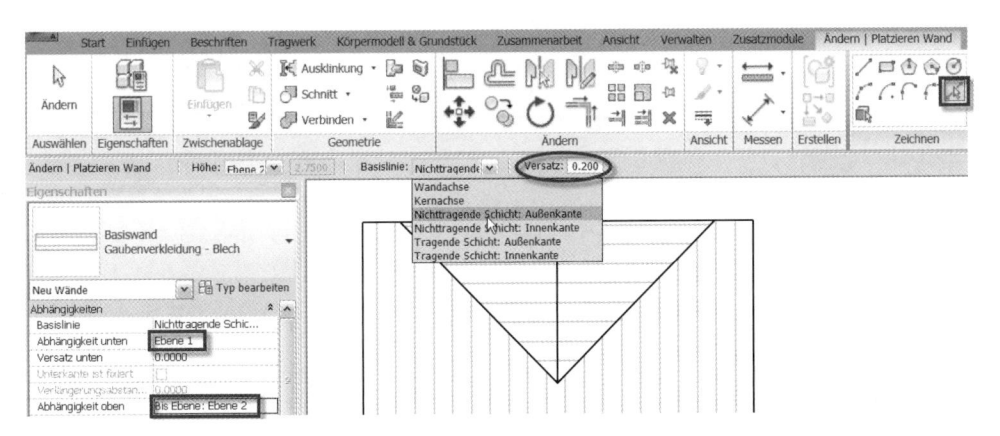

Zeigen Sie nun so auf die Außenkante des Gaubendaches, dass die grüne Linie rechts von der Dachkante erscheint. Bewegen Sie gegebenenfalls die Maus etwas auf der Linie nach links und rechts, um die Richtung der Linie zu ändern.

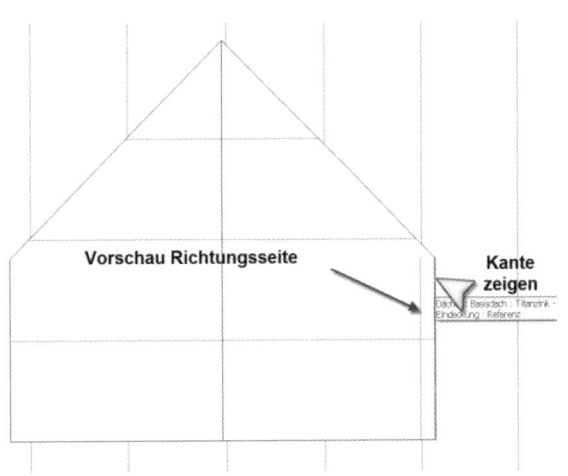

Klicken Sie dann auf die Kante, um die Wand zu erzeugen.

Klicken Sie auf das Ausrichtungssymbol, um die Wandseite zu wechseln.

Wiederholen Sie diesen Vorgang für die beiden restlichen Gaubenwände.

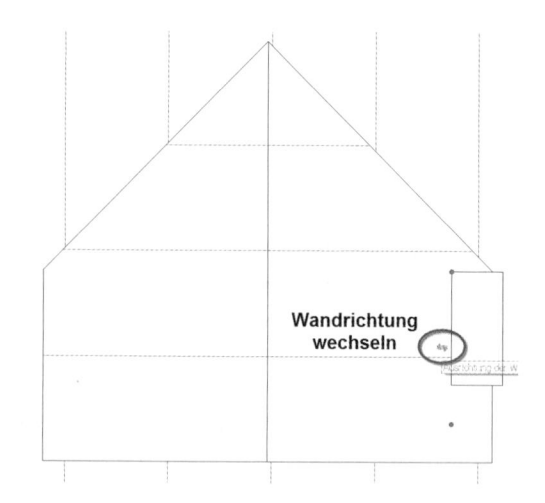

Wandrichtung wechseln

Ergebnis:

Eine eventuell erscheinende Warnmeldung wegen der überlappenden Wände können Sie vorerst ignorieren, darum kümmern wir uns gleich im Anschluss noch.

Falls nötig stutzen Sie die Wände, damit saubere Ecken entstehen.

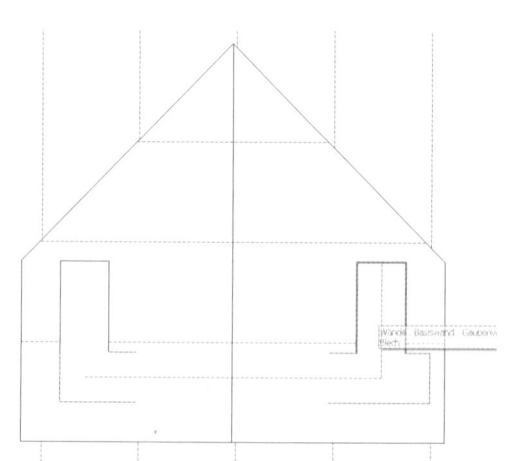

Das Ergebnis in der 3D-Ansicht:

Nun wollen wir die Wandoberkante an das Gaubendach bzw. die Wandunterkante an das Hauptdach anpassen.

3.7 Dächer

Markieren Sie hierzu die Gaubenwände und klicken Sie in der Optionsleiste auf FIXIEREN OBEN/BASIS.

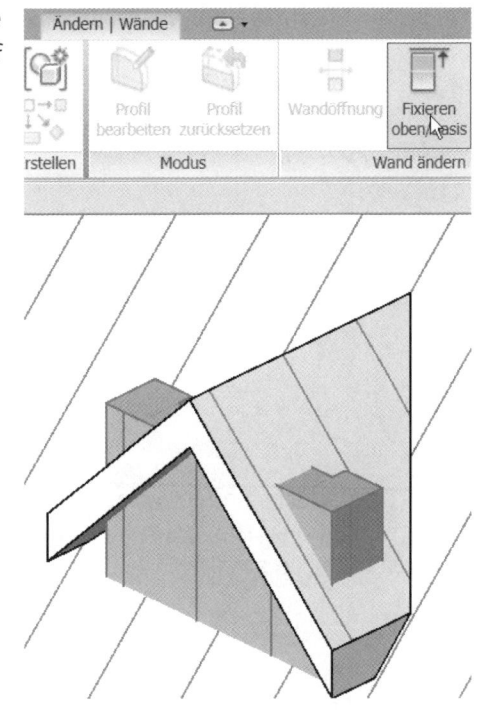

Wählen Sie in der Optionsleiste UNTERKANTE aus und klicken Sie auf das Hauptdach.

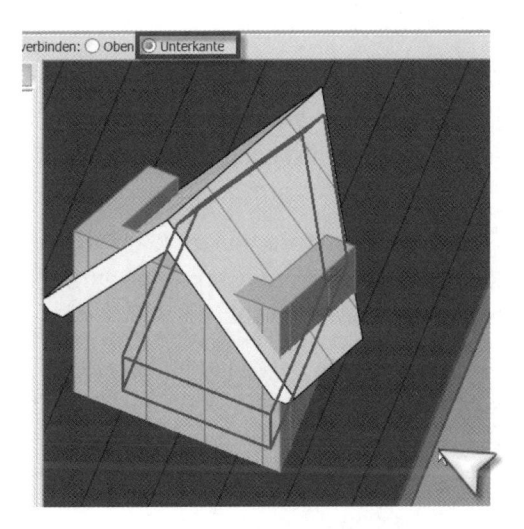

Aktivieren Sie nun in der Optionsleiste OBEN und wählen Sie das Gaubendach.

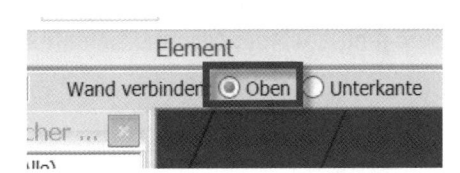

Kapitel 3 — DIE GRUNDFUNKTIONEN IM DETAIL

Wechseln Sie in die EBENE 2 und ziehen Sie die Schnittlinie in die Gaube hinein, um das Ergebnis im Schnitt 1 begutachten zu können.

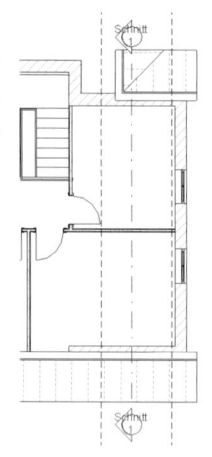

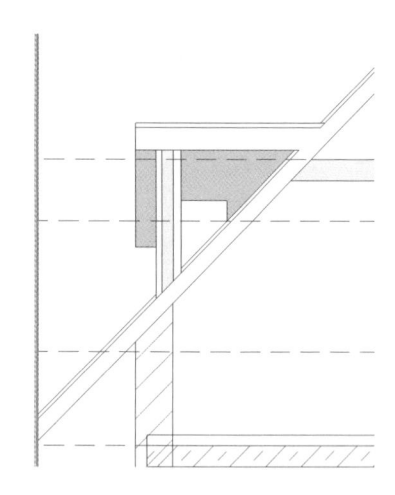

Tipp: Wechseln Sie eventuell in den Modellgrafikstil SCHATTIERT, um eine übersichtliche Darstellung zu erhalten.

Wechseln Sie in den SCHNITT 1.

Um die Gaubenwand bündig mit der Außenwand abschließen zu lassen, können Sie das Werkzeug AUSRICHTEN benutzen.

Geben Sie zuerst mit einem Klick auf die Innenkante des Ziegelmauerwerks die Kante vor, an der ausgerichtet werden soll.

Klicken Sie dann auf die Innenkante der Gaubenwand, um festzulegen, welches Bauteil ausgerichtet werden soll.

Die Wände werden daraufhin sauber übereinander ausgerichtet.

Nun fehlt noch der Öffnungsschnitt des Hauptdaches im Bereich der Gaube.

Wechseln Sie in die 3D-Ansicht.

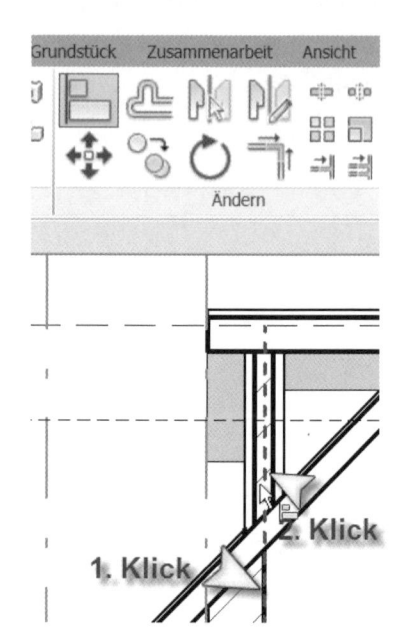

3.7 Dächer

Um einen besseren Überblick zu haben, werden wir nur die relevanten Bauteile sichtbar lassen und alle anderen ausblenden.

Markieren Sie das Hauptdach, das Gaubendach und die Gaubenwände.

Drücken Sie nun das Tastaturkürzel »ti« bzw. klicken Sie in der Ansichtssteuerelementleiste auf das Brillensymbol und wählen Sie den Eintrag ELEMENT ISOLIEREN.

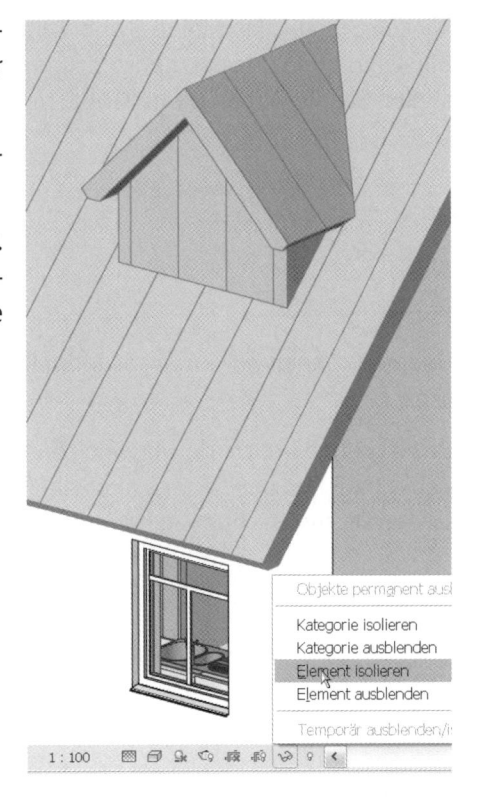

Es werden nur noch die gewählten Bauteile angezeigt.

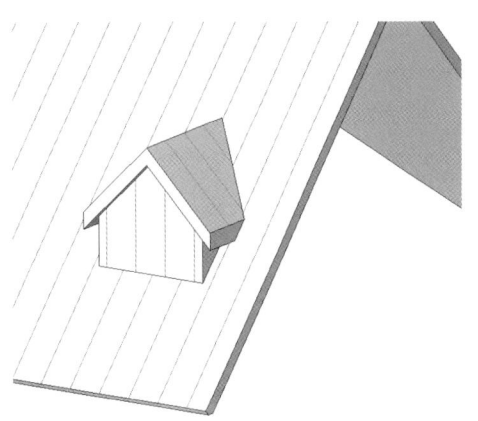

Hinweis: Der Rest ist nur *ausgeblendet*, nicht gelöscht! Sie können die restlichen Bauteile jederzeit wieder mit dem TK »tz« einblenden.

Klicken Sie auf das kleine Symbol links unten am Bildschirmrand (MODELLGRAFIKSTIL WECHSELN) und stellen Sie die Option DRAHTMODELL ein.

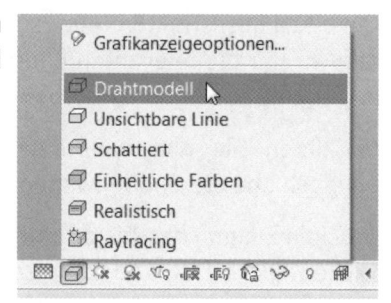

Dadurch können wir durch das Modell hindurchblicken.

Das ist sehr hilfreich, da wir gleich die Innenkanten der Wände und des Daches auswählen wollen, um so den Öffnungsschnitt zu definieren.

Wählen Sie in der Entwurfsleiste aus der Rubrik START die Gruppe ÖFFNUNG.

Hier zur Veranschaulichung je ein Beispiel für die verschiedenen Optionen der Dachöffnungen:

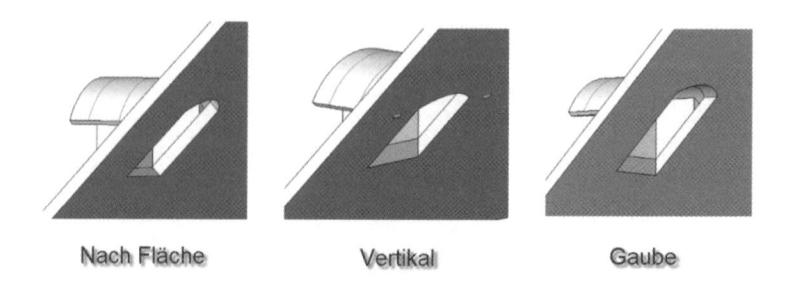

Nach Fläche — Vertikal — Gaube

Die dritte Option ist sozusagen eine Mischung aus der ersten und der zweiten.

3.7 Dächer

Wählen Sie die Option GAUBE.

Klicken Sie auf die Dachkante und wählen Sie das Hauptdach aus, aus dem die Öffnung geschnitten werden soll.

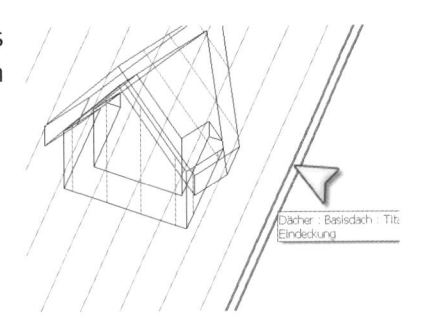

Jetzt müssen die Wandflächen gezeigt werden, um entsprechende Skizzenlinien zu erhalten. Am bequemsten geht das in der Draufsicht der 3D-Ansicht. Um die 3D-Ansicht in die Ansicht von oben ausrichten zu lassen, klicken Sie auf den ViewCube auf die Ansicht OBEN.

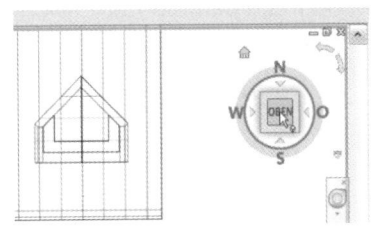

Durch den dunkelgrauen Hintergrund der 3D-Ansicht sieht man kaum die hellgrauen Skizzenlinien, daher ist es hilfreich, den Hintergrund in den Ansichtseigenschaften über die Grafikdarstellungsoptionen zu deaktivieren.

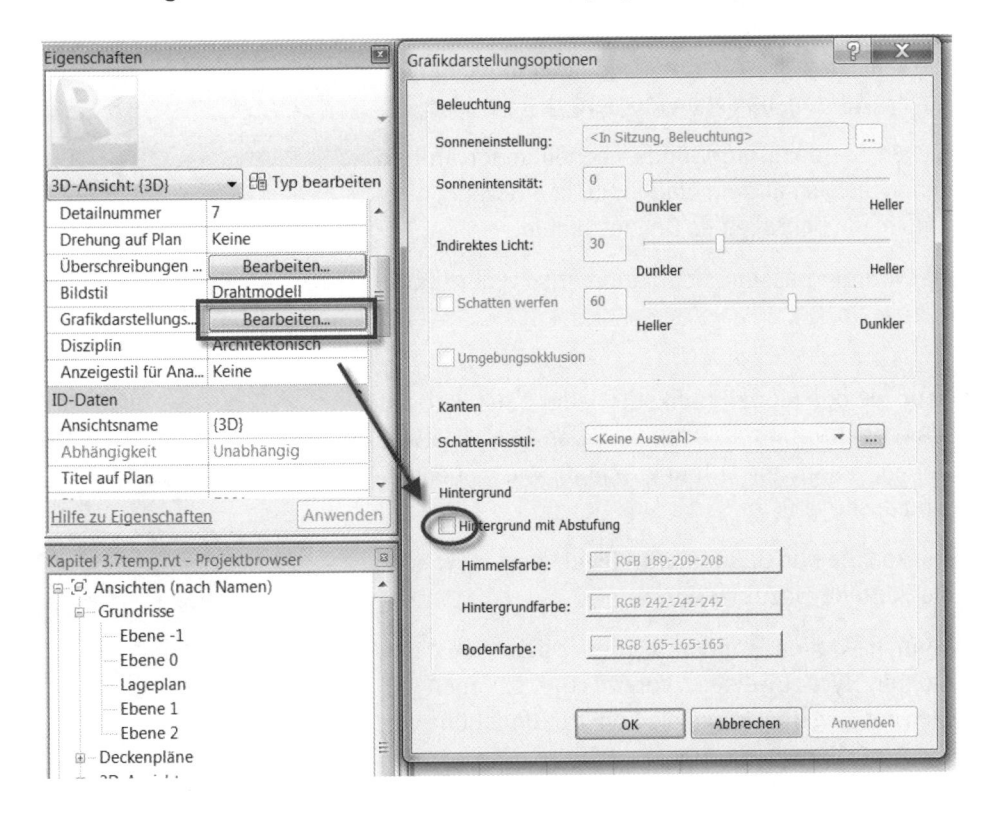

Klicken Sie nun auf die Wandflächen, die die Kante der Öffnung beschreiben. Welche Fläche aktiv ist, sehen Sie an der dicken Linie.

Klicken Sie auf die linke Wandfläche, dann wird diese Linie auf die Dachfläche projiziert.

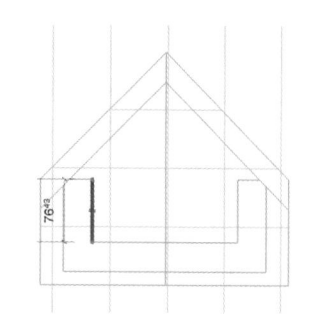

Wiederholen Sie dies mit allen anderen Kanten.

Klicken Sie dann in der Entwurfsleiste auf BEARBEITUNGSMODUS BEENDEN.

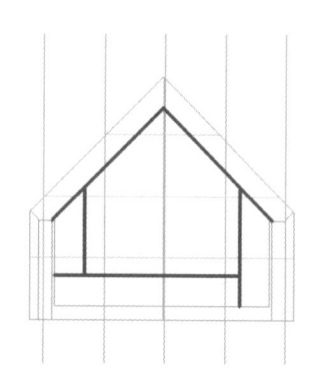

Hinweis: Die Linien brauchen nicht gestutzt zu werden!

Die Seitenwände sollen noch gleich ein wenig verlängert werden, da sie im Moment zu kurz sind.

Klicken Sie dazu die Wände nacheinander an und ziehen Sie sie mit dem blauen Punkt ein wenig nach oben in die Schräge des Daches hinein.

Die Wände passen sich automatisch der Dachschräge an.

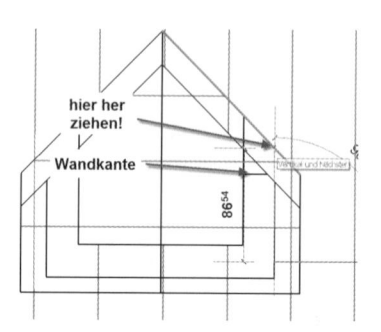

Wenn Sie den Modellgrafikstil wieder umstellen auf SCHATTIERUNG MIT KANTEN und das Modell etwas drehen, sollte der Öffnungsschnitt wie nebenstehend aussehen:

Drücken Sie nun das Tastaturkürzel »tz«, um wieder alle Bauteile einzublenden.

Wenn Sie wollen, können Sie dem Dach noch einen anderen Typ zuweisen. Vorgefertigt ist noch ein Dach mit Ziegeldeckung, die Konstruktionshöhe von

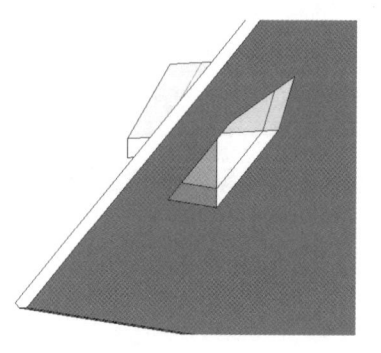

3.7 Dächer

15 cm dürfte aber in der Regel für ein gedämmtes Dach zu gering sein. Prüfen Sie sie daher und stellen Sie sie gegebenenfalls richtig ein.

Aus optischen Gründen ist eventuell auch eine andere Zuweisung des Materials für die untere Schicht besser, z. B. HOLZ – DIELEN.

Abschließend sollte noch ein Fenster eingesetzt werden, z. B. der Typ 1-FLG – 1.01 x 75 und der Sparrenschnitt könnte noch gemäß dem Hauptdach eingestellt werden.

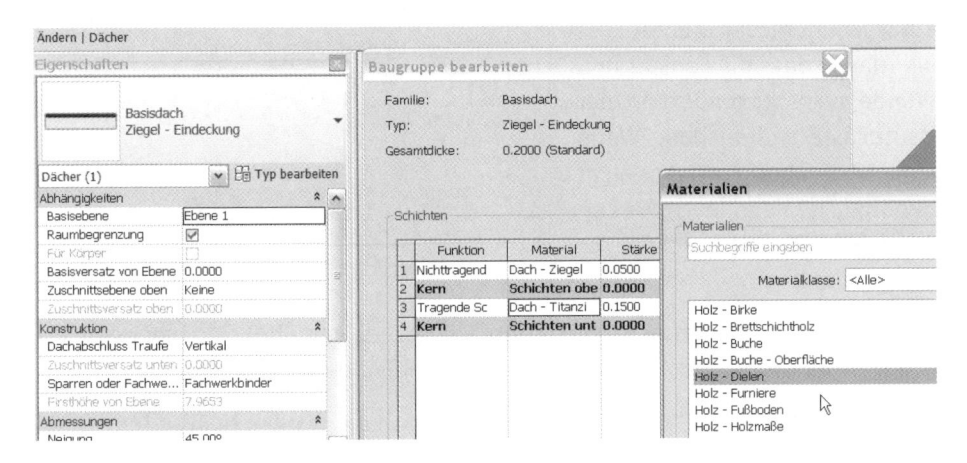

Die Modellierung der Gaube ist nun abgeschlossen. Wie Sie sehen, ist das manuelle Erstellen der Gauben durchaus mit einigem Aufwand verbunden. Die Idee, eine Gaube als parametrische Familie zu erstellen, ist daher naheliegend.

Tatsächlich gibt es in Revit – wie schon anfangs erwähnt – solch eine Familie in der Metric Library im Ordner Dachgaube.

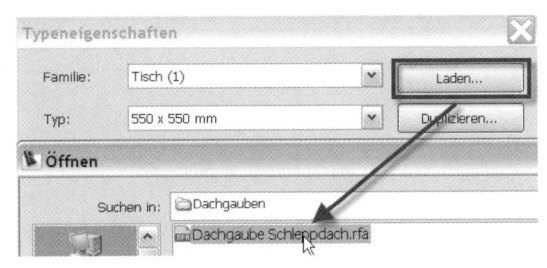

Diese Familie kann über den Befehl BAUTEIL|FAMILIE LADEN in das Projekt geladen werden.

Die Gaube kann dann direkt auf dem Dach platziert und in den Eigenschaften können die richtigen Neigungen eingestellt werden.

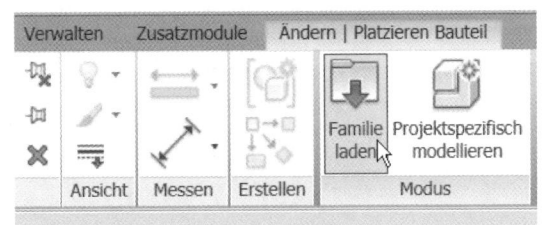

Der Wert DACHNEIGUNG GAUBE beschreibt dabei den Winkel zwischen Hauptdach und Gaubendach. Im nebenstehenden Beispiel beträgt die Neigung des Gaubendaches also 15° (45°-30°).

Ein Nachteil dieser Methode ist allerdings, dass die Fenster und Wände nicht gesondert in der Bauteilliste auftauchen. Wenn man dies aber sowieso nicht benötigt, ist es eine große Zeitersparnis, Gauben auf diese Art zu erstellen!

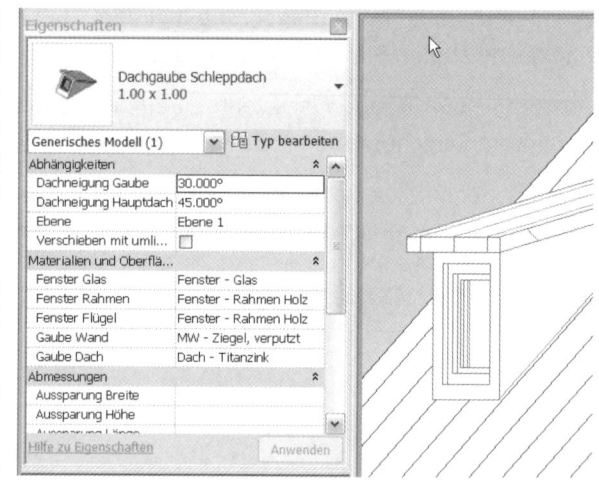

Die selbst erstellten Gauben (wie die von uns gerade erstellte) sind hingegen flexibler in der Form. Größe und Aussehen können so individuell erstellt werden.

Bevor wir diese Lektion beenden, wollen wir noch die Traufen bearbeiten.

Klicken Sie auf das Hauptdach und rufen Sie die EIGENSCHAFTEN auf.

Stellen Sie bei DACHABSCHLUSS TRAUFE den Wert LOTRECHT ZUR DACHHAUT MIT ZUSCHNITT UNTEN ein und wählen Sie 0.1 als Wert für den ZUSCHNITTSVERSATZ UNTEN (falls nicht schon vorher geschehen).

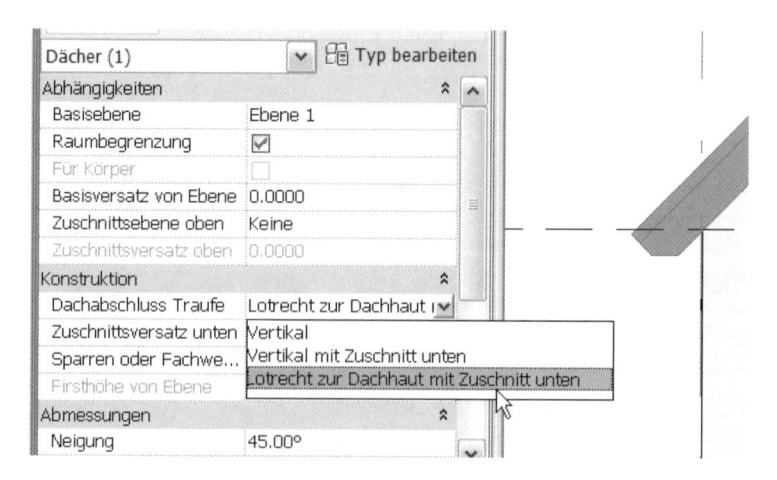

Um den Traufen eine Dachrinne hinzuzufügen, wählen Sie in der Entwurfsleiste unter der Rubrik START den Befehl DACH|DACH-RINNE.

Wählen Sie im Typenauswahlfenster den Typ DACHRINNE D=150.

In den Eigenschaften könnten Sie einen horizontalen und vertikalen Versatz eingeben, um die Lage zur Dachfläche zu verändern. Vorerst kann aber die Voreinstellung belassen werden.

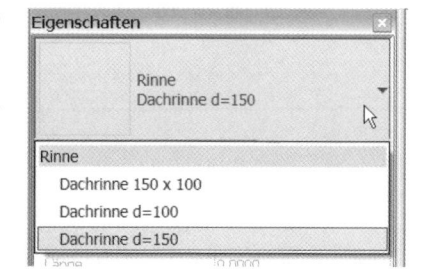

Klicken Sie nun auf die Traufkanten, an denen eine Dachrinne verlaufen soll.

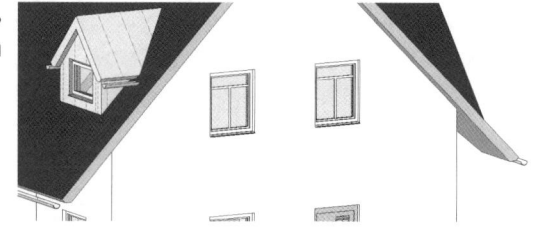

3.8 Treppenmodellierung

Prinzipielle Funktionsweise von Revit bei der Treppenmodellierung

In der Version 2013 wurde der Treppenbefehl stark verändert. Verglichen mit den Vorversionen ist es ab dieser Version möglich, verzogene Treppen automatisch erstellen zu lassen, Läufe sind einzeln bearbeitbar etc. Insgesamt ergibt sich aus den Änderungen eine wesentliche Verbesserung des Treppenmoduls.

Grundsätzlich kann nun eine Treppe nach zwei verschiedenen Methoden erzeugt werden, entweder bauteilbasiert oder skizzenbasiert. Bei letzterer Methode wird wie bei den Geschossdecken (oder anderen Bauteilen) zuerst eine 2D-Skizze entworfen, die dann von Revit in ein 3D-Bauteil umgewandelt wird. Der Vorteil hierbei ist, dass Freiformtreppen recht einfach erstellt werden können. Bei der bauteilorientierten Methode können hingegen Standardtreppen recht einfach und schnell über Automatismen erzeugt werden. Beide Methoden haben also ihre Vorzüge.

Methode 1: Treppe nach Bauteil

Wie schon erwähnt, ist diese Methode ab der Version 2013 verfügbar.

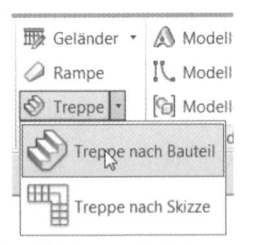

Wenn in diesem Skizzenmodus der Befehl LAUF aktiv ist, sind verschiedene Optionen vorhanden:

A: Einen geraden Lauf erstellen.

B: Eine Spindeltreppe erstellen, die mehr als 360° gedreht ist.

C: Eine Spindel- bzw. Segmenttreppe erstellen, die weniger als 360° gedreht ist.

D: Einen gewendelten L-förmigen Treppenlauf erstellen.

E: Einen gewendelten U-förmigen Treppenlauf erstellen.

F: Zum (»alten«) Skizzenmodus wechseln, um eine Freiform zu erstellen.

Treppe über »Lauf« erstellen

Hierbei gibt der Benutzer nur die An- und Austrittspunkte an, den Rest erledigt Revit. Die dazu nötigen Werte wie Laufbreite, Auftrittsbreite, Steigungshöhe usw. bezieht Revit dabei aus den Eigenschaften (die wir im Anschluss noch näher betrachten werden).

Beispiel: Um den Lauf zu erstellen, wählen Sie den Befehl LAUF, klicken auf einen beliebigen Punkt in der Zeichenfläche und ziehen die Maus auf eine Seite an den Zeichnungsrand.

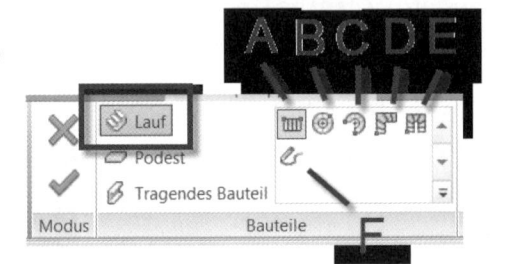

3.8 Treppenmodellierung

Es erscheint ein Rahmen, der den Treppenlauf als »Vorschau« darstellt.

Der erste Klickpunkt stellt den Antrittspunkt des Laufes dar.

1. Klickpunkt
4 STEIGUNGEN ERSTELLT, 11 VERBLEIBEND

Um einen einläufigen Treppenlauf ohne Podest zu zeichnen, ziehen Sie die Maus nach rechts über den Rahmen hinaus und klicken in die Zeichenfläche.

2. Klickpunkt
15 STEIGUNGEN ERSTELLT, 0 VERBLEIBEND

Tipp: Wenn Sie deutlich über den Rahmen hinaus klicken, vermeiden Sie Fehler, die durch einen knapp an der Treppenkante liegenden Punkt entstehen könnten.

Ergebnis:

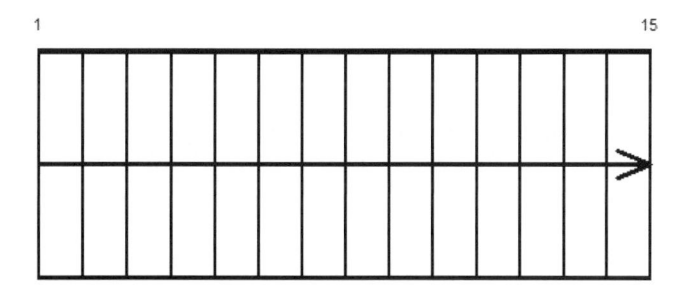

Der Text am Rand des Rahmens teilt Ihnen mit, wie viele Steigungen Sie schon gezeichnet haben bzw. wie viele noch verbleiben.

Klicken Sie nun auf BEARBEITUNGSMODUS BEENDEN.

Revit erstellt nun ein 3D-Modell der Skizze. Die Draufsicht wird in etwa wie nebenstehend aussehen:

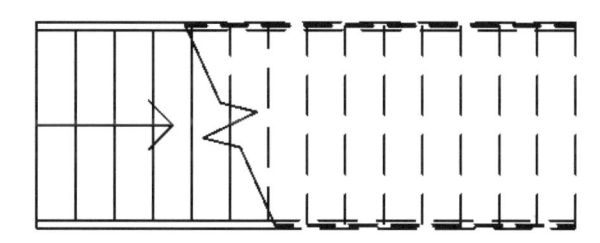

Die 3D-Ansicht der Treppe:

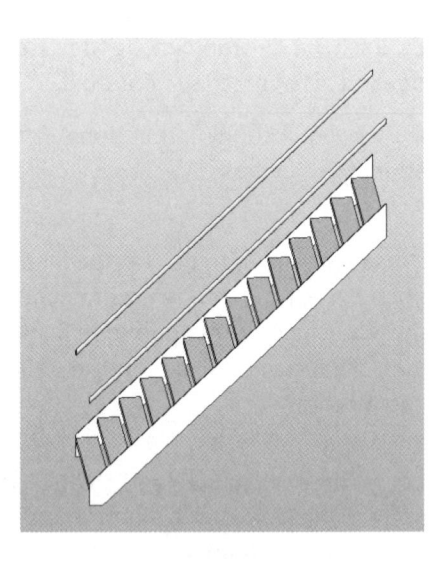

> 💡 Es werden immer automatisch zwei Geländer bei den Treppen eingefügt. Nicht benötigte Geländer können einfach angewählt und gelöscht werden.

Den Geländertyp können Sie jederzeit anwählen und über das Typenauswahlfenster wechseln. Dort sind verschiedene vorgefertigte Geländertypen im Template abgespeichert.

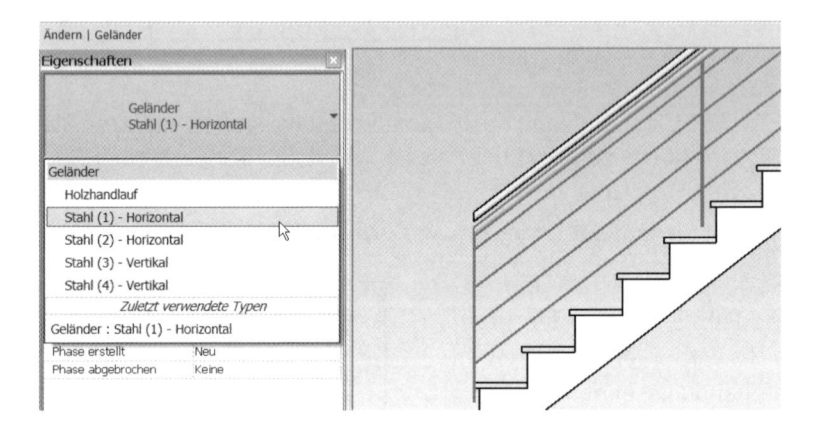

> 💡 Hinweis: Es können hierzu auch beliebige eigene Geländer angefertigt werden. Wählen Sie ein Geländer aus und rufen Sie die Typeneigenschaften auf. Unter der Rubrik GELÄNDERKONSTRUKTION werden die Profile der Holme angegeben, unter PLATZIERUNG DER GELÄNDERPFOSTEN alle senkrechten Pfosten.

3.8 Treppenmodellierung

Auch die Art der Treppe kann über das Typenfenster verändert werden.

Methode 2: Treppe nach Skizze

Mit dieser Methode lassen sich Frei- bzw. Sonderformen erstellen.

Wechseln Sie in die EBENE 0 und rufen Sie den Befehl TREPPE NACH SKIZZE auf.

Es soll nun dieselbe Treppe manuell über die Definition von Begrenzungen und Steigungen erstellt werden.

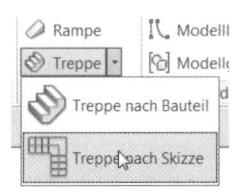

Wählen Sie zunächst den Befehl BEGRENZUNG und skizzieren Sie zwei parallele Linien, ungefähr so wie im nächsten Bild.

Die Bemaßungen sind nur Anhaltspunkte, die Skizze kann auch etwas davon abweichen!

Diese Linien stellen die Wangen der Treppe dar.

Wählen Sie nun den Befehl STEIGUNGEN und tragen Sie die Steigungen der Treppe nacheinander an.

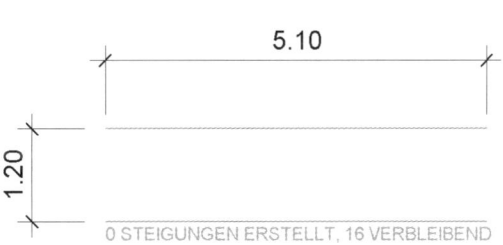

Sie können dazu die Funktionen von Revit auf verschiedene Weise nutzen. Entweder zeichnen Sie die Linien einzeln ein und geben die Auftrittsbreite jeweils über die temporären Bemaßungen ein ...

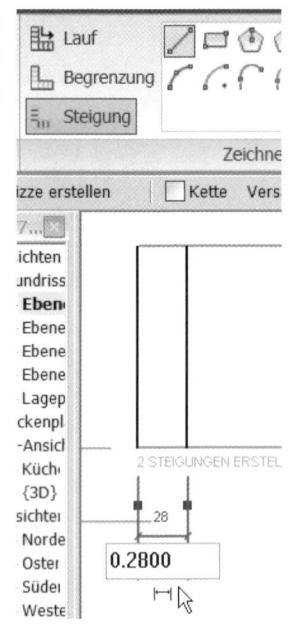

... oder Sie benutzen die Funktion LINIEN ZEIGEN mit VERSATZ:

Die Textzeile unten an der Begrenzungslinie hält Sie dabei ständig auf dem Laufenden, wie viele Steigungen Sie noch benötigen, um den Lauf zu vervollständigen.

Ergänzen Sie also die Steigungen, bis Sie die richtige Anzahl erreicht haben (»0 VERBLEIBEND«).

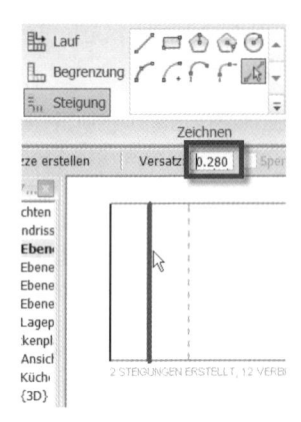

⚠ Die überstehenden Begrenzungslinien müssen mit den Steigungen verstutzt werden.

3.8 Treppenmodellierung

Ergebnis:

Klicken Sie auf BEARBEITUNGSMODUS BEENDEN.

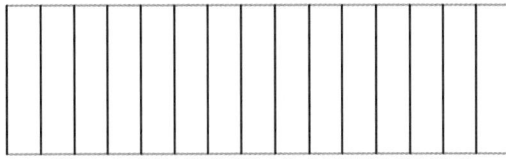

16 STEIGUNGEN ERSTELLT, 0 VERBLEIBEND

Revit erstellt nun wieder das 3D-Modell.

Sie werden nun sagen, dass diese Methode umständlicher ist als die vorherige – und das mit Recht. Bei einem geradlinigen Lauf macht die Erstellung des Laufes über Begrenzungen und Steigungen nicht viel Sinn! Allerdings gewinnt diese Methode an Bedeutung, wenn die Treppenformen unregelmäßig sein sollen!

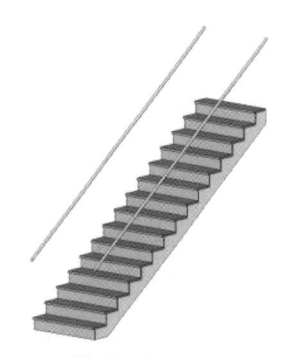

Klicken Sie die soeben erstellte Treppe an und wählen Sie in der Optionsleiste SKIZZE BEARBEITEN.

Sie gelangen wieder in den Skizzenmodus der Treppe.

Wählen Sie eine der Begrenzungslinien und löschen Sie diese.

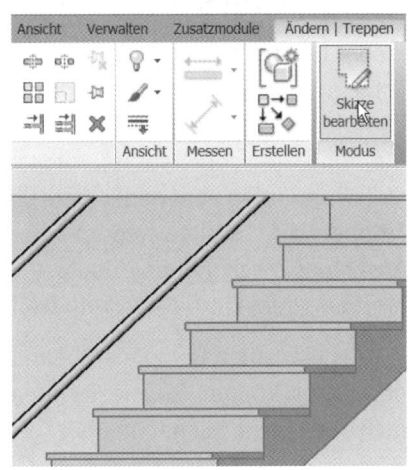

Zeichnen Sie nun eine frei geformte Begrenzungslinie, lassen Sie Ihrer Fantasie dabei ruhig freien Lauf ...

Benutzen Sie dazu die Funktion BEGRENZUNG und z. B. die Option BOGEN DURCH 3 PUNKTE aus der Optionsleiste.

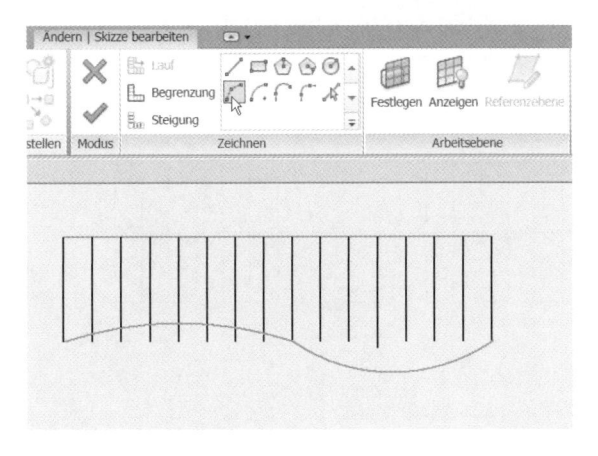

Die Begrenzungslinien sollten mit der ersten und der letzten Steigung abschließen, um eine sinnvolle Geometrie zu erhalten. Die restlichen Steigungen müssen jedoch nicht zwingend bis an die Begrenzungslinien reichen; Revit setzt die Steigungen automatisch bis an die Begrenzung.

Wenn Sie mit Ihrer Skizze zufrieden sind, klicken Sie auf BEARBEITUNGSMODUS BEENDEN.

Zusammenfassung
- Mit dem Befehl TREPPE ÜBER BAUTEIL können Standardtreppen sehr schnell erstellt werden.
- Im Skizzenmodus ist mehr manuelle Arbeit nötig, dafür können beliebige Formen sowohl für die Wangen als auch für die Steigungen erzeugt werden.

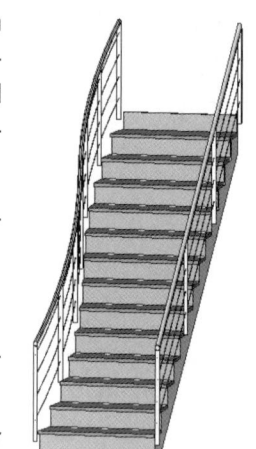

Komplexere geradläufige Treppenformen

Bisher haben wir uns lediglich mit einem einfachen geraden Treppenlauf befasst. Im Folgenden werden wir sehen, wie man typische Treppenformen mit geraden Läufen generieren kann. Dazu wird der Befehl TREPPE ÜBER BAUTEIL verwendet, da diese Methode die schnellste ist. Alternativ könnte jeweils auch der Befehl LAUF aus der Skizzenfunktion verwendet werden (die Abläufe wären sehr ähnlich), bauteilbasierte Treppenläufe stellen jedoch wesentlich bessere Möglichkeiten bereit, die im Anschluss noch näher erläutert werden. Ziehen Sie daher die bauteilorientierte Methode der skizzenbasierten wenn möglich vor.

Zu den einzelnen Beispielen befinden sich die jeweils passenden Projektdateien auf der CD. So können Sie diese Dateien als Vorlagen für Ihre Projekte nutzen oder einfach durch »Nachschauen« besser die Funktion »begreifen«.

Zweiläufige gerade Treppe mit Zwischenpodest
3D-Ansicht   Skizzenansicht

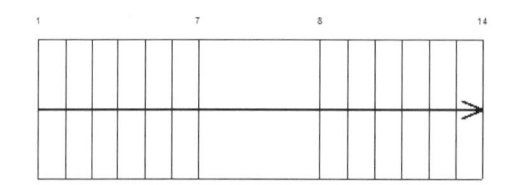

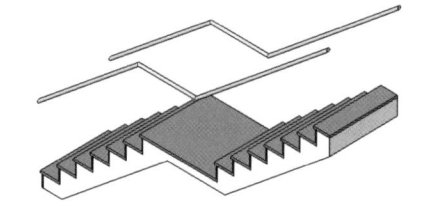

3.8 Treppenmodellierung

Erläuterungen zur Erstellung:

Die Vorgehensweise entspricht weitgehend der bei den einläufigen Treppen. Um das Podest einzufügen, muss lediglich jeweils am Podestbeginn und -ende nochmals geklickt werden. Revit erkennt automatisch bei einer Unterbrechung des Laufes, dass ein Podest eingefügt werden soll. Die einzelnen Schritte nochmals:

An- und Austritt erster Lauf angeben   *Zwischenergebnis:*

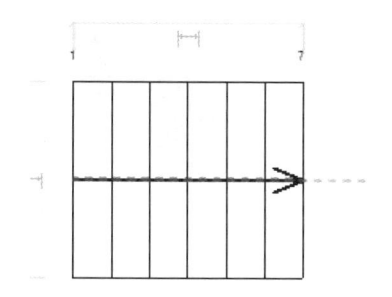

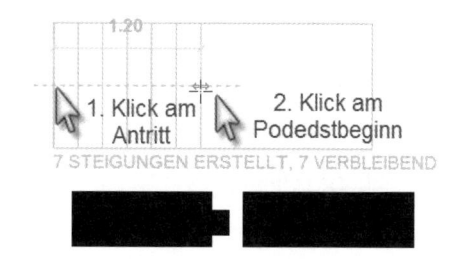

An- und Austritt zweiter Lauf angeben

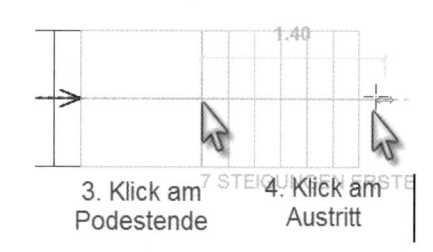

Endergebnis:

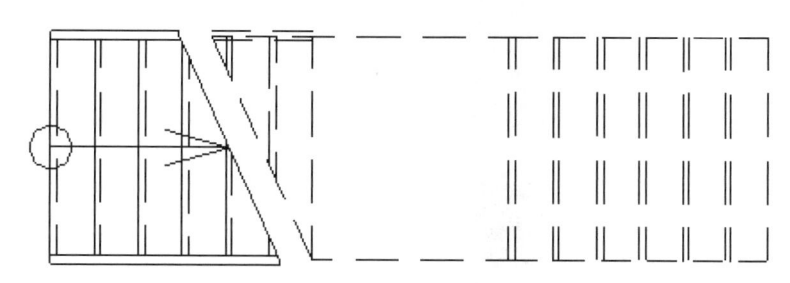

Kapitel 3 — DIE GRUNDFUNKTIONEN IM DETAIL

Zweiläufige gewinkelte Treppe mit Zwischenpodest

3D-Ansicht   Skizzenansicht

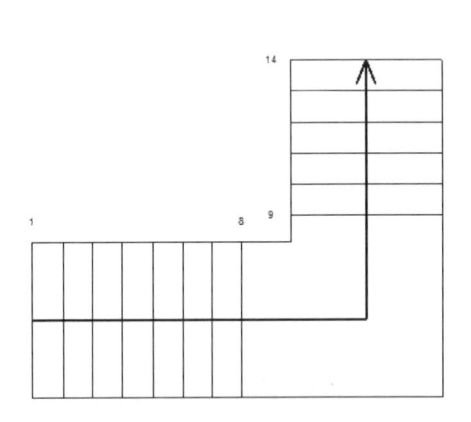

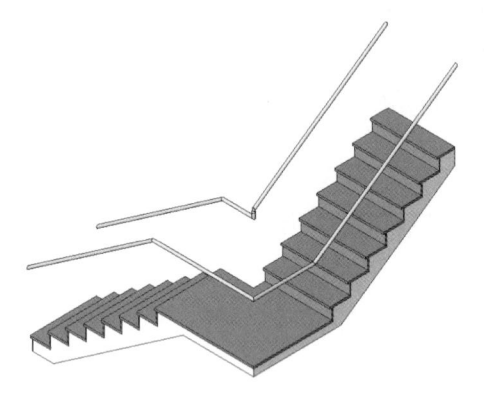

Erläuterungen zur Erstellung:

Die Erstellung entspricht im Prinzip der vorherigen Treppe, lediglich die Richtung am Podest muss gewechselt werden.

An- und Austritt erster Lauf angeben   *An- und Austritt zweiter Lauf angeben*

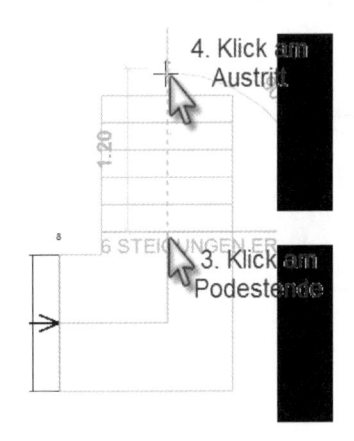

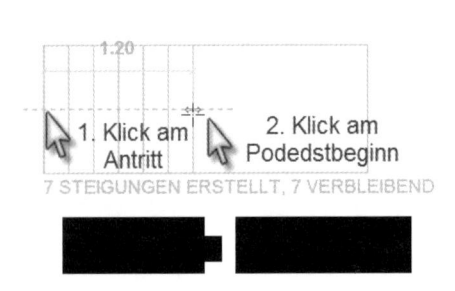

4. Klick am Austritt

6 STEIGUNGEN ER
3. Klick am Podestende

1.20

1. Klick am Antritt   2. Klick am Podedstbeginn

7 STEIGUNGEN ERSTELLT, 7 VERBLEIBEND

3.8 Treppenmodellierung

Ergebnis:

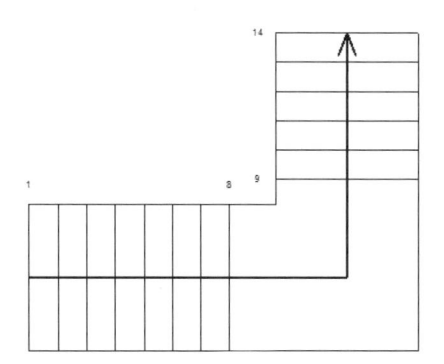

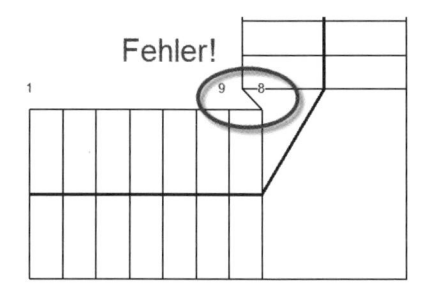

Fehler!

Achtung: Wichtig dabei ist, dass sich die Begrenzungslinien im Podestbereich nicht überkreuzen!

Hinweis: Podeste und Läufe sind unterschiedliche Objekte und im Bearbeitungsmodus auch getrennt änderbar. Im Skizzenmodus sollte hier besonders darauf geachtet werden, dass die Linien des Podestes sauber getrennt von den Läufen erstellt werden. Ansonsten wird die 3D-Geometrie nicht richtig erkannt werden.

Die Begrenzungslinien im Podestbereich sind hier im Bild zur Veranschaulichung aktiviert (rot). Gut zu sehen: Obwohl die Linie eigentlich gerade durchgeht, ist sie im Podestbereich getrennt!

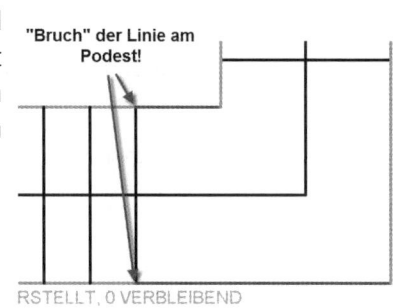

"Bruch" der Linie am Podest!

RSTELLT, 0 VERBLEIBEND

Tipp: Sie können die Linien markieren und verschieben, um einen bestimmten Abstand zum Podest zu erreichen!

Kapitel 3 — DIE GRUNDFUNKTIONEN IM DETAIL

Zuerst die Objekte, die verschoben werden sollen, mit einem Rahmen markieren ...

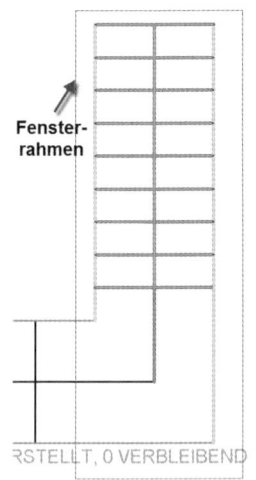

Fenster-rahmen

RSTELLT, 0 VERBLEIBEND

... und dann die Objekte nach Bedarf verschieben.

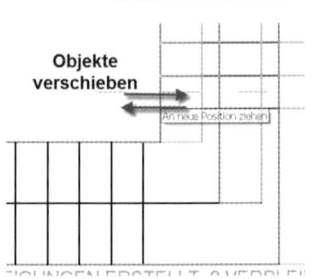

Objekte verschieben

> Sie können dazu wiederum einfach die Maus benutzen (Drag-and-drop), die Pfeiltasten drücken oder natürlich den Befehl VERSCHIEBEN aufrufen!

Verwendet man die bauteilorientierte Methode, ist die Fehleranfälligkeit geringer, die Läufe können als komplettes Element gewählt und verschoben werden.

Zweiläufig gegenläufige Treppe mit Zwischenpodest

3D-Ansicht   Skizzenansicht

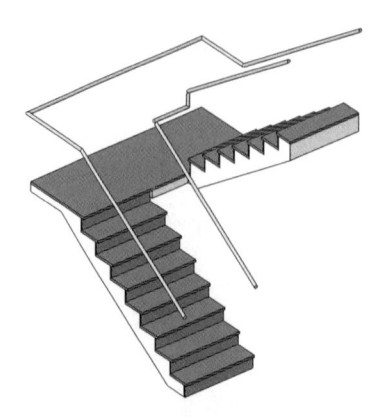

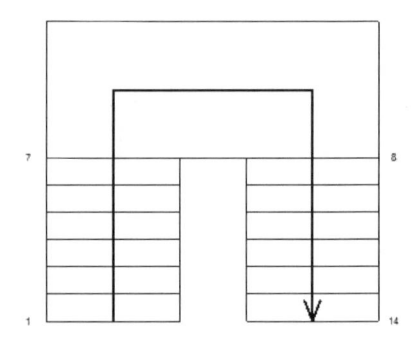

3.8 Treppenmodellierung

An- und Austritt erster Lauf angeben   *An- und Austritt zweiter Lauf angeben*

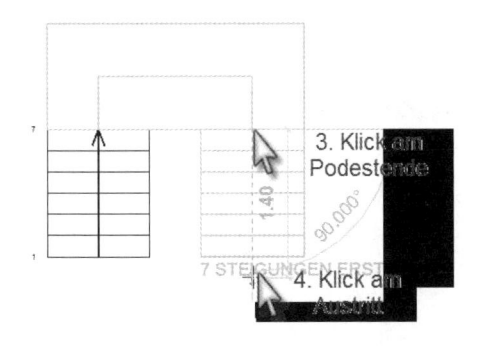

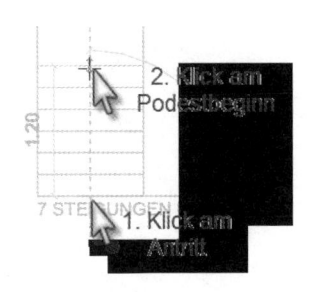

Ergebnis:

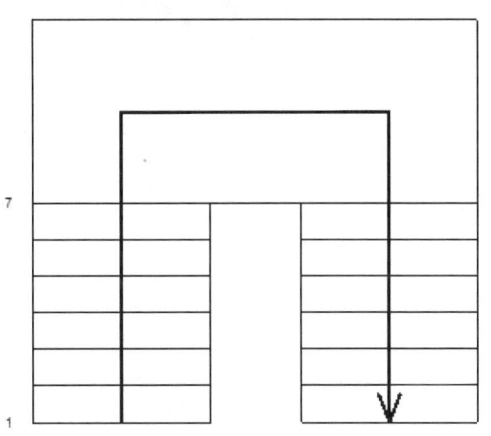

> Auch hier sind wieder alle Elemente, die zum Podest gehören, separat erstellt und können dementsprechend auch geändert werden!

Sie sehen: Das System wiederholt sich! Natürlich ist es auch möglich, mehrere Podeste hintereinander oder in anderen Winkeln einzufügen. Die Vorgehensweise bleibt dabei gleich: Geben Sie jeweils den An- bzw. den Austrittspunkt der Podeste an, bis Sie die gewünschte Anzahl an Steigungen erreicht haben.

Im Skizzenmodus können Sie auch einzelne Linien (z. B. die Begrenzungslinien der Podeste) entfernen und manuell mit einer anderen Form (z. B. gebogen) wieder einfügen usw.

Bauteilorientierte Treppenelemente können auch nachträglich in den Skizzenmodus konvertiert werden, um dann z. B. einzelne Linien bearbeiten zu können (z. B. die gebogene Wange des Treppenpodestes).

Dazu muss zuerst ein Bauteil gewählt und dann der Befehl KONVERTIEREN aufgerufen werden. Anschließend können Sie mit dem Befehl SKIZZE BEARBEITEN die einzelnen Elemente ändern.

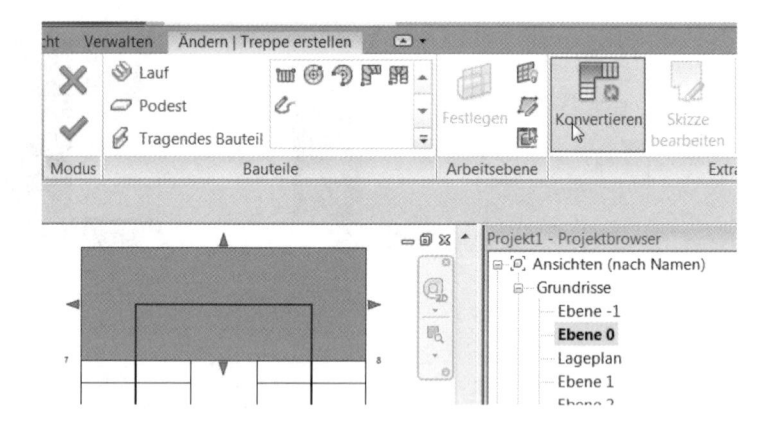

Gebogene Treppenläufe

In diesem Abschnitt wird gezeigt, wie man gebogene Treppenläufe erzeugt. Dies beinhaltet sowohl Spindel- bzw. Segmenttreppen als auch L- bzw. U-förmige gewendelte Treppen.

Für die Erstellung von Spindel- oder Segmenttreppen stehen zwei Methoden zur Verfügung: entweder die Angabe von Startpunkt und Radius oder die Angabe von Mittel-, Start- und Endpunkt. Wählen Sie dazu nach Aufruf des Befehls TREPPE einfach den entsprechenden Befehl aus der Box (LAUF muss aktiviert sein).

Bei der ersten Methode wird mit dem ersten Klick in die Zeichenfläche der Mittelpunkt des Bogens angegeben, der zweite Klick gibt den Antrittspunkt des Laufes an. Der Austrittspunkt wird automatisch errechnet, das heißt, es sind keine Zwischenpodeste definierbar.

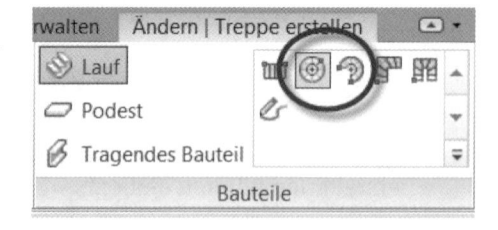

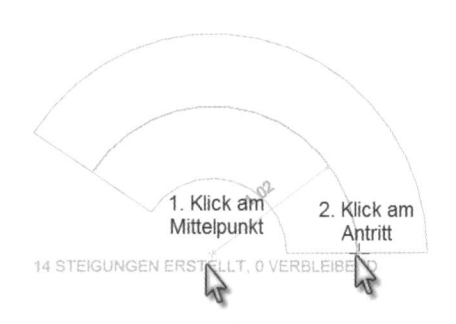

3.8 Treppenmodellierung

Ergebnis Skizzenansicht: Ergebnis 3D-Ansicht:

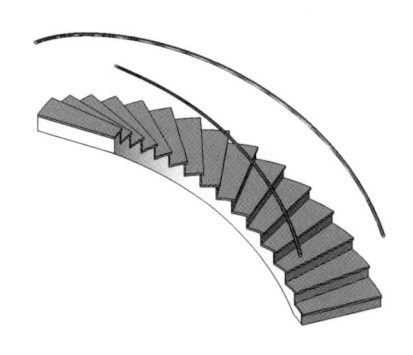

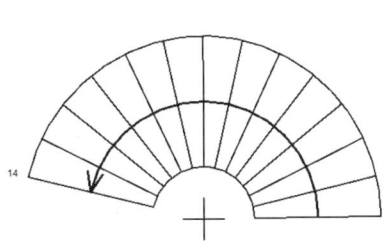

Bei der zweiten Methode wird zuerst der Mittelpunkt definiert, dann der Antrittspunkt und anschließend kann der Endpunkt des Laufes angegeben werden. Dadurch können auch Zwischenpodeste definiert werden. Allerdings ist es nicht möglich, einen Lauf über 360° Drehung zu definieren. Verwenden Sie dafür die zuvor genannte Methode.

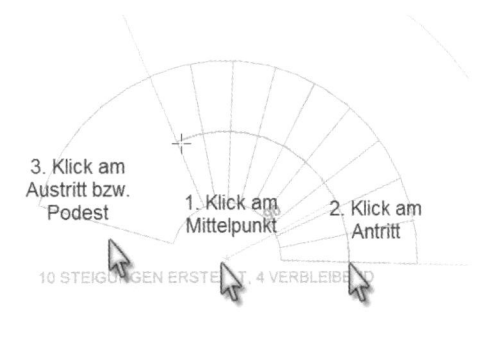

3. Klick am Austritt bzw. Podest
1. Klick am Mittelpunkt
2. Klick am Antritt

10 STEIGUNGEN ERSTELLT, 4 VERBLEIBEND

Wie Sie feststellen können, werden die Stufen dabei automatisch verzogen, Sie müssen nichts manuell nacharbeiten! Je nach Ausbildung der Konstruktion sind Sie somit in der Lage, im Nu Wendel- bzw. Spindeltreppen mit oder ohne Podeste zu erstellen!

Beispiele:

Spindeltreppe   Segmenttreppe mit Zwischenpodest

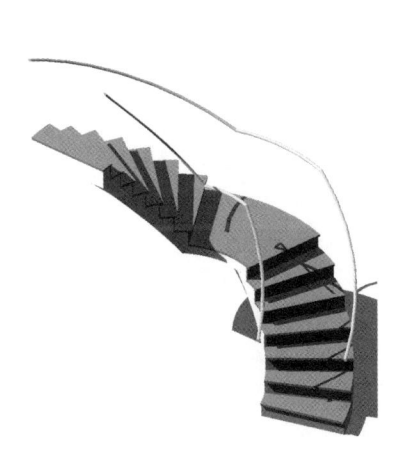

Ab der Version 2013 können auch gewendelte Läufe in L- bzw. U-Form automatisch erstellt werden. Rufen Sie dazu den entsprechenden Befehl in der Box auf und ändern Sie die Richtung der Treppe mit der Leertaste. Setzen Sie die Treppe mit einem Klick in die Zeichenfläche ab. Achten Sie dabei darauf, dass in den Eigenschaften sinnvolle Werte eingetragen sind, damit ein entsprechender Volumenkörper erstellt werden kann (siehe dazu auch den nächsten Abschnitt).

Bis zur Version 2013 stand keine Möglichkeit zur Verfügung, gewendelte Treppen automatisch verziehen zu lassen. Benutzer älterer Versionen müssen sich daher über den Skizzenmodus behelfen und dort die Verziehung manuell erzeugen bzw. konstruieren.

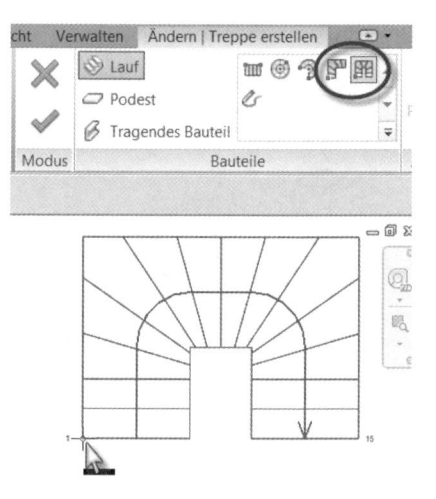

Als kurzen Leitfaden (und auch zur Übung für den Umgang mit den Linienbefehlen) wird die Vorgehensweise hierzu zusätzlich geschildert.

Öffnen Sie die Zeichnung Abschnitt 3.8.4 Treppe gewendelt auf der CD.

Wir werden in unser Projekt eine halbgewendelte Treppe einfügen.

Bevor Sie sich an die Konstruktion der gewendelten Treppe machen, legen Sie sich eine Hilfskonstruktion an. Dies kann im Projekt z. B. einfach mit der Funktion DETAILLINIE in der Rubrik BESCHRIFTEN geschehen. Zeichnen Sie zunächst einmal die Umrisse (soweit bekannt) in den Grundriss ein.

Hinweis: Das Anlegen einer Hilfskonstruktion ist auch bei den geradlinigen Treppen eine sinnvolle Unterstützung, damit bei der Konstruktion die An- und Austrittspunkte eindeutig angegeben werden können. Meist sind ja schon Zwangspunkte der Treppe vorgegeben.

3.8 Treppenmodellierung

Angenommen, die Treppe soll mittig symmetrisch mit 16 Steigungen erstellt werden, die Laufbreite soll 1 m betragen. Daraus ergäbe sich folgende Grundkonstruktion, die mit den Detaillinien (TK »dl«) erstellt wird:

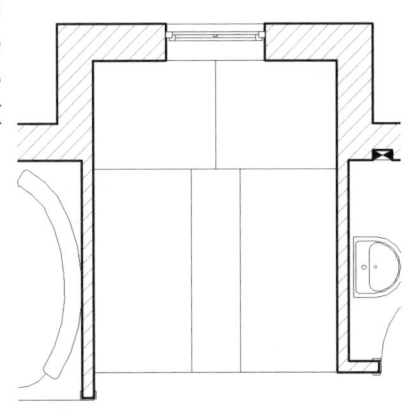

Mit Hilfe von ABRUNDUNGSBÖGEN bzw. KREISEN wird nun die Lauflinie ergänzt (Radius = 0.5 m).

Jetzt wird ein vernünftiges Steigungsmaß benötigt, um die Auftritte an der Lauflinie abtragen zu können. Damit man diesen Wert nicht manuell ausrechnen muss, kann man wiederum die Automatik von Revit nutzen. Aktivieren Sie die Funktion TREPPE und legen Sie die Treppe schon mal konzeptionell an, indem Sie die Begrenzungslinien eintragen und in den Eigenschaften die korrekten Werte einstellen:

- Die Abhängigkeiten überprüfen: Zunächst soll die Treppe von Ebene 0 bis Ebene 1 erstellt werden.

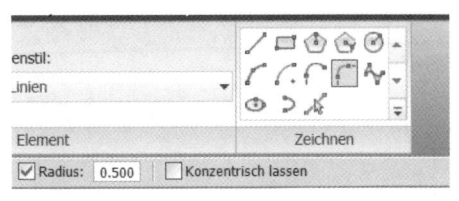

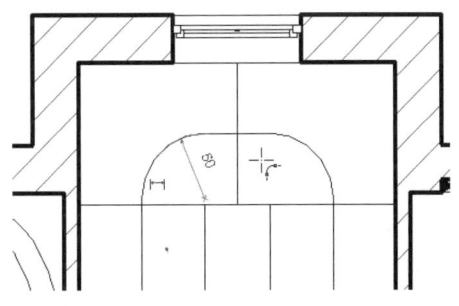

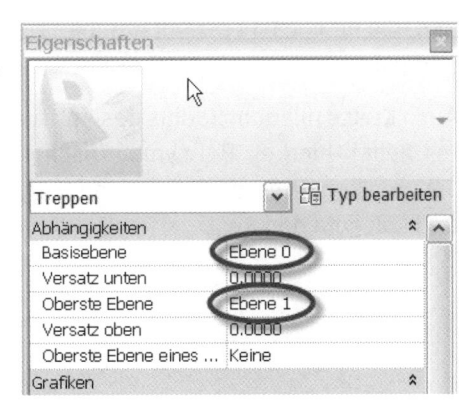

- Die Anzahl der Steigungen soll auf 16 festgelegt werden: Scrollen Sie hierzu in der Liste etwas nach unten, der Wert für die Stufenhöhe und die Auftrittsbreite wird jeweils automatisch angepasst. Merken Sie sich die Auftrittsbreite für die Hilfskonstruktion (oder kopieren Sie diese mit [Strg]+[C] in die Zwischenablage).

Abmessungen	
Breite	1.0000
Gewünschte Anzahl an Steigungen	16
Tatsächliche Anzahl an Steigungen	0
Tatsächliche Stufenhöhe	0.1788
Tatsächliche Auftrittsbreite	0.2775

- Begrenzungen und zwei Steigungen am An- und Austritt (annäherungsweise) erstellen, um die Skizze verlassen zu können, ohne die bereits getätigten Einstellungen verwerfen zu müssen.

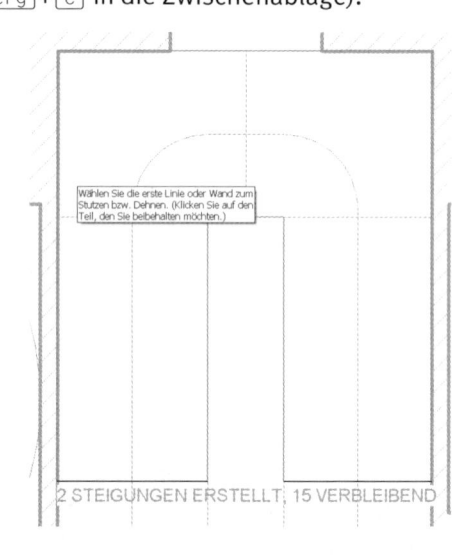

Konstruieren Sie nun die Auftritte im vorher festgestellten Abstand (27.75 cm) als Detaillinien. Nutzen Sie dazu die Funktionen LINIE, VERSATZ und BOGEN in Verbindung mit LINIEN ZEIGEN, um möglichst effizient arbeiten zu können.

Auch Kreise mit dem Radius des Auftrittes helfen hierbei. Bei symmetrischen Treppen konstruieren Sie nur eine Seite und spiegeln den Rest.

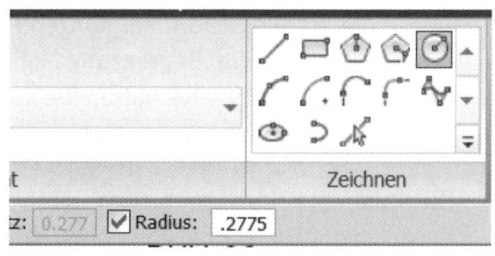

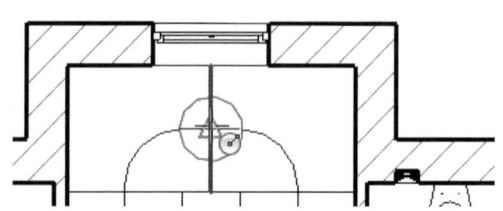

3.8 Treppenmodellierung

Ich zeichne noch gerne auf der Innenseite des Laufes ein paar Kreissegmente, deren Radius von 10 cm schrittweise vergrößert wird, damit die Mindestauftrittsbreite nicht unterschritten wird und die Stufen später langsam größer werden. Für eine exakte geometrische Verziehung (z. B. nach der Proportionalmethode) sind die Konstruktionen entsprechend durchzuführen, hier wird nicht näher darauf eingegangen.

Klicken Sie nun die zuvor erstellte Treppe an und klicken Sie in der Optionsleiste auf BEARBEITEN, um wieder in den Skizzenmodus der Treppe zu gelangen.

Aktivieren Sie die Funktion STEIGUNG und zeichnen Sie die Linien gemäß der Hilfskonstruktion ein.

Da Revit die Steigungen selbstständig bis zu den Begrenzungen verlängert, genügt es, die Steigungen bis zur Lauflinie anzugeben.

Spiegeln Sie die Steigungen auf die rechte Seite.

Die überflüssigen Steigungslinien können wieder gelöscht werden.

Beachten Sie hierzu auch den »Zähler« am unteren Rand der Skizze. Er teilt Ihnen mit, wie viele Steigungen noch gebraucht werden.

Stutzen Sie zu guter Letzt noch die überstehenden Begrenzungslinien an die letzten Steigungen. Beenden Sie die Konstruktion mit TREPPE FERTIG STELLEN.

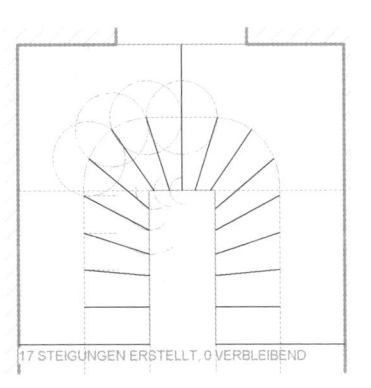

Da wir diese Treppe mit mehreren Begrenzungslinien erstellt haben und Revit somit mit Podesten rechnet, erhalten Sie eine Fehlermeldung bezüglich des Geländers, die jedoch ignoriert werden kann.

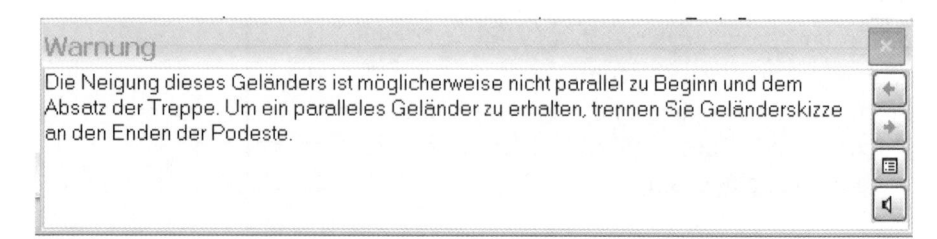

Warnung

Die Neigung dieses Geländers ist möglicherweise nicht parallel zu Beginn und dem Absatz der Treppe. Um ein paralleles Geländer zu erhalten, trennen Sie Geländerskizze an den Enden der Podeste.

Um das Ergebnis in 3D betrachten zu können, klicken Sie im Grundriss auf die Treppe und wechseln Sie über den Objektbrowser in die 3D-Ansicht (Doppelklick).

Drücken Sie hier die Tastaturkombination »ti«, um die Treppe in dieser Ansicht isoliert zu sehen (das heißt, alle anderen Bauteile werden temporär ausgeblendet).

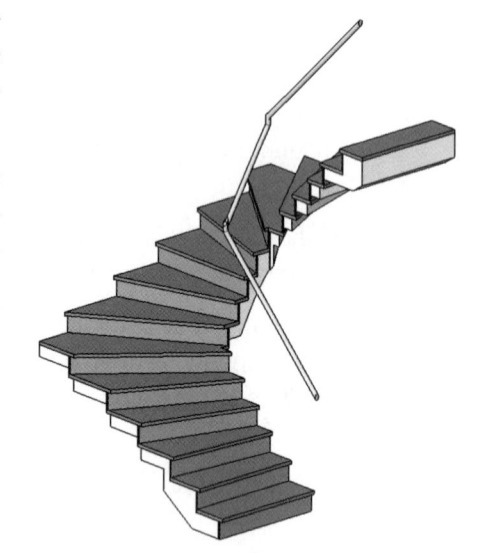

Hinweis: Ab Revit 2008 wird als Zeichen dafür, dass Objekte temporär ausgeblendet sind, ein cyanfarbener Rahmen um die Zeichenfläche gezogen.

Sie sehen: Die Treppe ist erstellt. Der Aufwand ist zeitlich gesehen nicht unerheblich, auch wenn man durch geschicktes Konstruieren viel Zeit sparen kann.

Nachdem wir jetzt einen ersten Einblick in die Gestaltungsmöglichkeiten für Treppen erhalten haben, wollen wir im nächsten Schritt die Optionen und Parameter der Eigenschaften der Treppen erkunden.

3.8 Treppenmodellierung

Treppenbauteile editieren

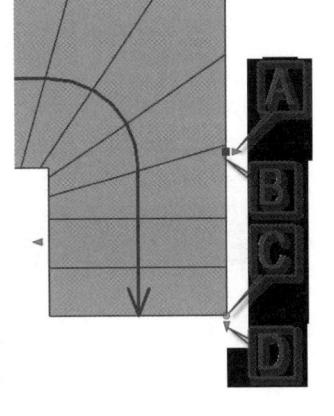

In diesem Abschnitt soll gezeigt werden, wie Treppenbauteile editiert werden können, um schnell bestimmte Geometrien der Treppe wie z. B. die Laufbreite oder -länge ändern zu können.

Wenn ein Treppenbauteil im Bearbeitungsmodus angewählt wird, so werden verschiedene Griffe sichtbar:

- [A] Pfeile an den Wangen: Hiermit kann die Laufbreite verändert werden.
- [B] Quadrate an den Wangen: Verändert bei U-förmigen Wendeltreppen das Treppenauge, verschiebt also den Lauf.
- [C] Punkte am Laufanfang bzw. -ende: Änderung der Lauflänge, Steigungen werden gegebenenfalls hinzugefügt oder entfernt.
- [D] Pfeil am Laufanfang bzw. -ende: Änderung des Antritts- bzw. Austrittspunkts, die Treppenhöhe bleibt jedoch erhalten.
- [E]: Bei Spindeltreppen kann mit dem leeren Punkt auf der Lauflinie der Radius verändert werden.

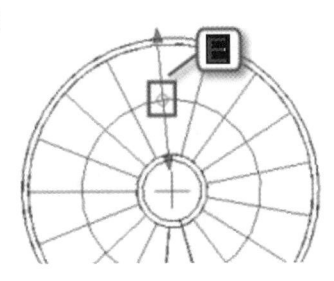

Die Treppeneigenschaften

Entsprechend der Gliederung der Treppen in mehrere Unterbauteile sind auch die Eigenschaften untergliedert.

Im Projektbrowser sieht man relativ übersichtlich die verschiedenen vorhandenen Systemfamilien:

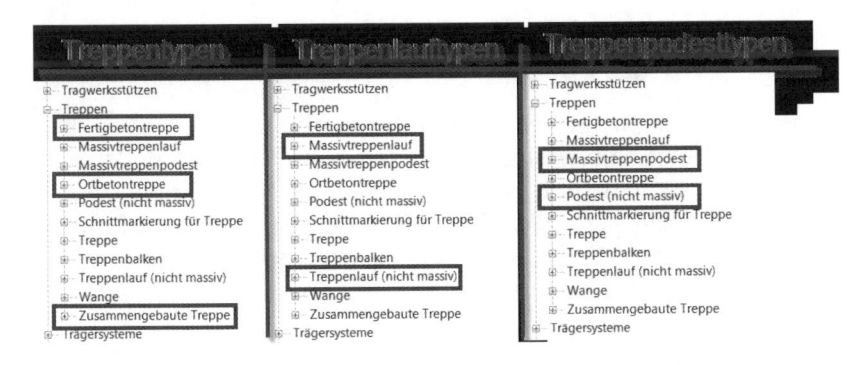

Kapitel 3 — DIE GRUNDFUNKTIONEN IM DETAIL

Anmerkungen:

- Treppentypen/Bauteil: Bezeichnet die gesamte Treppe, wenn sie bauteilbasiert erstellt wird.
- Treppenlauftypen: Nur für die Läufe, wenn die Treppe bauteilbasiert erstellt wird.
- Treppenpodesttypen: wie Treppenlauftypen.

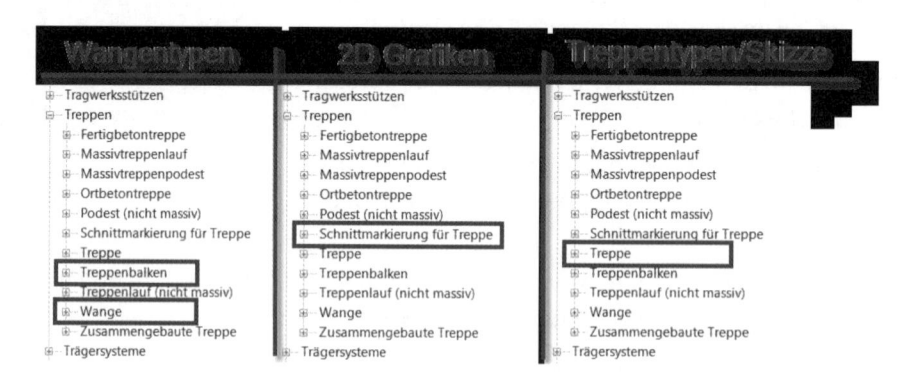

Anmerkungen:

- Wangentypen: »Treppenbalken« sind Mittelwangen.
- 2D-Grafiken: Für die Darstellung in der Draufsicht.
- Treppentypen/Skizze: Für die Erstellung von skizzenbasierten Treppen.

Grundsätzlich muss also ab der Version 2013 zwischen Treppeneigenschaften und den Eigenschaften der Treppenbauteile unterschieden werden.

Rufen Sie den Befehl TREPPE auf.

In den TREPPENEIGENSCHAFTEN werden alle wichtigen Einstellungen zu Aussehen und Gestaltung der Treppe vorgenommen.

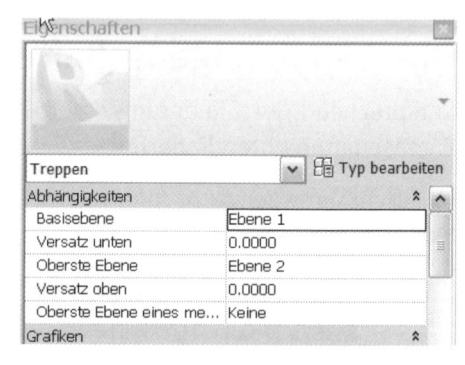

> Hinweis: Es empfiehlt sich, bei der Treppenkonstruktion immer als Erstes die Eigenschaften einzutragen, damit Revit das 3D-Modell richtig berechnen kann. Natürlich ist die nachträgliche Veränderung der Eigenschaften prinzipiell möglich, Sie werden allerdings eventuell Fehlermeldungen erhalten. Wird z. B. die Abhängigkeit der Ebene und somit die Höhe der Treppe verändert, kann es durchaus sein, dass die Anzahl der

3.8 Treppenmodellierung

Stufen nach der Berechnungsregel nicht mehr stimmt und entsprechend angepasst werden muss. Ebenso könnte es sein, dass bei bestimmten Treppenelementen (z. B. halbgewendelten Treppen) vor Absetzen des Laufes sinnvolle Werte eingesetzt werden müssen, damit überhaupt ein entsprechender Typ erstellt werden kann (z. B. wenn Mindestauftrittsbreite unterschritten wird etc.).

Über das TYPENAUSWAHLFENSTER können verschiedene vorgefertigte Treppenarten ausgewählt werden. Für den Einstieg werden die angelegten Typen aus der Standardvorlage reichen. Sollten später andere Typen benötigt werden, so können diese wie bei anderen Familien auch über BEARBEITEN und DUPLIZIEREN angelegt werden.

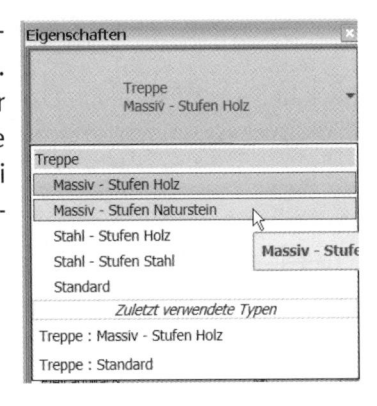

Unter ABHÄNGIGKEITEN können Sie wie gewohnt die Unter- und Oberkante der Treppe (also die An- und Austrittshöhe) definieren. Bei BASISVERSATZ und OBERER VERSATZ kann ein Abstand zur Ebene erzeugt werden, z. B. für den Fußbodenaufbau.

Wenn Sie ein Gebäude mit mehreren Geschossen mit identischen Stockwerkshöhen haben, dann können Sie mit der Funktion OBERSTE EBENE EINES MEHRSTÖCKIGEN GEBÄUDES ein komplettes Treppenhaus definieren.

Immer überprüfen: die Rubrik ABMESSUNGEN! Wird die Anzahl der Steigungen geändert, sollte sich automatisch auch die Stufenhöhe und Auftrittsbreite ändern. In der derzeitigen Version (Build 20120716_1115(x64)) befindet sich allerdings ein Bug, der die Aktualisierung der Auftrittsbreite per Automatik verhindert.

Dies wird wohl mit einem der nächsten Hotfixes gelöst werden. Bis dahin muss die Auftrittsbreite manuell nachgetragen werden. Die Berechnungsregel wird in den Typeneigenschaften beschrieben.

NUMMER ERSTER AUFTRITT/STEIGUNG kann für die Beschriftung genutzt und gegebenenfalls hier individuell eingestellt werden.

Die Stufenhöhe kann nicht manuell geändert werden, schließlich ist die Stockwerkshöhe fix vorgegeben durch die Ebenen.

Die Auftrittsbreite ist jedoch manuell veränderbar, allerdings weicht sie dann von der Berechnungsregel ab!

> 💡 Hinweis: Die Auftrittsbreite wird wieder nach der Regel berechnet angezeigt, wenn eine neue Steigungsanzahl eingegeben wird.

Klicken Sie auf TYP BEARBEITEN, um in die TYPENEIGENSCHAFTEN zu wechseln.

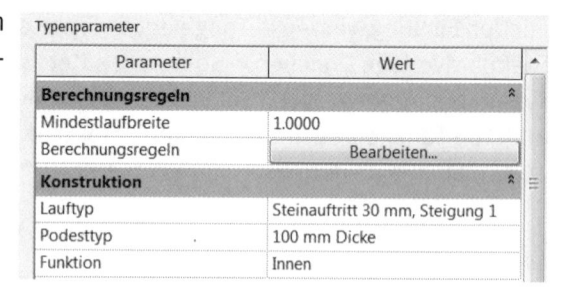

Parameter	Wert
Berechnungsregeln	
Mindestlaufbreite	1.0000
Berechnungsregeln	Bearbeiten...
Konstruktion	
Lauftyp	Steinauftritt 30 mm, Steigung 1
Podesttyp	100 mm Dicke
Funktion	Innen

> 💡 Hinweis: Änderungen, die in den Typeneigenschaften gemacht werden, gelten – wie der Name schon sagt – für alle Typen der Familie im Projekt. Legen Sie daher gegebenenfalls mit DUPLIZIEREN einen neuen Typ an!

Der Wert der Mindestlaufbreite wird bei der Erstellung der Läufe verwendet, kann aber jederzeit nachträglich geändert werden. Auch hier steckt in der derzeitigen Version noch ein Bug im Programm, der die Übernahme des Wertes nach einer Änderung in den Eigenschaften verhindert. Daher ist es derzeit (noch) empfehlenswert, den Wert bei 1.0 m zu belassen und gegebenenfalls später über die Steuerelemente bzw. die Treppenlaufeigenschaften zu verändern.

Um die BERECHNUNGSREGELN zu bearbeiten, klicken Sie auf BEARBEITEN und legen Sie die gewünschten Werte fest.

Treppenberechnung

☑ Treppenberechnung zur Neigungsberechnung verwenden

Die Ergebnisse werden nur zur Treppenerstellung verwendet. Bereits vorhandene Treppen sind davon nicht betroffen.

Berechnungsregel für Zielneigung:

| 2 | * Stichmaß + | 1 | * Tiefe = | 0.6350 |

Wertebereich für gültiges Berechnungsergebnis:

Maximales Ergebnis für Treppenberechnung =	0.6500
Tatsächliches Ergebnis der Treppenberechnung:	0.6000
Minimales Ergebnis für Treppenberechnung =	0.6150

3.8 Treppenmodellierung

In der Rubrik KONSTRUKTION kann die Beschaffenheit des Laufes und des Podestes festgelegt werden. Sie können von hier aus direkt auf die Eigenschaften des Treppenlaufes und des Podestes zugreifen.

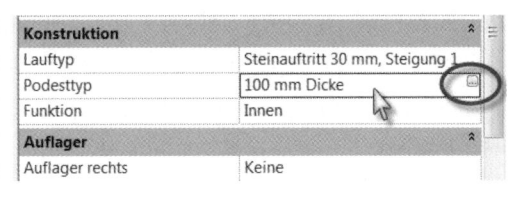

Konstruktion	
Lauftyp	Steinauftritt 30 mm, Steigung 1
Podesttyp	100 mm Dicke
Funktion	Innen
Auflager	
Auflager rechts	Keine

Klicken Sie dazu in den Eintrag LAUFTYP bzw. PODESTTYP und anschließend auf den Button mit den drei Punkten, der an der rechten Seite sichtbar wird.

In der daraufhin erscheinenden Dialogbox können die Dicke und das Aussehen des Laufes eingestellt werden (gilt analog für Podeste). Alternativ kann auch der Lauf direkt ausgewählt werden, es öffnet sich dann dieselbe Dialogbox.

Typenparameter	
Parameter	Wert
Konstruktion	
Oberfläche von Unterseite	Glatt
Konstruktionstiefe	0.1500
Materialien und Oberflächen	
Material Massivtreppe	Stahlbeton - Fertigbeton
Auftrittsmaterial	Naturstein - Granit
Steigungsmaterial	<Nach Kategorie>

Bei OBERFLÄCHE VON UNTERSEITE kann die Art des Laufes verändert werden. Es kann zwischen GLATT und GESTUFT unterschieden werden. Achten Sie auch hier wieder darauf, dass es sich um Typeneigenschaften handelt, alle Änderungen wirken sich also auf den hier eingestellten Typ aus. Fertigen Sie gegebenenfalls wieder ein entsprechendes Duplikat an.

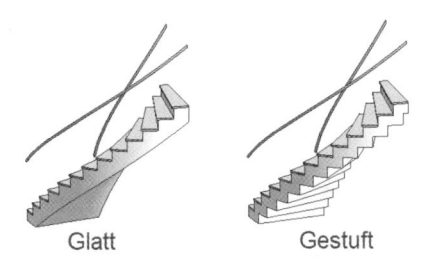

Glatt — Gestuft

Der Parameter KONSTRUKTIONSTIEFE gibt den Abstand zwischen der Unterseite des Laufes und dem Auftritt wieder.

Typenparameter	
Parameter	Wert
Konstruktion	
Oberfläche von Unterseite	Glatt
Konstruktionstiefe	0.1800
Materialien und Oberflächen	
Material Massivtreppe	Stahlbeton - Fertigbeton
Auftrittsmaterial	Holz - Birke
Steigungsmaterial	<Nach Kategorie>
Auftritte	
Auftritt	✓
Auftrittshöhe	0.0300
Trittüberstandslänge	0.0300

Unter MATERIALIEN UND OBERFLÄCHEN können die entsprechenden Materialien für die Auftritts- und Setzstufen eingestellt werden.

In den Rubriken AUFTRITTE und STEIGUNGEN können die entsprechenden Werte eingestellt werden, die das Aussehen von Tritt- und Setzstufen bestimmen.

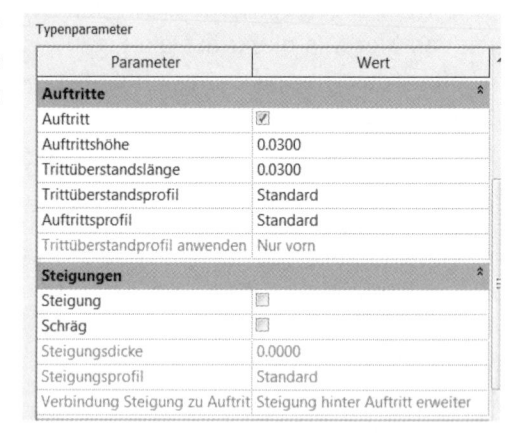

Parameter	Wert
Auftritte	
Auftritt	✓
Auftrittshöhe	0.0300
Trittüberstandslänge	0.0300
Trittüberstandsprofil	Standard
Auftrittsprofil	Standard
Trittüberstandprofil anwenden	Nur vorn
Steigungen	
Steigung	☐
Schräg	☐
Steigungsdicke	0.0000
Steigungsprofil	Standard
Verbindung Steigung zu Auftritt	Steigung hinter Auftritt erweiter

Gehen Sie zurück in die Typeneigenschaften der Treppe. Als nächste Rubriken finden Sie dort die Einstellungen der Wangen (AUFLAGER).

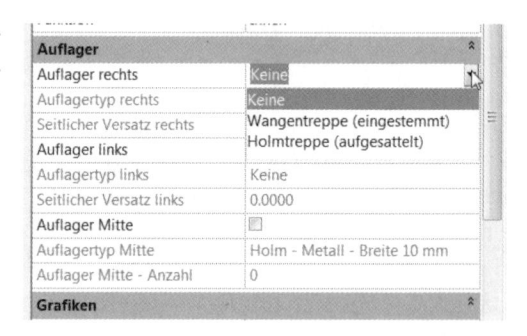

Auflager	
Auflager rechts	Keine
Auflagertyp rechts	Keine
Seitlicher Versatz rechts	Wangentreppe (eingestemmt)
Auflager links	Holmtreppe (aufgesattelt)
Auflagertyp links	Keine
Seitlicher Versatz links	0.0000
Auflager Mitte	☐
Auflagertyp Mitte	Holm - Metall - Breite 10 mm
Auflager Mitte - Anzahl	0
Grafiken	

Für die seitlichen Wangen kann zwischen einer eingestemmten und einer aufgesattelten Konstruktion gewählt werden.

Die Wangenstärke wird in deren Typeneigenschaften über die Parameter KONSTRUKTIONSTIEFE AN LAUF und GESAMTTIEFE gesteuert. Falls die Wangenhöhe erhöht werden soll, müssen beide Werte geändert werden, damit die Änderungen sichtbar werden.

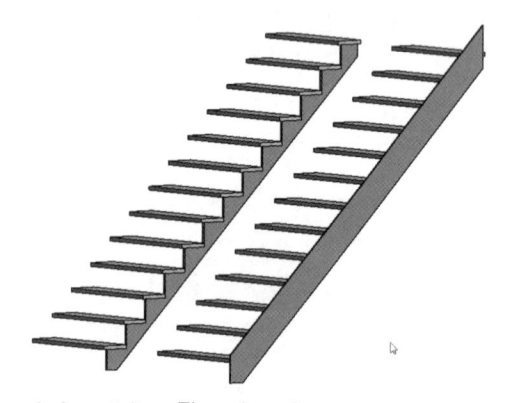

Aufgesattelt   Eingestemmt

3.8 Treppenmodellierung

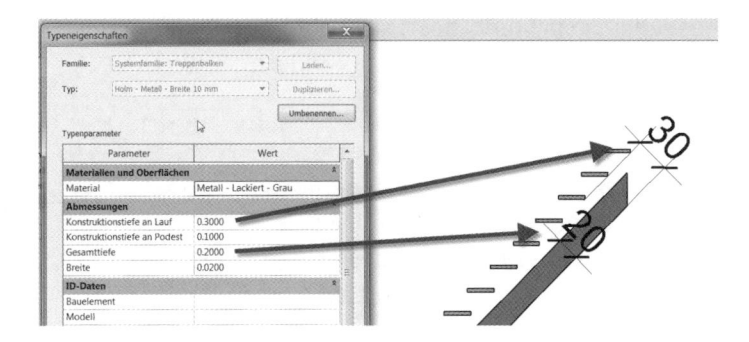

Unter SCHNITTMARKIERUNGSTYP kann das Aussehen des »Bruchsymbols« im Grundriss beeinflusst werden. In der Standardvorlage ist der Typ DOPPELTE LINIEN eingestellt. Wenn Sie in der entsprechenden Zeile auf den Eintrag klicken, erscheint eine kleine Box an der rechten Seite, die es Ihnen ermöglicht, eine andere Profilfamilie zu wählen.

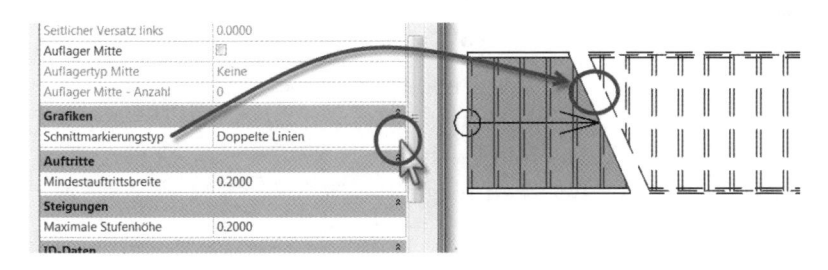

Unter MINDESTAUFTRITTSBREITE bzw. MAXIMALE STUFENHÖHE können entsprechende Werte hinterlegt werden, bei deren Unter- bzw. Überschreitung eine Warnung ausgegeben wird.

Wird eine Treppe bauteilbasiert erstellt, bestehen die Treppenbauteile aus mehreren Einzelteilen. Läufe, Wangen und Podeste sind getrennt anwählbar und editierbar.

Treppenbauteileigenschaften

Im oberen Abschnitt wurden schon direkt aus den Treppeneigenschaften heraus einzelne Bauteile (Lauf, Wange) editiert. Nachfolgend werden die Bauteile nochmals genauer beleuchtet.

Eigenschaften der Treppenläufe

Die Basislinie kann analog zur Wand gesteuert werden (MITTE, LINKS oder RECHTS) und beeinflusst nicht die Lage der Lauflinie selbst. Lediglich die

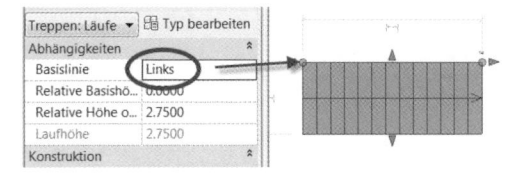

Ausdehnungsrichtung des Laufes bei der Änderung der Treppenlaufbreite (siehe unten) wird durch diese Option geändert.

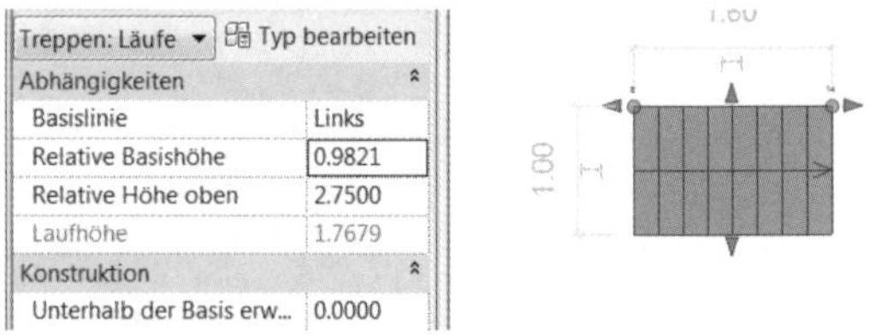

Mit den Werten RELATIVE BASISHÖHE und RELATIVE HÖHE OBEN kann eine Verkürzung des Laufes gesteuert werden, wenn man z. B. einen Lauf auf Höhe eines Zwischenpodestes beginnen lassen will. Wird dort ein Wert gesetzt, z. B. 1.0, so wird dieser automatisch auf ein Vielfaches der aktuellen Steigungshöhe umgerechnet (im gezeigten Beispiel 0.9821).

UNTERHALB DER BASIS ERWEITERN: Führt die Treppenkonstruktion z. B. bis zum Rohboden.

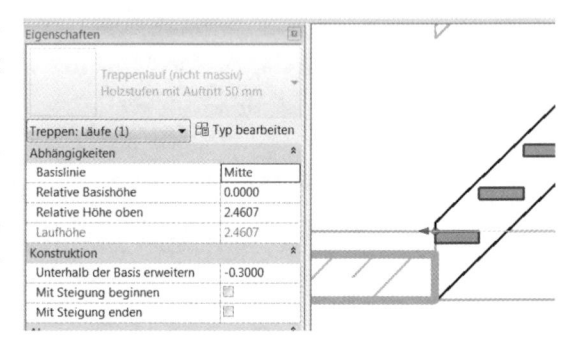

Beispiel: Die Treppe hat einen Versatz von 10 cm zur Ebene 0, damit sie auf OK Fertigfußboden liegt.

Damit die Unterkante der Treppe bis zur UK Rohdecke reicht wird ein Wert von -0.30 in das Feld UNTERHALB DER BASIS ERWEITERN eingetragen.

Ergebnis:

Die untere Kante wird nun entsprechend verlängert. Die Optionen MIT STEIGUNG BEGINNEN bzw. MIT STEIGUNG ENDEN beeinflussen den Anfangs- bzw. Endpunkt einer Treppe.

Setzt man das jeweilige Häkchen, wird die Treppe mit dem ersten bzw. letzten Auftritt erstellt. Folgerichtig sieht man im Grundriss aber auch die Kante der Treppe. Damit die Darstellung im Grundriss eindeutig ist, sollte auch das Laufliniensymbol entsprechend eingestellt werden (siehe weiter unten).

Setzt man die Häkchen nicht, ist der Grundriss wie gewohnt mit der ersten bzw. letzten Steigung dargestellt.

Beispiel 1:

3.8 Treppenmodellierung

Darstellung Setzstufe am Beginn bzw. Ende deaktiviert:

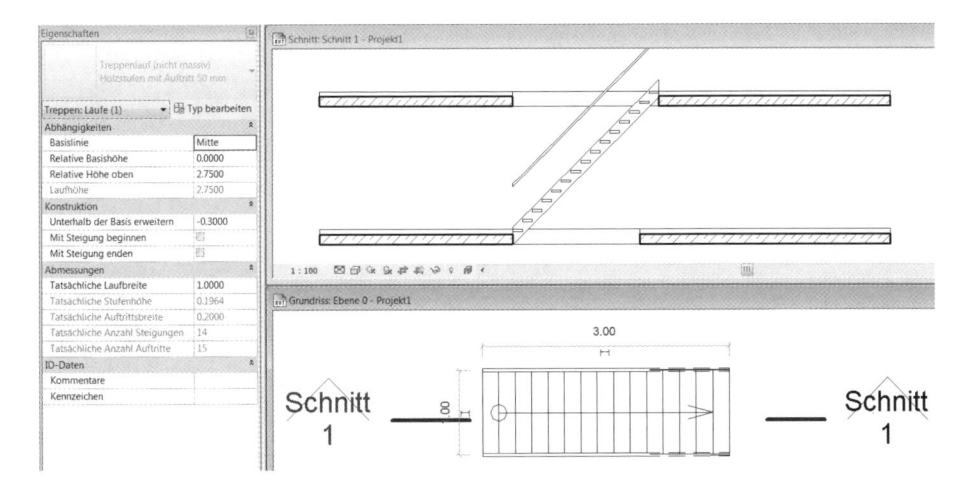

Beispiel 2:

Dieselbe Treppe mit Steigung beginnen/enden aktiviert:

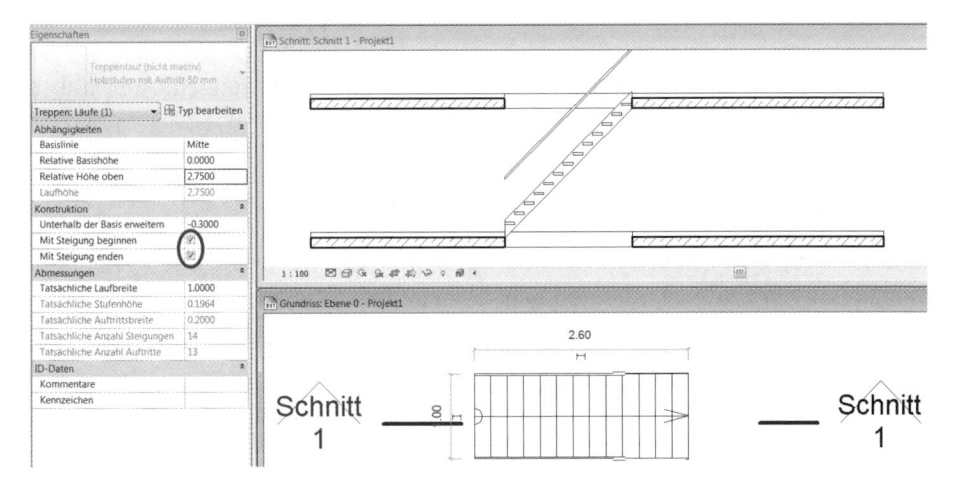

Über den Wert TATSÄCHLICHE LAUFBREITE kann man die Treppenbreite steuern.

> Tipp: In den Typeneigenschaften der Treppe befindet sich wie schon zuvor erwähnt auch der Wert MINDESTLAUFBREITE. Belassen Sie diesen Wert auf der Voreinstellung und steuern Sie die Treppenbreite über die TATSÄCHLICHE LAUFBREITE.

Bei gewendelten Läufen erscheinen in den Laufeigenschaften noch einige Parameterwerte in der Rubrik WENDELSTUFEN:

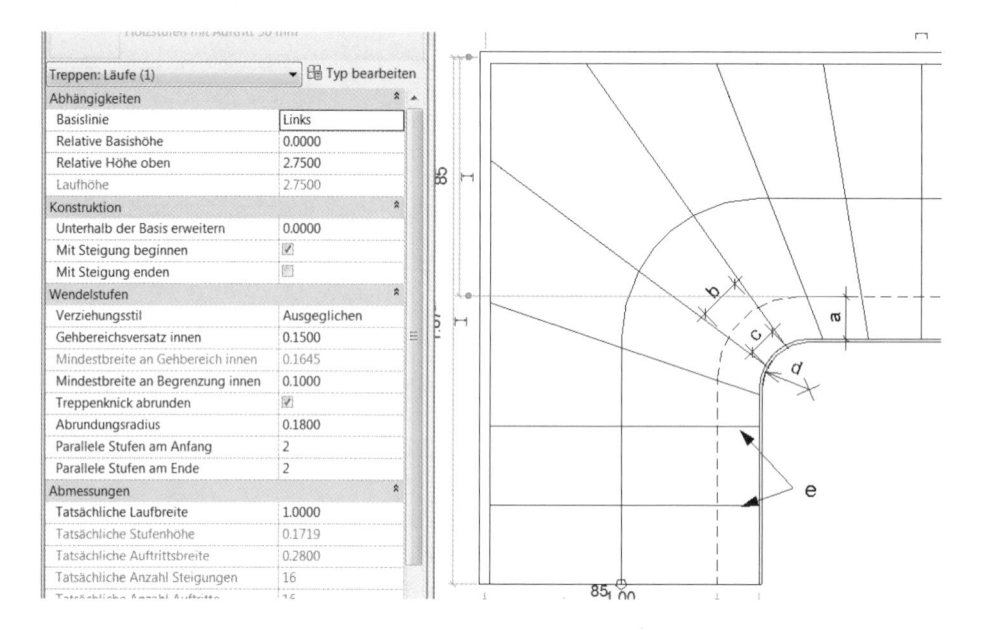

Treppen: Läufe (1)	Typ bearbeiten
Abhängigkeiten	
Basislinie	Links
Relative Basishöhe	0.0000
Relative Höhe oben	2.7500
Laufhöhe	2.7500
Konstruktion	
Unterhalb der Basis erweitern	0.0000
Mit Steigung beginnen	✓
Mit Steigung enden	☐
Wendelstufen	
Verziehungsstil	Ausgeglichen
Gehbereichsversatz innen	0.1500
Mindestbreite an Gehbereich innen	0.1645
Mindestbreite an Begrenzung innen	0.1000
Treppenknick abrunden	✓
Abrundungsradius	0.1800
Parallele Stufen am Anfang	2
Parallele Stufen am Ende	2
Abmessungen	
Tatsächliche Laufbreite	1.0000
Tatsächliche Stufenhöhe	0.1719
Tatsächliche Auftrittsbreite	0.2800
Tatsächliche Anzahl Steigungen	16

VERZIEHUNGSSTIL: Hier kann die Verziehung beeinflusst werden. Zur Auswahl stehen PUNKTBEZOGEN und AUSGEGLICHEN.

GEHBEREICHSVERSATZ INNEN: Steuert den Wert a und ergibt automatisch den Wert MINDESTBREITE AN GEHBEREICH INNEN (Wert b).

MINDESTBREITE AN BEGRENZUNG INNEN: Hier kann der Wert c angegeben werden. Die Verziehung der Stufen wird entsprechend angepasst.

Falls der Parameter TREPPENKNICK ABRUNDEN aktiviert wird, kann zusätzlich auch der Abrundungsradius (Wert d) angegeben werden.

Die Anzahl der parallelen Stufen am Anfang und Ende (e) wirkt sich wieder direkt auf die Verziehung aus.

Eigenschaften der Treppenwangen

Bei den Wangen kann in den Eigenschaften das Aussehen des Antritts- bzw. Austrittspunkts angepasst werden. Bei SCHNITT OBERES ENDE bzw. SCHNITT UNTERES ENDE kann zwischen LOTRECHT, VERTIKAL und HORIZONTAL gewählt werden. Die Wange wird sich nach Wahl der Option entsprechend anpassen.

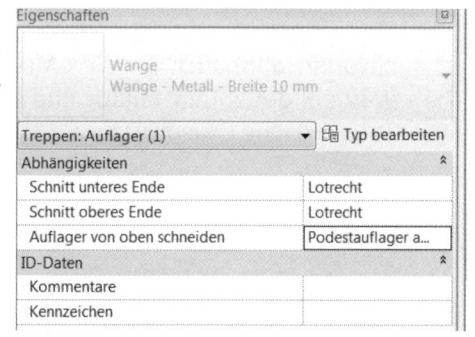

Eigenschaften	
Wange	
Wange - Metall - Breite 10 mm	
Treppen: Auflager (1)	Typ bearbeiten
Abhängigkeiten	
Schnitt unteres Ende	Lotrecht
Schnitt oberes Ende	Lotrecht
Auflager von oben schneiden	Podestauflager a...
ID-Daten	
Kommentare	
Kennzeichen	

3.8 Treppenmodellierung

Die Option AUFLAGER VON OBEN SCHNEIDEN bietet drei Möglichkeiten:

1. NICHT ABSCHNEIDEN: Die Wangenlänge richtet sich nach der Länge des Laufes.
2. AN EBENE ANGLEICHEN: Die Wange wird horizontal auf die obere Ebene des Laufes getrimmt.
3. PODESTAUFLAGER ANPASSEN: Die Wange wird horizontal getrimmt, aber etwas über der Ebene.

Eigenschaften der Treppenpodeste

In den Eigenschaften der Podeste kann manuell die Höhe des Podestes umgestellt werden. Ein manuell eingetragener Wert wird automatisch auf die nächste Steigung umgerechnet, sodass das Steigungsverhältnis immer erhalten bleibt.

Nach der Vorstellung der einzelnen Einstellungsmöglichkeiten der Treppe folgt nun eine kleine praktische Übung an unserem Projekt.

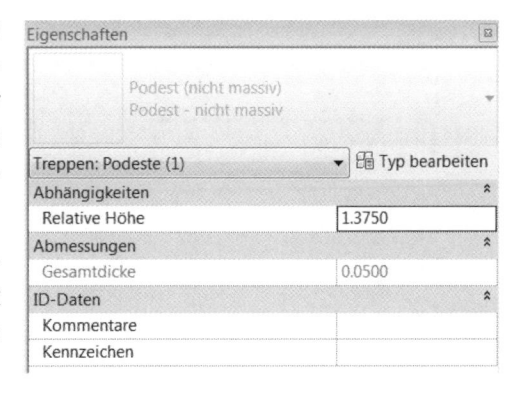

Eigenschaften	
Podest (nicht massiv) Podest - nicht massiv	
Treppen: Podeste (1)	Typ bearbeiten
Abhängigkeiten	
Relative Höhe	1.3750
Abmessungen	
Gesamtdicke	0.0500
ID-Daten	
Kommentare	
Kennzeichen	

Die bereits erzeugte Treppe wurde auf die für das Projekt passenden Werte eingestellt.

> Öffnen Sie die Zeichnung Abschnitt 3.8 Treppe geradläufig und überprüfen Sie die Einstellungen in den Eigenschaften der bereits erstellten Treppe:

VERSATZ UNTEN und VERSATZ OBEN haben die Werte des jeweiligen Fußbodenaufbaus erhalten: 11 cm bzw. 10 cm.

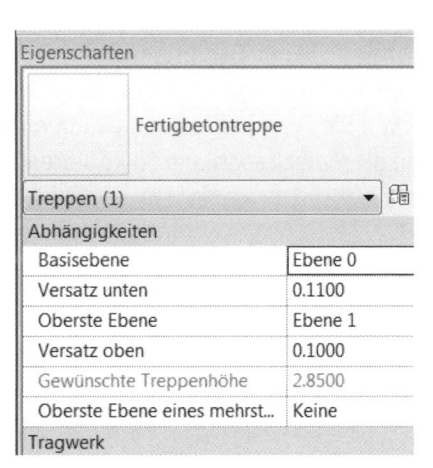

Eigenschaften	
Fertigbetontreppe	
Treppen (1)	
Abhängigkeiten	
Basisebene	Ebene 0
Versatz unten	0.1100
Oberste Ebene	Ebene 1
Versatz oben	0.1000
Gewünschte Treppenhöhe	2.8500
Oberste Ebene eines mehrst...	Keine
Tragwerk	

Kapitel 3 — DIE GRUNDFUNKTIONEN IM DETAIL

Beim ersten Treppenlauf wurde der Wert bei UNTERHALB DER BASIS ERWEITERN auf -11 cm gesetzt, damit der Treppenlauf an die Geschossdeckenkante herangeführt wird.

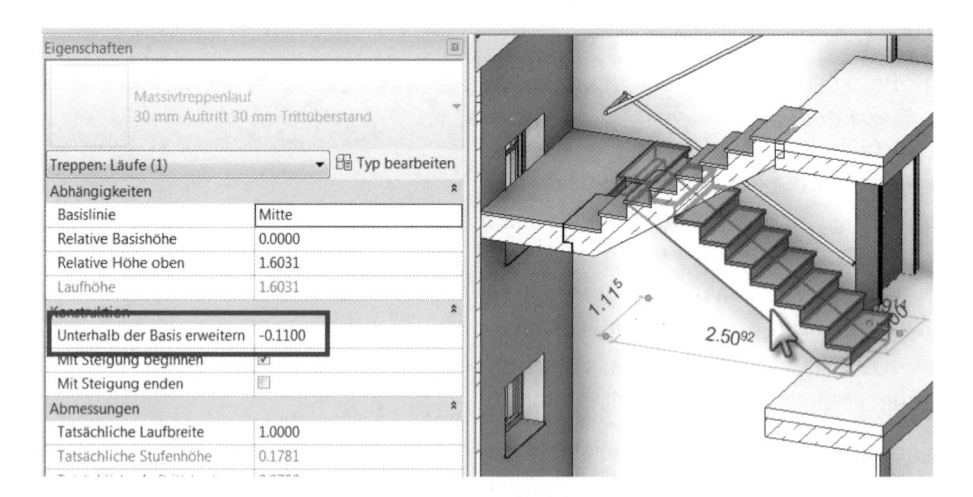

Die Laufplattenstärke befindet sich in den Typeneigenschaften des Laufes und wurde auf 18 cm eingestellt.

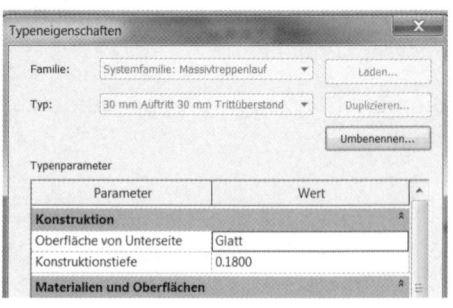

Nun werden wir die Treppe vom EG ins KG kopieren und dort anschließend anpassen. Diese Methode ist nicht immer die günstigste, in unserem Beispiel würde eine neue Konstruktion nur wenig Zeit beanspruchen. Zu Übungszwecken werden wir es dennoch über eine Kopie bewerkstelligen.

Öffnen Sie den Schnitt und markieren Sie die Treppe und das Geländer. Drücken Sie [Strg]+[C], um die Elemente in die Zwischenablage zu kopieren.

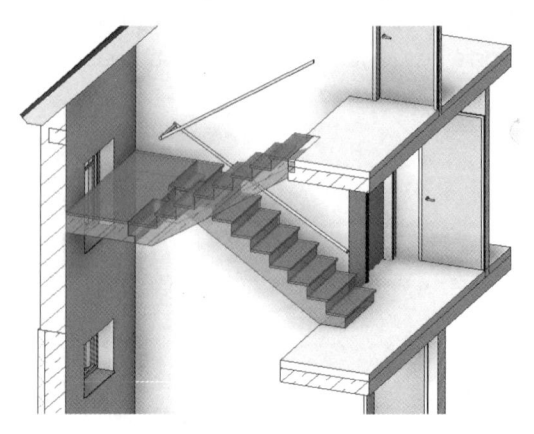

3.8 Treppenmodellierung

Fügen Sie nun den Inhalt der Zwischenablage in das Kellergeschoss ein, indem Sie das Tastaturkürzel »in« drücken und in der erscheinenden Dialogbox die EBENE -1 wählen.

Daraufhin erscheint die Treppe in der angegebenen Ebene. Da jedoch die Geschosshöhen und Fußbodenaufbauten unterschiedlich sind, muss die Treppe noch geändert werden.

Wählen Sie die Treppe an und öffnen Sie die EIGENSCHAFTEN. Tragen Sie die richtigen Werte für die Versätze (16 cm bzw. 11 cm) ein.

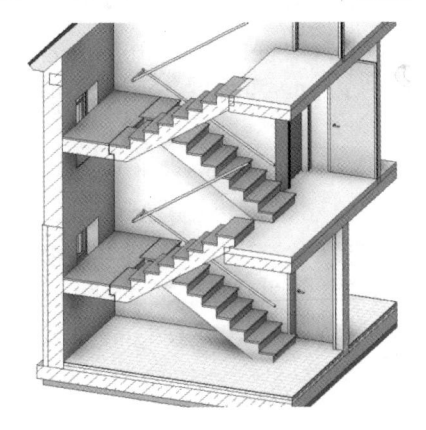

Wählen Sie den ersten Lauf im Keller und stellen Sie die Basiserweiterung auf -0.16 cm ein.

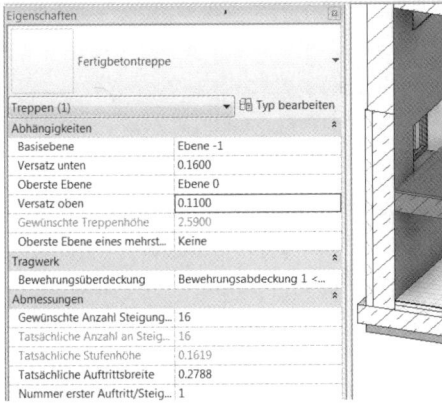

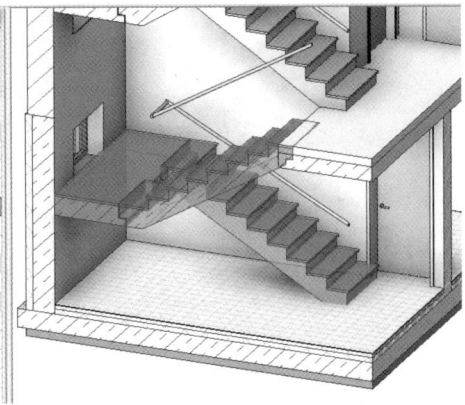

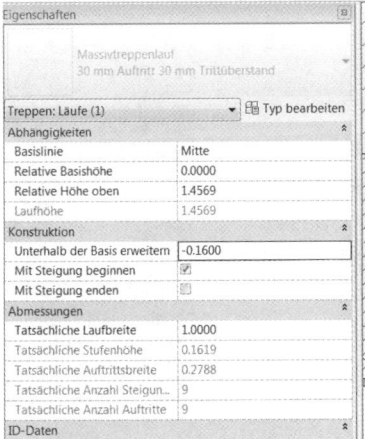

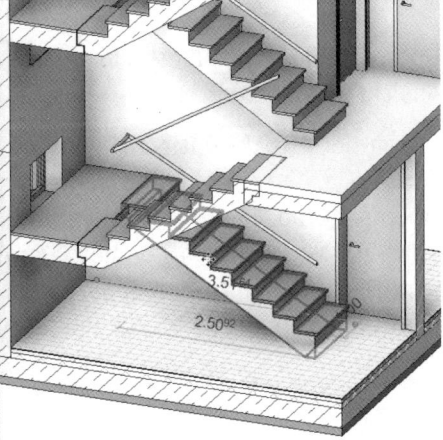

Die Läufe können jetzt noch angepasst werden, z. B. sollte die Lauflänge im Keller verkürzt werden. Aktivieren Sie dazu den Bearbeitungsmodus der Treppe und ziehen Sie den ersten Lauf am kleinen Dreieck nach oben, damit der Lauf um einen Auftritt verkürzt wird.

Der obere Lauf wird automatisch um eine entsprechende Anzahl an Steigungen verlängert werden.

Ändern Sie die Anzahl der Steigungen des Laufes von 16 auf 15 Steigungen. Am Lauf wird daraufhin angezeigt, dass eine Steigung zu viel eingestellt ist (»15 + 1«).

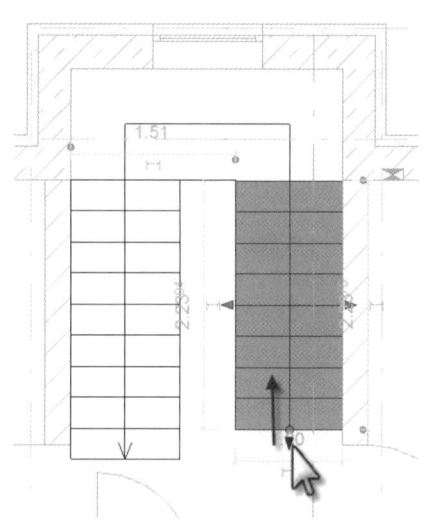

Um die Anzahl der Steigungen zu reduzieren, ziehen sie den oberen Lauf am runden Punkt um eine Steigung nach oben.

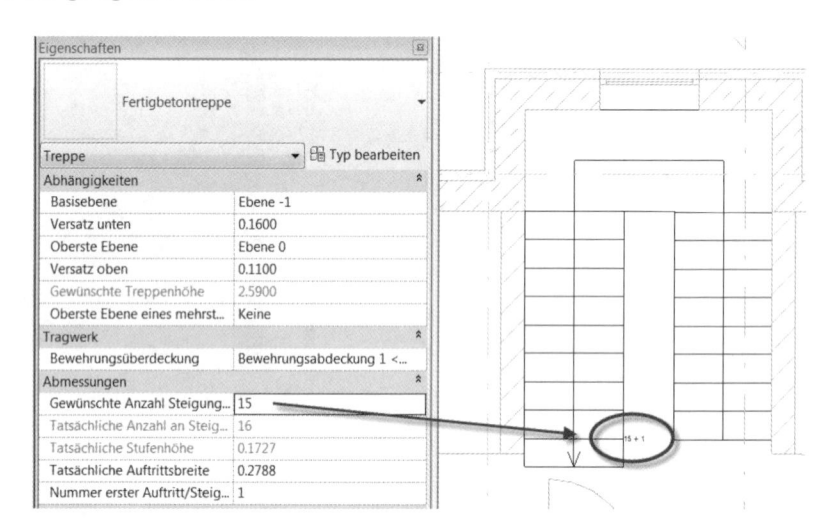

Überprüfen Sie die Einstellungen in der 3D-Ansicht (»ISO-Schnitt«).

Wie in der Ansicht gut ersichtlich, besteht ab der Version 2013 beim Treppentyp FERTIGBETONTREPPE die Möglichkeit zur Verfügung, dass Auflagerausklinkungen definiert werden können. Dazu stehen in den Typeneigenschaften der Treppe entsprechende Parameter zur Verfü-

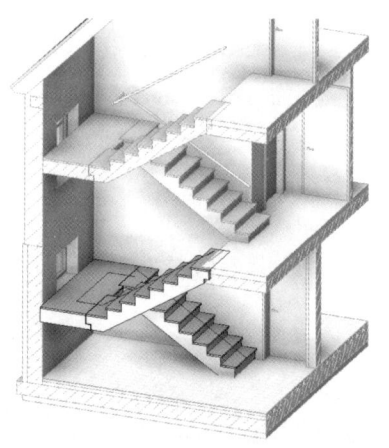

3.8 Treppenmodellierung

gung. Es können der vertikale und horizontale Abstand der Ausklinkung definiert werden sowie der Fugenabstand.

Podesttyp	180 mm Stärke
Funktion	Innen
Endverbindung	
Verbindungsmethode	Ausklinkung
Ausklinkung Verlängerung	0.1000
Ausklinkung Dicke	0.1500
Abstand horizontale Lücke	0.0100
Abstand vertikale Lücke	0.0100
Auflager	

Bei der Verbindung zu den Geschossdecken wird dies jedoch (noch) nicht automatisch berücksichtigt. Daher erscheint in diesem Bereich in der 3D-Ansicht eine entsprechende Überlagerung der Geometrien. Im Bereich des Fußbodenaufbaus kann man diese Überlagerung mit Hilfe der Teilbauteile etwas abfedern.

Dazu muss zunächst die Geschossdecke gewählt und anschießend der Button TEILELEMENTE ERSTELLEN gewählt werden.

Dadurch werden die einzelnen Schichten dieses Bauteils in einzeln bearbeitbare schichten aufgeteilt.

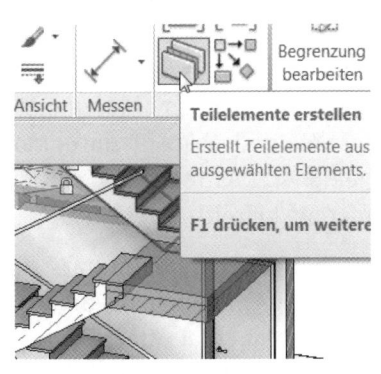

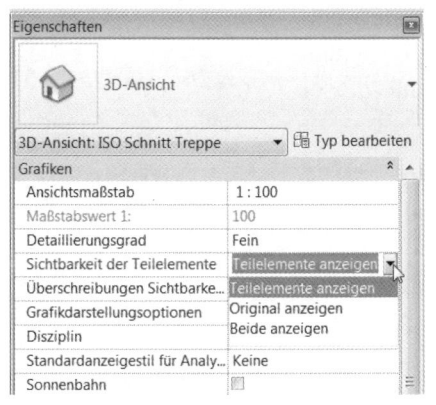

Hinweis: Dies funktioniert prinzipiell auch mit den Wänden.

Stellen Sie sicher, dass in den Ansichtseigenschaften bei SICHTBARKEIT DER TEILELEMENTE die Option TEILELEMENTE ANZEIGEN ausgewählt ist.

Somit kann in der derzeit aktiven Ansicht der Fußbodenaufbau separat angewählt werden.

Wenn ein Bauteil gewählt ist, erscheint in der Multifunktionsleiste in der Rubrik TEILELEMENT die Option TEILELEMENTE UNTERTEILEN.

Wird diese Option gewählt, kann man entweder durch das Hinzufügen von Ebenen, Rastern oder Referenzebenen das Element teilen lassen oder auch eine Skizze erstellen. Die letztere Methode wäre für unser Modell am besten geeignet. Das Teilen mit Hilfe der Raster und Ebenen ist vor allem bei Fertigteilelementen hilfreich.

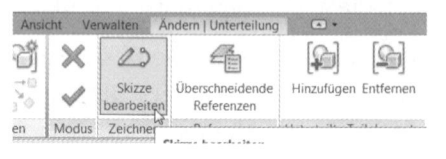

Nachdem der Befehl SKIZZE BEARBEITEN gewählt worden ist, stehen die schon bekannten Skizzenwerkzeuge zur Verfügung. Innerhalb des Skizzenmodus kann wie gewohnt beliebig zwischen verschiedenen Ansichten gewechselt werden. In unserem Falle wäre z. B. der Grundriss EG hilfreich. Die entstehende Skizze soll den Bereich einschließen, der innerhalb der Stufe überlappt (damit dieser anschließend ausgeblendet werden kann).

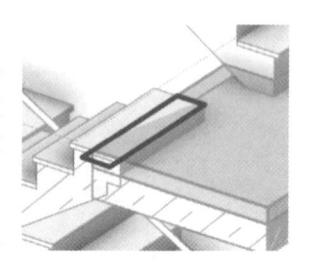

Nach Beenden des Skizzenmodus entsteht ein weiteres »Unterbauteil«, das anschließend gewählt und mit der Option TEILELEMENTE AUSSCHLIESSEN aus der aktuellen Ansicht ausgeblendet werden kann.

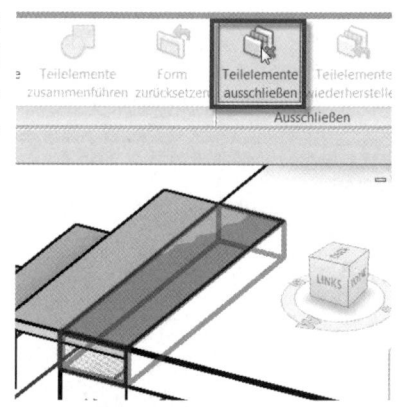

3.8 Treppenmodellierung

Diesen Schritt können Sie nun in beliebigen anderen Ansichten wiederholen. Achten Sie aber darauf, dass in der jeweiligen Ansicht immer die anfangs erwähnte Sichtbarkeit der Teileelemente entsprechend eingestellt ist.

Nun verbleibt lediglich noch ein kleiner Teil der Geometrieüberlappung im Bereich Geschossdecke/Treppenlauf bestehen. Dieser Bereich könnte z. B. mit einem projektinternen Abzugskörper entfernt werden. Der Aufwand wird aber in der Regel nur in speziellen Fällen lohnen. Allgemein würde ich hier empfehlen, die Linien in den Ansichten, in denen sie sichtbar erscheinen (es kommen hier nur Schnitte infrage) mit Detailbereichen zu überschreiben (siehe Kapitel *3.14 Detaillierung*). Es bleibt aber trotzdem zu hoffen, dass hier vonseiten der Entwickler die Auflager zu den Geschossdecken noch perfektioniert werden.

Generell sollte nur an den Stellen dreidimensional nachgearbeitet werden, an denen auch Mehrwerte aus dem 3D-Modell gezogen werden können (z. B. für die Visualisierung oder die Bauteillisten/Massenermittlung). Ansonsten ist eine Ergänzung der Ansichten mit 2D-Linien völlig ausreichend und spart Zeit!

> Tipp: Falls Sie bei der Bearbeitung der Skizze lieber in der 3D-Ansicht bleiben wollen, so können Sie auch diese Ansicht zur besseren Kontrolle der Linien orthogonal ausrichten lassen.

Klicken Sie dazu mit der RMT auf den ViewCube oben rechts am Bildschirm. Wählen Sie aus dem erscheinenden Kontextmenü den Eintrag AN ANSICHT AUSRICHTEN|GRUNDRISSE|GRUNDRISS: EBENE 1

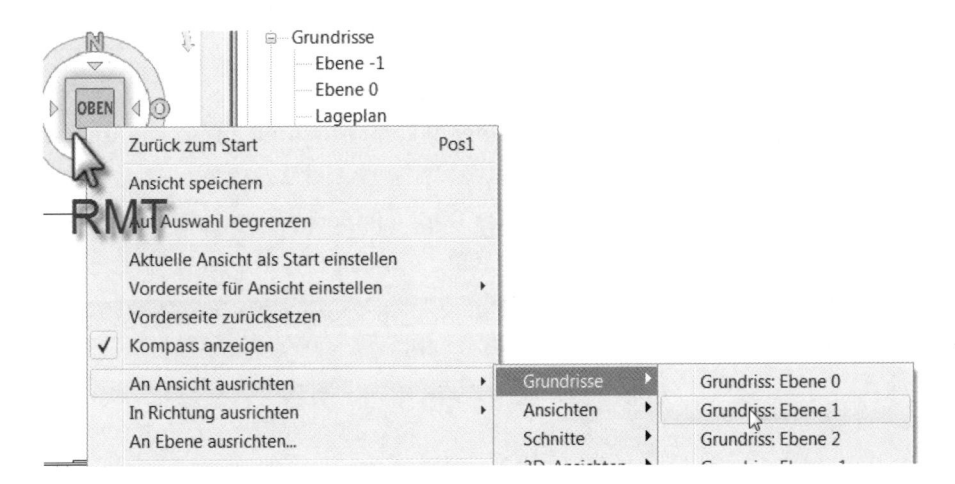

Daraufhin wird die 3D-Ansicht entsprechend verändert und es scheint, als wären wir tatsächlich im Grundriss des ersten Obergeschosses. Wir befinden uns jedoch weiterhin in der 3D-Ansicht (siehe auch Projektbrowser – die Ansicht »ISO SCHNITT TREPPE« ist immer noch dunkel hinterlegt, also aktiv!). Sie können nun besser die Kanten kontrollieren und gegebenenfalls justieren.

Wenn Sie die Ansicht ein wenig kippen ([⇧]+LMT), können Sie dies gut nachvollziehen.

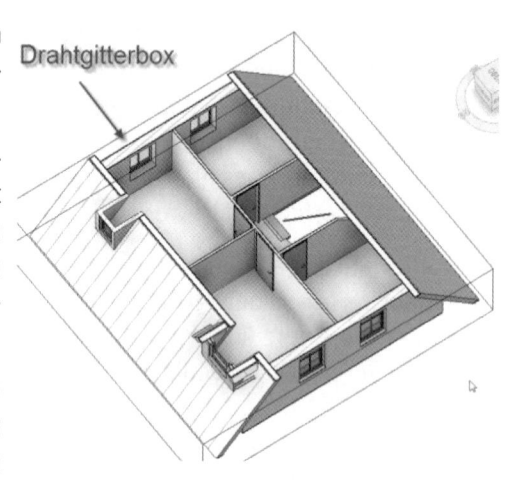

Die Ansicht wird nun von einer Drahtgitterbox, die die Bauteile schneidet begrenzt. Das Drahtgitter kann man jederzeit in den Ansichtseigenschaften mit der Checkbox bei 3D-SCHNITTBEREICH ein- bzw. ausschalten.

Aktiviert man die Gitterbox (Linksklick) in der Ansicht, erscheinen an den Seiten blaue Richtungspfeile, mit denen man die Größe der Gitterbox und damit die Schnittkanten der Bauteile verändern kann.

Der gesamte Schnittbereich kann alternativ auch mit den Pfeiltasten der Tastatur verschoben werden. Drücken Sie dazu mehrmals hintereinander die Taste [↓]. Nach und nach wird sich dann der Schnittbereich nach unten verlagern etc.!

Tipps und Tricks zu den Treppen

1. Gewendelte Treppen aus 2D-Vorlagen erstellen

In manchen Fällen (und in älteren Versionen) kann es hilfreich sein, die Treppenform direkt aus einer DWG zu übernehmen.

Dazu wird zuerst eine 2D-Zeichnung der Treppe importiert und als Unterlage für die Konstruktion auf die Zeichnungsfläche legt.

Wählen Sie für den Import einer solchen Zeichnung den Befehl EINFÜGEN| ICAD-IMPORTIEREN.

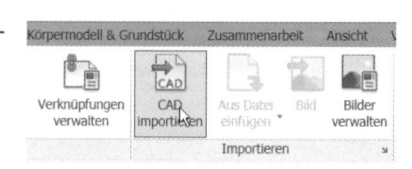

3.8 Treppenmodellierung

Stellen Sie das Dialogfenster wie abgebildet ein:

Wählen Sie die Datei Treppe.dwg von der CD und klicken Sie auf ÖFFNEN.

Falls Sie die importierte Zeichnung nicht sehen können, zoomen Sie eventuell etwas aus der Zeichnung heraus.

Klicken Sie in die Zeichnungsfläche, um die 2D-Zeichnung zu platzieren.

Diese Zeichnung können wir zur Erstellung der 2D-Skizze für den Treppenlauf benutzen.

Rufen Sie den Befehl TREPPE NACH SKIZZE auf.

Wählen Sie BEGRENZUNG aus der Entwurfsleiste und LINIEN WÄHLEN aus der Optionsleiste.

Klicken Sie zuerst auf die äußeren und inneren Begrenzungslinien.

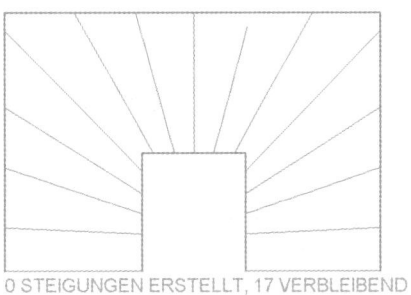

Wählen Sie nun STEIGUNG und LINIEN WÄHLEN.

Klicken Sie dann nacheinander auf die Steigungslinien der 2D-Zeichnung.

> ⚠️ Achtung: Stellen Sie sicher, dass in den Eigenschaften auch 15 Steigungen eingestellt sind und »Mit Steigung beginnen/enden« aktiviert ist.

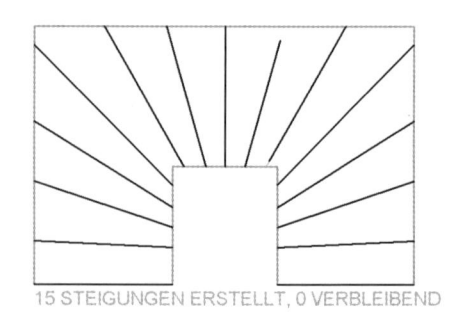

15 STEIGUNGEN ERSTELLT, 0 VERBLEIBEND

Klicken Sie nun auf BEARBEITUNGSMODUS BEENDEN.

Nun wird von Revit eine halbgewendelte Treppe erstellt.

Ergebnis in der 3D-Ansicht:

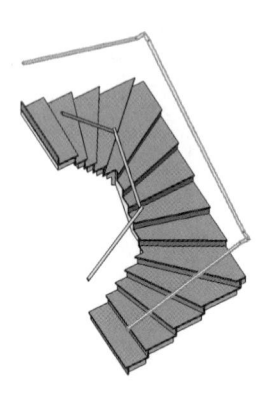

2. Natursteintreppe mit Wange erstellen

Problem: Es soll eine massive Natursteintreppe erstellt werden. Die Treppe soll jedoch zusätzlich seitlich eine Natursteinverkleidung erhalten.

Notwendige Einstellungen: Wählen Sie als TYP der Treppe MASSIV – NATURSTEINSTUFEN und aktivieren Sie in den Typeneigenschaften der Treppe bei AUFLAGER RECHTS bzw. AUFLAGER LINKS die Option WANGENTREPPE (EINGESTEMMT) und stellen Sie anschließend bei AUFLAGERTYP RECHTS bzw. AUFLAGERTYP LINKS als Wert WANGE – METALL – BREITE 10 MM ein (klicken Sie dazu auf den kleinen Button rechts).

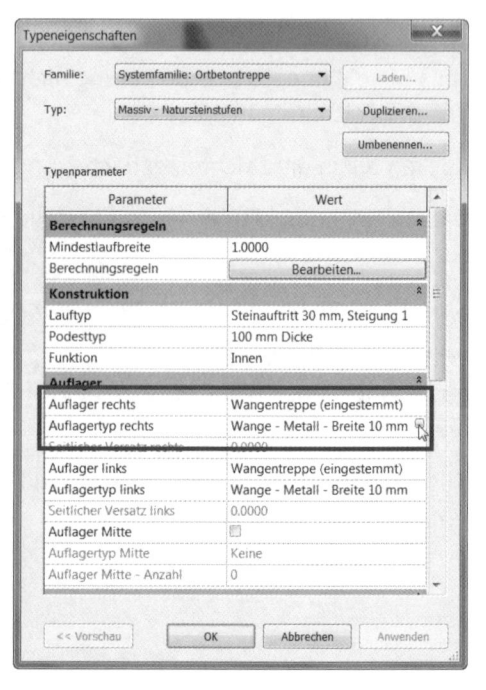

3.8 Treppenmodellierung

Stellen Sie die Werte für MATERIAL, KONSTRUKTIONSTIEFE, GESAMTTIEFE und BREITE nach Ihren Wünschen ein.

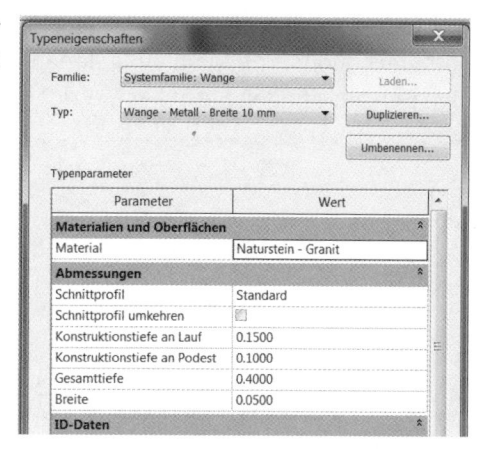

Das Ergebnis sollte anschließend in etwa wie nebenstehend aussehen.

3. Profilierte Treppenwangen (z. B. Stahlprofil)

Ab der Version 2013 können auch verschiedene Profile für die Wangen definiert werden, z. B. ein C-Profil, damit eine Treppe mit einem Stahlprofil erstellt werden kann. Wählen Sie die Profile in den Typeneigenschaften der Wangen.

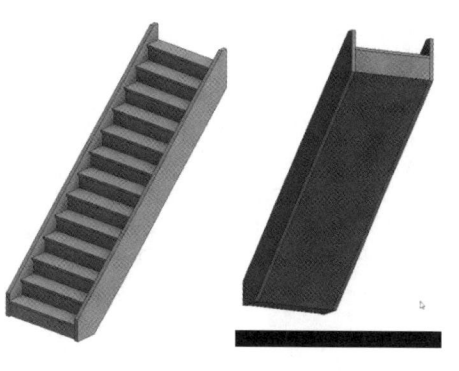

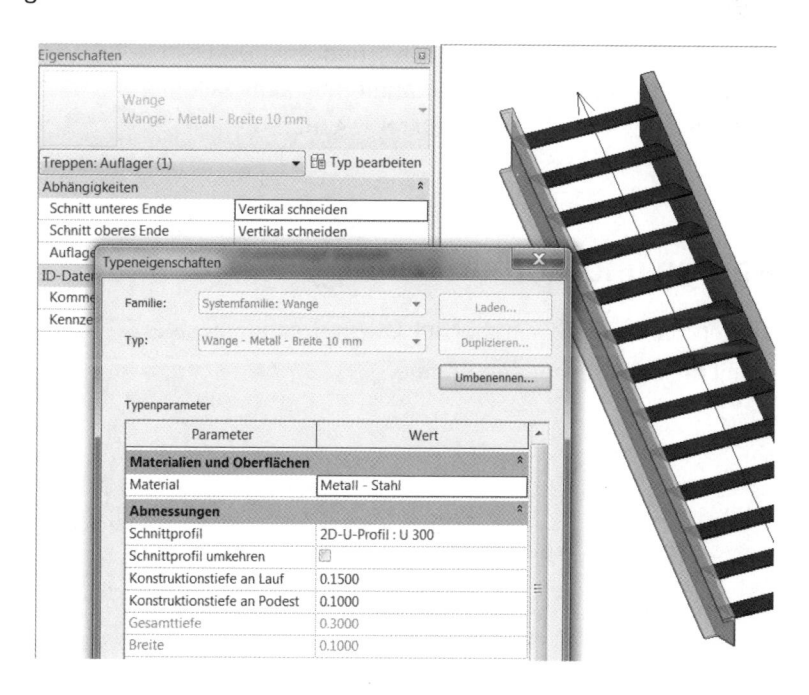

Um andere Profile wählen zu können, müssen vorher entsprechende Profilfamilien geladen werden. Einige Beispiele finden Sie in der Metric Library im Ordner Profile|Tragwerk|Stahl.

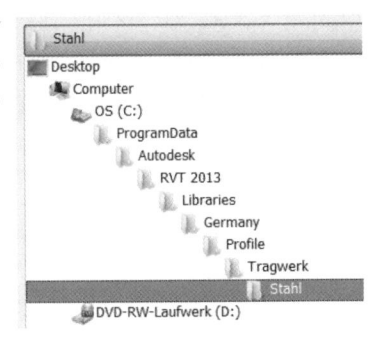

3.9 Räume und Flächen

Die schon im Kapitel 2 erzeugten Räume werden nun etwas abgeändert bzw. weiterbearbeitet.

Hinweis: In den letzten Versionen haben sich die Räume etwas geändert, einzelne Funktionen und Befehle können hier abhängig von Ihrer genutzten Version abweichen. So sind in der Version 9 (2007) die Räume selbst stark überarbeitet worden und in der Version 2008 nochmals die Flächenfüllungen. Die wesentlichen, hier beschriebenen Funktionen und Befehle gleichen sich jedoch grundsätzlich.

Öffnen Sie die Zeichnung Abschnitt 3.9 Räume und Flächen.

Wechseln Sie in die EBENE 1 (OG) und ergänzen Sie zunächst die noch fehlenden Räume mit dem Befehl RAUM aus der Rubrik START|RAUM & FLÄCHE.

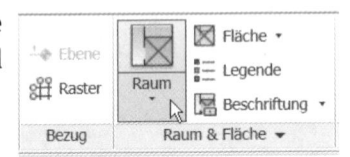

Räume und Raumtrennung

Klicken Sie in die 4 Zimmer im OG und erzeugen Sie damit die entsprechenden Räume.

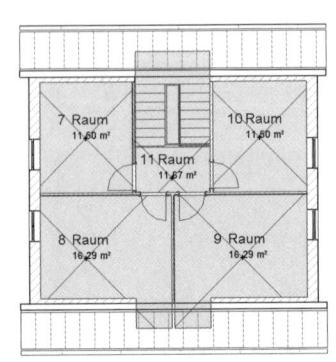

3.9 Räume und Flächen

Um die Räume zu benennen, klicken Sie doppelt auf die Beschriftungen und geben einen neuen Namen ein.

Wechseln Sie nun zurück in das Erdgeschoss.

Im Bereich »Wohnen« soll der Essbereich mit der Bezeichnung »Essen« abgegrenzt werden.

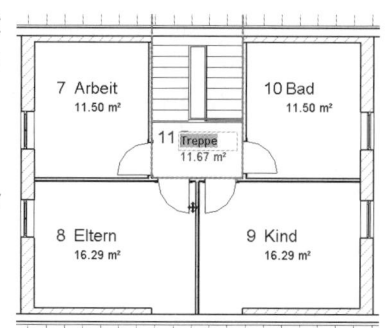

Revit erstellt sich die passenden Umgrenzungen normalerweise aus den umliegenden Wänden. Wenn ein Raum geteilt werden soll, ohne zusätzliche Wände zu erstellen, kann dazu die Funktion RAUMTRENNUNGSLINIE gewählt werden.

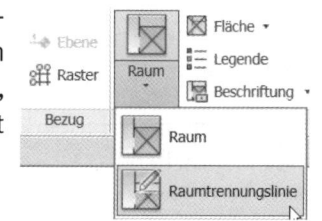

Wenn Sie den Befehl RAUMTRENNUNGSLINIE gewählt haben, können Sie mit einer Linie die Trennung zwischen »Wohnen« und »Essen« einzeichnen.

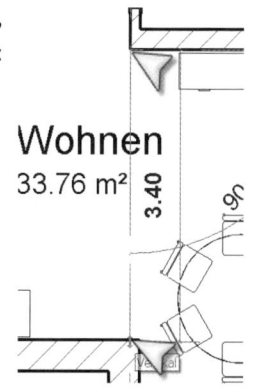

Wenn Sie die Raumtrennungslinie nicht sehen können, müssen eventuell die Geschossdecken in den Sichtbarkeiten deaktiviert werden (TK »vv«).

Die Fläche des Wohnzimmers wird daraufhin verkleinert. Optisch können Sie das nochmals überprüfen, indem Sie mit der Maus über den Raum fahren und auf das erscheinende Kreuz klicken, das den Raum darstellt.

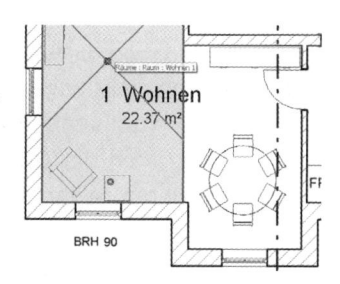

Wenn Sie auf die Beschriftung des Raums klicken erscheint unterhalb der Beschriftung ein kleines Pfeilkreuz, mit dem Sie die Beschriftung verschieben können. Klicken Sie dazu auf das Kreuzchen, halten Sie die linke Maustaste gedrückt und ziehen Sie die Beschriftung an den gewünschten Platz.

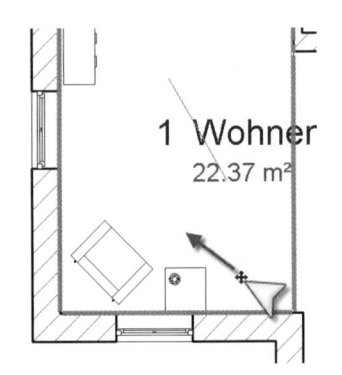

Wählen Sie nun den Befehl RAUM und platzieren Sie einen Raum im Essbereich.

Klicken Sie anschließend auf die Raumbezeichnung und ändern Sie sie entsprechend.

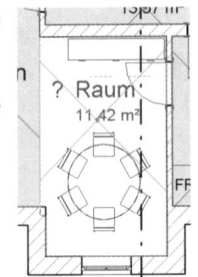

Ergänzen Sie noch die Räume im Kellergeschoss:

Die Oberkante der Räume wird standardmäßig nicht mit der oberen Ebene der Geschosse verknüpft. Das könnte unter Umständen zu falschen Ergebnissen bei den Raumvolumina führen! Stellen Sie sich deshalb die Oberkante der Räume in der Optionsleiste auf die nächste Ebene mit einem Versatz von 0 ein. Das heißt, für die Räume im KG stellen Sie bei OBERGRENZE die EBENE 0 mit einem Versatz von 0 ein, falls Sie die Volumina direkt aus dem Projekt auswerten wollen.

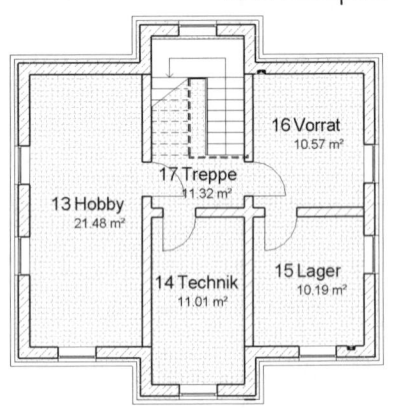

Wenn in den Eigenschaften der Räume das Raumvolumen nicht angezeigt wird, dann können Sie die Volumenberechnung mit einem Klick auf den Pfeil der Gruppenleiste RAUM & FLÄCHE aktivieren. Wählen Sie dort den Befehl

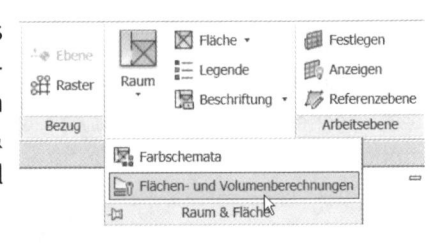

FLÄCHEN- UND VOLUMENBERECHNUNGEN, um entsprechende Einstellungen wählen zu können.

Bei größeren Projekten empfiehlt es sich jedoch, diese Berechnung zu deaktivieren, wenn das Volumen nicht benötigt wird, damit die Systemressourcen nicht unnötig belastet werden.

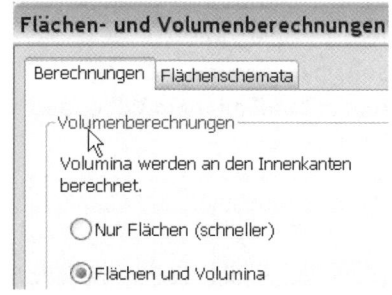

Tipps und Tricks zu den Räumen

Fehlermeldung »Redundanter Raum«

Dieser Fehler taucht auf, wenn mehrere Räume innerhalb desselben Bereichs bzw. Raums eingefügt werden.

Behebung:

- Prüfen Sie, ob die Wände sauber miteinander abschließen.
- Prüfen Sie, ob Sie eventuell mehrere Räume übereinander eingefügt haben. Löschen Sie eventuell »überschüssige« Räume.
- Prüfen Sie, ob bei allen begrenzenden Wänden in den Eigenschaften die Option RAUMBEGRENZUNG aktiviert ist.

Sie können wählen, ob die redundanten Räume gelöscht werden sollen oder nicht. Wenn Sie die Fehlermeldung mit OK bestätigen, bleiben die Räume mitsamt der Bemerkung »Redundanter Raum« in der Ansicht bestehen. Wenn Sie auf ABBRECHEN klicken, wird der letzte Schritt, der zur Erstellung eines redundanten Raums führte, wieder rückgängig gemacht.

Einzelne Wände als nicht raumbegrenzend definieren

Manchmal ist es sinnvoll, die oben beschriebene Option RAUMBEGRENZUNG zu deaktivieren. Beispiel: Die Fläche eines WC-Vorraums soll nicht extra ausgegeben, sondern als Gesamtmaß mit dem WC erfasst werden.

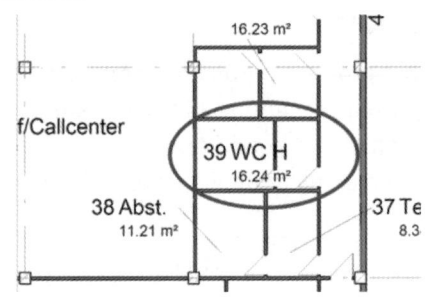

Dazu muss bei der betreffenden Trennwand das Häkchen bei RAUMBEGRENZUNG entfernt werden.

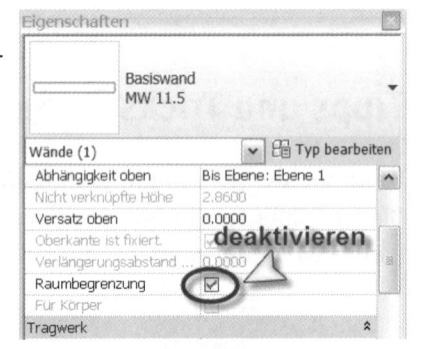

Nun werden die beiden Räume zusammengefasst angezeigt.

Raum und Raumbeschriftung

Die Raumbeschriftung und der Raum selbst sind zwei Paar Stiefel! Klickt man auf die Beschriftung und löscht diese, so bleibt der Raum selbst noch im Projekt bestehen. Um nur eine Beschriftung für einen bereits bestehenden Raum zu erstellen, kann man dies über den Befehl RAUMBESCHRIFTUNG.

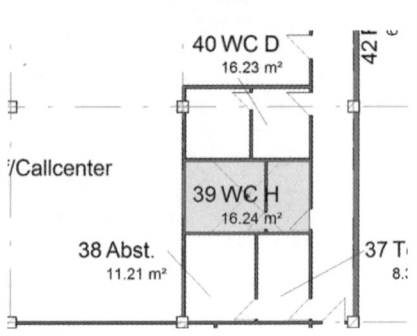

Kleine Übung hierzu:

Wechseln Sie in das OG und löschen Sie die Beschriftung des Bades (nicht den Raum selbst).

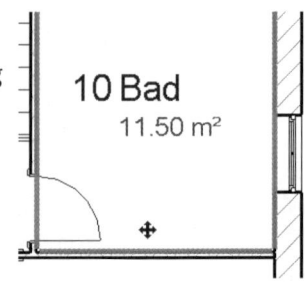

3.9 Räume und Flächen

Daraufhin erscheint eine Warnmeldung, die uns darauf hinweist, dass zwar die Beschriftung gelöscht wurde, der Raum aber weiterhin bestehen bleibt.

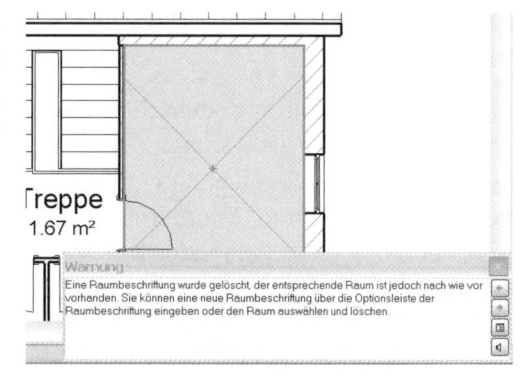

Wählen Sie nun den Befehl RAUMBESCHRIFTUNG und platzieren Sie die Beschriftung im Bad neu. Sie müssen dazu noch nicht einmal die Raumbezeichnung neu eingeben, die hat sich Revit gemerkt.

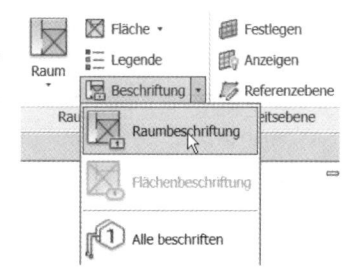

Raumbeschriftungstyp ändern

Sie können verschiedene vorgefertigte Beschriftungstypen über das Typenauswahlfenster wählen, wie z. B. den Typ NUMMER, NAME, FLÄCHE.

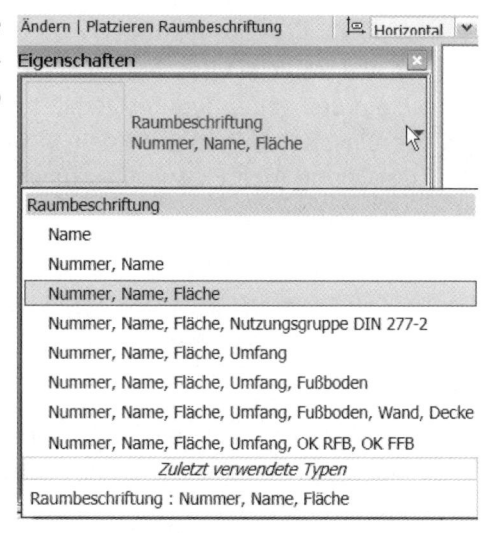

Natürlich können Sie auch eigene Typen definieren, z. B. einen Typ, in dem nur der Name und die Fläche erscheinen. Rufen Sie dazu die TYPENEIGENSCHAFTEN einer

Beschriftung auf, wählen Sie DUPLIZIEREN und geben Sie einen neuen Namen an, z. B. Name, Fläche.

In der Raumbeschriftung sind schon die gängigsten Beschriftungen als Parameter eingefügt. Aktivieren bzw. deaktivieren Sie nun deren Sichtbarkeiten je nach Ihren Erfordernissen. Hier im Beispiel müsste der Parameter NUMMER deaktiviert werden.

Als Ergebnis erhalten Sie eine entsprechende Beschriftung ohne Raumnummer, die auch gleich im Bad erscheint.

Um nun alle restlichen Beschriftungen möglichst schnell auf den neuen Typ umzustellen, markieren Sie eine Beschriftung, wählen Sie mit der RMT die Option ALLE EXEMPLARE AUSWÄHLEN|IM GESAMTEN PROJEKT ...

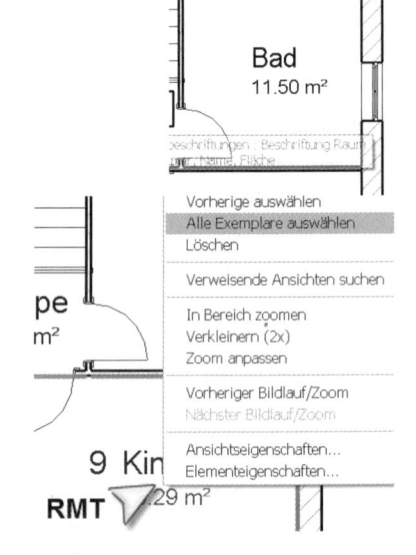

... und ändern Sie dann den Typ im Typenauswahlfenster. Nun sind alle Typen im *ganzen Projekt* umgestellt.

Ab der Version 2009 können Raumbeschriftungen frei gedreht werden (vorher war nur horizontal/vertikal möglich).

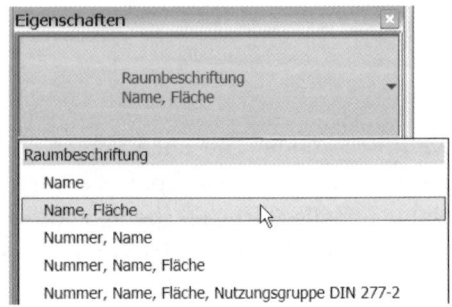

Stellen Sie dazu die entsprechende Raumbeschriftung auf die Option MODELL. Nun können Sie die Beschriftung mit dem Befehl DREHEN in die gewünschte Position bringen.

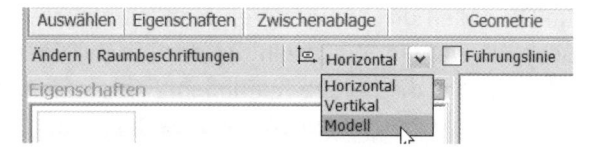

3.10 Bemaßung

Nun wollen wir die Bemaßungen genauer unter die Lupe nehmen.

> Öffnen Sie die Zeichnung Kapitel 3.10 Bemaßung.

Einige Maße im EG wurden schon im zweiten Kapitel erstellt. Diese Bemaßungen sollen noch etwas verändert werden. Im Anschluss daran werden noch verschiedene Einstellungsmöglichkeiten erläutert.

Bemaßungen bearbeiten

Bei allen Gesamtmaßen des Gebäudes soll die Schriftgröße von 2.5 mm auf 3.5 mm geändert werden.

Wählen Sie dazu die entsprechenden Maße an und über das Typenauswahlfenster den Stil 3.5 MM – ARIAL aus.

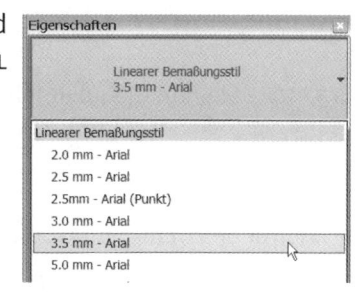

> Zur Erinnerung: Mit gedrückter [Strg]-Taste können Sie Elemente zur Auswahl hinzufügen.

Die gewählten Bemaßungen werden daraufhin entsprechend abgeändert.

Kapitel 3 — DIE GRUNDFUNKTIONEN IM DETAIL

Im OG sollen die zwei unteren Maßlinien nach oben hin verschoben werden. Wechseln Sie dazu in die EBENE 1 und klicken Sie auf die beiden Maßlinien. Fahren Sie mit der Maus über das aktivierte Element, sodass der Mauscursor ein Verschiebekreuz anzeigt.

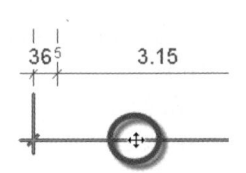

Klicken Sie nun auf die Maßlinie und ziehen Sie die Bemaßung nach oben zur Nordseite des Gebäudes (halten Sie die Maustaste dabei gedrückt!).

Wie Sie sicher bemerkt haben werden, passen sich die Maßhilfslinien automatisch der Richtung an.

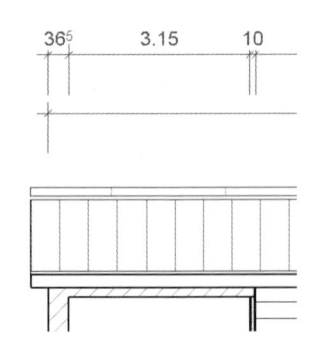

> **Tipp:** Sollten Sie die Bemaßungen als Einzelmaße erstellt haben, müssten Sie nun alle Maße auch einzeln verschieben. Daher empfiehlt es sich, die Maßketten als durchgehendes Element zu erstellen.

> **Tipp:** Das Fangraster für den Abstand der Maßlinien können Sie in den Typeneigenschaften des Bemaßungstyps unter der Option FANGDISTANZ DER BEMASSUNGSLINIE einstellen.

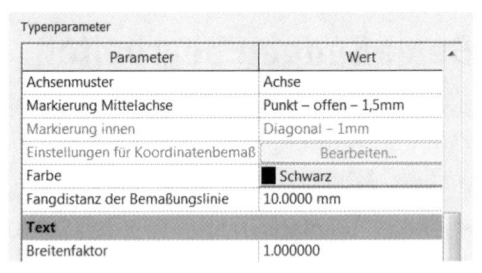

Parameter	Wert
Achsenmuster	Achse
Markierung Mittelachse	Punkt – offen – 1,5mm
Markierung innen	Diagonal – 1mm
Einstellungen für Koordinatenbemaß	Bearbeiten...
Farbe	Schwarz
Fangdistanz der Bemaßungslinie	10.0000 mm
Text	
Breitenfaktor	1.000000

Ergänzen Sie nun die noch fehlende Maßkette zwischen Eltern und Kind.

Zur Erinnerung:

- Aufruf des Bemaßungsbefehls über das Tastaturkürzel »bb«
- In der Optionsleiste am besten bei BEVORZUGEN als Wert KANTEN TRAGENDE WAND einstellen und bei AUSWÄHLEN als Wert REFERENZEN.
- Maß*ketten* sind einfacher zu handhaben als Einzelmaße. Erstellen Sie daher – soweit möglich – zusammenhängende Maßketten.

Bei der Bemaßung der Giebelwände können wir das Gesamtmaß nicht richtig erstellen, da die Außenkante durch das Dach verdeckt ist.

Hier haben wir mehrere Möglichkeiten zur Beseitigung des Problems:

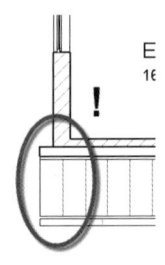

3.10 Bemaßung

Über die SICHTBARKEITEN DER GRAFIKEN kann das Dach komplett ausgeschaltet werden. Sie erreichen dieses Menü über das Tastaturkürzel »üü« oder über die Elementeigenschaften der Ansicht (RMT und dann ANSICHTSEIGENSCHAFTEN, wenn keine anderen Bauteile aktiv sind).

In der Modellkategorie kann nun die Rubrik DÄCHER deaktiviert werden. Schließen Sie das Dialogfenster mit OK und sie werden sehen, dass das Dach nun nicht mehr sichtbar ist.

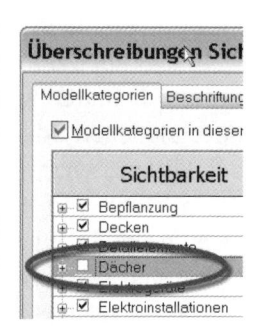

Wenn Sie das Dach später wieder sehen wollen, müssen Sie diese Kategorie wieder aktivieren. Diese Einstellungen werden auch beim Plot berücksichtigt, das heißt, im Moment würde das Dach nicht geplottet werden.

Etwas schneller ist daher die Möglichkeit des temporären Ausblendens. Wie der Name schon vermuten lässt, kann man hier Bauteile kurzzeitig ausblenden. Für den Plot bleiben diese Bauteile aber weiterhin sichtbar.

Markieren Sie vor Aufruf des Befehls das entsprechende Bauteil und klicken Sie auf das Brillensymbol in der Ansichtssteuerungsleiste. Wählen Sie dort die Option ELEMENT AUSBLENDEN.

Alternativ können Sie auch das Bauteil markieren und das Tastaturkürzel »tt« drücken. In beiden Fällen ist jetzt das Dach ausgeblendet – allerdings eben nur temporär, das heißt, geplottet würde es trotzdem werden!

Als optisches Merkmal dafür, dass Bauteile temporär ausgeblendet sind, ein cyanfarbener Rahmen um den Bildschirm gezogen. Zusätzlich wird das Brillensymbol am unteren Bildschirmrand in dieser Farbe dargestellt.

Ist das Dach nun ausgeblendet, können Sie die Geometrien bemaßen. Wenn Sie fertig sind, können Sie das Dach mit einem Klick auf die Brille und der Auswahl der Option TEMPORÄR AUSBLENDEN/ISOLIEREN ZURÜCKSETZEN wieder einblenden. Der Rahmen und die farbige Brille werden daraufhin wieder zurückgesetzt. Diese Funktion erreichen Sie auch sehr bequem über das Kürzel »tz«.

Als dritte Methode können Sie die Ansicht von VERDECKT auf DRAHTMODELL umstellen. Dieser Button befindet sich links von der zuvor beschriebenen Brille. Wenn Sie auf den Quader klicken, entfaltet sich ein kleines Dropdown-Menü und Sie können die entsprechende Option auswählen. Falls Sie sich nicht sicher sind, was sich dahinter verbirgt, können Sie die einzelnen Optionen sehr schön in der 3D-Ansicht testen, dort sieht man am besten deren Auswirkung.

Es gibt auch noch die Möglichkeit, die Darstellung *einzelner* Bauteile zu überschreiben. So ist es möglich, das Dach transparent darstellen zu lassen, damit man die darunterliegenden Bauteile sehen bzw. auch bearbeiten kann.

Klicken Sie dazu das Dach an, rufen Sie das Kontextmenü auf (RMT) und wählen Sie IN ANSICHT ÜBERSCHREIBEN|NACH ELEMENT.

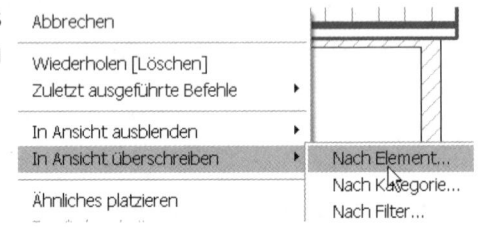

Geben Sie bei OBERFLÄCHENTRANSPARENZ einen entsprechenden Wert ein oder verschieben Sie den Regler soweit nach rechts, bis der gewünschte Wert erreicht ist. Mit dieser Einstellung kann das betreffende Bauteil mehr oder weniger transparent dargestellt werden (mit den evtl. definierten Oberflächenschraffuren).

Entscheiden Sie sich also für eine der gezeigten Möglichkeiten und ergänzen Sie dann die Bemaßung an den Giebelwänden.

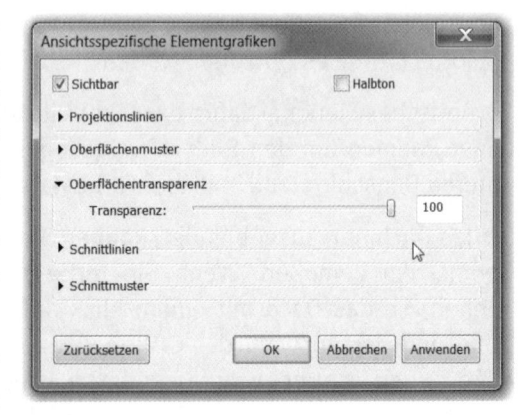

3.10 Bemaßung

Machen Sie dabei regen Gebrauch von der Zoom-Funktion, um auch die richtigen Referenzen zu erwischen! Gerade bei den vordefinierten Gipskartonwänden könnte man leicht eine ungewünschte Referenz auswählen ...

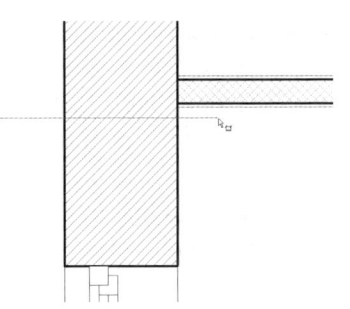

Tipps:

- Haben Sie tatsächlich eine falsche Referenz angeklickt, können Sie diese leicht wieder durch nochmaliges Anklicken entfernen!
- Wie Sie sicher schon bemerkt haben, werden die Öffnungshöhen automatisch mitbemaßt. Sollte dies einmal nicht gewünscht sein, so können Sie diese Funktion in den Typeneigenschaften der Bemaßung unter dem Punkt ÖFFNUNGSHÖHEN ANZEIGEN abschalten. Bedenken Sie dabei jedoch, dass dies ein Typenparameter ist und sich diese Einstellung auf alle Typen dieses Bemaßungstyps auswirkt. Legen Sie sich deshalb eventuell vorher einen neuen Bemaßungstyp an.
- Ab der Version 2013 ist es möglich, einzelne Maßketten zu trennen. Der entsprechende Abschnitt muss dazu mit der [↹]-Taste gewählt werden, anschließend kann er mit der Taste [Entf] einfach gelöscht werden. Es entstehen zwei getrennte Elemente.

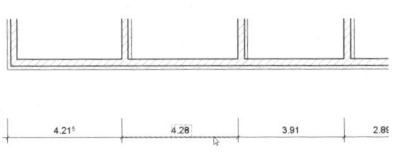

Eigenschaften der Bemaßung

Nachfolgend werden die Eigenschaften der Bemaßung betrachtet.

In den Exemplareigenschaften finden sich die Optionen FÜHRUNGSLINIE, die mit dem Häkchen an- bzw. ausgeschaltet werden kann und die Option EQ ANZEIGEN, die steuert, ob bei aktivierter EQ-Funktion der tatsächliche oder nur ein symbolischer Wert dargestellt werden soll (siehe auch die folgende Seiten).

In den Typeneigenschaften finden sich eine Reihe von Einstellungen für das Aussehen der Bemaßungen.

MASSKETTENTYP: Einstellungsmöglichkeiten sind DURCHGEHEND (die »normale« lineare Bemaßung), BASISLINIE (evtl. für Haltungslängen bei Abwasserplanungen) oder KOORDINATE (der Befehl PUNKTKOORDINATEN dürfte hier in der Regel die bessere Wahl sein).

FÜHRUNGSTYP: Wirkt sich auf die zuvor schon erwähnte Führungslinie aus. Wird hier die Option LINIE gewählt, so wird die Führungslinie gerade dargestellt. Zusätzlich erscheint die Option ANSATZLÄNGE, mit der eine waagrechte Linie zum Maßtext hin erstellt wird.

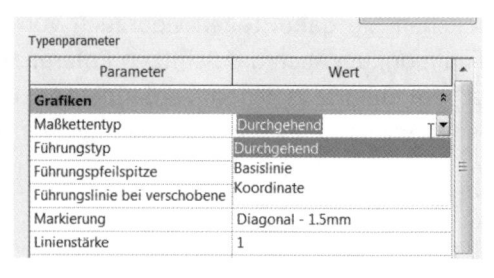

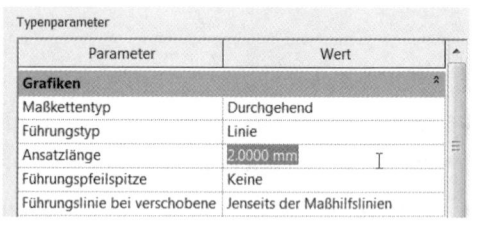

FÜHRUNGSPFEILSPITZE: Steuert, ob am Ende der Führungslinie ein Pfeilspitzensymbol erscheint oder nicht.

FÜHRUNGSLINIE BEI VERSCHOBENEM TEXT: Steuert, ab wann eine Führungslinie angezeigt wird: entweder, sofort nachdem der Maßtext von seinem Ursprungspunkt verschoben wurde (NICHT AM URSPRUNG), oder ab dem Zeitpunkt, ab dem der Text über die Maßhilfslinien hinausragt (JENSEITS DER MASSHILFSLINIEN).

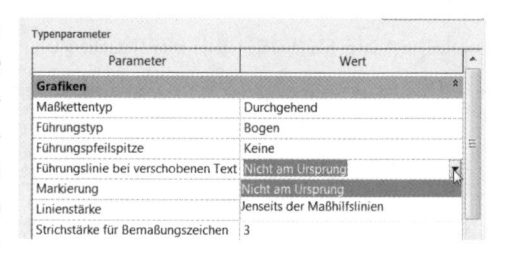

LINIENSTÄRKE: Wirkt sich auf die Maßhilfslinien aus.

STRICHSTÄRKE FÜR BEMASSUNGSZEICHEN: Wirkt sich nur auf die Maßpfeile aus.

BEMASSUNGSLINIENERWEITERUNG: Erweitert entsprechend dem angegebenen Wert die Bemaßungslinie hinter dem Schnittpunkt der Maßhilfslinien.

GESPIEGELTE BEMASSUNGSLINIENERWEITERUNG: Steht nur zur Verfügung, wenn eine Pfeilspitze als Maßpfeil gewählt wurde.

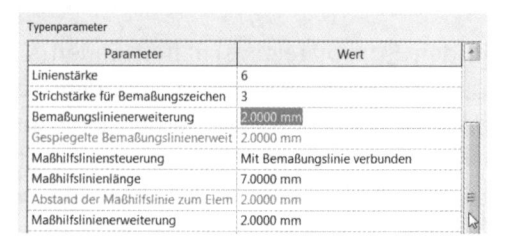

MASSHILFSLINIENSTEUERUNG: Regelt, ob die Linie einen festen Wert hat (MIT BEMASSUNGSLINIE VERBUNDEN), oder ob die Hilfslinie bis zum bemaßten Element reichen soll (ABSTAND ZU ELEMENT). Je nach Einstellung wird entweder der Parameter Maßhilfslinienlänge oder Abstand der Maßhilfslinie zum Element freigeschaltet.

MASSHILFSLINIENERWEITERUNG: Legt die Erweiterung der Maßhilfslinie unterhalb des Bemaßungstextes fest.

ACHSENSYMBOL, ACHSENMUSTER, MARKIERUNG MITTELACHSE: Bezieht sich auf die Darstellung der Maßlinien bzw. des Bemaßungspfeils, wenn Achsen von Elementen (nicht Raster!) bemaßt werden.

MARKIERUNG INNEN: Bestimmt die Anzeige des Maßpfeils an inneren Maßhilfslinien, wenn benachbarte Segmente einer Bemaßungslinie zu kurz sind, um Pfeile aufzunehmen. Wenn dies der Fall ist, werden die Enden der kurzen Segmente gespiegelt und die inneren Maßhilfslinien zeigen die interne Markierung an. Dieser Parameter ist nur verfügbar, wenn der Parameter MARKIERUNG auf einen Pfeiltyp gesetzt wird.

EINSTELLUNGEN FÜR KOORDINATENBEMASSUNG: Diese Option ist verfügbar, wenn der Parameter MASSKETTENTYP auf KOORDINATE eingestellt wird.

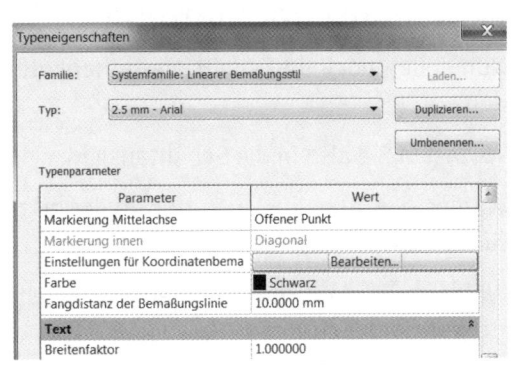

In der erscheinenden Dialogbox können entsprechende Angaben zum Aussehen der Koordinatenbemaßung gemacht werden. Beachten Sie dabei aber auch den Befehl PUNKTKOORDINATE, der schon entsprechende Funktionen für herkömmliche Koordinatenbemaßungen (z. B. für den Lageplan) bereithält.

FARBE: Gibt die Farbe für Text und Maßlinien an.

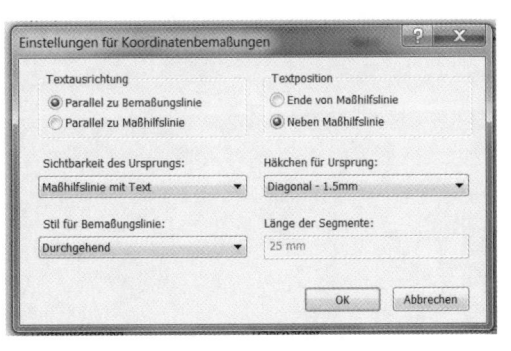

FANGDISTANZ DER BEMASSUNGSLINIE: Gibt den Abstand an, bei dem die nächste Maßkette einrastet.

Die Rubrik TEXT hält diverse Parameter bereit, mit denen das Aussehen des Textes gesteuert werden kann. Die einzelnen Einträge sind selbsterklärend. Beachten Sie, dass hier auch gesteuert werden kann, ob die Öffnungshöhe von Bauteilen automatisch angezeigt werden soll oder nicht.

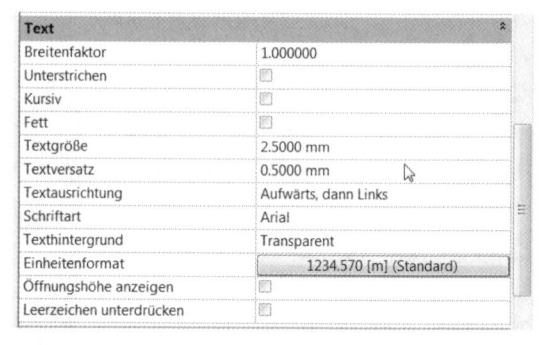

Text	
Breitenfaktor	1.000000
Unterstrichen	
Kursiv	
Fett	
Textgröße	2.5000 mm
Textversatz	0.5000 mm
Textausrichtung	Aufwärts, dann Links
Schriftart	Arial
Texthintergrund	Transparent
Einheitenformat	1234.570 [m] (Standard)
Öffnungshöhe anzeigen	
Leerzeichen unterdrücken	

Das EINHEITENFORMAT der Bemaßung kann von den Projekteinheiten abweichen, sodass z. B. in Meter gezeichnet werden kann, die Bemaßung aber in Millimeter erscheint.

Die Parameter in der Rubrik SONSTIGE sind wieder für EQ-Bemaßungen. Siehe dazu weiter unten im Kapitel.

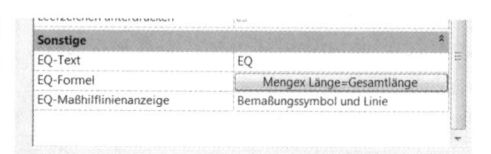

Sonstige	
EQ-Text	EQ
EQ-Formel	Mengex Länge=Gesamtlänge
EQ-Maßhilflinienanzeige	Bemaßungssymbol und Linie

Höhenkotenbemaßung

Nun sollen noch im Schnitt die Höhenkoten ergänzt werden.

Wechseln Sie also in die Schnittansicht.

Wählen Sie dort in der Rubrik BESCHRIFTEN den Befehl HÖHENKOTE.

Wählen Sie nun im Typenauswahlfenster den Typ HÖHENKOTEN|SCHNITT ROH.

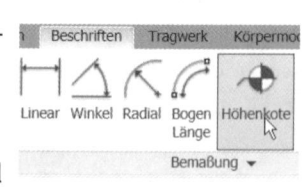

Deaktivieren Sie in der Optionsleiste die Option FÜHRUNG.

Fahren Sie mit dem Mauscursor über die Rohkante der Geschossdecken und setzen Sie die Bemaßungen durch einen Klick ab.

Zeigen Sie mit der Maus die Richtung der Beschriftung an, also in etwa nach rechts oben.

Klicken Sie ein zweites Mal, um die Bemaßung fertigzustellen.

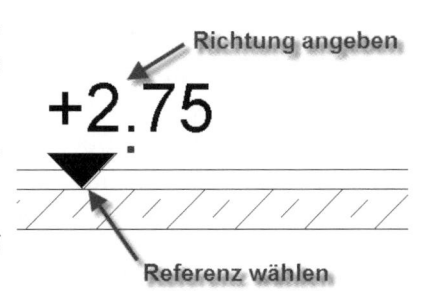

> Hinweis: Wenn Sie beim Absetzen nach unten zeigen, wird der Höhenkotenpfeil von unten gezeichnet. Dies ist sehr hilfreich bei der Bemaßung von Deckenunterkanten etc.

Ergänzen Sie der Reihe nach die Höhenkoten für die Rohdecken.

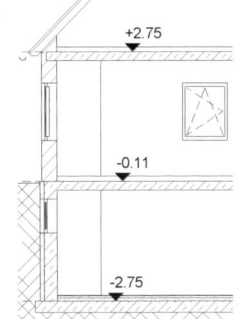

Wählen Sie nun den Typ HÖHENKOTEN|SCHNITT FERTIG und wiederholen Sie die Vorgehensweise für die Oberkanten der Fußböden.

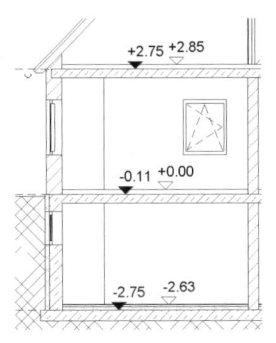

Für die Bemaßung des Firstpunkts müssen Sie auf den Firstpunkt zeigen und die ⮂-Taste so oft drücken, bis der Firstpunkt als Referenz erscheint (falls dieser nicht gleich erkannt werden sollte). Dieser Punkt wird etwas klein dargestellt, man muss unter Umständen sehr genau hinsehen, um ihn zu erkennen …

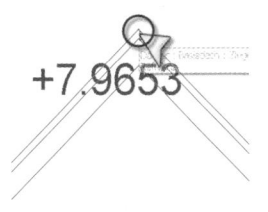

Da man manchmal die Höhenkoten in einer anderen Einheit als in Meter benötigt, soll für die Firstoberkante ein neuer Bemaßungstyp mit der entsprechenden Einstellung erzeugt werden. Die Vorgehensweise gilt analog auch für alle anderen Bemaßungen.

Klicken Sie die Firstbemaßung an und öffnen Sie die TYPENEIGEN-SCHAFTEN. Klicken Sie auf DUPLIZIEREN und geben Sie einen Namen ein, z. B. Schnitt Fertig in cm, und klicken Sie auf OK.

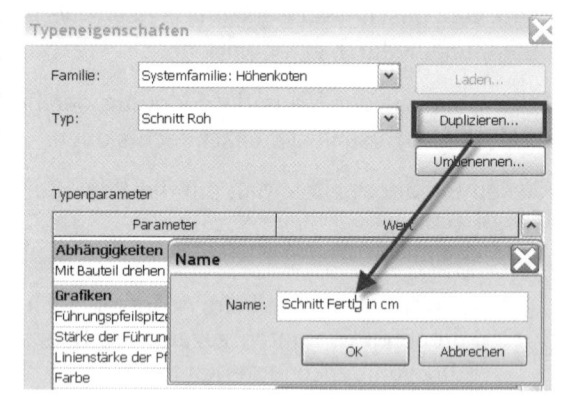

Scrollen Sie nun in den Typeneigenschaften nach unten und klicken Sie auf EINHEITENFORMAT.

Klicken Sie auf den Button EINHEITEN und wählen Sie aus der Liste ZENTIMETER aus.

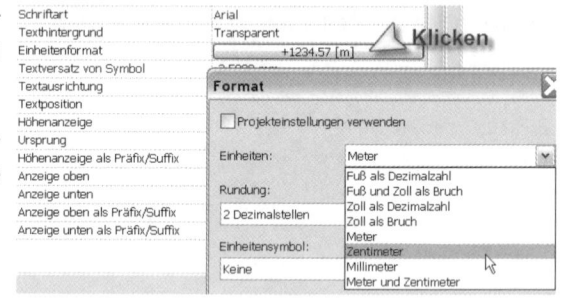

> Hinweis: Bei der Einstellung METER UND ZENTIMETER werden alle Maße unter einem Meter als Zentimeter ausgeschrieben, ab einem Meter wird Meter als Einheit verwendet. Diese Einstellung wird normalerweise für die linearen Bemaßungen gewählt.

Im Feld RUNDUNG könnte nun noch die Anzahl der gewünschten Dezimalstellen angegeben werden. Im Feld EINHEITENSYMBOL kann CM gewählt werden, um eine Beschriftung der Einheit zu erhalten. Wählen Sie die Optionen nach Ihrem Geschmack aus und schließen Sie die Dialogfelder mit OK.

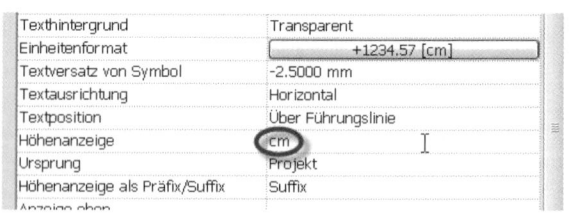

3.10 Bemaßung

Ergebnis:

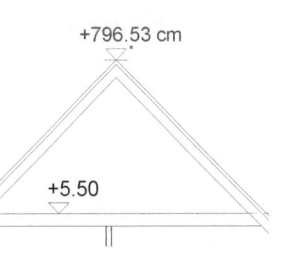

Sie können nun über das Typenauswahlfenster jederzeit den Typ HÖHENKOTEN|SCHNITT FERTIG IN CM« aufrufen.

Im Feld »HÖHENANZEIGE« könnte man einen beliebigen Text anfügen, z. B. ÜNN. HÖHENANZEIGE ALS PRÄFIX/SUFFIX gibt an, ob der Text vor oder hinter der Bemaßung erscheint. Über den Parameter »URSPRUNG« kann man definieren, ob die Höhenkote auf den lokalen Nullpunkt bezogen wird (z. B. OK FFB EG) oder ob die Meereshöhe angenommen wird. Dazu ist es aber auch nötig, das Projekt auf die richtige Meereshöhe zu verschieben. Siehe dazu auch Kapitel *3.12 Topographie*.

Überschreibungen des Maßtextes

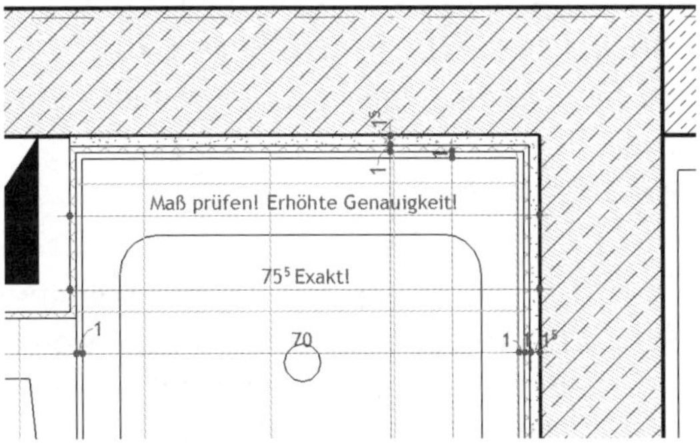

Ab der Version 2009 ist es möglich, die Werte der Bemaßung mit *Texten* zu ergänzen oder auch durch solche zu ersetzen. Das Eintragen von Zahlen ist nicht erlaubt, es erscheint dann eine entsprechende Fehlermeldung. Damit soll gewährleistet werden, dass keine »Schummelmaße« im Plan vorhanden sind.

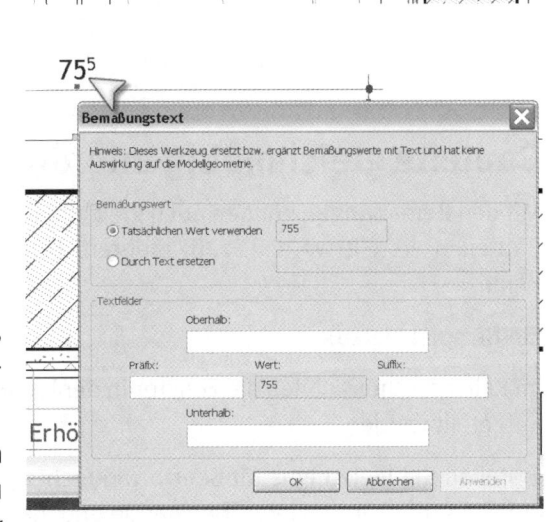

Klicken Sie zuerst auf die Maßkette und anschließend auf den Bemaßungswert. Das Dialogfeld BEMASSUNGSTEXT wird angezeigt.

Wählen Sie im Feld BEMASSUNGSWERT die Option DURCH TEXT ERSETZEN.

Geben Sie im Textfeld den Text ein, der statt des Bemaßungswerts angezeigt werden soll.

Sie können aber auch die Option TATSÄCHLICHEN WERT VERWENDEN aktiv lassen und in die Textfelder OBERHALB und/oder UNTERHALB ebenfalls Text eingeben.

Schließen Sie die Dialogbox mit OK.

Bemaßungen mit Präfix/Suffix erstellen

Die Eintragung eines Präfixes (Text vor der Maßzahl) oder eines Suffixes (Text nach der Maßzahl) ist sowohl für einzelne Maße als auch für alle Bemaßungen des Bemaßungstyps bei Höhenkoten möglich.

Für einzelne Maße wählen Sie aus den Exemplareigenschaften PRÄFIX und SUFFIX. Hier können Sie freie Werte oder auch Texte angeben, die vor oder nach dem Maß erscheinen sollen. Diese Texte können für *jedes einzelne Element getrennt* voneinander angegeben werden!

Um für *alle Bemaßungen eines Bemaßungstyps einheitlich* ein Präfix oder Suffix zu erhalten, können Sie in den Typeneigenschaften in der Zeile HÖHENANZEIGE einen Text eintragen. Bei HÖHENANZEIGE ALS PRÄFIX/SUFFIX können Sie anschließend noch auswählen, ob der Text vor oder nach der Maßzahl sichtbar sein soll.

Tipp: Wenn Sie bei TEXTHINTERGRUND den Wert UNDURCHSICHTIG wählen, werden alle Bauteile, die hinter der Bemaßung liegen, in diesem Bereich ausgeblendet.

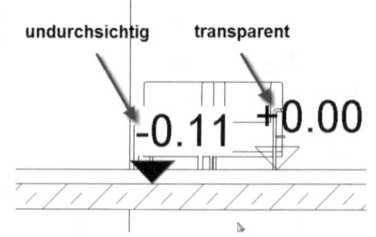

Bauteile gleichmäßig anordnen lassen

Mit den Bemaßungen können auch gleichmäßige Aufteilungen von Bauteilen erstellt werden, z. B. mehrere Fenster innerhalb einer Wand.

Ein Beispiel hierzu:

Im Kellergeschoss sollen die Fenster in der Westwand gleichmäßig aufgeteilt werden.

Erstellen Sie hierzu eine Maßkette wie rechts gezeigt: Klicken Sie auf die Außenkanten der Außenwände und die Achsen der Fenster. Zwischen diesen Punkten sollen die Fenster aufgeteilt werden.

Setzen Sie die Bemaßung links neben der Wand ab.

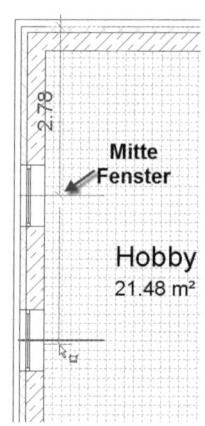

3.10 Bemaßung

Tipp: Benutzen Sie die ⎋-Taste, um die verschiedenen Referenzen »durchzublättern«. So kann man z. B. bei den Außenwänden zwischen Mauerwerkskante und Dämmungsschicht unterscheiden!

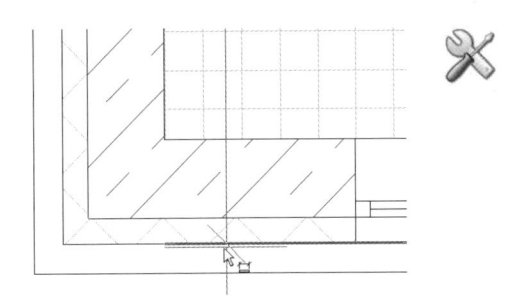

Klicken Sie nun auf das erscheinende Symbol EQ (= equal).

Die Fenster werden daraufhin etwas verschoben und die Maßzahlen zeigen den Wert »EQ« an.

Dem Projekt ist nun eine Abhängigkeit hinzugefügt worden. Die Maßlinie zeigt diese Abhängigkeit symbolisch an. Alle Bauteile, die referenziert wurden (hier also die beiden Wände und die beiden Fenster), erhalten dauerhaft eine Abhängigkeit zueinander. Das bedeutet, dass z. B. bei Verschiebung einer Außenwand die Fenster automatisch wieder ausgerichtet werden.

Drücken Sie die ⎋-Taste, um den Bemaßen-Befehl zu beenden, und wählen Sie die Bemaßung gleich nochmals an.

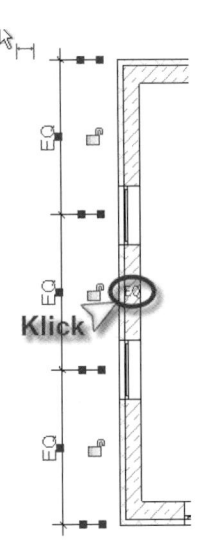

Um die tatsächlichen Werte anzeigen zu lassen, öffnen Sie die EIGENSCHAFTEN der EQ-Maßlinie und wählen Sie in der Zeile EQ ANZEIGEN die Option WERT.

Schließen Sie das Dialogfeld mit OK. Nun werden die tatsächlichen Maße angezeigt.

Wir haben also eine Abhängigkeit der Fensteraufteilung zur Wandlänge definiert (ein schönes Beispiel für die Funktion der Parametrik in Revit). Soll diese Abhängigkeit wieder entfernt werden, löschen Sie bitte nicht nur die Bemaßung, sondern auch die Abhängigkeit.

Ein entsprechendes Dialogfenster wird nach dem Löschen der Bemaßung angezeigt, wählen Sie hier gegebenenfalls die Option ABHÄNGIGKEITEN LÖSCHEN. Ansonsten bliebe die Abhängigkeit im Projekt erhalten, ohne die Maßlinie ist dies aber später eventuell nicht mehr sofort eindeutig nachvollziehbar!

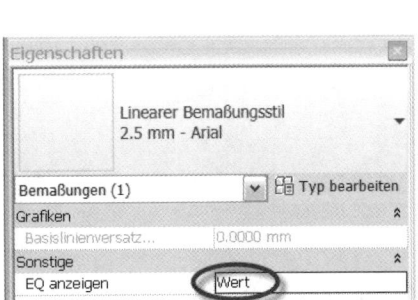

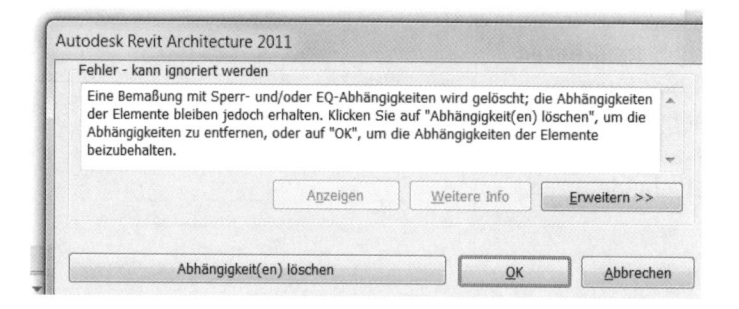

Ab der Version 2013 gibt es zusätzlich die Möglichkeit den EQ-Wert durch eine Formel darstellen zu lassen, siehe nebenstehendes Beispiel.

Damit ein solcher Ansatz angezeigt werden kann, muss zunächst in den Typeneigenschaften der Bemaßung bei EQ-Formel eine entsprechende Definition erstellt werden.

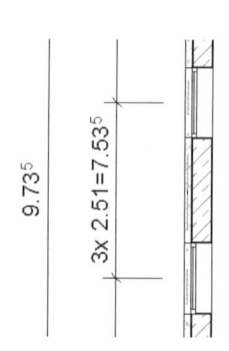

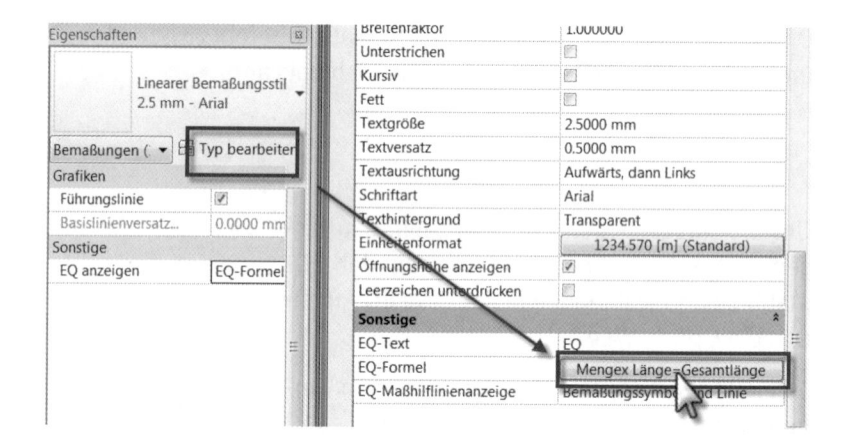

Nach dem Aufruf der Dialogbox können mehrere Werte gewählt und angeordnet werden.

Für den oben gezeigten Ansatz würde z. B. Anzahl Segmente, Segmentlänge und Gesamtlänge benötigt werden. Als Suffix wird jeweils das Trennzeichen zwischen den Texten gewählt.

Maßpfeile (Begrenzungszeichen) einstellen

In der Standardvorlage sind mittlerweile die gängigen Bemaßungsstile schon angelegt. Trotzdem wird es eventuell vorkommen, dass z. B. die Maßpfeile geändert werden müssen.

Die Zuweisung der Pfeile zur Bemaßung befindet sich in den Typeneigenschaften in der Rubrik MARKIERUNG.

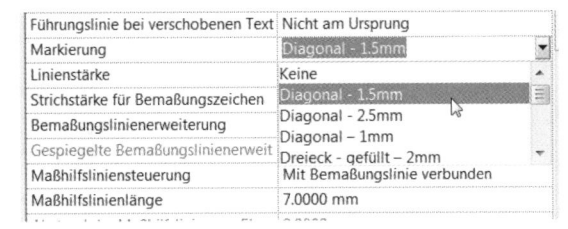

Mit Hilfe des Drop-down-Menüs kann eines der bereits vordefinierten Symbole gewählt werden. Falls die Symbole selbst geändert werden sollen (z. B. die Stärke des Punkts), muss zunächst in der Multifunktionsleiste unter VERWALTEN|WEITERE EINSTELLUNGEN der Befehl PFEILSPITZEN aufgerufen werden.

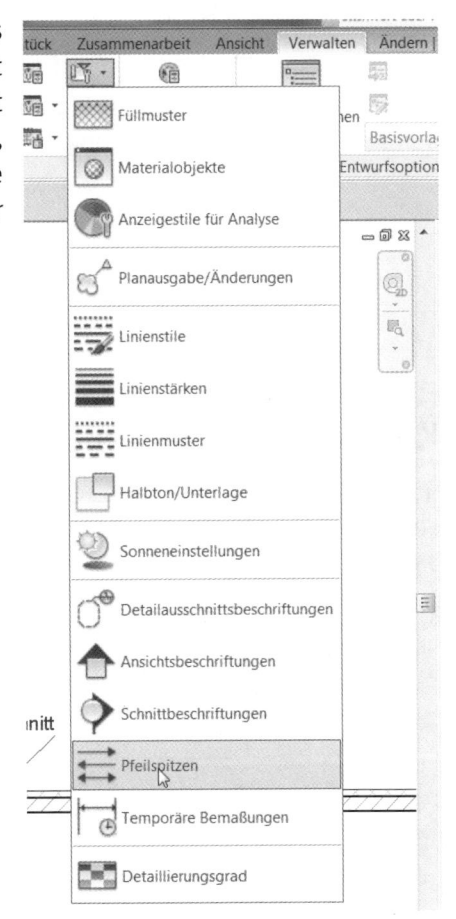

In der erscheinenden Dialogbox kann zunächst der zu ändernde Typ gewählt bzw. dupliziert werden, danach können Sie die Eigenschaften ändern.

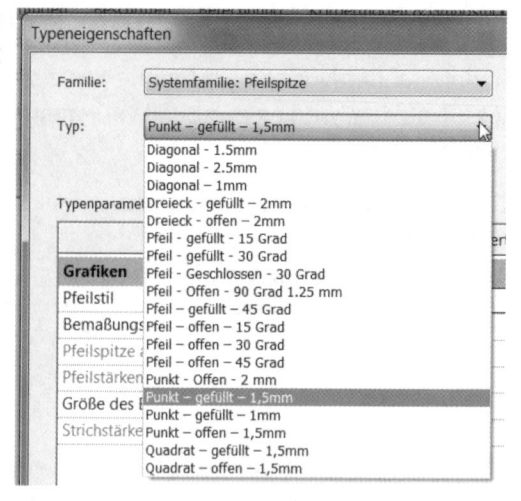

Alle Bemaßungen, die diesen Typ benutzen, werden daraufhin mit dieser Einstellung angezeigt.

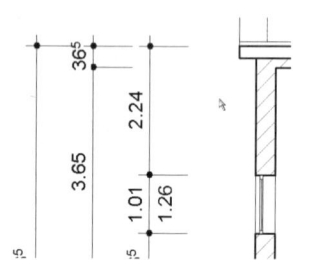

Kotenbemaßung im Grundriss mit UK Geschossdecke

Grundsätzlich kann mit Revit auch eine Bemaßung der Geschossdecken im Grundriss erstellt werden. Gehen Sie dazu in einen Grundriss, z. B. Ebene 0, und sorgen Sie dafür, dass die Geschossdecke in den SICHTBARKEITEN DER GRAFIKEN aktiviert ist.

Rufen Sie den Befehl HÖHENKOTE auf. Wählen Sie aus dem Typenauswahlfester den Typ GRUNDRISS FERTIG aus.

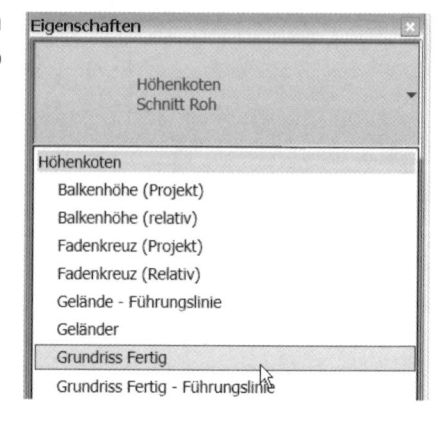

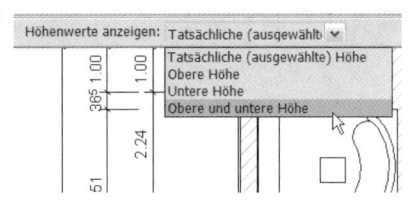

3.11 Beschriftungen und Notizen

Sie können jetzt ein Maß mit einem Klick auf einen Bereich der Geschossdecke absetzen. Ab der Version 2009 kann über die Optionsleiste zusätzlich ausgewählt werden, ob die Ober- und/oder die Unterkante der Geschossdecke bemaßt werden soll. Klicken Sie dazu in das Drop-down-Menü bei HÖHENWERTE ANZEIGEN (erscheint in der Optionsleiste bei aktiver Bemaßung).

Wählen Sie nun in der Liste den entsprechenden Eintrag aus.

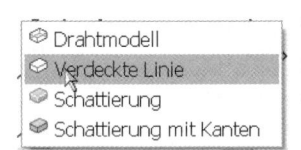

Wichtig dabei ist, dass die Kategorie GE-SCHOSSDECKE in der Ansicht sichtbar ist und dass der Modellgrafikstil *nicht* auf DRAHTMODELL gestellt ist!

Tipp: Um die OKFFB und OKRFB automatisch eintragen lassen zu können, müssen Sie den Fußbodenaufbau als separate Geschossdecke erstellen. Dann können Sie die Höhenkotenbemaßung wieder wie eben gezeigt verwenden.

3.11 Beschriftungen und Notizen

Automatische Beschriftungen von Bauteilen

Öffnen Sie die Zeichnung Übung Beschriftung.

In diesem Projekt sehen Sie nur ein paar Wände in der Ebene 0, in die Fenster eingefügt werden sollen.

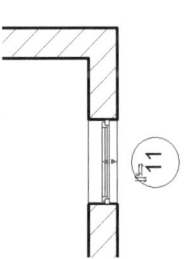

Beim Einfügen verschiedener Bauteile, wie Fenster oder Türen, kann Revit automatisch eine Beschriftung mit absetzen. Diese Funktion kann z. B. für die Beschriftung der Brüstungshöhen benutzt werden.

Rufen Sie den Befehl FENSTER auf, wählen Sie ein Fenster und fügen Sie es in die Zeichnung ein.

In der Optionsleiste befindet sich der Eintrag BEI PLATZIERUNG BESCHRIFTEN. Ist das Häkchen aktiv, wird gleich beim Platzieren zusätzlich eine

Beschriftung erzeugt. In der Standardvorlage ist die Nummerierung des Bauteils voreingestellt. Diese Beschriftung dürfte aber nur bedingt benötigt werden.

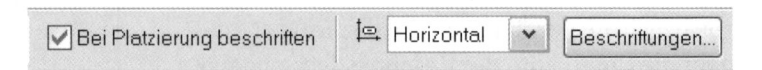

Um den Beschriftungstyp zu ändern, aktivieren Sie den Befehl FENSTER und klicken Sie auf den Button BESCHRIFTUNGEN in der Optionsleiste.

Wählen Sie aus der Kategorie FENSTER den Eintrag BESCHRIFTUNG FENSTER : BRH.

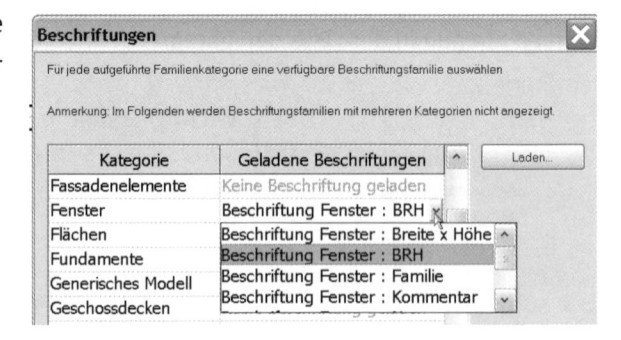

Hinweis: Sollten noch andere Beschriftungen benötigt werden, könnten Sie diese hier mit dem Button LADEN aus der Bibliothek in das Projekt einfügen.

Schließen Sie die Dialogbox mit OK.

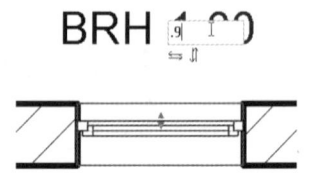

Wenn Sie weitere Fenster in die Wände einfügen, erscheint nun gleich die Beschriftung der Brüstungshöhe.

Der Wert der Brüstungshöhe wird bei aktiver Beschriftung blau dargestellt. Klicken Sie auf diesen Wert, so können Sie ihn direkt verändern!

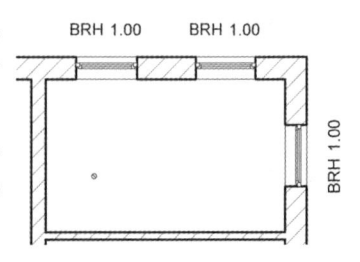

Allgemein gilt: Werden die Werte von Beschriftungen dunkelblau dargestellt, können sie direkt verändert werden!

3.11 Beschriftungen und Notizen

Natürlich wirkt sich diese Angabe sofort auf die Geometrie aus. Das heißt, wenn Sie hier 0.9 eingeben, sitzt das Fenster 90 cm über der eingefügten Ebene.

Schalten Sie nun die Option BEI PLATZIERUNG BESCHRIFTEN aus und fügen Sie noch ein paar Fenster ohne Beschriftung in das Projekt ein.

Wenn Sie nun mehrere Bauteile auf einmal nachträglich beschriften lassen wollen, können Sie in der Rubrik BESCHRIFTEN den Befehl ALLE BESCHRIFTEN nutzen. Mit diesem Befehl werden alle unbeschrifteten Bauteile einer Kategorie auf einmal beschriftet.

Wählen Sie dazu die Kategorie mit der gewünschten Beschriftung und klicken Sie auf OK.

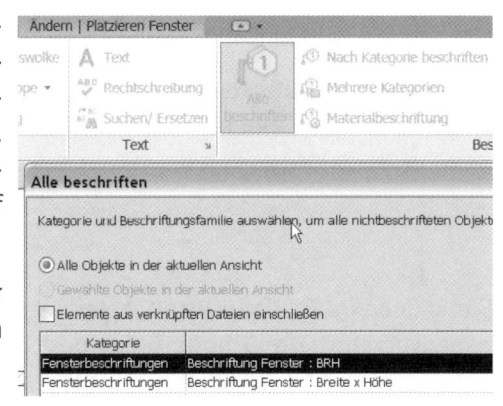

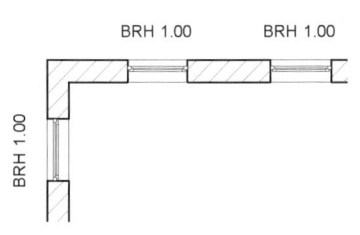

Es werden nun alle noch nicht beschrifteten Objekte dieser Kategorie beschriftet.

Tipp: Wenn Sie nun noch die UK Sturz für alle Fenster einfügen wollen, werden Sie merken, dass das nicht möglich ist. Der Befehl ALLE BESCHRIFTEN funktioniert tatsächlich nur bei unbeschrifteten Objekten.

Allerdings kann man Revit hier austricksen: Wenn Sie die bereits abgesetzten Beschriftungen temporär ausblenden, »sieht« Revit die Beschriftungen nicht mehr und Sie können die Sturzhöhen beschriften lassen. Die Beschriftungen befinden sich dann jedoch übereinander, da der Einfügepunkt derselbe ist. Sie müssen anschließend also noch die Position der Beschriftung ändern.

Beschriftungen in der 3D-Ansicht

Ab der Version 2012 ist es möglich, auch in einer 3D-Ansicht Beschriftungen abzusetzen. Sperren Sie dazu die Ansicht mit dem Button in den Ansichtssteuerelementen (unten am Bildschirmrand) ab und platzieren Sie anschließend die Beschriftung im Modell.

Beschriftung mit Notizen

Bisher haben wir mit Beschriftungsfamilien von Revit gearbeitet, bei denen verschiedene Parameter für eine intelligente Beschriftung sorgen. Man kann selbstverständlich auch freie Texte auf den Ansichten platzieren. In Revit sprechen wir hierbei von Notizen, die keinerlei »Intelligenz« bzw. Parametrik besitzen.

Um eine solche Notiz zu erstellen, klicken Sie auf TEXT in der Rubrik BESCHRIFTEN.

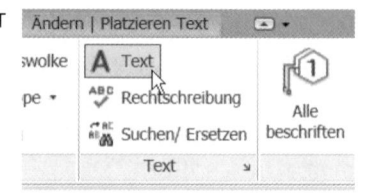

Sie können im Typenauswahlfenster schon verschiedene vorgefertigte Schriftgrößen des Typs »Arial« auswählen oder auch über die Eigenschaften einen neuen Typ anlegen.

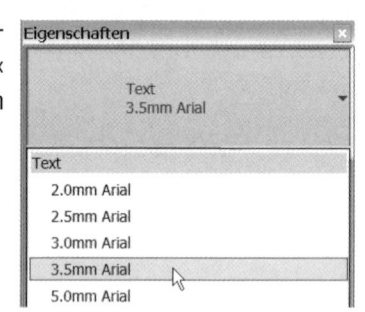

Um eine Notiz in der Zeichnung zu platzieren, klicken Sie in die Zeichenfläche und tippen Sie den Text ein. Um die Notiz zu beenden, klicken Sie auf eine freie Stelle in der Zeichenfläche ([Enter] erzwingt einen Zeilenumbruch).

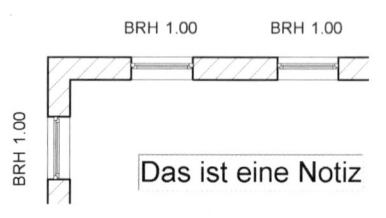

Wenn Sie auf eine Notiz klicken, wird sie wie folgt dargestellt:

Der Text wird blau dargestellt, das heißt, mit einem weiteren Klicken auf die Beschriftung können Sie diese ändern. Außerdem sind noch drei Symbole dargestellt:

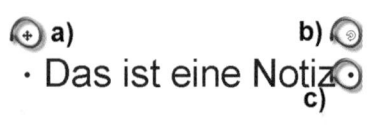

a. Verschiebekreuz: Klicken und ziehen, damit die Position der Notiz verändert werden kann.

b. Drehpfeil: Klicken und ziehen, damit die Notiz gedreht werden kann.

3.11 Beschriftungen und Notizen

c. Begrenzungsrahmen: Klicken und ziehen, um die horizontale *Ausdehnung* der Notiz verändern zu können.

Die horizontale *Ausrichtung* der Beschriftung können Sie über die Eigenschaften oder auch direkt in der Optionsleiste steuern.

Die Option LESBAR HALTEN bestimmt, dass bei Notizen, die um -90° gedreht wurden, die Leserichtung beibehalten wird.

Bei aktivierter Notiz können Sie auch jederzeit eine (oder mehrere) Führungslinie(n) zur Beschriftung hinzufügen. Klicken Sie dazu auf das entsprechende Symbol in der Optionsleiste.

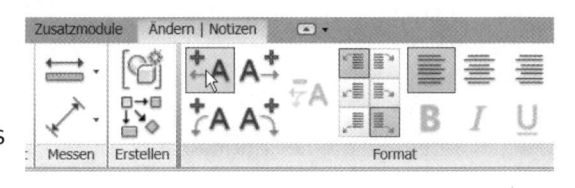

- Hinzufügen von Führungslinien mit Knicken (links/rechts hinzufügen)

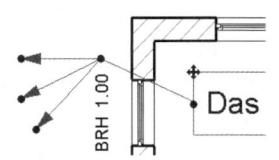

- Hinzufügen von gekrümmten Führungslinien (links/rechts hinzufügen)
- Letzte entfernen: Löscht Führungslinien nacheinander in umgekehrter Reihenfolge.
- Horizontale Ausrichtung des Textes bestimmen (links, zentriert, rechts).

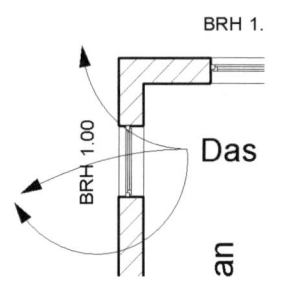

Die Führungspfeilspitze können Sie über die Typeneigenschaften der Beschriftung verändern.

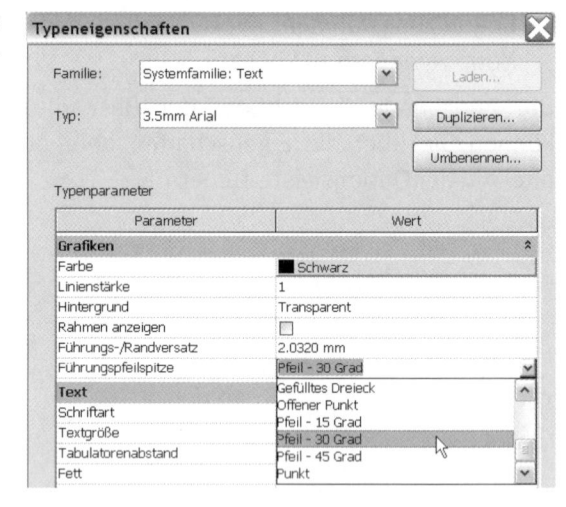

3.12 Topographie

Wie schon im Kapitel 2 gezeigt, kann man mit dem Befehl GELÄNDE aus der Rubrik GRUNDSTÜCK Topographien über die manuelle Eingabe von Punkten erstellen.

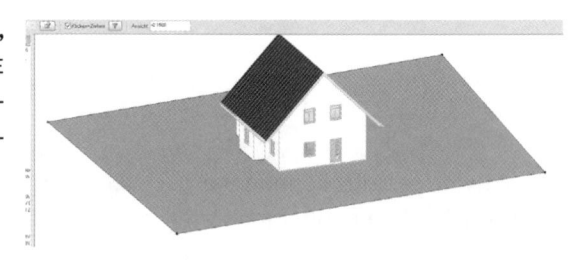

Öffnen Sie die Zeichnung Kapitel 3.12 Topographie.

Stellen Sie z. B. die Ansicht EBENE 0 entsprechend ein, um dort das Gelände weiter bearbeiten zu können. In der Standardvorlage ist in den meisten Ansichten die Sichtbarkeit des Geländes deaktiviert. Verwenden Sie das Tastaturkürzel »vv«, um die SICHTBARKEITEN DER GRAFIKEN aufzurufen. Aktivieren Sie das Häkchen in der Modellkategorie TOPOGRAPHIE.

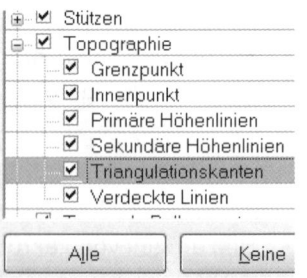

Wenn Sie auf das + (Pluszeichen) vor dem Eintrag TOPOGRAPHIE klicken, können Sie noch mehrere Unterkategorien getrennt ein- bzw. ausschalten, z. B. die TRIANGULATIONSKANTEN. Diese Kanten veranschaulichen, wie die einzelnen Punkte zueinander verschnitten werden.

3.12 Topographie

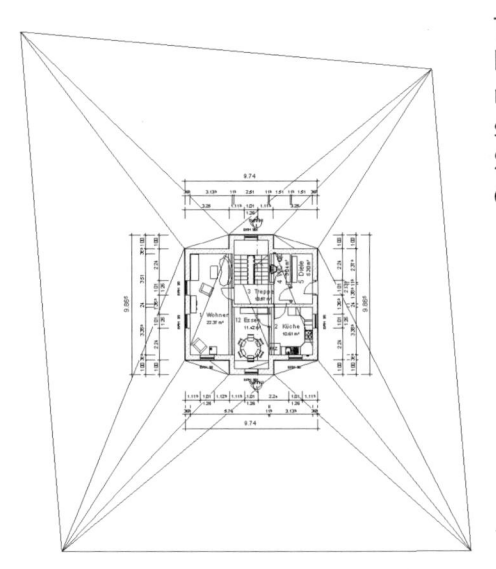

Tipp: Um die Zeichnung lesbar zu halten, ist es sinnvoll, diese Option nur dann anzuschalten, wenn Sie sie explizit brauchen. Deaktivieren Sie anschließend die Triangulationskanten wieder!

Um in der Ebene 0 das Gelände sehen zu können, muss noch die Ansichtstiefe umgestellt werden, da diese im Moment auf der Ebene 0 endet und somit keine Elemente darunter dargestellt werden.

Sie finden diese Einstellung in den Ansichtseigenschaften unter dem Eintrag ANSICHTSBEREICH.

Geben Sie beim Versatz der Ansichtstiefe -.5 ein, um alle Elemente sehen zu können, die 50 cm unter der Ebene o liegen.

Gelände aus DWG importieren

Sie können ein Gelände automatisch anhand von 3D-Höhenlinien (z. B. 3D-Polylinien mit entsprechenden z-Werten aus AutoCAD) erstellen. Die Daten dazu werden aus Dateien mit den Erweiterungen .dwg, .dxf oder .dgn (MicroStation) importiert. Revit Architecture analysiert die 3D-Höhenliniendaten und platziert selbstständig eine Reihe von Höhenpunkten entlang den Höhenlinien.

Der Befehl dazu befindet sich in der Rubrik GRUNDSTÜCK&KÖRPERMDELL unter Gelände|Aus IMPORT ERSTELLEN|IMORTEXEMPLAR WÄHLEN.

> Tipp: Auch 2D-Daten können so gewandelt werden, die Höhen müssen dann logischerweise manuell ergänzt werden.

Diese Dateien müssen jedoch schon *zuvor* über EINFÜGEN|CAD IMPORTIEREN in das Projekt importiert werden (alternativ geht auch CAD VERKNÜPFEN).

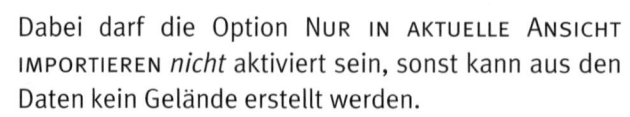

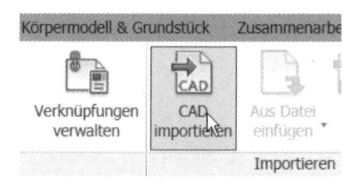

Dabei darf die Option NUR IN AKTUELLE ANSICHT IMPORTIEREN nicht aktiviert sein, sonst kann aus den Daten kein Gelände erstellt werden.

Der Import kann dabei in jeder Ansicht erfolgen, die günstig für die Platzierung der Geometrie ist, z. B. in der Ebene o. Auf der beiliegenden DVD ist im Ordner BEISPIELDATEIEN die Datei Import_Gelände.dwg hinterlegt, die für diese Übung benutzt werden kann.

3.12 Topographie

Wählen Sie bei IMPORTEINH. als Wert MILLIMETER (in dieser Einheit ist die Originaldatei erstellt worden) und bei POSITIONIERUNG die Option MANUELL – ZENTRIERT.

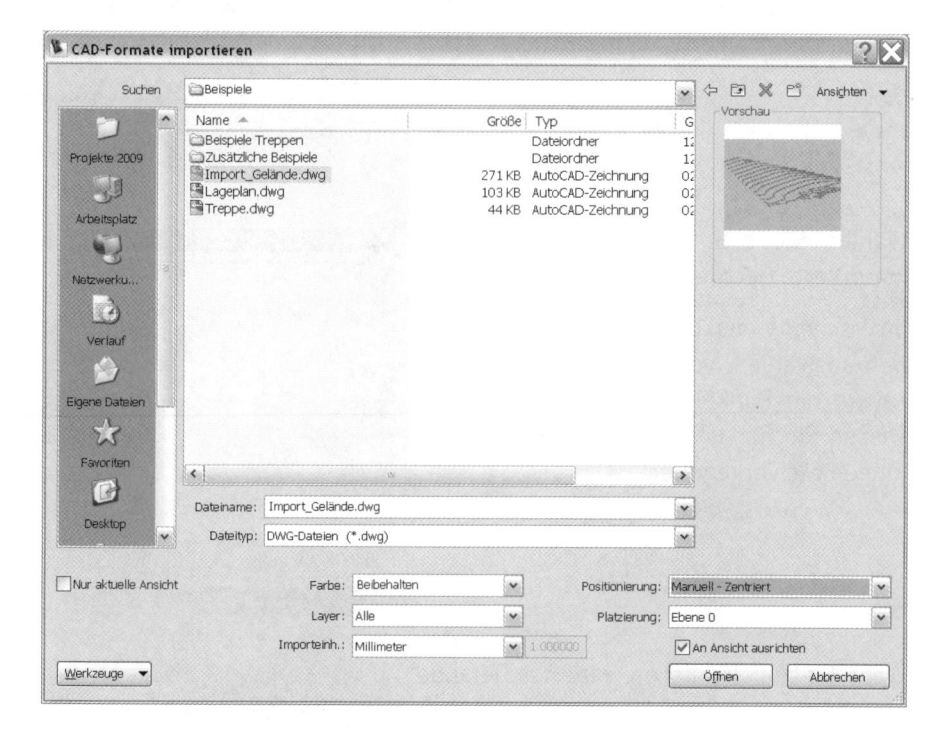

Hinweis: Um tatsächliche Daten zu importieren, brauchen Sie in der Originaldatei noch einen Referenzpunkt, wie z. B. die Grundstücksgrenzen o. Ä., damit Sie das Gelände richtig platzieren können.

Platzieren Sie für unser Beispiel das Gelände in etwa mittig über unserem Grundriss.

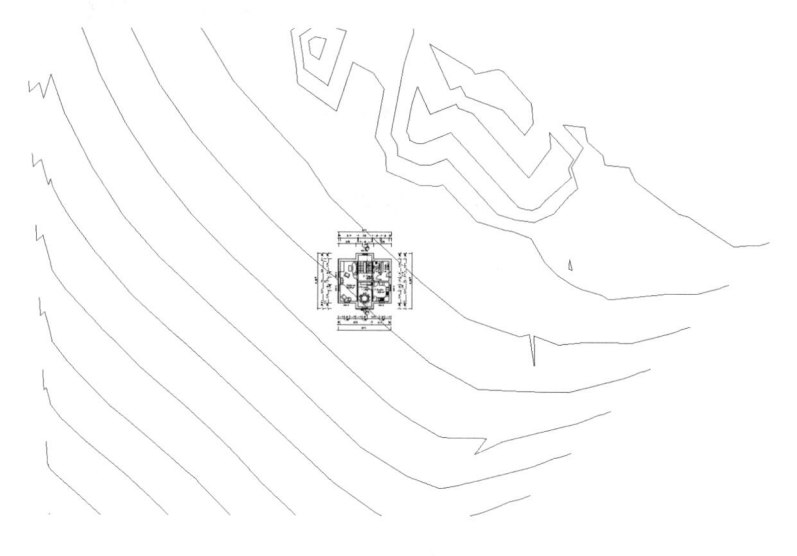

Wählen Sie jetzt im Befehl GELÄNDE die Option Aus IMPORTERSTELLEN|IMPORTEXEMPLAR WÄHLEN.

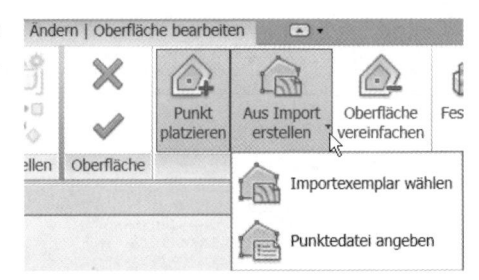

Wählen Sie z. B. in der 3D-Ansicht die importierte Geometrie aus.

Im erscheinenden Dialogfenster können Sie nun auswählen, von welchen importierten Layern die Punkte erstellt werden sollen. Lassen Sie für dieses Beispiel die Einstellungen wie vorgegeben.

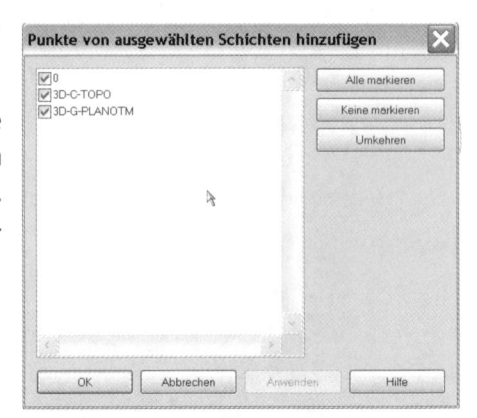

Wenn Sie auf OK klicken, wird das Gelände erstellt.

Wählen Sie OBERFLÄCHE FERTIG STELLEN.

Sie haben nun ein Gelände über eine importierte DWG-Datei erstellt.

Projekt verschieben auf Meereshöhe

Bisher haben wir uns noch keine weiteren Gedanken zur Höhenlage des Projekts in Bezug auf die Meereshöhen gemacht. Im nächsten Abschnitt werden Daten eines digitalen Geländemodells in das Projekt eingelesen. Deshalb ist es sinnvoll, das Projekt auf die passende Meereshöhe zu verschieben. Für unser Beispiel wäre es in etwa passend, wenn ±0.00 einer Meereshöhe von 720.00 m üNN entsprechen würde. Die Aufgabe besteht also darin, das gesamte Projekt um 720 m nach oben (also in Richtung der z-Achse) zu verschieben.

Einen entsprechenden Befehl dazu finden Sie im Menü VERWALTEN|POSITION|PROJEKT NEU POSITIONIEREN.

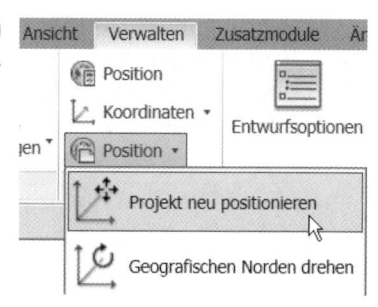

Wählen Sie den Befehl aus und klicken Sie z. B. in einer Seitenansicht (eine 3D-Ansicht geht nicht) in den Zeichenbereich. Ziehen Sie die Maus nach oben und geben Sie den gewünschten Wert ein, z. B. 720.

Das Projekt wird daraufhin um 720 m nach oben verschoben.

Alternativ können Sie dazu auch den Befehl KOORDINATEN AN PUNKT ANGEBEN verwenden, wenn Sie z. B. die Höhe des FFB schon kennen.

Rufen Sie dazu den Befehl auf und klicken Sie anschließend auf einen Eckpunkt oder eine Kante eines Bauteils, dessen Höhe Sie kennen.

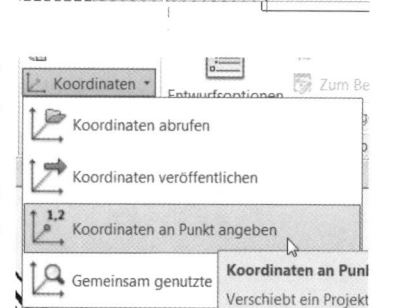

In der daraufhin erscheinenden Dialogbox kann nun ein neuer Wert für die Höhe angegeben werden.

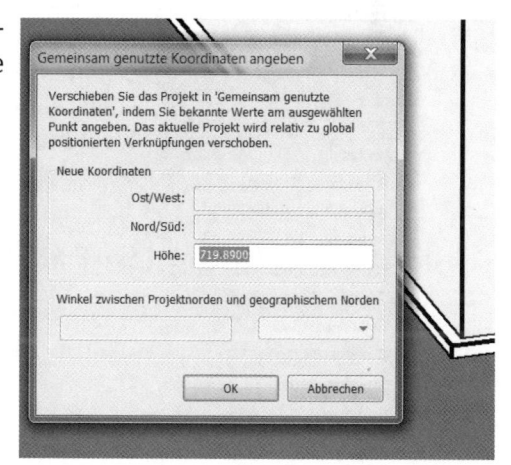

Achtung: Benutzen Sie dazu *nicht* den Befehl VERSCHIEBEN, da so nicht garantiert ist, dass alle Bauteile und Detailelemente tatsächlich mit verschoben werden!

Geben Sie auf der Tastatur »za« für ZOOM ALLES ein, damit der Zeichenbereich auf die Ansicht zentriert wird.

Klicken Sie im Schnitt auf eine der Ebenenbeschriftungen. In den Typeneigenschaften kann nun eingestellt werden, ob die Höhe projektbezogen angezeigt werden soll (OKFFB EG = 0), oder ob die »Gemeinsam genutzte Höhe« angezeigt werden soll (Ebene 0 = 720).

Die Ansicht würde dann wie folgt beschriftet werden:

Probieren Sie diese Einstellung aus und stellen Sie die Anzeige dann wieder zurück auf PROJEKT, um besser arbeiten zu können.

Hinweis: Auch die Höhenkoten-Bemaßungen können über die Eigenschaften von PROJEKT auf NN-Höhen umgestellt werden. In der Standardvorlage finden Sie hierzu auch einen entsprechenden Bemaßungstyp (SCHNITT FERTIG – NN).

Gelände aus Textdatei importieren

Oft werden die Daten als ASCII-Datei (*.txt) vom Vermessungsamt oder Vermessungsbüro zur Verfügung gestellt. Diese Daten können über den Befehl AUS IMPORT ERSTELLEN|PUNKTEDATEI ANGEBEN eingelesen werden.

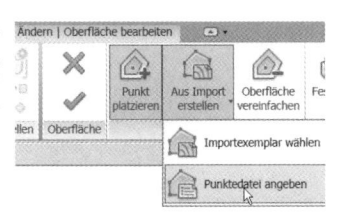

Die ersten numerischen Werte in der Punktedatei müssen x-, y- und z-Koordinaten sein. Die Datei muss in einem durch Kommas getrennten Format (.csv oder .txt) vorliegen. Weitere Informationen aus der Datei (z. B. der Punktname) werden ignoriert. Zusätzliche numerische Informationen für einen Punkt müssen nach den x-, y- und z-Koordinaten stehen. Enthält die Datei zwei Punkte mit denselben x- und y-Koordinaten, verwendet Revit Architecture den Punkt mit dem größten z-Wert.

Ein Beispiel für eine solche Datei (in einem Texteditor geöffnet):

```
89620.280,30580.198,732.868
89611.744,30582.029,734.195
89603.929,30587.021,735.112
89735.013,30651.557,717.527
89743.736,30644.705,716.973
89754.524,30635.721,716.923
89765.224,30626.884,716.686
89778.129,30617.102,716.284
89788.544,30608.528,716.191
```

Die Zahlenreihen stellen die einzelnen Koordinaten dar in der Reihenfolge Rechtswert, Hochwert, Höhenwert (x,y,z).

Die x/y-Koordinaten beziehen sich in der Regel auf das »Gauß-Krüger-Koordinatensystem«, um überregional einen einheitlichen Bezugspunkt zu haben.

Alternativ können auch .csv-Dateien eingelesen werden.

Öffnen Sie die Zeichnung Kapitel 3.12 Topographie erneut.

Wechseln Sie in die Ebene LAGEPLAN (dort ist das Gelände zurzeit sichtbar). Wählen Sie den Befehl GELÄNDE.

Wählen Sie den Befehl AUS IMPORT ERSTELLEN|PUNKTEDATEI ANGEBEN und öffnen Sie die Datei Beispiel Gelände.txt von der CD.

Kapitel 3 — DIE GRUNDFUNKTIONEN IM DETAIL

Stellen Sie bei Dateityp KOMMAGETRENNTER TEXT ein, um die Datei sehen zu können.

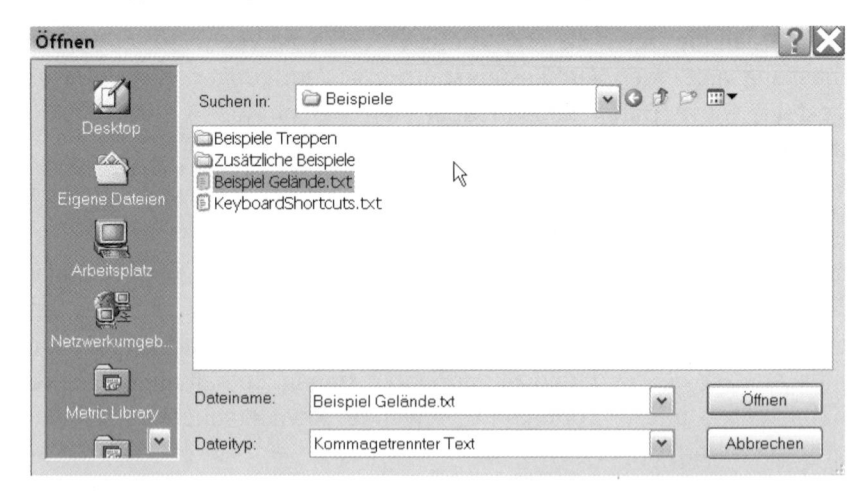

Es erscheint eine Dialogbox, in der Sie die Einheit einstellen können, in unserem Beispiel ist METER richtig. Bestätigen Sie mit OK.

Revit gibt jetzt eine Warnung aus, dass die Punkte sehr weit vom Modell entfernt liegen und daher auf das Modell zentriert werden. Das resultiert aus den x- und y-Koordinaten, die nach Gauß-Krüger bei z. B. 89769.xx liegen. Die Höhenwerte (z-Achse) bleiben davon unberührt. Die Warnung können wir also im Moment ignorieren.

Beenden Sie den Befehl mit OBERFLÄCHE FERTIG STELLEN.

> **Warnung**
> Importierte Geländepunkte befinden sich weit vom Modell entfernt und werden evtl. nicht korrekt angezeigt. Die Punkte werden stattdessen auf dem Modell zentriert.

Im Lageplan ist daraufhin nichts sichtbar. Das liegt daran, dass das Gelände immer relativ zum Projektnullpunkt einfügt und nicht gleich auf dem (absoluten) NN-Höhenniveau. Das Gelände liegt also 720 m zu hoch.

Leider haben wir im Moment nicht die Möglichkeit, gleich das Gelände absolut auf die NN-Höhe bezogen einzufügen. Man muss das Gelände also in jedem Fall manuell nach unten verschieben!

3.12 Topographie

Wechseln Sie in die Südansicht und aktivieren Sie dort in den Sichtbarkeiten die Kategorie TOPOGRAPHIE. Geben Sie auf der Tastatur »za« für ZOOM ALLES ein oder klicken Sie auf den entsprechenden Button im Pull-down-Menü des Zooms.

Gelände auf +720m

Die Ansicht dürfte nun in etwa wie auf dem Bild aussehen.

Hier kann man gut erkennen, dass das Gelände weit über unserem Modell liegt.

Das Gelände ist relativ zu unserem Projekt auf den in der Textdatei angegebenen Höhen eingefügt worden, also rund 720 Meter über ±0.00 m (also auf +1440 m üNN).

Gebäude auf 0.00m

Sie können jedoch das Gelände in einer Ansicht einfach anklicken und um die entsprechende Höhe mit dem Befehl VERSCHIEBEN nach unten bewegen.

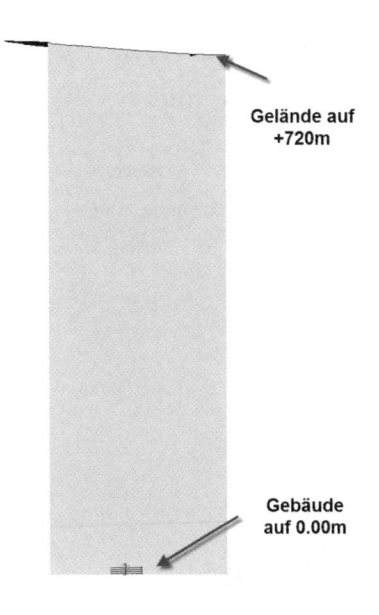

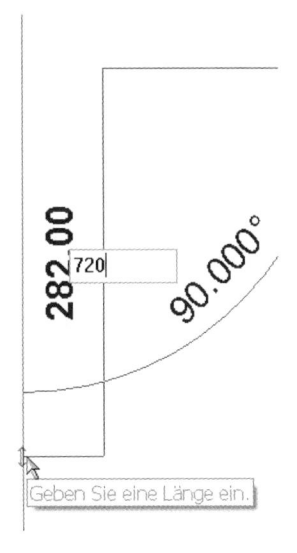

Lageplan aus DWG importieren

Nachdem das Gelände importiert wurde, soll in diesem Schritt eine DWG-Datei als Unterlage für den Lageplan eingefügt werden, damit die Grundstücksgrenzen und die Nachbargrundstücke gleich korrekt angezeigt werden. Wechseln Sie dazu in den Lageplan und wählen Sie aus der Rubrik EINFÜGEN den Befehl CAD IMPORTIEREN.

Kapitel 3 — DIE GRUNDFUNKTIONEN IM DETAIL

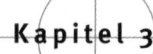

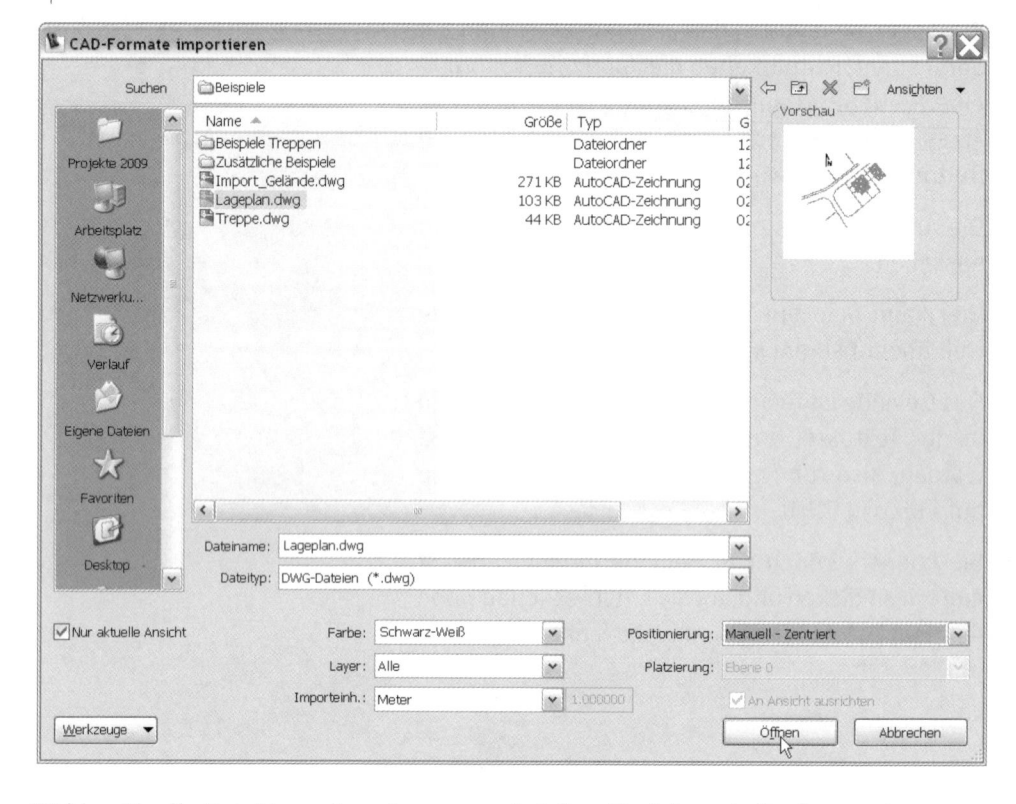

Wählen Sie die Datei Lageplan.dwg aus und stellen Sie folgende Optionen ein:

- NUR AKTUELLE ANSICHT: Häkchen setzen, damit die Datei nur in der Ansicht »Lageplan« eingefügt wird.
- LAYER und FARBE der Ebenen: Hier können Sie beeinflussen, wie die Linien aus der DWG übernommen werden. Alternativ können Sie die Linienfarben später layerweise in den Überschreibungen der Grafiken ändern.
- POSITIONIERUNG: Benutzen Sie die automatische Platzierung nur, wenn Sie die Ursprungskoordinaten der beiden Zeichnungen kennen. Da wir in diesem Beispiel weder den Ursprung unseres Projekts noch den der DWG kennen, ist es am besten, wenn die Platzierung der DWG manuell vorgenommen wird.
- IMPORTEINH.: Für die Einstellung in diesem Feld ist es hilfreich zu wissen, in welchen Einheiten die Ursprungszeichnung erstellt wurde. Wählen Sie hier METER für unser Beispiel. Wird die Einstellung auf AUTOMATISCH belassen, wird oftmals die Zeichnung in Zoll skaliert. Sie haben in diesem Falle die Möglichkeit, die Skalierung der Zeichnung nachträglich über die Eigenschaften zu ändern.

3.12 Topographie

Klicken Sie auf ÖFFNEN und platzieren Sie die DWG vorerst etwas außerhalb des Geländes, um die Geometrien gut sehen zu können, da wir sie noch etwas bearbeiten und drehen wollen, um das Projekt auf die Nordrichtung des Lageplans ausrichten zu können.

Wenn Sie auf die importierte Zeichnung klicken, erscheinen in der Optionsleiste verschiedene Möglichkeiten zur Bearbeitung der importierten Daten.

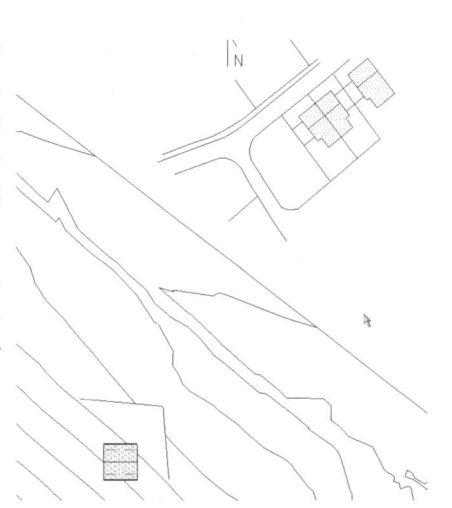

Mit den Layersteuerungen können Sie einzelne Layer der importierten Datei auswählen und löschen oder die Geometrie in einzelne Linien auflösen.

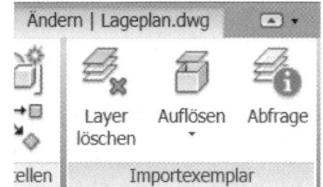

Die Linien werden beim AUFLÖSEN alle einzeln in der Zeichnung angelegt. DWGs mit über 10 000 Einzelobjekten werden aus Performance-Gründen nicht mehr zerlegt, stattdessen wird eine entsprechende Warnmeldung ausgegeben.

Mit der Option TEILWEISE AUFLÖSEN werden Elemente des Importsymbols gestaffelt aufgelöst, das heißt, eventuell verschachtelte Blöcke oder Referenzen werden der Reihe nach zerlegt. Diesen Befehl kann man auf ein Symbol beliebig oft nacheinander anwenden, um es schrittweise zerlegen zu können.

Mit der Option ABFRAGE können einzelne Linien aus der importierten Datei ausgewählt und gegebenenfalls deren Layer gelöscht oder ausgeblendet werden.

Das Gebäude soll wie nebenstehend gezeigt im Lageplan so eingefügt werden, dass es in einer Flucht zu den Nachbargebäuden steht.

Dazu muss das gesamte Projekt um den Winkel ? gedreht werden.

Damit anschließend nicht ständig in einer gedrehten Ansicht gearbeitet werden muss, kann zwischen PROJEKTNORDEN (die Darstellung, die wir bisher hatten) und GEOGRAPHISCHER NORDEN (so wie im Lageplan gezeigt) unterschieden werden.

Diese Einstellung befindet sich in den Ansichtseigenschaften unter AUSRICHTUNG. Stellen Sie die Ansicht LAGEPLAN auf GEOGRAPHISCHER NORDEN um. Vorerst wird sich nichts an der Darstellung ändern, da der geografische Norden auf dem Projektnorden liegt, also auf 90°.

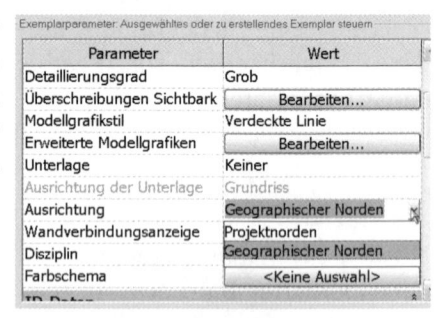

Der Übersichtlichkeit halber drehen wir zunächst den Lageplan in die Richtung unseres Projekts und platzieren ihn an der richtigen Stelle.

Wählen Sie den Lageplan an und rufen Sie den Befehl DREHEN auf. Setzen Sie den Drehpunkt auf die Ecke des Nachbarhauses und klicken Sie auf die rechte Hausecke, um den Ausgangsdrehwinkel zu definieren.

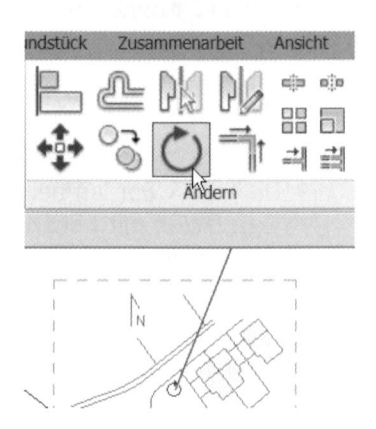

Ziehen Sie die Maus etwas nach rechts, um den Zielwinkel (die Horizontale) anzugeben, und klicken Sie ein zweites Mal.

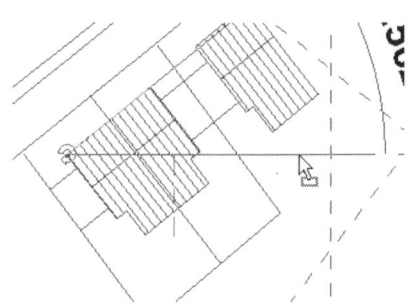

3.12 Topographie

Der Lageplan ist nun auf die Lage unseres Projekts ausgerichtet.

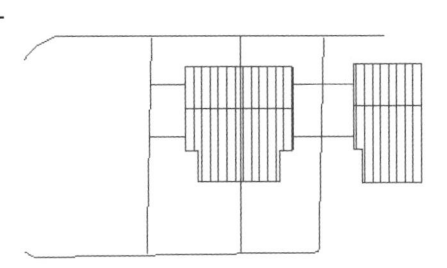

Um den Lageplan an die korrekte Stelle setzen zu können, ist es eventuell sinnvoll, eine kleine Hilfskonstruktion an der Stelle einzuzeichnen, an der die Ecke des Hauses sitzen soll.

Verschieben Sie anschließend den Lageplan an die entsprechende Stelle.

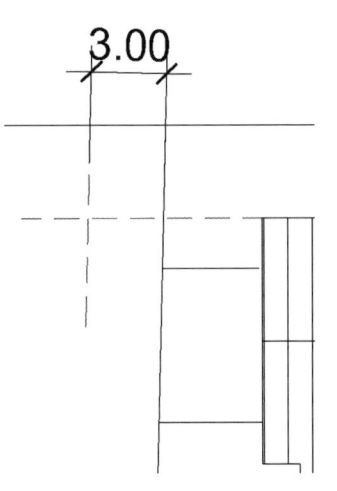

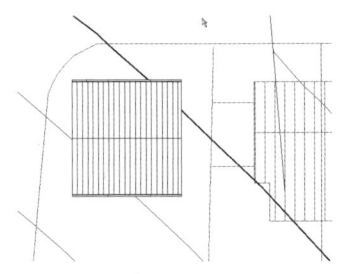

Hinweis: Falls die DWG vom Modell verdeckt werden sollte, dann stellen Sie zunächst einfach den Modellgrafikstil auf DRAHTMODELL.

Jetzt soll das Projekt insgesamt auf die richtige geografische Ausrichtung gebracht werden.

Wählen Sie aus dem Menü VERWALTEN den Befehl POSITION |GEOGRAFISCHEN NORDEN DREHEN.

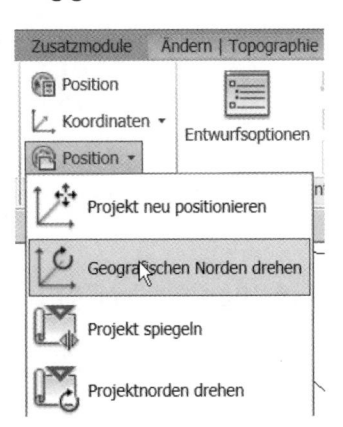

Kapitel 3 — DIE GRUNDFUNKTIONEN IM DETAIL

Ziehen Sie den Drehpunkt auf den Nordpfeil und klicken Sie dessen Endpunkt an, um den Ausgangwinkel zu definieren.

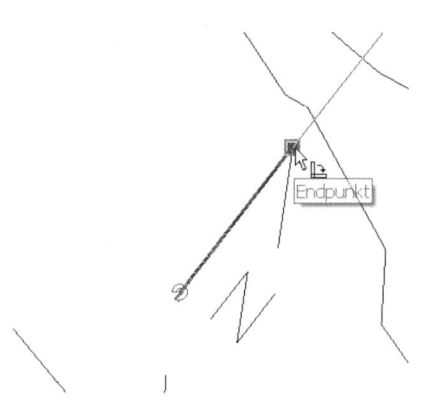

Ziehen Sie die Maus nach oben und geben Sie die Vertikale als Endwinkel an.

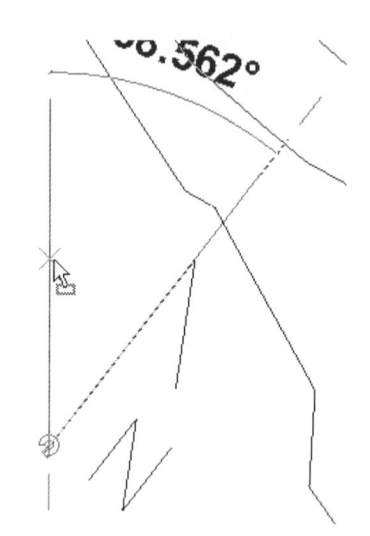

Das Projekt ist nun in der korrekten Nordrichtung ausgerichtet.

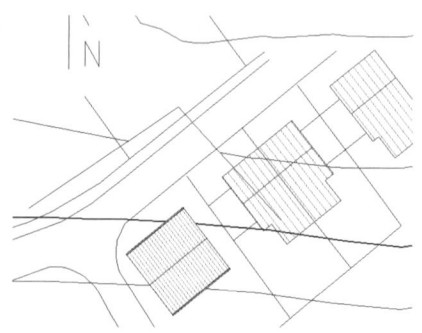

> **Tipp:** Wenn man den Drehwinkel zwischen Projektnorden und geografischem Norden vorher ermitteln kann, entfallen einige der gerade gezeigten Schritte, wenn man zuerst das Projekt dreht und anschließend den Lageplan importiert.

3.12 Topographie

Falls die importierte Geometrie nicht im Vordergrund angezeigt wird, wählen Sie in der Optionsleiste bei der Anzeigenreihenfolge die Option VORDERGRUND (das importierte Symbol vorher anklicken!).

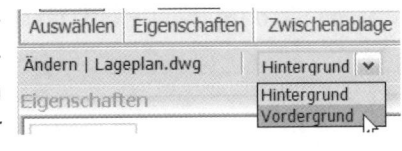

Der Lageplan erscheint daraufhin in der Zeichenfläche vor der Topographie.

Topographie bearbeiten

Mehrere verschiedene Topographien können mit dem Befehl OBERFLÄCHEN VEREINIGEN zusammengefasst werden. Dabei müssen sich die Kanten der Flächen zumindest berühren.

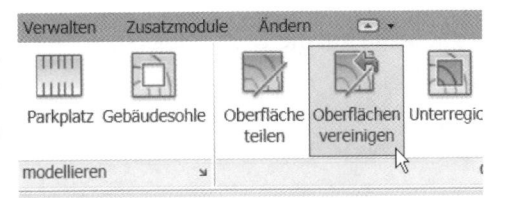

Wählen Sie den Befehl und klicken Sie unsere beiden vorhandenen Topographien an.

Hinweis: Wenn Sie Topographien löschen würden, gingen damit verbundene Sohlen verloren, denn die Sohle ist immer auf eine Topographie bezogen!

Das »bestehende« Gelände soll etwas eingeebnet werden, da das Gefälle von Süd-West nach Nord-Ost etwas zu hoch ist. Zuerst soll das Gelände im Grundstücksbereich getrennt werden, damit das umgreifende bestehende Gelände nicht von den Änderungen betroffen ist.

Kapitel 3 — DIE GRUNDFUNKTIONEN IM DETAIL

Wählen Sie dazu den Befehl OBERFLÄCHE TEILEN.

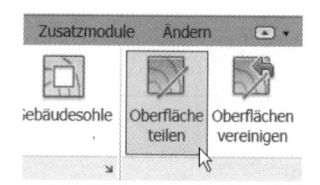

Wählen Sie die Topographie aus und zeichnen Sie die Grundstücksgrenze im Lageplan mit dem Befehl LINIE AUSWÄHLEN nach.

Klicken Sie auf die Grundstücksgrenzen.

Wählen Sie den Befehl STUTZEN und vervollständigen Sie die Skizze zu einer geschlossenen Schleife.

Klicken Sie auf SKIZZE FERTIG STELLEN, um den Befehl zu beenden.

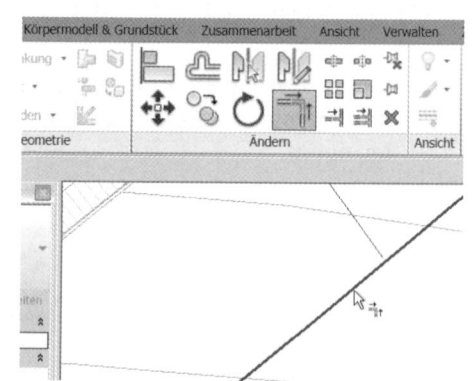

Ergebnis in der 3D-Ansicht:

Von der Topographie wurde ein Teil abgetrennt.

Vorteil: Das Gelände kann innerhalb der Grundstücksgrenzen beliebig verändert werden, die Topographie außerhalb des Grundstücks bleibt davon unberührt.

3.12 Topographie

Auf den folgenden Seiten wird das Gelände auf verschiedene Weise bearbeitet. Als Erstes soll das Material der Oberfläche geändert werden.

Aktivieren Sie die Topographie und klicken Sie in den Eigenschaften auf die drei Punkte im Feld MATERIALIEN.

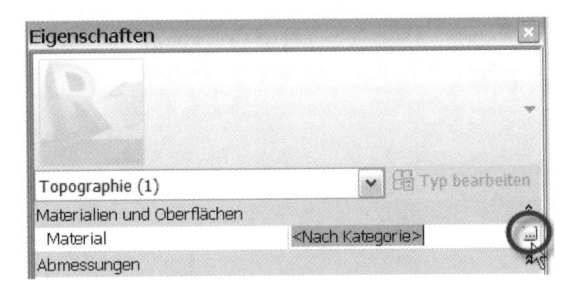

Daraufhin können Sie in der Materialliste das Material UMGEBUNG – GRAS auswählen.

In der Ansicht wird dieser Teil der Topographie nun grün dargestellt.

Wechseln Sie jetzt wieder in den Lageplan, um die Straßenbegrenzungen sehen zu können. Wir werden nun mit dem Befehl UNTERREGION dem entsprechenden Bereich eine andere Oberfläche zuweisen, ohne die Topographie zu trennen.

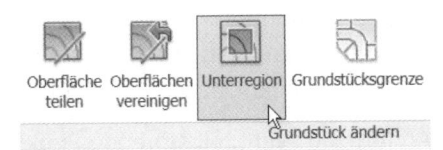

Wählen Sie den Befehl aus der Entwurfsleiste und erstellen Sie eine Kontur der Straße.

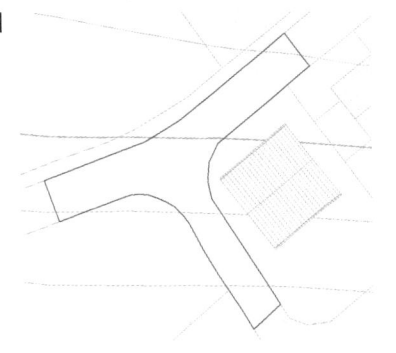

Rufen Sie die EIGENSCHAFTEN auf und vergeben Sie als MATERIAL z. B. UMGEBUNG – SAND.

Kapitel 3 — DIE GRUNDFUNKTIONEN IM DETAIL

Klicken Sie auf SKIZZE FERTIG STELLEN. Im Unterschied zu vorher ist die Topographie nicht getrennt worden. Es wird sozusagen nur auf einem Bereich ein anderes Material »darübergelegt«.

Klicken Sie nun das Grundstück an und wählen Sie BEARBEITEN aus der Optionsleiste, um die Höhenpunkte des Grundstücks anpassen zu können.

Die Geometrie wird daraufhin mit verschiedenen Punkten angezeigt. Diese Punkte sind die Höhenpunkte des Geländes.

Fügen Sie nun um das Gebäude herum mehrere neue Punkte ein. Aktivieren Sie dazu den Befehl PUNKT in der Entwurfsleiste und geben Sie den Wert -.14 in der Optionsleiste ein.

Ändern Sie eventuell störende Punkte ab, indem Sie auf die Punkte klicken und eine neue Höhe definieren, oder löschen Sie überschüssige Punkte mit der [Entf]-Taste.

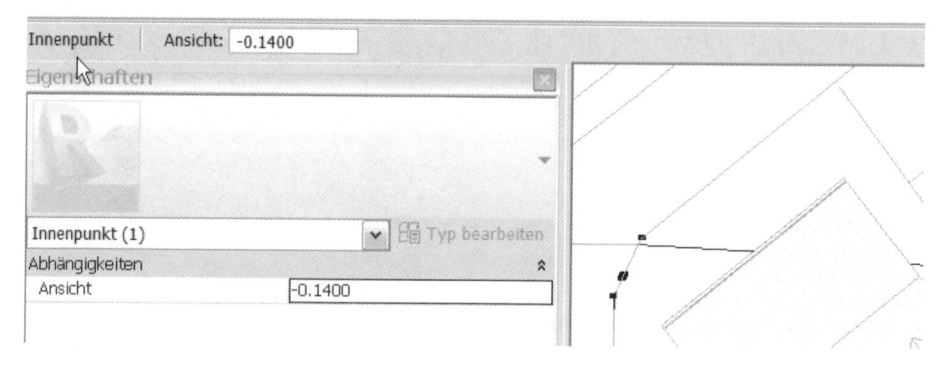

Um die Eckpunkte des Hauses gut sehen zu können, können Sie z. B. im Lageplan auf die Drahtmodelldarstellung wechseln.

Das Ergebnis in der 3D-Ansicht:

3.12 Topographie

Über die Funktion AUSSENBAUTEIL können Sie Bepflanzungen oder sonstige 3D-Ausstattungen in das Projekt laden.

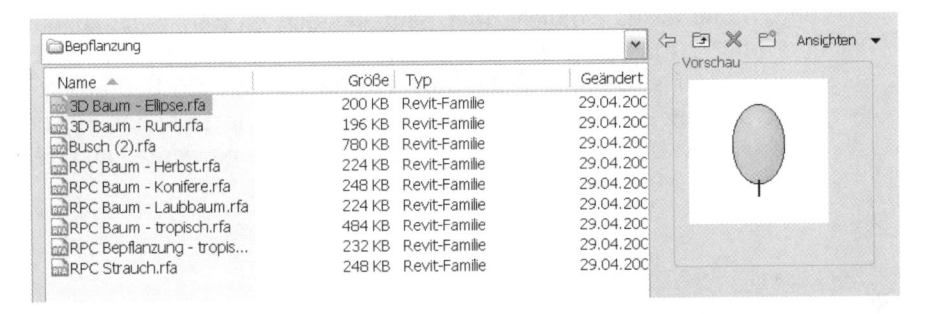

Diese Bauteile sind natürlich in allen anderen Ansichten sichtbar, z. B. in den Seitenansichten. Dort könnten diese Bauteile eventuell stören, da sie meist die Geometrie des Hauses verdecken.

Ein paar Bäume z. B. in der 3D-Ansicht:

Und in der Südansicht:

Im Abschnitt *3.15 Planzusammenstellung und -gestaltung* wird gezeigt, welche Möglichkeiten der optischen Gestaltung zur Verfügung stehen.

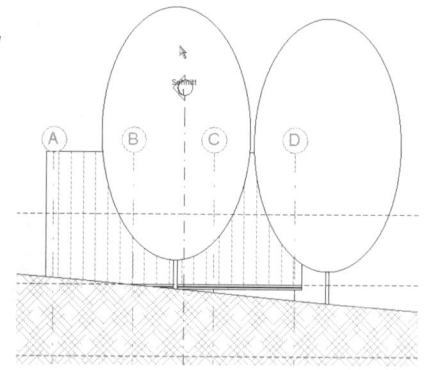

Weiterführende Funktion: Mit der Funktion EINGEMESSENES GELÄNDE können Sie zwei Topographien »übereinanderlegen: Ein Gelände stellt das bestehende Gelände dar und das zweite ist die neue Geländeführung. Damit ist es möglich, über Bauteillisten den Baugrubenaushub berechnen zu lassen. Aus Platzgründen werde ich hier im Buch nicht näher darauf eingehen, da hierfür die Phasen und die Bauteillisten näher beschrieben werden müssten. Ein Tutorial hierzu finden Sie auf www.maxcad.de. Mehr Informationen zu diesem Thema werden im zweiten Teil dieser Buchreihe zu finden sein.

3.13 Möblierung

Wie schon im Kapitel 2 erklärt, werden Möblierungen über den Befehl BAUTEIL (TK »bt«) in das Projekt eingefügt.

Über die Typenauswahlliste kann man bereits geladene Familien einfügen und mit dem Button LADEN in der Optionsleiste können weitere Bauteilfamilien aus der Bibliothek hinzugefügt werden.

Fehlerquelle: Nachdem man mit dem Button LADEN eine neue Familie ins Projekt geladen hat, hängt diese nicht am Cursor, sondern an einer anderen Familie.

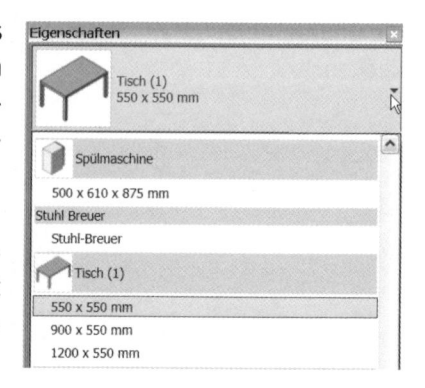

3.13 Möblierung

Ursache: Die entsprechende Familie war bereits im Projekt eingefügt.

Behebung: Wählen Sie aus dem Typenauswahlfenster die gewünschte Familie aus.

Fehler: Eine Familie wurde aus dem Typenfenster ausgewählt, kann aber nicht platziert werden. Es wird ein »Parkverbotssymbol« am Cursor gezeigt.

Ursache: Die Familie ist basisbauteilabhängig erstellt, z. B. wandbasiert. Das heißt, die Familie kann nur an eine Wand angefügt werden (z. B. manche WCs). Andere Familien sind auch manchmal deckenbasiert erstellt.

Behebung: Zeigen Sie bei wandbasierten Familien auf eine Wand. Bei deckenbasierten Familien muss die Geschossdecke eingeblendet sein, um das Bauteil absetzen zu können.

Problem: Wie bekomme ich im Zweifelsfall heraus, ob eine Familie basisbauteilabhängig erstellt wurde?

Lösung: Im Grundriss wird am Mauscursor bzw. in der Statusleiste links unten am Bildschirmrand eine Meldung angezeigt, welche Eingabe erwartet wird. Kann das Bauteil nicht abgesetzt werden, überprüfen Sie in den SICHTBARKEITEN DER GRAFIKEN (TK »vv«) die Einstellungen (z. B. bei deckenbasierten Bauteilen wie Lampen).

Fehler: Die Möbel sind durchsichtig und man sieht den Bodenbelag durch.

Ursache: In den Familien einiger Einrichtungen sind die Volumenkörper im Grundriss unsichtbar eingestellt. Nur die Symbollinien erscheinen im Grundriss.

Behebung: Stellen Sie die entsprechenden Volumenkörper in der Familie auf SICHTBAR.

Lösung am Beispiel Wohnzimmertisch:

Tisch markieren und auf FAMILIE BEARBEITEN klicken.

Daraufhin öffnet sich der Familieneditor.

In die 3D-Ansicht wechseln und auf den Extrusionskörper der Tischplatte klicken.

Auf SICHTBARKEIT klicken.

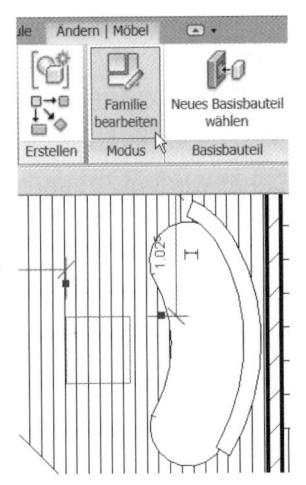

Kapitel 3 — DIE GRUNDFUNKTIONEN IM DETAIL

In den Sichtbarkeiten kann man erkennen, dass das Häkchen bei Grundriss/Deckenplan nicht gesetzt war. Daher wird der Körper dort auch im Projekt nicht dargestellt.

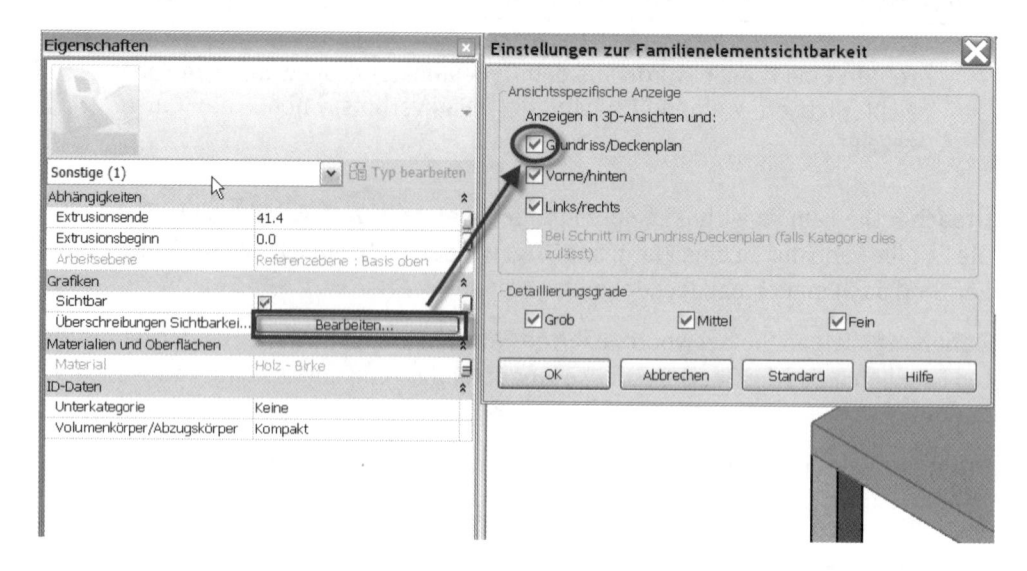

Lösung des Problems:

1. Das Häkchen bei GRUNDRISS/DECKENPLAN setzen.
2. Mit OK bestätigen.
3. Auf IN PROJEKT LADEN klicken.
4. Bei VORHANDENE VERSION ÜBERSCHREIBEN die Antwort JA wählen.
5. Ergebnis: Der Tisch ist nun undurchsichtig!

> Hinweis: Die Ansicht darf natürlich nicht auf DRAHTMODELL gestellt sein, sondern muss auf VERDECKTE LINIE oder SCHATTIERUNG eingestellt sein.

Hintergrund: Die Familien sind als 3D-Modell modelliert. Im Grundriss sind die Volumenkörper ausgeblendet, da bei komplexen Geometrien diese Linien stören könnten.

Daher wird im Grundriss nochmals eine vereinfachte »2D-Kontur« erstellt, die im Grundriss dargestellt wird. Diese 2D-Kontur (»Symbolische Linien«) verdeckt aber logischerweise nichts, da nur 2D-Linien dargestellt werden. Für den normalen Gebrauch ist das auch praktikabel. Hätte man diese Funktion nicht, könnte man z. B. ein Bett mit zurückgeschlagener Decke nur mit sehr viel Aufwand erstellen, da ja selbst die Decke ein 3D-Modell sein müsste. So aber kann einfach eine 2D-Kontur in beliebigem Aussehen »darübergelegt« werden und die Familie schaut auch in der Draufsicht ansprechend aus.

Sie können auch die Funktion MASKIERUNG nutzen. Die Maskierung ist wie eine weiße Füllung, die den Hintergrund überdeckt und so störende Linien »ausblendet«.

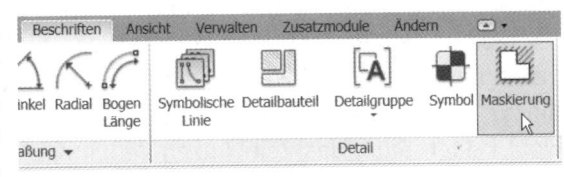

Das Waschbecken setzt sich z. B. aus mehreren Bauteilen zusammen, daher wäre es nicht sinnvoll, alle Volumenkörper mühsam zu suchen und die Sichtbarkeit entsprechend einzustellen. Hier bietet sich der Befehl MASKIERUNG an. Laden Sie das Waschbecken in den Familieneditor (wie vorher den Tisch) und wählen Sie im Grundriss den Befehl MASKIERUNG.

Skizzieren Sie mit der Funktion LINIE eine zusammenhängende Schleife. Benutzen Sie dazu die Option LINIEN AUSWÄHLEN und den Befehl STUTZEN.

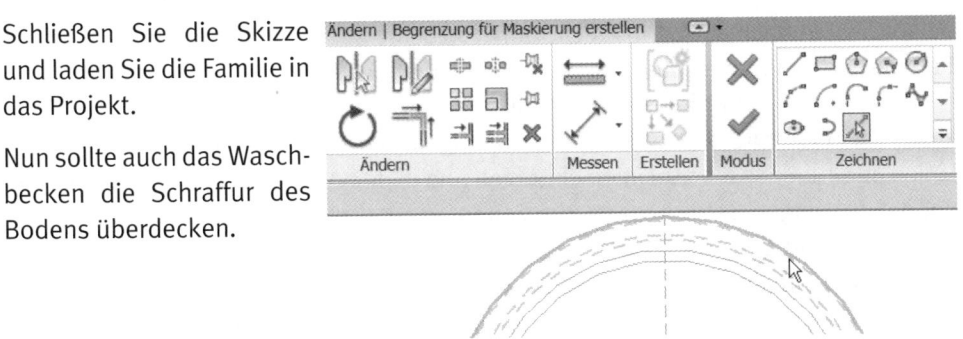

Schließen Sie die Skizze und laden Sie die Familie in das Projekt.

Nun sollte auch das Waschbecken die Schraffur des Bodens überdecken.

Tipp: In der Metric Library gibt es im Ordner Symbole eine Reihe von 2D-Bauteilen, die sehr gut zur Gestaltung der Grundrisse und Ansichten genutzt werden können. Diese Bauteile haben alle eine Maskierung und verdecken somit andere Bauteile, wenn sie eingefügt werden. Dies bietet vor allem für die Ausstattung der Ansichten Vorteile. Diese Bauteile können ebenfalls über die Funktion BAUTEIL in das Projekt eingefügt werden.

Diese Elemente sind nur in der jeweils eingefügten Ansicht sichtbar, für eine 3D-Perspektive sind sie nicht geeignet!

3.14 Detaillierung

Vorweg ein paar Gedanken zur Detaillierung:

Bis zu welchem Grad man das 3D-Modell tatsächlich in 3D ausbildet, hängt von vielen Faktoren ab und bestimmt wesentlich den Zeitaufwand für die Erstellung der Planunterlagen für das Projekt. Man könnte theoretisch das Gebäude mit Revit nur in 2D gestalten; genauso gut wäre es möglich, das Projekt komplett in 3D zu erstellen, bis hin zu den Rollokästen und den Schlüssellöchern in den Innentüren. Beides macht wohl keinen Sinn, das Zeit-Nutzen-Verhältnis liegt irgendwo zwischen den beiden Extremen.

Generell kann als Leitfaden gelten:

- Es sollten nur diejenigen Bauteile in 3D modelliert werden, die tatsächlich zur Auswertung des Gebäudes benötigt werden!
- Alles andere wird als 2D-Grafik in der Ansicht hinzugefügt.

Beispiel: Sicherlich ist es möglich, durch geschicktes Kombinieren verschiedener Befehle und Funktionen einen Fliesenspiegel für einen Raum in 3D zu erstellen. Allerdings sind dazu natürlich einige Schritte und Angaben nötig. Dies bedeutet einen gewissen Zeitaufwand, um ans Ziel zu gelangen. Genauso gut könnte man auch die Linien im Grundriss als 2D-Linien eintragen und in den Ansichten eine Flächenfüllung auf den jeweiligen Bereich legen. Der Zeitaufwand dürfte hierfür in der Regel ca. die Hälfte betragen. Brauche ich den Fliesenspiegel also nur für die Auswertung der Massen in den Bauteillisten bzw. für ein Detail im Grundriss bzw. in der Ansicht, werde ich die Zeichnungen in 2D ausführen. Wird allerdings eine 3D-Darstellung des Fliesenspiegels für den Bauherrn benötigt (vielleicht sogar gerendert, also in fotorealistischer Darstellung), werde ich das besser als 3D-Bauteil modellieren.

Tendenziell neigen viele Anwender dazu, »zu viel« als 3D-Bauteil zu modellieren, und verlieren somit Zeit. Es ist deshalb sinnvoll, sich vorher Gedanken darüber zu machen, welche Bauteile tatsächlich als 3D-Bauteil benötigt werden und welche Elemente später als 2D-Detail ergänzt werden können.

Detaillierung mit Detailbauteilen

Bei der Erstellung von 2D-Details kann man auf eine umfangreiche von Autodesk mitgelieferte Bibliothek zurückgreifen. So kann man z. B. das Profil für ein Holzfenster sehr schnell im Maßstab 1:1 darstellen lassen.

Als Beispiel wollen wir nun ein Detail vom Fenstersturz erstellen.

3.14 Detaillierung

Öffnen Sie die Datei Abschnitt 3.14 Detaillierung und gehen Sie in die Ebene 0.

Wechseln Sie in der Entwurfsleiste in die Rubrik GRUNDFUNKTIONEN und wählen Sie den Befehl SCHNITT.

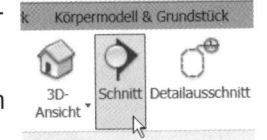

Stellen Sie im Typenauswahlfenster den Typ DETAILSCHNITT ein und platzieren Sie den Schnitt wie im Bild gezeigt.

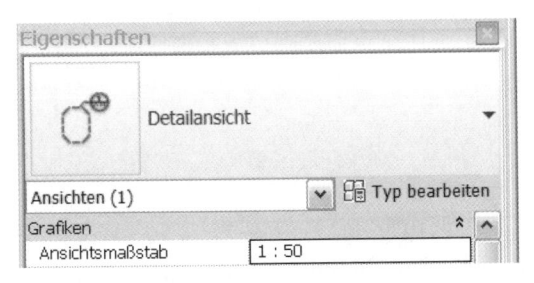

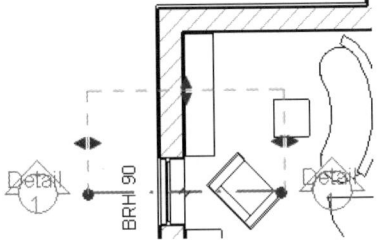

Im Projektbrowser wird nun unter der Rubrik DETAILANSICHT der Eintrag DETAIL 0 angezeigt.

Wechseln Sie in diese Ansicht.

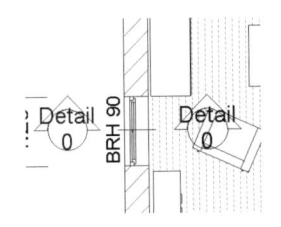

Stellen Sie mit den blauen Pfeilchen den Sichtbarkeitsbereich in etwa wie im nebenstehenden Bild ein.

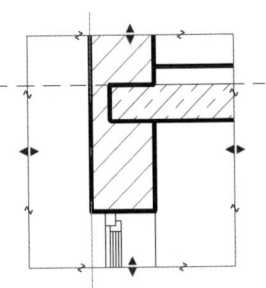

Stellen Sie in der Ansichtskontrollleiste den Maßstab auf 1:20 und den Detaillierungsgrad auf FEIN.

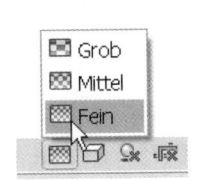

Kapitel 3 — DIE GRUNDFUNKTIONEN IM DETAIL

Klicken Sie nun in der Entwurfsleiste in der Rubrik ZEICHNEN auf den Befehl DETAILBAUTEIL.

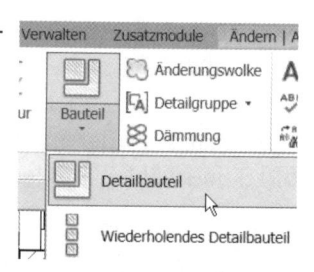

Wählen Sie in der Optionsleiste den Button Familie LADEN.

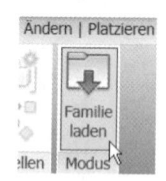

Navigieren Sie in der Metric Library zum Ordner `Detailelemente/07. Mauerwerk/7.01 Fertigteile, Stürze/ 07.01.03 Rolladenblenden und -kästen` und wählen Sie den Typ `RK 36 Ziegel.rfa` aus (1x klicken!).

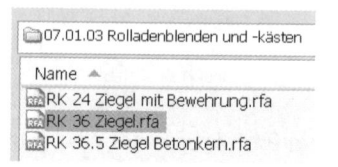

Doppelklicken Sie auf den ersten Eintrag bei RK 360x300.

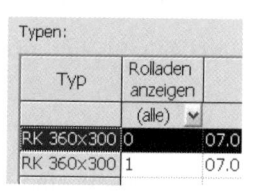

Nun hängt der Rollladenkasten am Mauscursor als Vorschau. Klicken Sie auf die linke untere Ecke des Fenstersturzes, um das Detail zu platzieren.

> Auf diese Weise ist es auch möglich, bereits bestehende 2D-Details aus Ihrer Bibliothek in Revit zu übernehmen. Laden Sie sich dazu die entsprechende Zeichnung als DWG-, DXF-, DGN-, SAT- oder SKP-Datei in eine Detail-Familie.

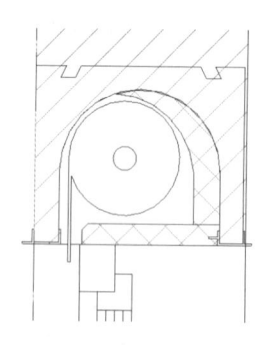

Öffnen Sie dazu eine neue Familie über den Befehl NEU|FAMILIE.

3.14 Detaillierung

Wählen Sie die Vorlage M_Detail.rft und fügen Sie in dieser Datei ein entsprechendes CAD-File über den Befehl CAD IMPORTIEREN aus der Rubrik EINFÜGEN ein. Speichern Sie anschließend die Familie in einem Ordner Ihrer Wahl ab und laden Sie die Familie in Ihr Projekt.

Natürlich können Sie die DWG-Daten in der Familie noch entsprechend bearbeiten bzw. ergänzen.

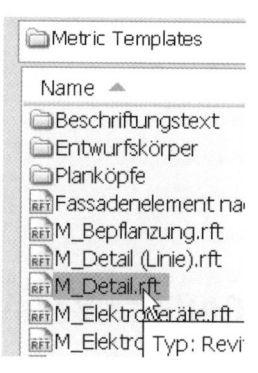

Befehl Dämmung

Dämmungslinien können als separate Elemente erstellt werden. Klicken Sie auf den Befehl DÄMMUNG in der Rubrik BESCHRIFTUNGEN.

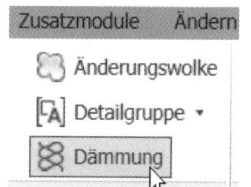

Stellen Sie in der Optionsleiste bei Breite den Wert 0.03 ein, damit eine 3 cm dicke Dämmung eingefügt wird.

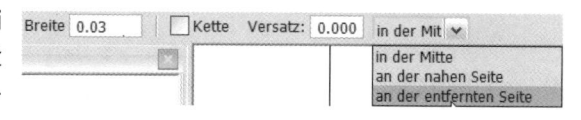

Wählen Sie bei der Ausrichtung AN DER ENTFERNTEN SEITE aus und platzieren Sie die Dämmung durch einen Klick an der unteren und an der oberen Seite der Deckenstirn.

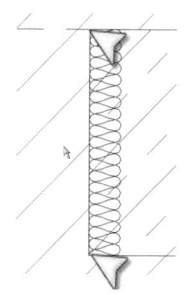

Fügen Sie eine 4 cm dicke Dämmung auf der Rohdecke ein. Stellen Sie gegebenenfalls in der Optionsleiste die Ausrichtung um.

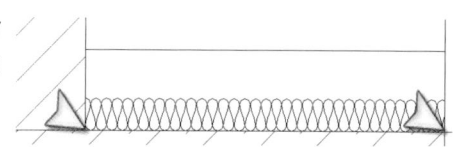

Fügen Sie jeweils eine Detaillinie zur Begrenzung der Dämmungsschichten ein.

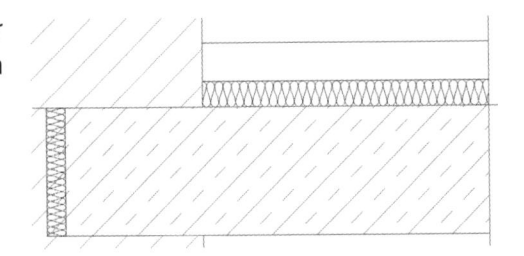

Gefüllte Bereiche (Schraffuren)

Fügen Sie über LINIE ZEIGEN und mit einem Versatz von 1 cm eine weitere Detaillinie für den Fußbodenbelag ein.

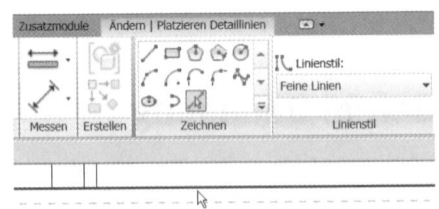

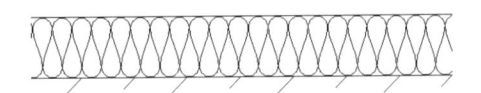

Verkürzen Sie die Detaillinie, indem Sie den blauen Punkt auf die Wand ziehen.

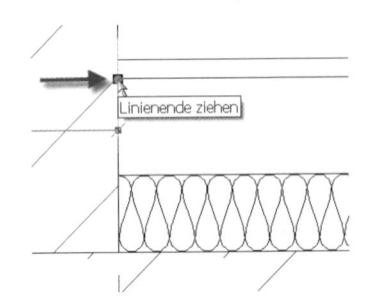

Wählen Sie nun den Befehl SCHRAFFUR|GEFÜLLTER BEREICH in der Rubrik BESCHRIFTEN.

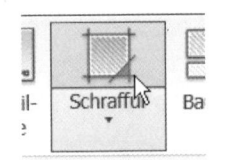

Zeichnen Sie ein Rechteck in den Bereich des Estrichs.

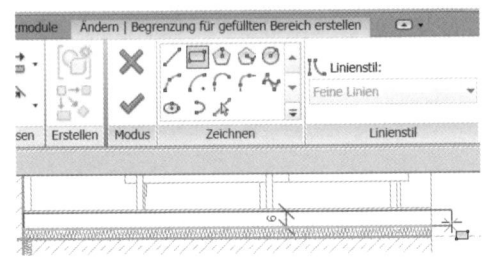

3.14 Detaillierung

Wählen Sie in den Typeneigenschaften den Typ ESTRICH aus.

Klicken Sie auf BEARBEITUNGSMODUS BEENDEN.

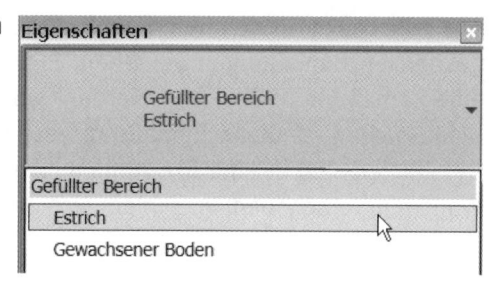

Ergänzen Sie noch den Randstreifen und nach Belieben weitere Details.

Das Detail könnte dann z. B. so aussehen:

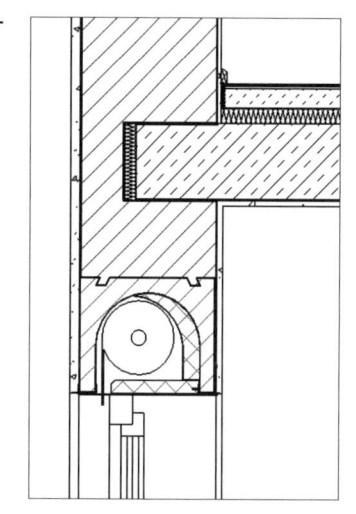

Tipp: Wenn man will, dass die Details bei möglichen Änderungen gleich dem Modell folgen, so kann man die Linien mit Abhängigkeiten versehen. Man kann z. B. den Rollokasten mit UK Sturz ausrichten und verbinden (Schloss abschließen).

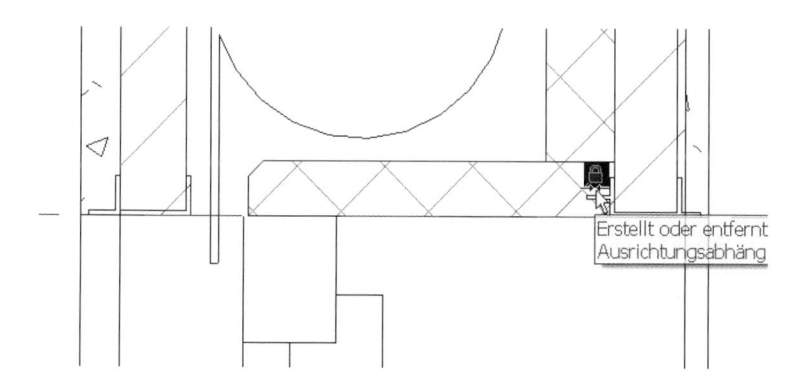

Wird nun die Sturzhöhe verändert, dann wandert der Rollokasten gleich mit!

Auch die Linien für den Innen- und Außenputz kann man mit gesperrten Bemaßungen versehen. Erstellen Sie sich dazu eine Bemaßung und klicken Sie dann auf das erscheinende Schloss. Nun ist diese Bemaßung gesperrt, das heißt, die Detaillinien sind in eine fixe Abhängigkeit gesetzt. Wird die Wand nun verschoben, verschiebt sich der Putz auch!

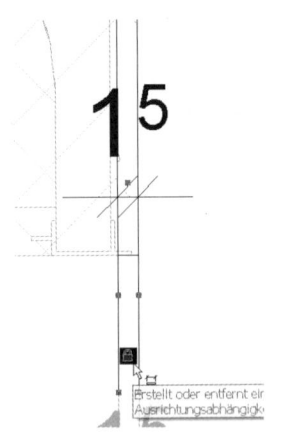

Das gilt auch für die gefüllten Bereiche. Im Skizzenmodus können Bemaßungen hinzugefügt werden, sperren Sie diese und stellen Sie die Skizze fertig.

Die Bemaßungen sind in der Zeichnung selbst nicht mehr sichtbar, der gefüllte Bereich wandert nun mit der Wand mit.

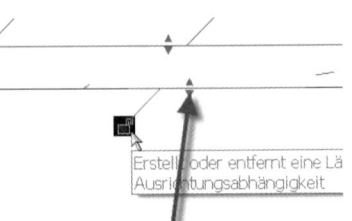

Gefüllten Bereich mit den Pfeilen auf eine Kante ziehen!

Achten Sie aber auf eine systematische Vorgehensweise, um nicht den Überblick zu verlieren, was wo gesperrt wurde!

Nach der Bemaßung könnte das Detail in etwa so aussehen:

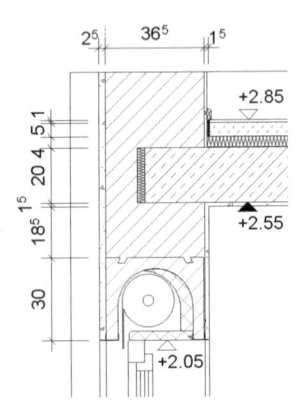

Beschriftung des Details

Beschriftungen können manuell erstellt werden (Befehl TEXT) oder auch automatisch von Revit eingetragen werden, sofern die entsprechenden Informationen in den Bauteilen hinterlegt sind.

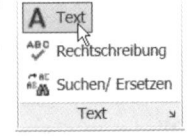

3.14 Detaillierung

Befehl »Text« (= Notizen)

Sie können Notizen mit oder ohne Führung in die Zeichnung einfügen. Entsprechende Optionen sind in der Optionsleiste verfügbar.

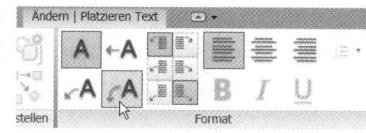

Den Textstil und die Art der Pfeilspitze können Sie in den Eigenschaften des Textes angeben.

Für weitere Informationen zum Befehl TEXT siehe auch Abschnitt *3.11 Beschriftungen und Notizen*.

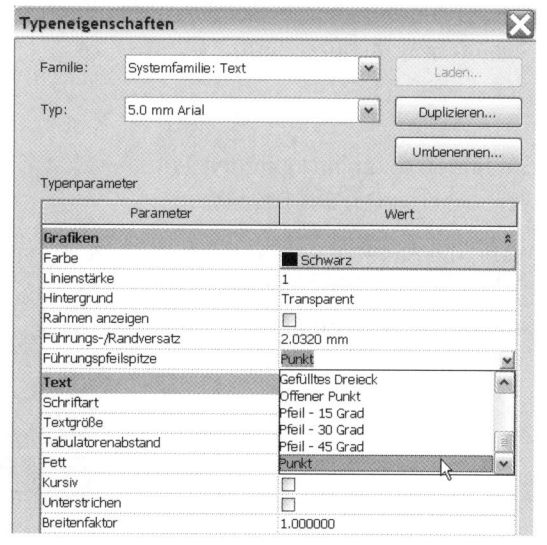

Automatische Beschriftung über das Material

Sie können die Bauteile automatisch über die Materialdefinition der Bauteile beschriften lassen. Wählen Sie hierzu aus dem Befehl BESCHRIFTEN die Rubrik MATERIALBESCHRIFTUNG. Es werden dann die tatsächlich definierten Materialien aus den Eigenschaften übernommen.

Auch hier können die Pfeilspitzen wieder über die Eigenschaften der Beschriftung verändert werden.

- Vorteil: Geht schnell!
- Nachteil: Bezeichnung eventuell nicht exakt genug (Mauersteinart und Format?). Geht nicht bei den 2D-Details.

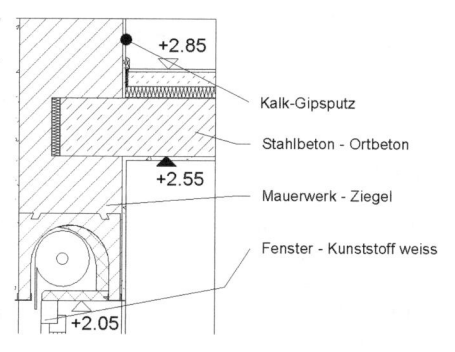

Zeigen Sie auf ein Bauteil und klicken Sie, um die Beschriftung abzusetzen.

Automatische Beschriftung über Bauelementschlüssel

Die Bauteile können auch über einen Bauelementschlüssel definiert werden und dann über BAUELEMENTSCHLÜSSEL|ELEMENT-BUELEMENT beschriftet werden.

Die 2D-Details haben diesen Schlüssel in den Eigenschaften bereits hinterlegt (die Detailbauteilbibliothek ist auch nach diesem System aufgebaut).

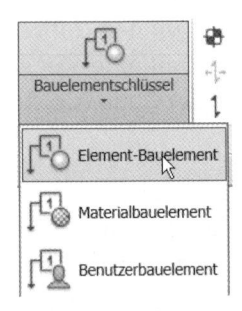

Sie finden den Eintrag in den TYPENEIGENSCHAFTEN des Details.

Wenn die Bauelementnummer nicht automatisch zugewiesen ist, können Sie sie manuell vergeben.

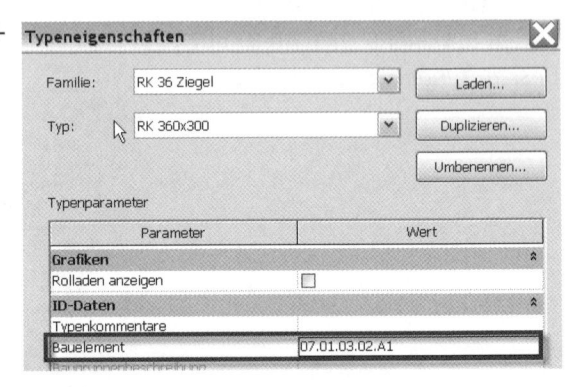

Klicken Sie dazu in die Zeile BAUELEMENT und dann auf das kleine Viereck, das in dieser Zeile erscheint.

Wählen Sie eine passende Kategorie aus.

Die entsprechende Positionsnummer wird nun in die Eigenschaften übernommen.

Wenn Sie die Beschriftung jetzt positionieren, wird der Text und/oder die Bauteilnummer angezeigt.

Über das Typenauswahlfenster können Sie die entsprechende Darstellung steuern.

Wählen Sie nun nochmals den Befehl BAUELEMENTSCHLÜSSEL|ELEMENT-BAUELEMENT und setzen Sie die Beschriftung für das Mauerwerk erneut ab.

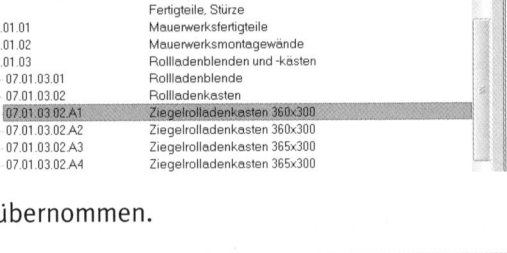

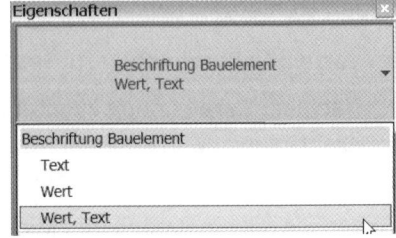

Die Positionsnummer wird angezeigt. Klicken Sie die Beschriftung wiederum an und wählen Sie über das Typenauswahlfenster die Beschriftungsart TEXT.

Jetzt haben Sie eine exakte Angabe des Materials des Bauteils. Im Bild oben ist nochmals der Unterschied der beiden Beschriftungsarten aufgezeigt.

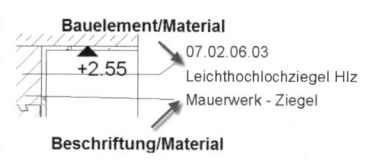

3.15 Planzusammenstellung und -gestaltung

Öffnen Sie die Zeichnung Abschnitt 3.15 Planzusammenstellung.

Gestaltung der Ansichten

Sichtbarkeiten der Grafiken

Bevor die Ansichten auf dem Plan positioniert werden, sollen sie noch optisch ein wenig gestaltet werden. Dazu ist es sinnvoll zu prüfen, ob die Ansichten Nord, Ost, Süd und West bezüglich der Sichttiefe richtig eingestellt sind.

Klicken Sie dazu im Grundriss Ebene 0 auf die Beschriftung der Ansicht Nord. Daraufhin wird eine blaue Linie sichtbar, die »Schnittebene«. Sie markiert den Anfang des Sichtbereichs der Nordansicht. Ist diese Linie zu weit vom Gebäude entfernt, kann es sein, dass die Topographie Teile des Gebäudes verdeckt. Liegt sie im Gebäude selbst, dann wirkt die Ansicht wie ein Schnitt: Teile des Gebäudes, die hinter der Linie liegen, werden nicht dargestellt.

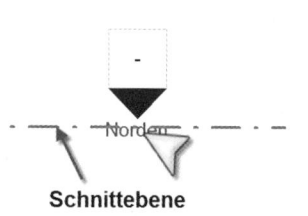

Nehmen Sie diese Linie und ziehen Sie sie nahe an das Gebäude heran, damit das Modell gut sichtbar ist.

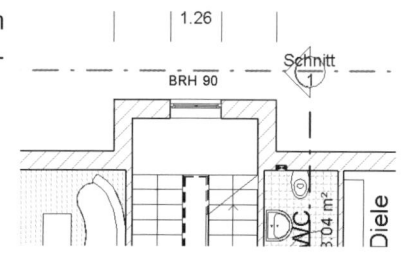

Solange das Ansichtssymbol aktiviert ist, ist noch eine zweite (grüne) Linie sichtbar. Sie markiert die hintere Schnittebene, das heißt das Ende des Sichtbereichs. Alles, was hinter dieser Linie liegt, wird nicht mehr dargestellt.

Ziehen Sie für unser Beispiel diese Linie bis auf die Südseite des Gebäudes.

Die Nordansicht sollte nun in etwa wie nebenstehend aussehen.

Verfahren Sie mit den restlichen Ansichten genauso.

Die einzelnen Ansichten müssen noch etwas mehr ausgestaltet werden, damit sie optisch besser wirken.

Dabei kann jede Ansicht einzeln gesteuert werden oder man kann mit Hilfe von Ansichtsvorlagen eine bestimmte Anzeigeneinstellung auf mehrere Ansichten übertragen.

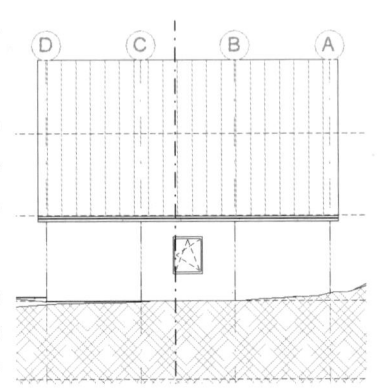

Zunächst wird ein Grundriss richtig eingestellt, daraus werden wir anschließend eine Ansichtsvorlage erstellen, die dann auf die restlichen Grundrisse angewendet wird.

Wechseln Sie zuerst in die Ebene 0.

Überprüfen Sie die Ansichtskontrollleiste am unteren Bildschirmrand:

Maßstabsliste: Wählen Sie den Maßstab 1:100.

Detaillierungsgrad: Wählen Sie MITTEL.

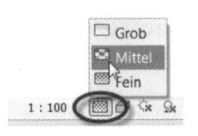

Modellgrafikstil: Wählen Sie VERDECKTE LINIE.

3.15 Planzusammenstellung und -gestaltung

Sonnenbahn: Soll deaktiviert bleiben.

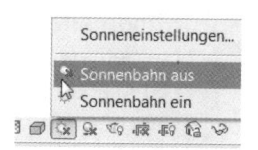

Schatten: Die Schatten sollen deaktiviert bleiben.

Zuschneidebereich der Ansicht: Beide Optionen sollen deaktiviert bleiben.

Temporär ausgeblendete Bauteile: Falls Bauteile ausgeblendet sind, wäre hier eine farbige Hinterlegung vorhanden. Klicken Sie auf die Brille, um in ein entsprechendes Menü zum Wiedereinblenden zu gelangen.

Verdeckte Elemente: Klicken Sie auf dieses Symbol, um überprüfen zu können, welche Elemente in dieser Ansicht ausgeblendet sind.

Solange dieser Modus aktiv ist, werden die Brille und der Fensterrahmen magentafarben hinterlegt. Alle ausgeblendeten Elemente bzw. Kategorien werden ebenfalls magentafarben angezeigt. In unserem Beispiel können wir erkennen, dass die Topographie und die Raster ausgeblendet sind.

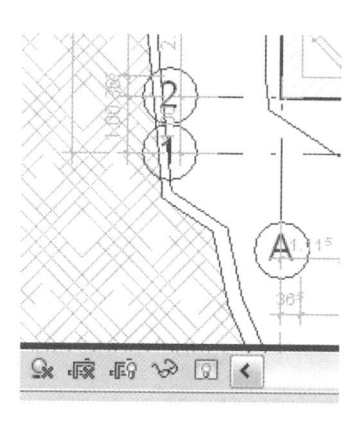

Um die Raster in der Ansicht dauerhaft wieder sichtbar zu machen, klicken Sie auf eine Rasterlinie, rufen mit der RMT das Kontextmenü auf und wählen IN ANSICHT ANZEIGEN|KATEGORIE aus. Alternativ erreichen Sie die Funktion auch über die Entwurfsleiste, sobald ein ausgeblendetes Element angeklickt worden ist.

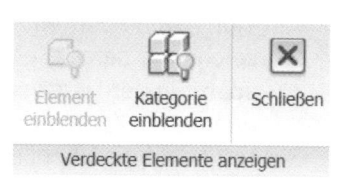

Als Zeichen dafür, dass die Rasterlinien nun wieder in der Zeichnung sichtbar sind, werden sie nicht mehr magentafarben dargestellt, sondern ausgegraut.

Die Topographie soll in dieser Ansicht weiterhin nicht sichtbar sein.

Tipp: Alternativ hätten Sie dasselbe Ergebnis erzielt, wenn Sie über die SICHTBARKEITEN DER GRAFIKEN (TK »vv«) im Register BESCHRIFTUNGSKATEGORIEN die Kategorie ANSICHTEN wieder eingeblendet hätten!

Überprüfen Sie auf jeden Fall nochmals in den SICHTBARKEITEN DER GRAFIKEN, ob die Beschriftungskategorie ANSICHTEN deaktiviert ist, denn die Ansichtssymbole würden im Plan stören.

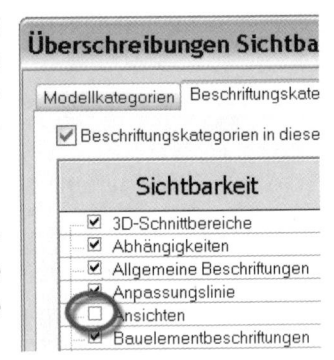

Ansichtsvorlagen

Nachdem alle Einstellungen gemacht wurden, speichern Sie die Konfiguration als Vorlage ab, damit wir sie nachher bequem auf das Obergeschoss übertragen können.

Rufen Sie den Befehl VORLAGE AUS AKTUELLER ANSICHT ERSTELLEN im Menü ANSICHT auf.

Vergeben Sie einen neuen Namen für die Konfiguration.

Tipp: Wenn Sie ein »@« vor Ihre Bezeichnung setzen, erscheint der Name später in der Liste vor den anderen vordefinierten Konfigurationen und erleichtert somit die Übersicht.

Die daraufhin erscheinende Dialogbox zeigt nochmals die aktuellen Einstellungen. Schließen Sie die Box mit OK.

Wechseln Sie in die Ansicht EBENE 1.

Um dort die soeben erstellte Ansichtsvorlage aufrufen zu können, wählen Sie aus dem Menü ANSICHT den Befehl VORLAGE AUF ALKTUELLE ANSICHT ANWENDEN.

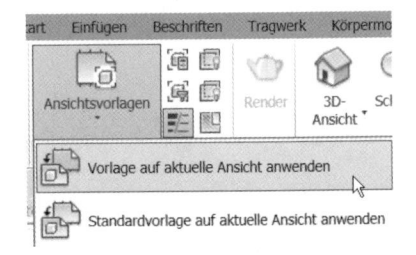

3.15 Planzusammenstellung und -gestaltung

Die Ebene 1 sollte daraufhin in etwa wie folgt aussehen:

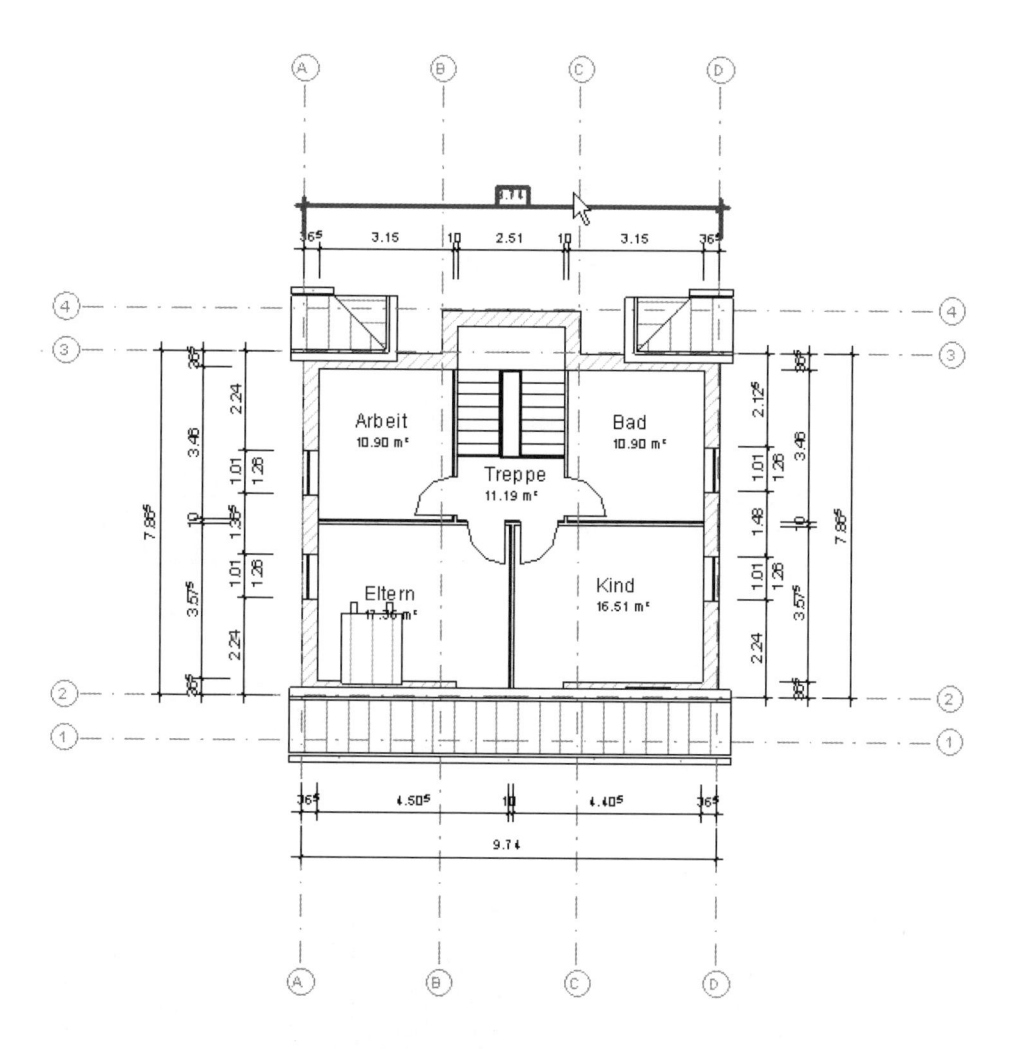

Dieselbe Vorgehensweise gilt für die Ansichten. Zuerst werden die Sichtbarkeiten in einer Ansicht eingestellt, z. B. in der Nordansicht:

Die Raster, die Ebenenbeschriftungen und die Schnittlinie sollen ausgeblendet werden. Entfernen Sie also in den SICHTBARKEITEN DER GRAFIKEN die Häkchen bei den Beschriftungskategorien EBENEN, RASTER und SCHNITTE.

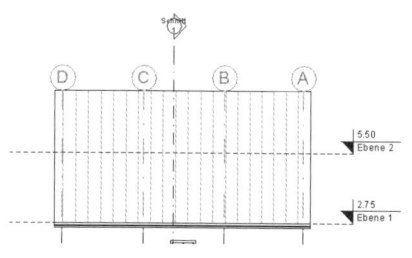

Wenn die Ansichten farbig dargestellt werden sollen, aktivieren Sie die Bildschirmdarstellung SCHATTIERT MIT KANTEN.

Hinweis: Für diese Darstellung werden die Einstellungen aus den Materialien zugrunde gelegt. Sie können die Einstellungen über die Materialliste jederzeit abändern (Menü VERWALTEN|MATERIALIEN).

Es wird bei vielen Materialien die Farbe der Oberfläche in der schattierten Ansicht mit der Farbe der Oberfläche des eingestellten Rendermaterials abgeglichen (in der Materialliste, TK »mm«), um einen möglichst realistischen Eindruck des Gebäudes zu gewinnen.

Wenn Sie die Darstellung ändern wollen, können Sie also entweder nur die Schattierung ändern (dann das Häkchen entfernen und eine entsprechende Farbe aus der Palette wählen) oder auch das Rendermaterial selbst.

Die Ansicht dürfte nun in etwa wie nebenstehend aussehen.

Damit die Ansicht etwas realistischer wirkt, aktivieren Sie als Nächstes die Schattenanzeige.

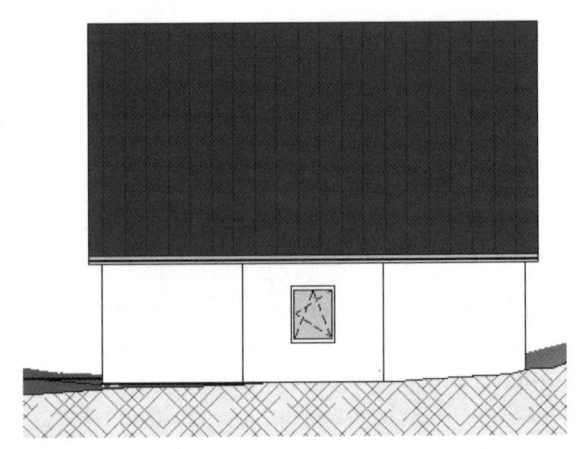

3.15 Planzusammenstellung und -gestaltung

Sonnenstandseinstellungen

Klicken Sie auf das Symbol am unteren Bildschirmrand und aktivieren Sie die Schatten.

Daraufhin wird eine bestimmte Sonnenstandseinstellung aktiviert, die auf die aktuelle Ansicht angewendet wird (das geht auch bei Grundrissen!). Die Ansicht könnte im Moment in etwa wie nebenstehend aussehen:

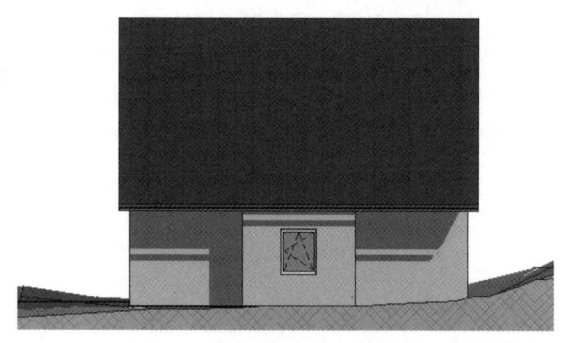

Falls der Schattenwurf nicht passen sollte, kann er über den Button GRAFIKANZEIGEOPTIONEN eingestellt werden. Dieser Befehl befindet sich im Bildstil-Menü ganz oben.

Diese Dialogbox ist in den letzten Versionen stetig verbessert worden, die Darstellung kann daher in älteren Versionen etwas abweichen. Die prinzipielle Funktionsweise ist jedoch gleich.

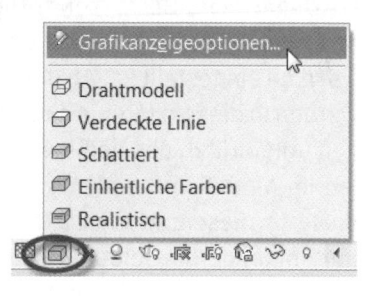

In der aktuellen Version sind die Rubriken wie folgt eingeteilt:

MODELLDARSTELLUNG:
Zeigt den Anzeigestil der Ansicht.

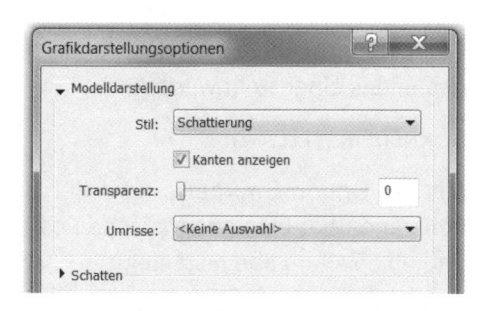

SCHATTEN: Aktiviert bzw. deaktiviert die Schatten und Umgebungsschatten.

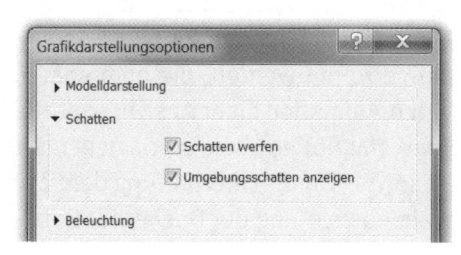

BELEUCHTUNG: Hier kann der Sonnenstand im Detail eingestellt werden. Nach einem Klick auf den Button neben SONNENEINSTELLUNG öffnet sich ein Untermenü, in dem man den genauen Sonnenstand definieren kann. Siehe dazu auch die nächsten Seiten im Kapitel.

FOTOGRAFISCHE BELICHTUNG: Diese Dialogbox ist verfügbar, wenn als Grafikstil REALISTISCH eingestellt ist. Ab der Version 2013 werden in diesem Modus auch Beleuchtungen unterstützt, das heißt, wenn Lichtquellen im Modell vorhanden sind, so werden diese in diesem Modus aktiviert (bislang nur im Rendering selbst). Die Steuerungen der Farbkorrektur sind ähnlich wie im Rendering (siehe auch hierzu in diesem Kapitel die nächsten Seiten).

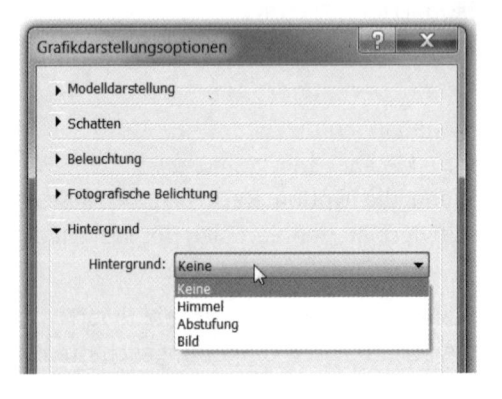

HINTERGRUND: Hier kann der Hintergrund des Bildes eingestellt werden.

SONNENEINSTELLUNG:

Mit der Option STANDBILD wird der Sonnenstand über eine geografische Position und eine Zeitangabe festgelegt.

In den Optionen EIN TAG bzw. MEHRTÄGIG können Einstellungen für eine Sonnenstudie getroffen werden, die man später als Video-Animation einer Ansicht exportieren kann (MENÜBROWSER|EXPORTIEREN|BILDER UND ANIMATIONEN|SONNENSTUDIE). Das ist sowohl für die Überprüfung der Schattenwürfe des Gebäudes als auch für die optimale Ausrichtung der Dächer für Solar- bzw. Photovoltaikanlagen hilfreich.

3.15 Planzusammenstellung und -gestaltung

In der Option BELEUCHTUNG können einzelne Sonnenstände für verschiedene Situationen angelegt und abgespeichert werden.

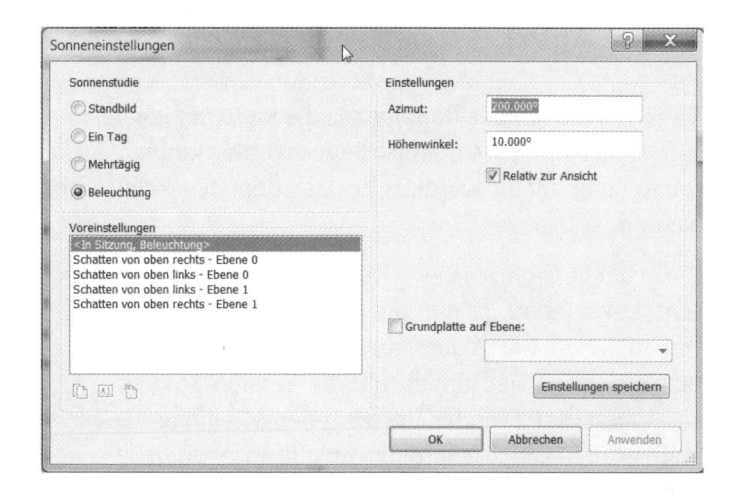

Die Definition erfolgt dabei nach Eingabe eines Winkels in Abhängigkeit zur Ansicht. Diese Option eignet sich am besten zur optischen Gestaltung der Ansichten.

Ähnlich den Ansichtsvorlagen können in der linken Hälfte der Dialogbox verschiedene Sonnenstände angelegt und gespeichert werden. In der rechten Hälfte werden die dazugehörigen Werte des Sonnenstandes definiert.

Klicken Sie auf die verschiedenen Bezeichnungen, um die jeweiligen Einstellungen in der rechten Hälfte der Dialogbox sehen zu können. Um eigene Sonnenstände zu generieren, klicken Sie auf DUPLIZIEREN, vergeben einen Namen und legen anschließend die Sonnenstandseinstellungen fest.

Ist der Wert in der Zeile AZIMUT gleich 0, steht die Sonne genau im Norden des Projekts, bei 180 genau im Süden usw. Wenn die Option RELATIV ZUR ANSICHT aktiviert ist, definiert sich der Wert in der Zeile AZIMUT über die Blickrichtung der jeweiligen Ansicht, bei 0 scheint uns die Sonne sozusagen direkt ins Gesicht, während bei 180 die Sonne unseren Rücken wärmt ...

Wählen Sie z. B. SCHATTEN VON OBEN RECHTS ... und schließen Sie die Dialogbox wieder. Die Nordansicht erhält daraufhin einen Schatten.

> Tipps: Der Schatten funktioniert natürlich auch im Modellgrafikstil UNSICHTBARE LINIE oder auch in Grundrissen (evtl. für Wettbewerbe oder Werbepläne interessant). Probieren Sie auch den Modellgrafikstil SCHATTIERT, bei dem die Kanten nicht dargestellt werden.

Denken Sie ebenfalls daran, dass die Kantenlinien bei den SICHTBARKEITEN DER GRAFIKEN nach Kategorie überschrieben werden können. So kann eine relativ realistische Darstellung erzielt werden, bei der dennoch keine Gebäudekanten »verschluckt« werden.

Die in der Version 2011 eingeführte Option UMGEBUNGSOKKLUSION ist nun als UMGEBUNGSSCHATTEN zu finden, die in der Version 2012 eingeführten GHOST-FLÄCHEN findet man ab Version 2013 als TRANSPARENZ wieder, die hier ebenfalls eingestellt werden kann – allerdings für alle Kategorien des Modells. Falls Sie nur einzelne Kategorien oder Bauteile abtönen wollen, benutzen Sie dazu die Sichtbarkeiten der Grafiken oder die Überschreibung einzelner Bauteile, wie im Kapitel *3.2 Allgemeines* beschrieben.

Damit die Anzeige der weitläufigen Topographie eingeschränkt werden kann, aktivieren Sie in der Ansichtskontrollleiste den Zuschneidebereich und die Ausblendung der zugeschnittenen Bereiche jeweils durch einen Klick auf die Buttons.

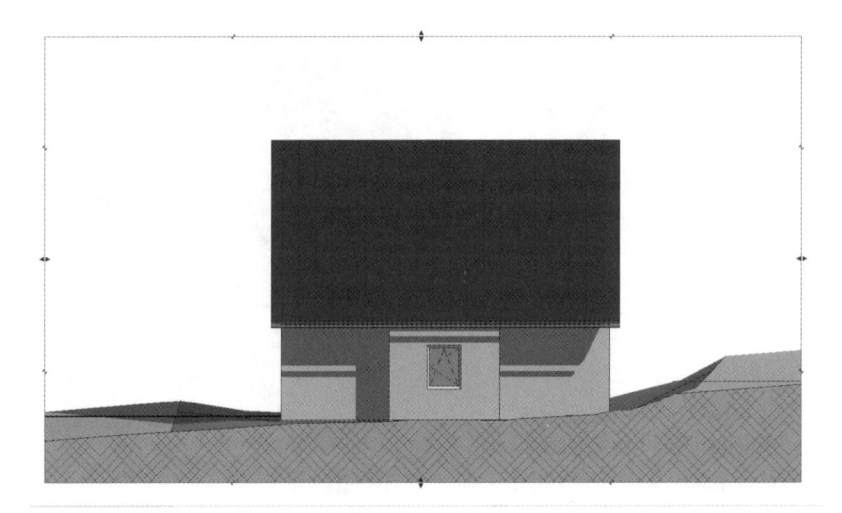

Zuschneidebereich ausblenden
Ansicht zuschneiden

3.15 Planzusammenstellung und -gestaltung

In der Ansicht wird daraufhin ein Rahmen angezeigt. Klicken Sie auf diesen Rahmen und ziehen Sie ihn mit den Pfeilen auf die richtige Größe.

Sie können den Zuschneiderahmen über den Button in der Ansichtskontrollleiste deaktivieren. Er kann aber ruhig eingeblendet bleiben, denn er wird nicht geplottet.

Speichern Sie diese Einstellung nun wieder als Ansichtsvorlage, z. B. unter dem Namen @ Ansichten Tutorial.

Um diese Vorlage gleich auf mehrere Ansichten anwenden zu können, markieren Sie diese im Projektbrowser (mit gedrückter ⇧- bzw. mit gedrückter Strg-Taste auf die Einträge klicken).

Mit der RMT können Sie ein entsprechendes Menü aufrufen, um die Ansichtsvorlage zu verwenden.

Damit ist die Hauptarbeit schon getan, stellen
Sie sich nur noch die Zuschneidebereiche in den Ansichten Ost, Süd, West entsprechend ein.

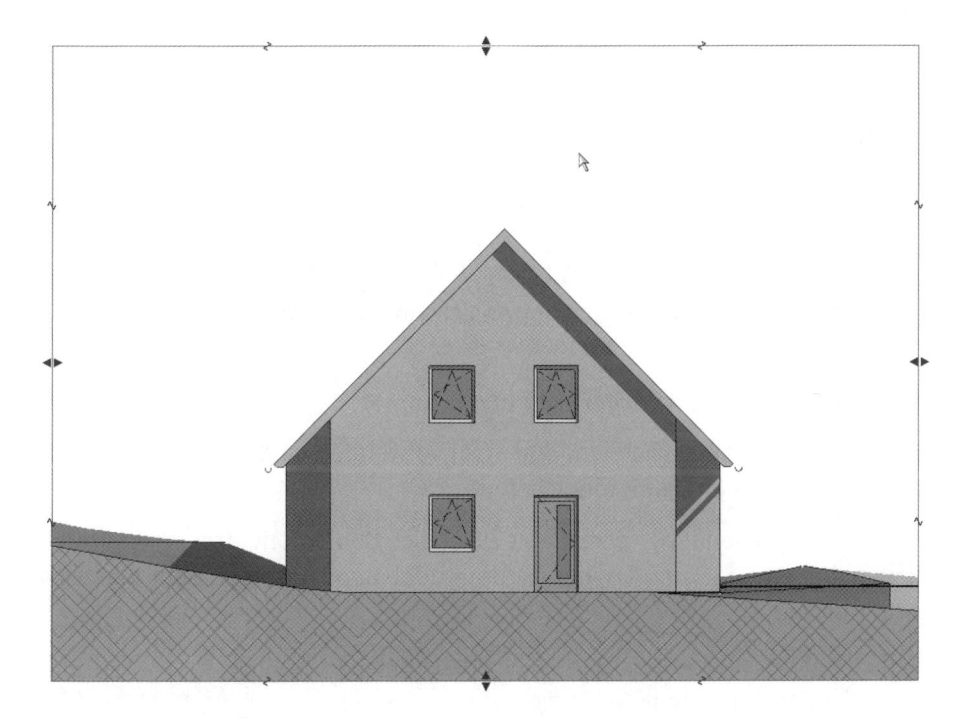

Gestaltung der Ansichten

Mit Hilfe von speziellen Familien oder auch importierten Bildern können die Ansichten lebhafter gestaltet werden.

Um Menschen, Bäume oder Autos als 2D-Element mit Maskierung einfügen zu können, klicken Sie in der Rubrik BESCHRIFTEN auf den Befehl DETAILBAUTEIL.

Klicken Sie in der Optionsleiste auf LADEN, navigieren Sie dann in der Metric Library zum Ordner Symbole und wählen Sie den entsprechenden Ordner und die Familie, die Sie einfügen wollen, aus.

Da diese Bauteile 2D-Elemente sind, sind sie auch nur in der Ansicht sichtbar, in der sie eingefügt wurden. Würden Sie hier 3D-Bauteile einfügen (z. B. Bäume), so wären diese auch in allen anderen Ansichten sichtbar und würden dort eventuell stören.

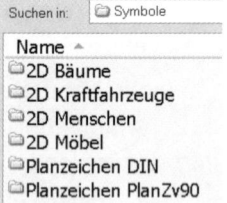

Weiter haben Sie die Möglichkeit, Pixelbilder in den Ansichten zu hinterlegen.

Klicken Sie dazu in der entsprechenden Ansicht in der Rubrik EINFÜGEN auf den Befehl BILD.

Erlaubte Bildformate sind JPEG, BMP, TIFF und PNG.

Meist werden JPEG-Formate (Dateiendung .jpg) verwendet, da diese eine gute Bildqualität bei relativ kleinen Dateigrößen liefern.

Das Format PNG (Dateiendung .png) bietet zusätzlich den Vorteil, dass weiße Bereiche freigestellt werden. Somit können Figuren oder Bepflanzungen sehr plastisch dargestellt werden.

Wählen Sie die Datei Baum Ansicht.png aus dem Ordner Beispieldateien auf dem beiliegenden Datenträger.

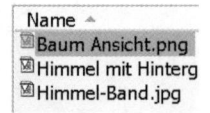

3.15 Planzusammenstellung und -gestaltung

Tipp: Sie können auch Bilddaten per Drag-and-drop aus dem Explorer heraus direkt auf die Zeichenfläche ziehen!

Das Bild hängt nun am Cursor und wird als gestricheltes Kreuz symbolisiert. Klicken Sie in die Ansicht, um die Grafik zu positionieren.

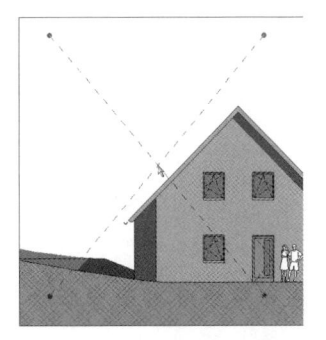

Das Bild wird im Hintergrund platziert. Um die Anzeigenreihenfolge zu bestimmen, klicken Sie das Bild an und wählen aus der Optionsleiste die gewünschte Option aus.

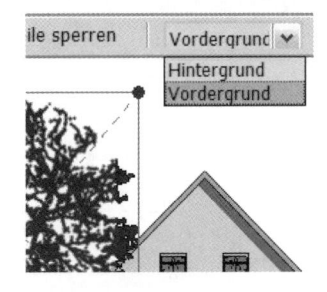

Schieben Sie anschließend das Bild an eine passende Position.

An den Randbereichen ist gut sichtbar, dass der weiße Hintergrundbereich der Verästelungen des Baumes freigestellt worden ist.

Tipp: Pixelbilder können auch direkt in den Plan importiert werden (siehe nächster Abschnitt), so können z. B. Hintergründe für mehrere Ansichten hinterlegt werden.

Planzusammenstellung

Öffnen Sie die Zeichnung Kapitel 3.15 Planzusammenstellung.rvt.

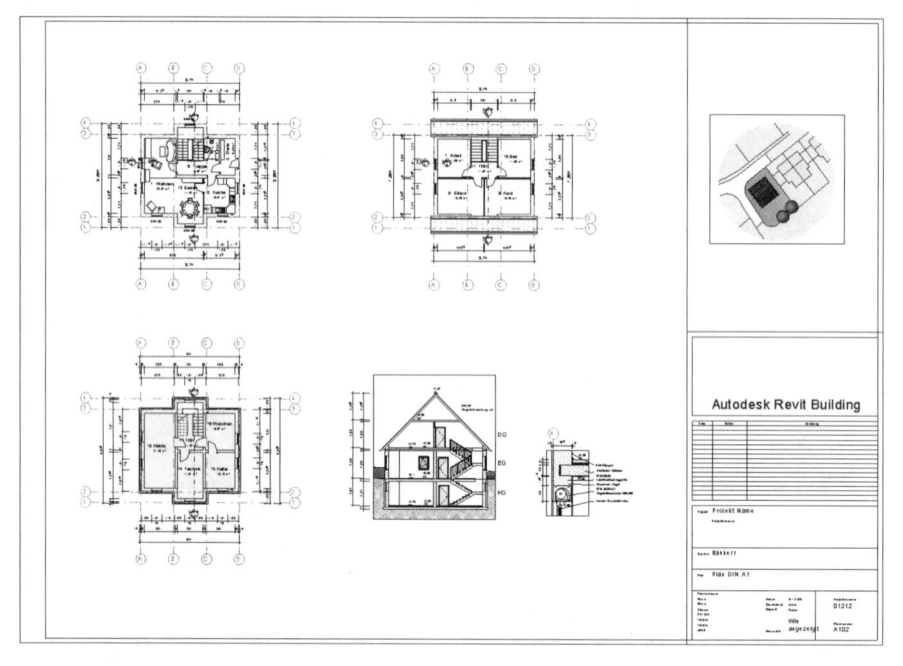

Plan aus Vorlage erstellen

Wechseln Sie im Projektbrowser in den Plan A102 – PLAN DINA1.

Platzieren Sie die Grundrisse EG, OG und KG sowie den Schnitt, den Lageplan und das Detail in diesem Plan. Für die Vorgehensweise siehe Kapitel *2.12 Schritt 12: Planzusammenstellung.*

Beschriften Sie den Plankopf, indem Sie im Menü VERWALTEN| PROJEKTINFORMATIONEN alle relevanten Daten ergänzen.

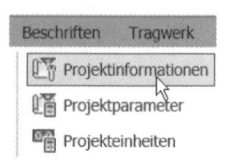

Die hier gemachten Angaben werden gleich in die geladenen Plankopf-Familien übernommen, da dort entsprechende Beschriftungsparameter definiert wurden.

Änderungen oder Ergänzungen können Sie auch direkt vornehmen, indem Sie auf die Beschriftung im Plan klicken.

3.15 Planzusammenstellung und -gestaltung

Dabei sind (bei aktivierter Plankopf-Familie) alle veränderbaren Parameter dunkelblau. Die Textteile, die hellblau hinterlegt sind, sind fix angegeben und somit nicht veränderbar.

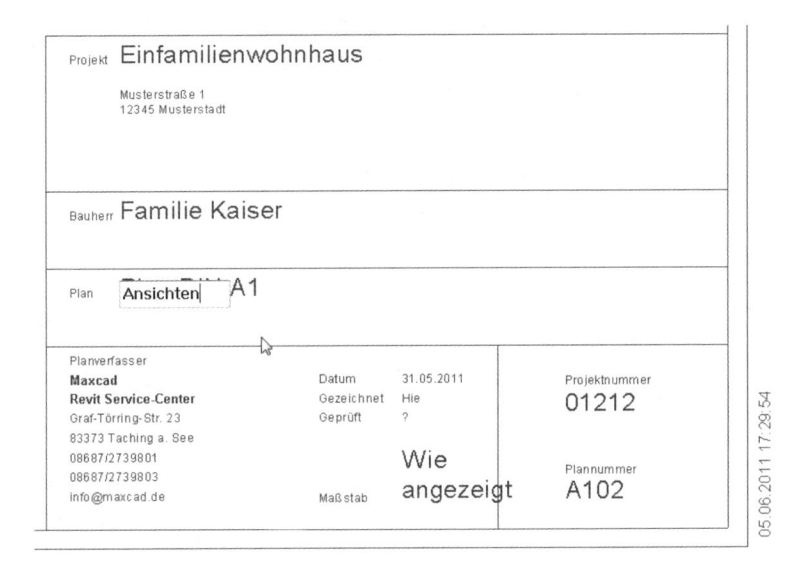

Hinweis: In diesem Plankopf ist der Ansichtsmaßstab als Parameter hinterlegt. Hier wird normalerweise der gerade eingestellte Maßstab der Ansichten angezeigt. Werden jedoch mehrere Maßstäbe gemischt, erscheint im Plankopf der Text »Wie angezeigt«. Diese Funktion kann nur über den Familieneditor geändert werden.

Man kann für jedes erzeugte Ansichtsfenster den Namen und den Maßstab automatisch beschriften lassen, damit der jeweils gültige Maßstab auf dem Plan sichtbar ist.

Klicken Sie dazu auf den Begrenzungsrahmen der Ansicht und wählen Sie die passende Beschriftung aus.

Um die Beschriftung verschieben zu können, muss sie aktiviert sein. Dann kann sie wie gewohnt verschoben werden.

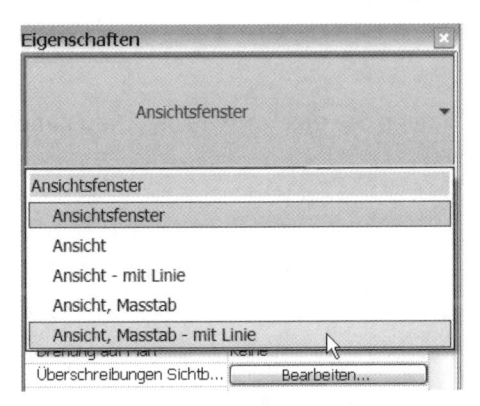

Wenn Sie den Zuschneiderahmen anklicken, wird die gesamte Ansicht verschoben!

Um die Länge der Trennlinie verändern zu können (falls gewählt für die Beschriftung), muss dagegen die Ansicht aktiv geschaltet werden (auf den Zuschneiderahmen klicken)!

Falls diese automatische Beschriftung der Maßstäbe im Planrahmen für Sie nicht sinnvoll ist, kann sie aus der Planrahmenfamilie entfernt und durch einen manuellen Text ersetzt werden.

Hinweis: Die Gestaltung des Schriftkopfes werden Sie natürlich auf Ihren Bürostandard umstellen. Sie können dazu den schon bestehenden Planrahmen benutzen und abändern oder auch einen Planrahmen als DWG hinterlegen. Klicken Sie dazu den bestehenden Planrahmen an und wählen Sie aus der Optionsleiste die Option FAMILIE BEARBEITEN. Daraufhin befinden Sie sich im Familieneditor und können entsprechende Änderungen vornehmen.

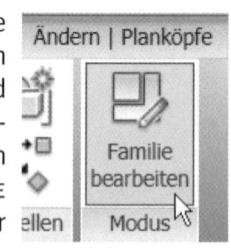

Tipp: Es ist auch möglich, die Planrahmen selbst parametrisch zu gestalten (DIN A0, DIN A1 usw.) und dann für das Schriftfeld noch einen weiteren »Plankopf« einzufügen. So kann man bequem zwischen verschiedenen Planrahmen und Schriftköpfen im Projekt wechseln. Siehe dazu auch Abschnitt *3.18 Grundlagen des Familieneditors*.

Neuen Plan erstellen

Klicken Sie mit der RMT auf den Eintrag PLÄNE (ALLE) und wählen Sie NEUER PLAN.

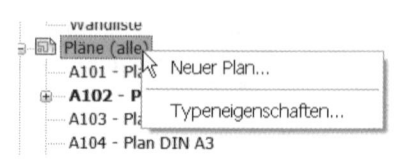

Wählen Sie das Format DIN A1 aus und bestätigen Sie mit OK.

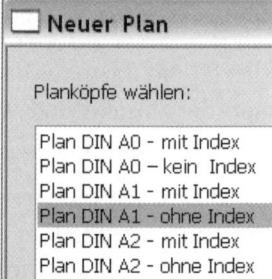

Um den Plan zu benennen, können Sie entweder direkt im Plankopf im Feld PLAN die Bezeichnung Ansichten eingeben, oder Sie können mit der

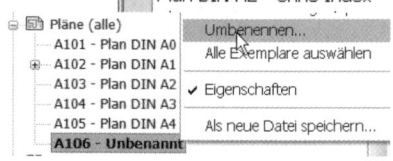

3.15 Planzusammenstellung und -gestaltung

RMT auf den Eintrag im Projektbrowser klicken und aus dem Kontextmenü UMBENENNEN wählen.

Setzen Sie nun die Ansichten im Plan ab.

Die Zuschneidebereiche der Ansichten können Sie auch direkt aus dem Plan heraus verändern. Klicken Sie dazu mit der RMT auf eine der Ansichten und wählen Sie ANSICHT AKTIVIEREN.

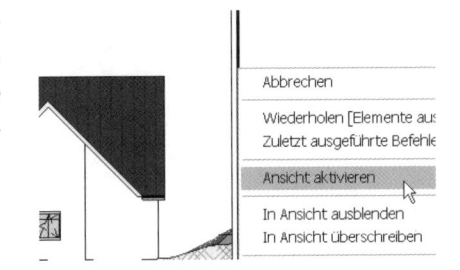

So haben Sie direkten Zugriff auf die Zeichnung und auch auf den Zuschneidebereich. Klicken Sie auf den Zuschneidebereich und passen Sie dessen Größe über die blauen Pfeilchen an.

Wenn Sie mit dem Ergebnis zufrieden sind, klicken Sie nochmals mit der RMT in die Ansicht hinein und wählen Sie ANSICHT DEAKTIVIEREN.

Zum Ausrichten der Ansichten untereinander ziehen Sie sie mit der Maus in etwa in die richtige Position. Es erscheinen daraufhin automatische Ausrichtungslinien (wie bei den Beschriftungen usw.).

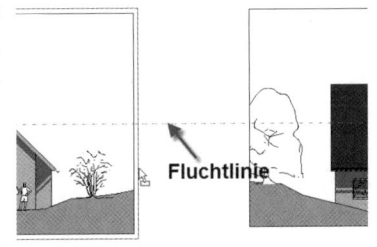

Tipp: Zum gleichmäßigen Ausrichten der Lage der Ansichten in den verschiedenen Plänen gibt es ab der Version 2011 die Möglichkeit ein Hilfsraster auf die Pläne zu platzieren. Klicken Sie dazu auf den Button HILFSLINIENRASTER in der Rubrik ANSICHT.

Vergeben Sie einen Namen für das Raster und platzieren Sie es auf dem gewünschten Plan. Die Rasterweite kann über die Eigenschaften bestimmt werden.

Die Lage und Größe des Rasters wird gespeichert und kann jederzeit in andere Planrahmen über die Ansichtseigenschaften übernommen werden.

Überschreibungen der Grafiken

Jetzt soll noch zu den Ansichten eine 3D-Perspektive hinzugefügt werden.

Klicken Sie im Projektbrowser mit der RMT auf die Ansicht {3D} und wählen Sie ANSICHT DUPLIZIEREN.

3.15 Planzusammenstellung und -gestaltung

Die erstellte Kopie können Sie mit einem Rechtsklick umbenennen, z. B. in 3D für Plan Ansichten.

Klicken Sie nochmals mit der RMT auf die neu erstellte Ansicht und rufen Sie die EIGENSCHAFTEN auf.

Setzen Sie dort das Häkchen bei 3D-SCHNITTBEREICH.

Daraufhin wird eine »Drahtgitterbox« um die Ansicht gelegt.

Klicken Sie auf eine der Kanten, dann erscheinen die blauen Pfeile, mit denen Sie nun die Größe der Box verändern können. Die Kanten schneiden dabei rigoros alles weg, was sie berühren! Damit können Sie interessante Perspektiven erzeugen, z. B. durch ein Treppenhaus etc.

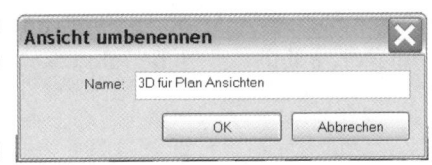

Für die perspektivische Ansicht empfiehlt es sich, das Gelände auf eine vernünftige Größe zu stutzen.

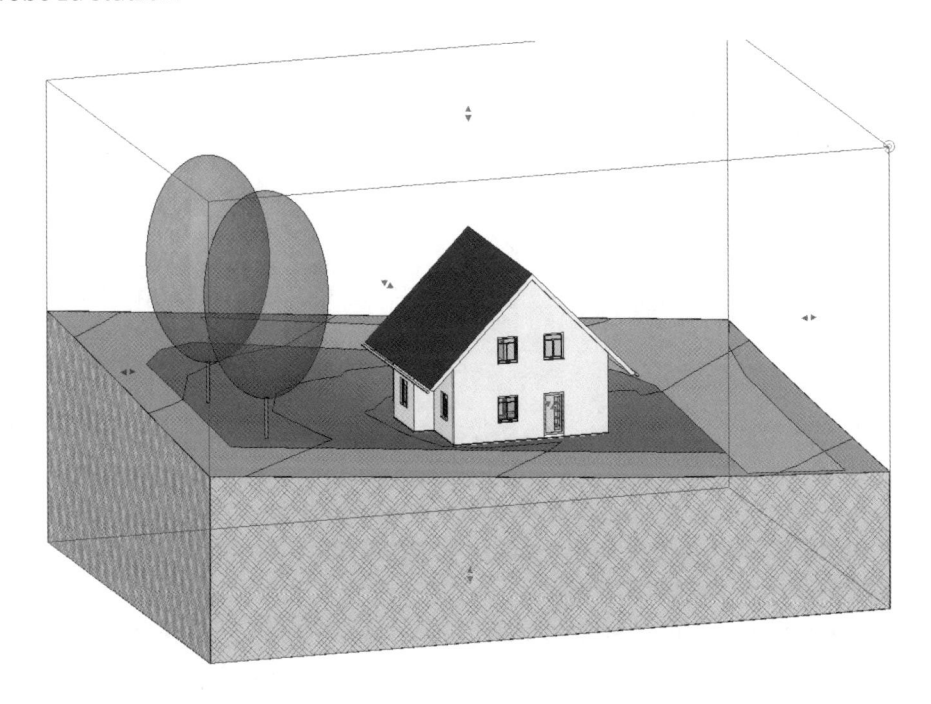

Kapitel 3 — DIE GRUNDFUNKTIONEN IM DETAIL

Stellen Sie den Ansichtsmaßstab auf 1:200, damit die Perspektive nicht zu viel Platz auf dem Plan benötigt.

Eine weitere Möglichkeit besteht darin, die Darstellung SCHATTIERT zu wählen und die Projektionskanten mit einer helleren Farbe überschreiben zu lassen.

Die Überschreibungen steuern Sie in den SICHTBARKEITEN DER GRAFIKEN (TK »vv«). Dort kann für jede Kategorie (bzw. auch Unterkategorie) die Farbe der Projektionslinien getrennt eingestellt werden.

1. Klicken Sie in der gewünschten Kategorie (z. B. WÄNDE) auf ÜBERSCHREIBEN bei den Linien in der Projektion (erste Spalte in der Tabelle).
2. Wählen Sie dann aus, welche Eigenschaft Sie überschreiben wollen, in diesem Beispiel also die Farbe.
3. Wählen Sie einen Farbton aus, z. B. einen mittleren Grauton.

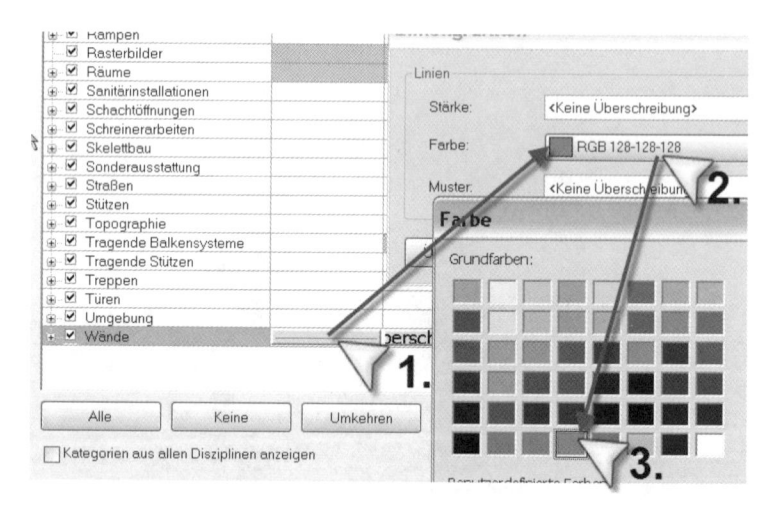

Wiederholen Sie den Vorgang für die restlichen Kategorien (Fenster, Türen, Dächer), die überschrieben werden sollen.

Um mehrere Einträge in einer Unterkategorie zu überschreiben (z. B. bei den Fenstern), markieren Sie den Abschnitt mit gedrückter ⇧-Taste und nehmen anschlie-

3.15 Planzusammenstellung und -gestaltung

ßend ein Mal die Änderung in einer Zeile vor. Diese Einstellung wird dann auf alle markierten Zeilen übertragen.

Die Kanten der entsprechenden Kategorien werden nun in der 3D-Ansicht entsprechend dargestellt.

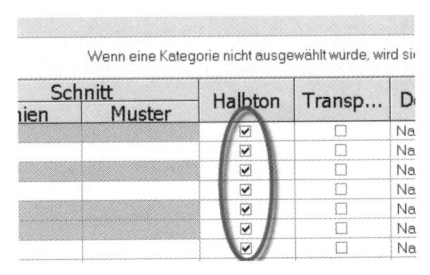

Tipp: Einen ähnlichen Effekt erzielt man auch, wenn man statt der Farbüberschreibung die Option HALBTON für die Kategorien auswählt.

Die Farbtiefe der Linien können Sie dabei unter der Rubrik VERWALTEN|WEITERE EINSTELLUNGEN|HALBTON/UNTERLAGE einstellen.

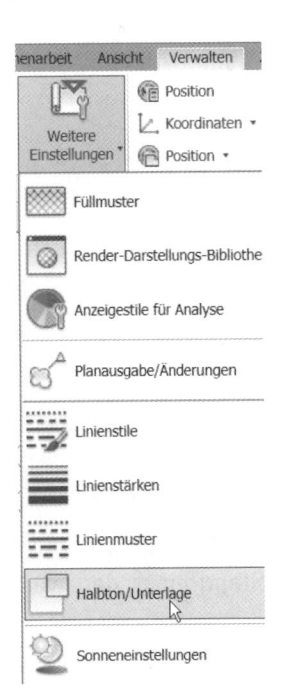

Kapitel 3 — DIE GRUNDFUNKTIONEN IM DETAIL

Aktivieren Sie noch die Sonnenstandsanzeige und korrigieren Sie gegebenenfalls die Anzeige unter GRAFIKANZEIGEOPTIONEN.

Wenn Sie so weit zufrieden sind, wechseln Sie in den Ansichtsplan zurück und fügen die 3D-Perspektive ein.

> Hinweis: Die Linien der Zuschneidebereiche werden nicht gedruckt! Sie können diese also ruhig so belassen.

Der Plan könnte dann z. B. so aussehen:

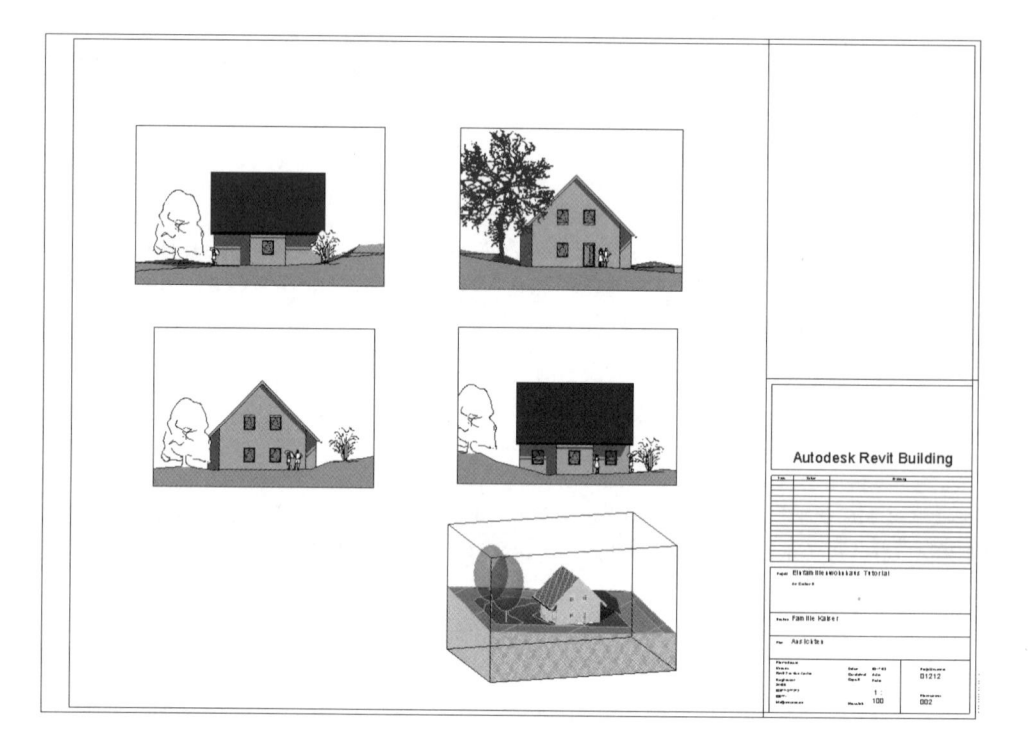

Perspektive aus freier Kameraposition

Es können auch perspektivische Darstellungen mit freien Kamerapositionen erzeugt werden. Wechseln Sie dazu in der Entwurfsleiste in die Rubrik ANSICHT und wählen Sie daraus den Befehl 3D-ANSICHT|KAMERA.

Die Kamera wird mit zwei Klicks definiert: Der erste bestimmt den Standpunkt, der zweite die Blickrichtung und -tiefe.

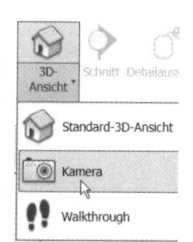

3.15 Planzusammenstellung und -gestaltung

Setzen Sie deshalb den ersten Klick etwas weiter vom Gebäude entfernt ab, der zweite Klick sollte über das Gebäude hinausragen. Als Orientierungshilfe spannt sich das Sichtdreieck der Kamera als Vorschau mit auf.

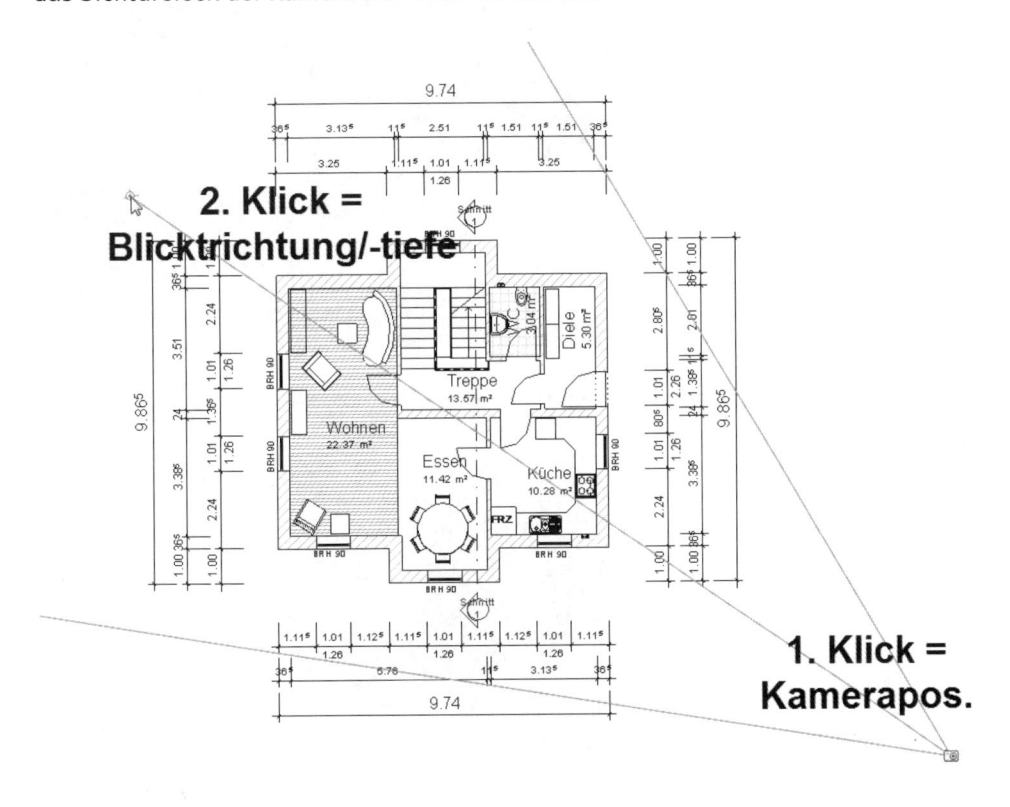

Im Projektbrowser wird daraufhin die Ansicht automatisch ergänzt und gleich geöffnet.

Stellen Sie sich die Ansicht nach Ihren Wünschen ein: Maßstab, Detaillierungsgrad, Modellgrafikstil, Schatten etc.

Tipp: Ab der Version 2011 gibt es im Bildstil die zusätzlichen Optionen EINHEITLICHE FARBEN und REALISTISCH. Die Optionen im Vergleich:

Schattiert mit Kanten:

Einheitliche Farben (2011):

Unterdrückt die Abstufung der Flächen zueinander.

Realistisch (2011):

»Mappt« die Oberflächen aus der Renderdarstellung auf die Oberflächen (kein Rendering!).

Damit die Oberflächen sichtbar werden, muss die 3D-Hardware-Beschleunigung in den Optionen aktiv sein!

3.15 Planzusammenstellung und -gestaltung

Zusätzlich kann man in den Grafikanzeigeoptionen noch die Umgebungsschattierung aktivieren:

Dabei wird die indirekte Beleuchtung in den Ecken mit berechnet, die Ansicht wirkt dadurch realistischer.

Beachten Sie aber, dass gerade die beiden letzten Optionen relativ rechenintensiv sind, die Ansichten werden sich entsprechend langsamer aufbauen.

Auch diese Ansicht können Sie anschließend wie alle anderen Ansichten auf dem Plan platzieren.

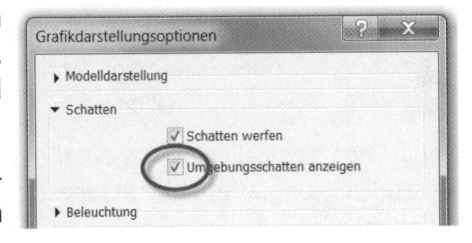

So könnte das Ergebnis geplottet aussehen:

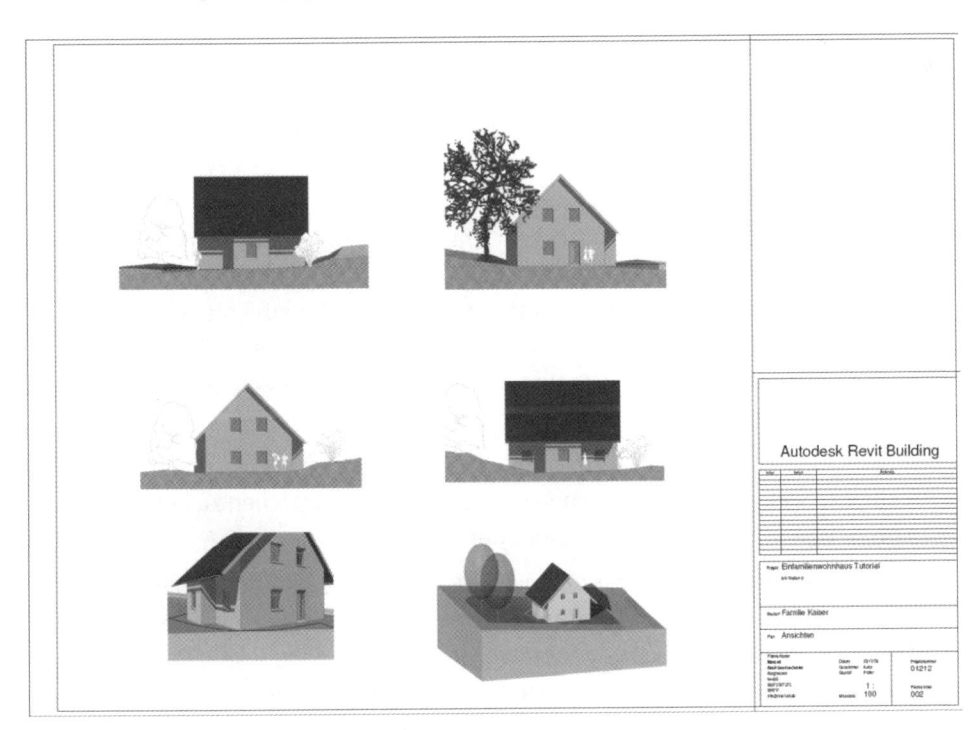

Fotorealistische Darstellungen (Rendering)

Bisher haben wir mit schattierten Ansichten gearbeitet. Das heißt, die Umgrenzungen der Bauteile werden durch Vektoren dargestellt, die Oberfläche kann durch weiße oder auch farbige Flächen dargestellt werden. Je nach Darstellungsart wird dabei das System mehr oder weniger belastet, insgesamt benötigt die vektorbasierte Darstellung jedenfalls relativ wenig Ressourcen. Für eine fotorealistische Darstellung der Oberflächen ist es jedoch notwendig, dass einzelne Szenen gerendert werden. Das heißt, die Oberflächen der Bauteile der jeweiligen Ansicht werden Punkt für Punkt mit den hinterlegten Materialien in ein Pixelbild umgerechnet. Diesen Umrechnungsprozess nennt man »Rendern« und er wird von einem gesonderten Programm ausgeführt. Bis Revit Architecture 2008 wurde dies durch die in Revit integrierte Accu-Render-Engine durchgeführt, die jedoch ab der Version 2009 durch die leistungsfähigere Mental-Ray-Engine ersetzt wurde. Dadurch ist es möglich, direkt aus Revit heraus verhältnismäßig realistisch wirkende Bilder zu erstellen. Noch bessere Ergebnisse kann man mit externen Render-Programmen erzielen, z. B. mit dem sehr leistungsfähigen »3D-Studio MAX« von Autodesk oder auch »Cinema 4D« von Nemetschek.

Neben den zusätzlichen Kosten für diese externen Programme steht auch eine wesentlich komplexere Benutzung dem sicherlich besseren Ergebnis gegenüber. Damit möglichst wenig zusätzliche Arbeit und somit Kosten für das Projekt anfallen, ist es sinnvoll, so weit wie möglich aus Revit heraus direkt die Renderings zu erstellen. Somit entfällt auch ein Nacharbeiten in externen Programmen, wenn der Entwurf geändert wird.

Grundlegendes zum Rendern

- Es können nur perspektivische Ansichten gerendert werden, also Ansichten aus der Rubrik 3D-ANSICHTEN.

- Der Rendervorgang geht im Wesentlichen zulasten des Prozessors des Rechners. Die benötigte Zeit kann je nach Leistung Ihres Prozessors stark variieren. Die benötigte Zeit steigt an, wenn hohe Auflösungen eingestellt werden oder viele Lichtquellen vorhanden sind (nur Sonnenlicht und/oder künstliche Beleuchtung), und hängt von der Art und Anzahl der darzustellenden Bauteile ab. Es ist durchaus normal, dass für anspruchsvolle Bilder mehrere Stunden Rechenzeit benötigt werden.

- Um ansprechende Bilder zu erhalten, ist es wichtig, eine gute Position der Perspektive zu wählen, die Oberflächen mit passenden Materialien zu belegen und die richtige Beleuchtung der Szene zu finden.

- Wählen Sie zum Testen der Szenen zuerst niedrige Einstellungswerte, um möglichst schnell einen ersten Eindruck davon zu gewinnen, wie die Szene wirkt bzw. welche Einstellungen noch geändert werden müssen. Es gibt kein Patentrezept für »gute« Einstellungen, jede Szene ist ein individuelles »Kunstwerk«.

3.15 Planzusammenstellung und -gestaltung

Zum Testen der Render-Befehle werden wir die vorher erstellte Ansicht aus der freien Kameraperspektive verwenden, da sie nicht allzu viele Objekte enthält und dennoch gut verschiedene Materialien getestet werden können.

Beispiel: 3D-Ansicht rendern
Rufen Sie die Ansicht 3D-ANSICHT 1 im Projektbrowser auf.

Das Dialogfenster RENDERN kann ab der Version 2009 über die Ansichtskontrollleiste aktiviert werden.

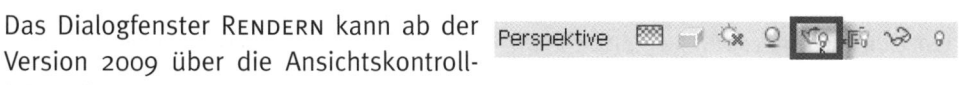

Lassen Sie zunächst alle Einstellungen wie vorgegeben und klicken Sie auf den Button RENDERING.

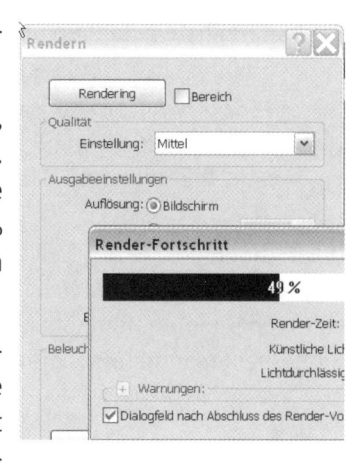

Daraufhin wird ein erstes Bild der Szene gerendert, sicherlich in zu grober Auflösung, jedoch sehr schnell. Nach einer kurzen Zeit erscheint eine Dialogbox, die Ihnen den Stand der Berechnung anzeigt. Ab ca. 10 % wird das Bild in der Ansicht zuerst schwarz, dann »kachelweise« gerendert dargestellt.

Betrachten Sie nach dem Rendering das Bild. Die Bauteile wirken alle noch sehr unplastisch. Die Wände sind als Sichtmauerwerk dargestellt, das Dach ist etwas blass, die Unterseite hat ein Metall als Oberfläche etc.

Daher müssen die Materialien für einige der Bauteile ausgetauscht bzw. editiert werden.

Damit Sie wieder auf die Bauteile zugreifen können, klicken Sie auf den Button MODELL ANZEIGEN. Das Rendering verschwindet (es kann durch einen weiteren Klick auf denselben Button wieder angezeigt werden) und Sie sehen die Ansicht wieder in der schattierten Darstellung.

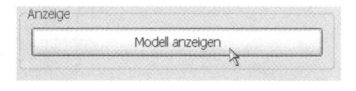

> Tipp: Nutzen Sie für einen ersten Eindruck der Materialien auch den Darstellungsstil REALISTISCH.

Klicken Sie nun auf eine der Außenwände und rufen Sie die Typeneigenschaften des Bauteils auf.

Klicken Sie in der Zeile TRAGWERK auf den Button BEARBEITEN.

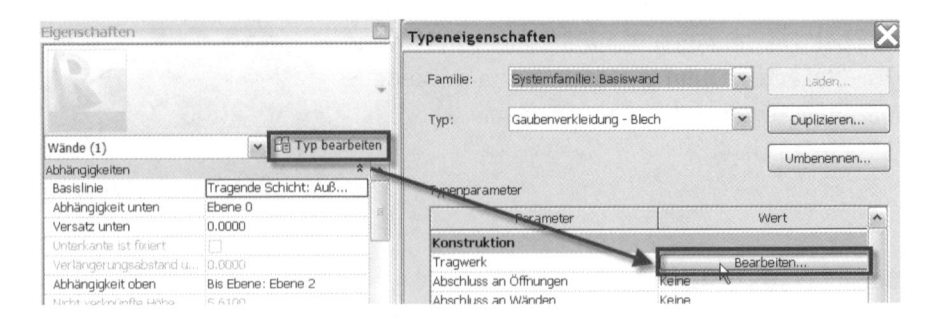

Klicken Sie in der Spalte MATERIAL auf den Eintrag MAUERWERK – ZIEGEL und anschließend auf die dort erscheinende Box mit den drei Punkten, damit Sie in die Materialliste gelangen und das entsprechende Material gleich markiert haben.

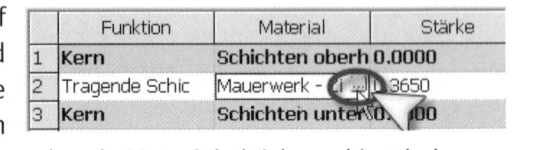

> Hinweis: Alternativ können Sie diese Dialogbox auch direkt über das Tastaturkürzel »mm« aufrufen, Sie müssen dann jedoch wissen, welches Material dem Bauteil zugewiesen worden ist.

Die Materialienliste hat sich ebenfalls in den letzten Versionen mehrfach geändert. In der Version 2013 befindet sich zunächst im Hauptfenster in der oberen Hälfte die Auflistung der Materialien, die im Projekt vorhanden sind. In der unteren Hälfte sind die Bibliotheken aufgeführt, die von Autodesk mitgeliefert werden.

3.15 Planzusammenstellung und -gestaltung

Um ein Material von der Bibliothek in das Projekt zu laden, doppelklicken Sie einfach auf den entsprechenden Eintrag in der Bibliothek. Das gewählte Material erscheint anschließend automatisch in der oberen Liste.

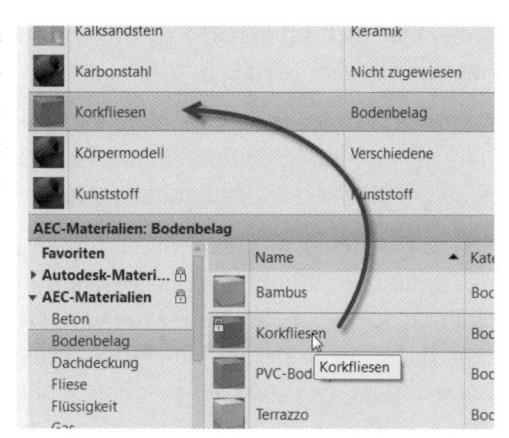

Mit einem Doppelklick auf das Material wird der Materialeditor geöffnet, in dem man auf das Aussehen und die physikalischen Eigenschaften des Materials Einfluss hat.

Die Materialien sind in drei Rubriken getrennt: GRAFIKEN, AUSSEHEN und THERMISCH. Wird auf eine der Rubriken geklickt, erscheinen die jeweiligen Einträge in der Dialogbox.

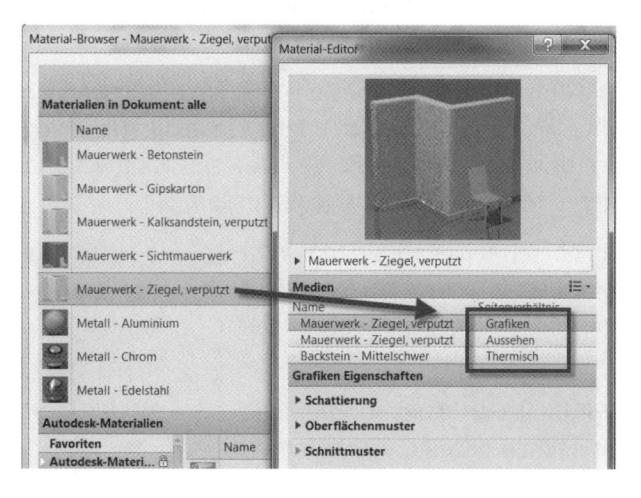

In den GRAFIKEN wird das Erscheinungsbild des Materials für die Darstellung in schattierten Ansichten und für die Darstellung der Außen- und Schnittflächen bestimmt.

Unter SCHATTIERUNG wird das Aussehen der Oberfläche in schattierten 3D-Ansichten eingestellt. Wird der Haken bei RENDER-DARSTELLUNG VERWENDEN gesetzt, so wird die FARBE der Oberfläche für den schattierten Modus automatisch der Farbe des Rendermaterials angepasst.

Mit einem Klick auf den RGB-Wert kann man eine beliebige Farbe auswählen, sofern das oben erwähnte Häkchen nicht gesetzt ist.

Der Transparenz-Wert kann mit einem Schieberegler eingestellt werden, man kann den Wert aber auch direkt eingeben. Die Transparenz wird nur in der 3D-Ansicht gezeigt, nicht in den orthogonalen Ansichten (z. B. Süd, West etc.).

Die Oberflächenmuster werden in den schattierten Ansichten auf der Oberfläche des Bauteils sichtbar (nicht auf geschnittenen Flächen). Ab der Version 2013 kann das Oberflächenmuster an die Texturausrichtung des Rendermaterials angepasst werden, damit beide Darstellungen möglichst zusammenpassen. Diese Option ist z. B. bei Darstellungen von Fliesenspiegeln hilfreich.

Schnittmuster sind die Schraffuren auf allen geschnittenen Flächen, egal ob in der Draufsicht oder in der Seitenansicht.

Die Rubrik Aussehen bezieht sich auf das Erscheinungsbild des Materials im Rendering. Hier können verschiedene Einstellungen zu den hinterlegten Bildern gemacht werden, um z. B. die Farbe oder die Oberflächenbeschaffenheit des Materials im gerenderten Zustand zu beeinflussen.

Im oberen Teil der Dialogbox wird eine entsprechende Voransicht gezeigt und gegebenenfalls bei Änderungen auch aktualisiert.

Wird mit der Maus auf die Zeile Aussehen gezeigt, erscheint am rechten Ende ein kleines Symbol. Klicken Sie auf dieses Symbol, um das Renderbild austauschen zu können.

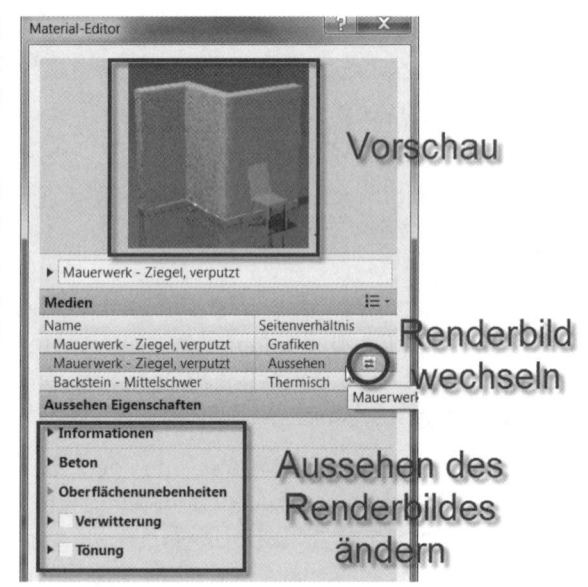

3.15 Planzusammenstellung und -gestaltung

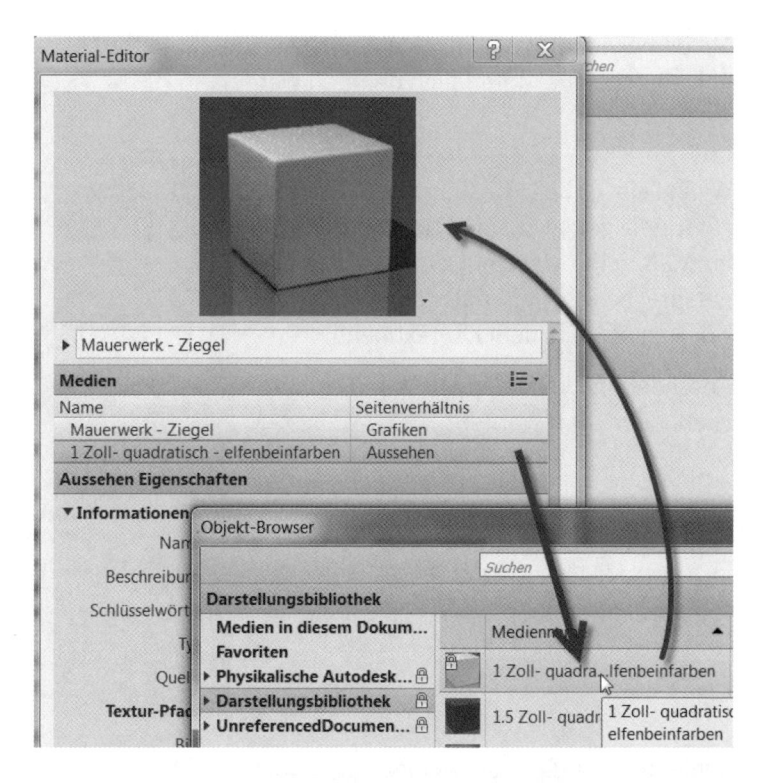

In der Rubrik THERMISCH sind in der Version 2013 Werte zur energetischen Auswertung hinterlegt worden. Diese Werte können mit bestimmten Programmen ausgetauscht und zu weiteren Berechnungen verwendet werden (z. B. »Ecotect Analysis«).

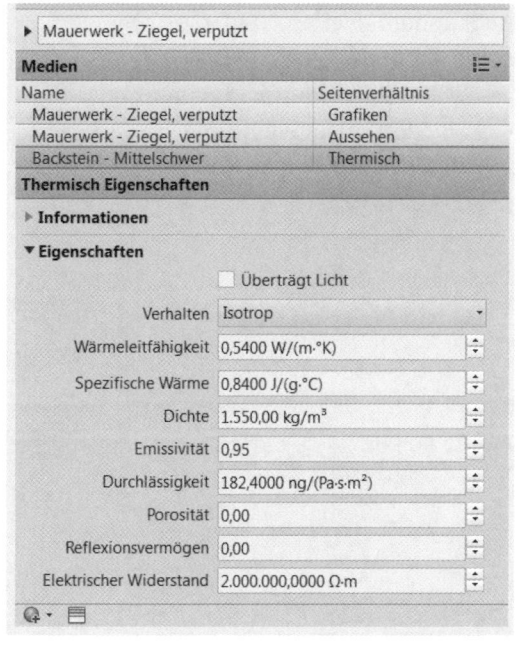

Kapitel 3 — DIE GRUNDFUNKTIONEN IM DETAIL

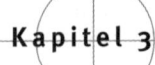

Mit dem Symbol in der linken unteren Ecke der Dialogbox können eigene neue Materialien definiert werden.

Wenn ein schon bestehendes Material zugrunde gelegt werden soll, klicken Sie im Materialbrowser mit der RMT auf das entsprechende Material und wählen Sie DUPLIZIEREN aus dem Kontextmenü.

Anschließend kann das Aussehen entsprechend verändert werden.

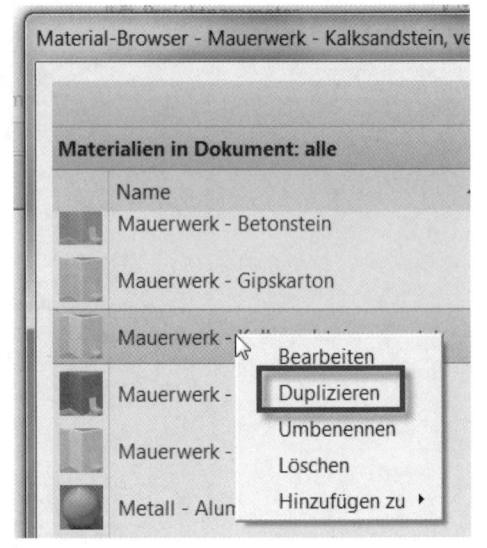

Schließen Sie die Dialogfelder und ändern Sie nun auf dieselbe Art und Weise das Dach. Die Materialien hierfür finden sich in den Typeneigenschaften des Daches in der Rubrik KONSTRUKTION.

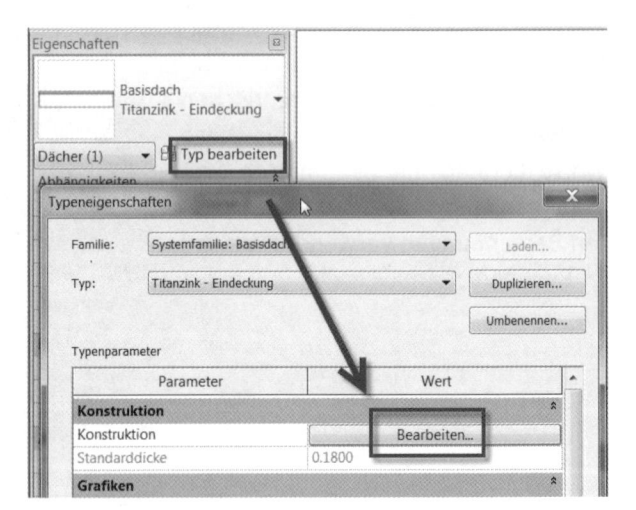

3.15 Planzusammenstellung und -gestaltung

Wählen Sie als tragende Schicht aus der Materialliste ein Holz-Material aus, z. B. HOLZ – BIRKE.

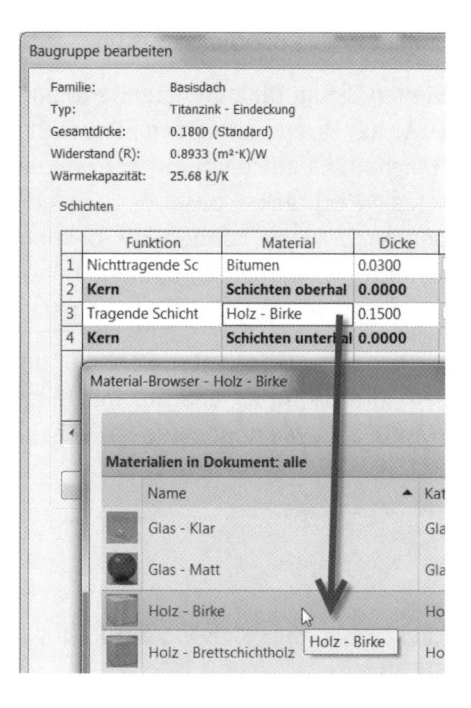

Für die Dachdeckung wechseln Sie die Renderdarstellung auf SPANISCHE DACHZIEGEL – ROT 3.

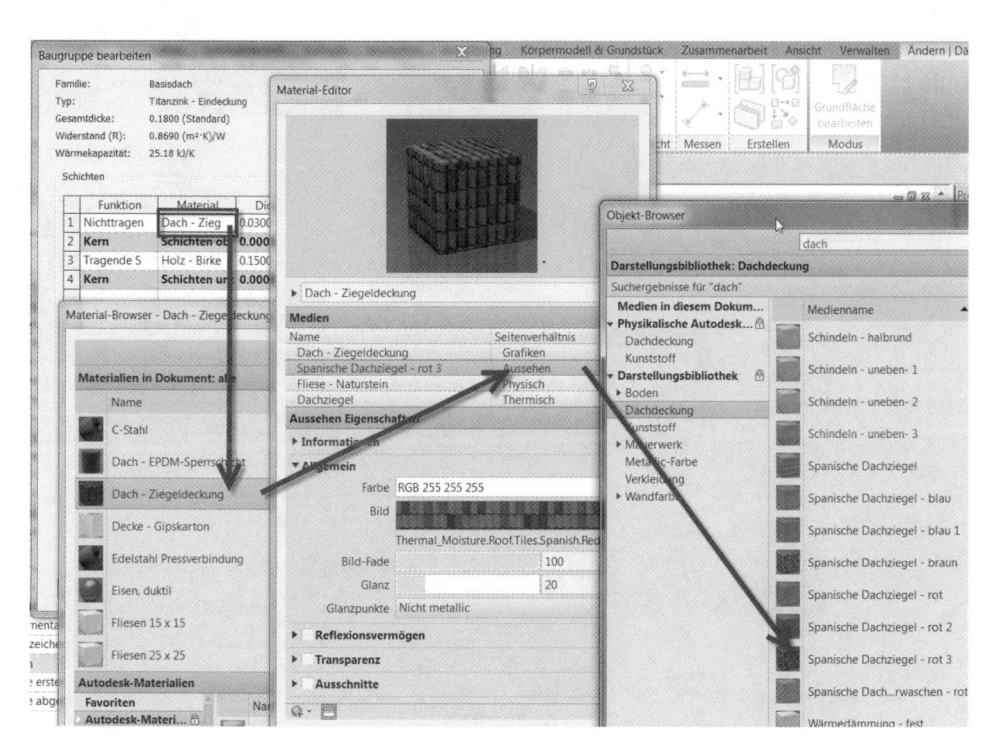

Schließen Sie die Dialogfenster.

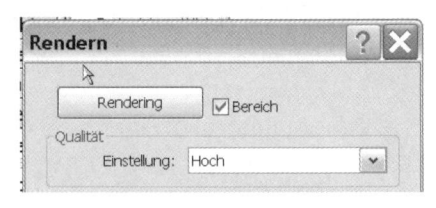

Stellen Sie im Dialogfenster RENDERN die QUALITÄT auf HOCH und setzen Sie bei BEREICH ein Häkchen. Es erscheint auf dem Bildschirm ein rotes Rechteck, das den Renderbereich begrenzt. Damit können Sie bestimmte Ausschnitte mit hohen Qualitäten relativ schnell »proberendern«, um einen noch besseren Eindruck der Szene zu erhalten.

Klicken Sie auf den roten Rahmen, um mit den Anfassern die Größe zu ändern. Der eingestellte Bereich könnte z. B. wie nebenstehend aussehen.

Klicken Sie anschließend auf RENDERING. Das Ergebnis hierzu:

Wenn der Eindruck in etwa passend erscheint, kann das Häkchen bei BEREICH deaktiviert und das gesamte Bild gerendert werden. Wählen Sie je nach Leistungsfähigkeit des Rechners eine für Sie passende Einstellung.

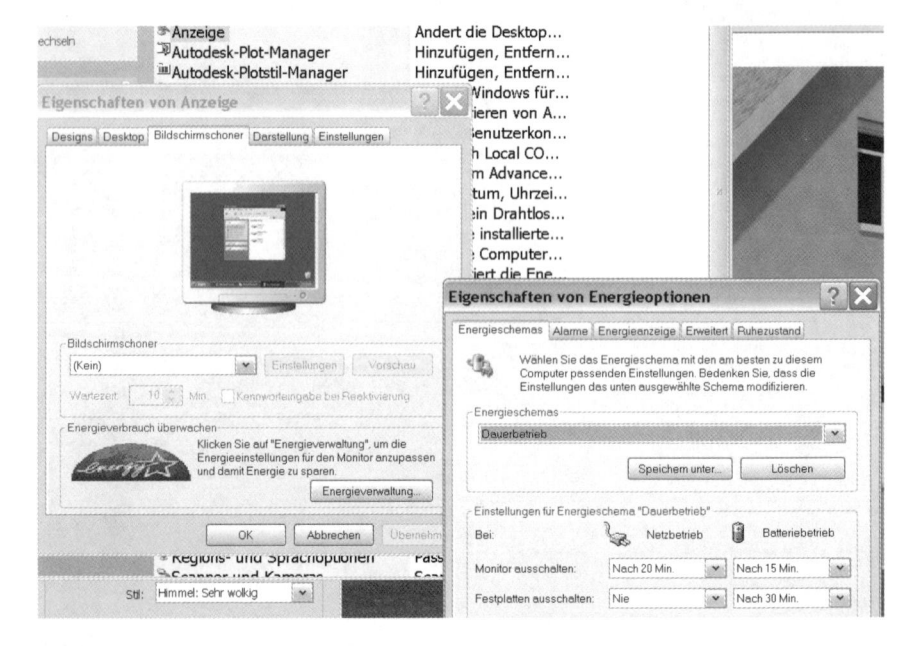

3.15 Planzusammenstellung und -gestaltung

Tipp: Auf manchen Systemen kommt es durch den Bildschirmschoner zu Störungen des Renderprozesses. Der Fortschrittsbalken wird manchmal nach dem Wechsel vom Bildschirmschoner zur Anzeige nicht mehr richtig angezeigt. Deaktivieren Sie gegebenenfalls den Bildschirmschoner (SYSTEMSTEUERUNG|ANZEIGE) und stellen Sie eventuell die Abschaltzeit des Monitors auf einen für Sie passenden Wert, um das Display dennoch zu schonen.

Nachdem der Renderprozess abgeschlossen wurde, können Sie noch die Belichtung des gerenderten Bildes nachjustieren. Schieben Sie die einzelnen Regler etwas nach links oder rechts, um die jeweiligen Werte zu verändern.

Klicken Sie nach jeder Änderung auf ANWENDEN, um das Ergebnis überprüfen zu können. Mit STANDARDWERTE WIEDERHERSTELLEN können Sie das Bild in den Originalzustand zurücksetzen.

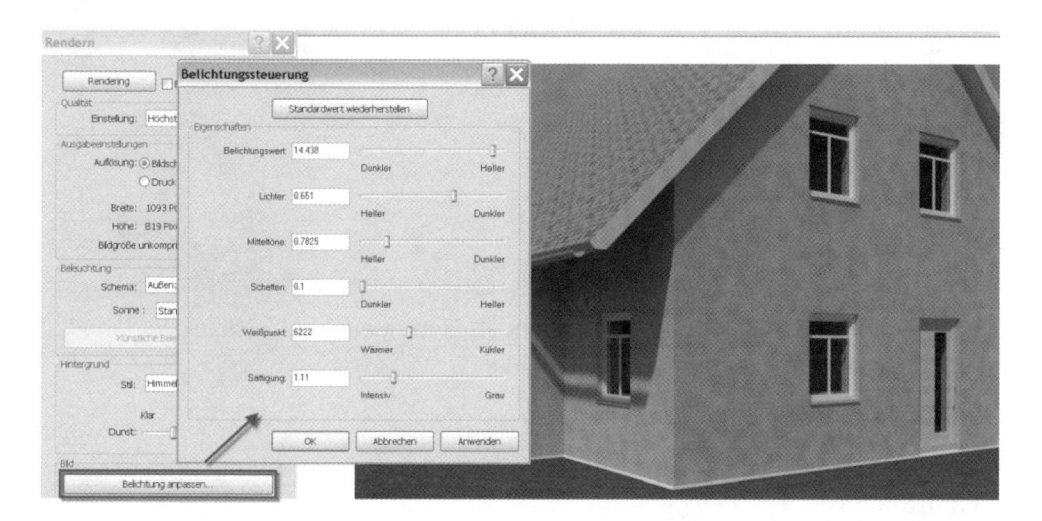

Wenn Sie mit dem Ergebnis zufrieden sind, schließen Sie die Dialogbox mit OK.

Sie können nun das Bild im Projekt abspeichern (es wird im Projektbrowser automatisch eine entsprechende Rubrik angelegt) oder direkt auf der Festplatte ablegen.

Wenn das Ergebnis des Renderings fertiggestellt ist, kann mit dem Button MODELL ANZEIGEN die Ansicht wieder auf den schattierten Modus umgestellt werden. Ein weiterer Klick auf diesen Button lässt die gerenderte Grafik wieder erscheinen.

Weitere Tipps zum Rendern
Benutzerdefinierte Einstellungen für Rendering erstellen

Sie können die Ausgabequalität des Renderings auch selbst definieren. Wählen Sie dazu aus der Liste den Eintrag BENUTZERDEFINIERT (ANSICHTSSPEZIFISCH) aus. Um die Einstellungen dieses Sets ändern zu können, wählen Sie aus der Liste den Eintrag BEARBEITEN.

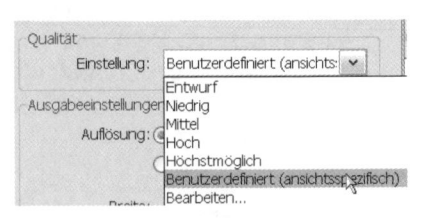

In der erscheinenden Dialogbox können die Rubriken einzeln geändert werden. Beachten Sie, dass jede Erhöhung der Auflösung auch die Renderzeit verlängert!

Die Optionen für lichtdurchlässige Bauteile werden nur für Innenszenen benötigt, damit der Lichteinfall durch die Fenster in die Innenräume berechnet wird. Lassen Sie diese Option also für alle Außenszenen deaktiviert.

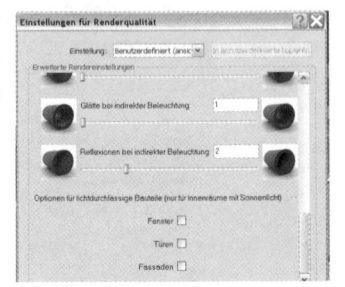

Es kann auch die Einstellung einer anderen Konfiguration in das benutzerdefinierte Set kopiert werden. Wählen Sie dazu bei EINSTELLUNGEN den entsprechenden Eintrag aus und klicken Sie dann auf den Button IN BENUTZERDEFINIERTE KOPIEREN.

Nachtszenen/Beleuchtung/Innenszenen

Für die Erstellung von Nachtszenen mit künstlicher Beleuchtung sind folgende Schritte nötig:

Einstellung des Sonnenstandes

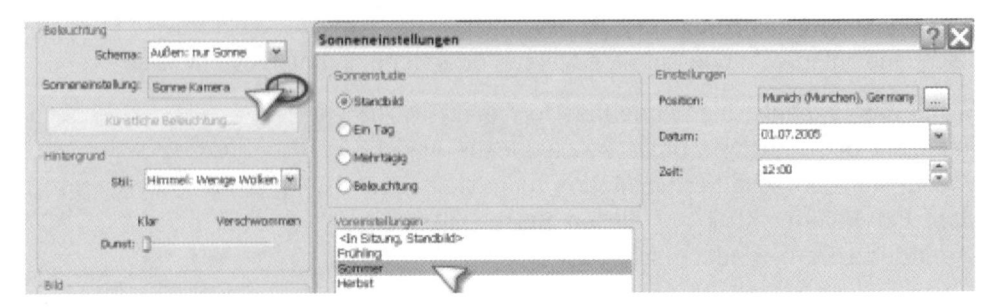

3.15 Planzusammenstellung und -gestaltung

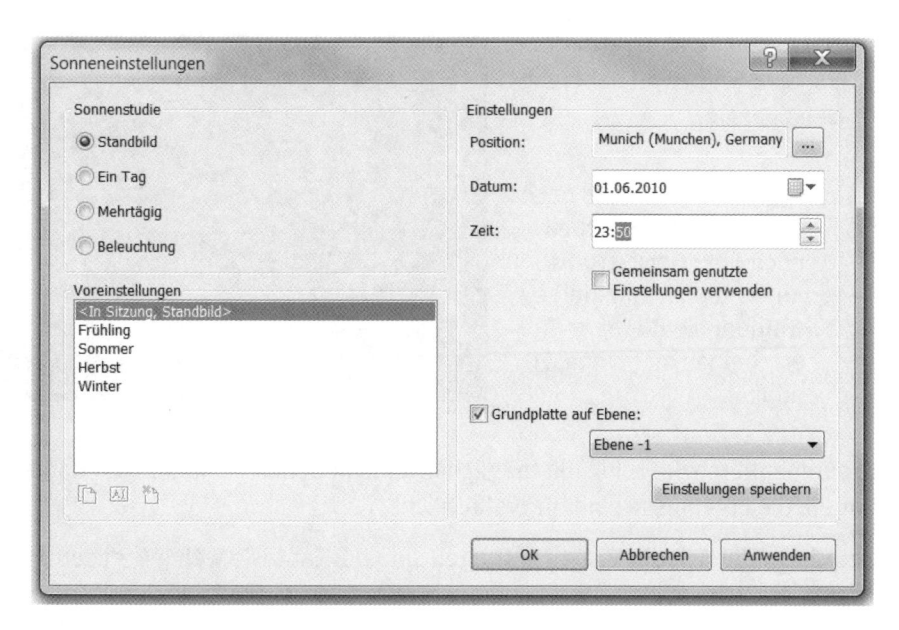

- Einfügen von Lichtquellenber BAUTEIL aus der Metric Library (Ordner Beleuchtung) entsprechende Familien laden und im Projekt platzieren
- Aktivieren/Deaktivieren der Lichtgruppen

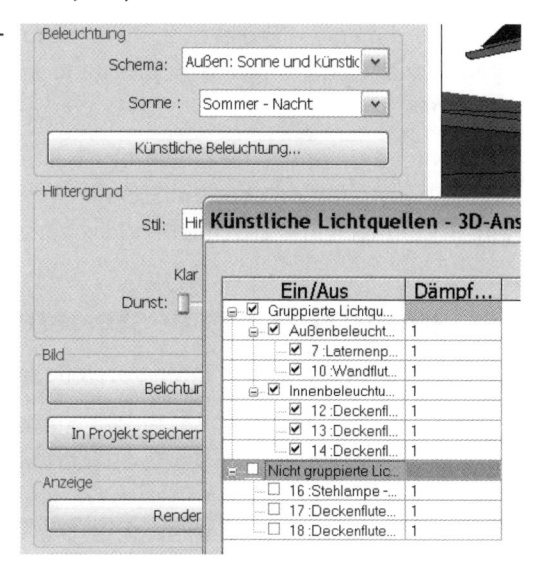

- Nach dem Rendern erhalten Sie eine Szene wie nebenstehend gezeigt.

- Tipp: Das Bild muss nach dem Rendern eventuell noch über BELICHTUNG ANPASSEN nachjustiert werden; die Bilder erscheinen manchmal zu dunkel.

Experimentieren Sie ruhig mit möglichst verschiedenen Einstellungen und Konstellationen, die Ergebnisse sind oft erstaunlich!

Gerade im Bereich der Visualisierungen sind der Fantasie wenig Grenzen gesetzt!

3.16 Erste Schritte für eigene Vorlagen

Wenn Sie die ersten Projekte in Revit begonnen haben, werden Sie relativ schnell eigene Vorlagen benötigen bzw. die Standardvorlage an verschiedenen Stellen abändern wollen.

Sie können dazu entweder ein bereits bestehendes Projekt verwenden und dort die Geometrien entfernen oder die Standardvorlage als neues Projekt öffnen, die Änderungen eintragen und anschließend als Vorlagendatei wieder abspeichern.

Vorlagendatei aus bestehendem Projekt erstellen

Öffnen Sie das Projekt, das Ihren Vorstellungen am nächsten kommt.

Ändern Sie alle Familien und Typen, die nicht Ihren Vorgaben entsprechen. Das betrifft z. B. die Schriftarten der Texte (falls nicht Arial verwendet werden soll). Beachten Sie dabei, dass die Schriftart nicht global verändert werden kann, sondern in jeder Familie umgestellt werden muss. Das bedeutet einen durchaus nicht unerheblichen Arbeitsaufwand.

Bei einigen Familien wird der Stil direkt über die Eigenschaften als Parameter gesteuert (z. B. Bemaßung, Beschriftungen, Notizen), bei anderen müssen Sie den Stil im Familieneditor umstellen (z. B. bei den Raumbeschriftungen).

3.16 Erste Schritte für eigene Vorlagen

Um z. B. einen Planrahmen abändern zu können, klicken Sie auf einen möglichst ähnlichen Planrahmen (z. B. PLAN DIN A0 in der Standardvorlage) und öffnen ihn im Familieneditor (Button FAMILIE BEARBEITEN in der Funktionsleiste).

Im Familieneditor können die Elemente des Planrahmens einzeln bearbeitet werden. Zum Beispiel können Linien oder Texte, die Sie nicht benötigen, einfach angewählt und gelöscht werden. Der Familieneditor kann jedoch noch mehr, als nur einzelne Linien zu einem Objekt zusammenfügen. Es können verschiedene Parameter und Abhängigkeiten definiert werden, die der Familie je nach Bedarf ein gewisses Maß an Intelligenz hinzufügen. Solche Parameter können Beschriftungen (z. B. hier in der Familie der Parameter PROJEKT, der sich automatisch in andere Pläne überträgt) oder auch Bemaßungen sein, die entweder variabel sein können oder auch eine bestimmte Position fixieren können (hier z. B. die Länge des Plans). Letzteres ist auch in dieser Familie der Fall, daher werden Sie beim Verschieben einzelner Linien zunächst unerwartete Ergebnisse erzielen. Da die Planlänge und -breite vom Ersteller dieser Familie als fixe Größen definiert wurden, kann die Plangröße zunächst nicht verändert werden. Solche Abhängigkeiten werden über Bemaßungen definiert. Im Moment sind in der Familie keine Bemaßungen sichtbar, da diese ausgeblendet wurden. Falls Sie diese Abhängigkeiten ändern wollen, rufen Sie zunächst über das Tastaturkürzel »vv« die SICHTBARKEITEN DER GRAFIKEN auf und aktivieren in der Rubrik BESCHRIFTUNGSKATEGORIEN die Bemaßungen. Daraufhin werden alle Bemaßungen der Familie sichtbar und können bearbeitet werden. Klicken Sie nun auf die Bemaßung der Planlänge, Sie werden feststellen können, dass dieses Maß mit dem Schlösschen gesperrt wurde. Um das Maß wieder freizugeben, klicken Sie auf das Schloss, es wird daraufhin geöffnet dargestellt.

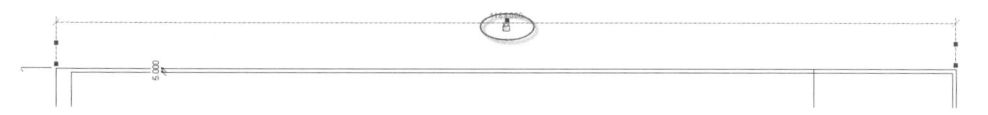

In der Planfamilie sind noch etliche andere gesperrte Bemaßungen vorhanden, prüfen Sie also die Bemaßungen, falls Sie einzelne Linien verändern wollen.

Tipp: Um Ihr Logo auf dem Plan platzieren zu können, importieren Sie eine Pixeldatei über das Menü EINFÜ-GEN|BILD.

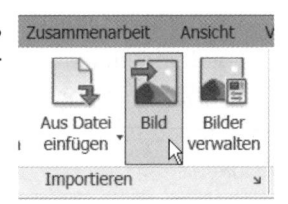

Erlaubt sind Bilddateien mit der Endung .bmp, .gif, .jpg, .png oder .tif.

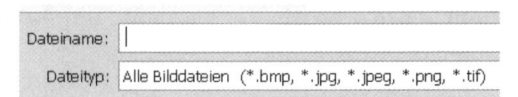

PDF-Formate werden im Moment beim Import nicht unterstützt.

Das eingefügte Bild kann in Position und Größe anschließend genau angepasst werden. Für die Änderung der Größe verschieben Sie die blauen Punkte an den Ecken des Pixelbildes.

Wenn Sie mit dem Familieneditor noch nicht vertraut sind, dann belassen Sie die bereits eingefügten Parameter so, wie sie sind, bzw. löschen Sie die Inhalte, die Sie nicht benötigen.

Anschließend können Sie die geänderte Planfamilie unter einem neuen Namen abspeichern (MENÜBROWSER|SPEICHERN UNTER).

Tipp: Speichern Sie Ihre eigenen Familien möglichst nicht in der Metric Library, sondern in einem eigenen Verzeichnis. Mit jeder neuen Revit-Version wird schließlich eine neue Metric Library mitgeliefert und Sie finden später unter Umständen Ihre eigenen Familien nicht mehr aus den mitgelieferten heraus.

Tipp zu den Planrahmen: Der Planrahmen und der Plankopf müssen nicht zwangsweise in derselben Familie sein. Es ist genauso gut möglich, den Planrahmen parametrisch zu gestalten (z. B. Höhe ist fix A1, die Länge ist variabel) und den Plankopf getrennt vom Rahmen einzufügen! Für nähere Informationen hierzu sieh auch das Kapitel *3.18 Grundlagen des Familieneditors*.

Entfernen Sie als Nächstes aus allen Ansichten die Geometrien, die nicht benötigt werden (Wände, Türen, Fenster etc.).

Rufen Sie aus dem Menü VERWALTEN den Befehl NICHT VERWENDETE BEREINIGEN auf.

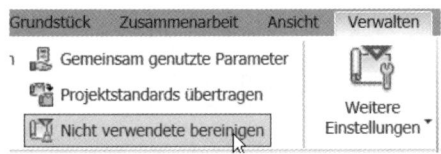

3.16 Erste Schritte für eigene Vorlagen

Im erscheinenden Dialogfenster können Sie nun auswählen, welche Familien im Projekt verbleiben und welche aus dem Projekt entfernt werden sollen.

Setzen Sie bei allen Familien, die entfernt werden sollen, das Häkchen und klicken Sie anschließend auf OK.

Daraufhin wird das Projekt bereinigt. Nach dem Speichern sollte das Projekt im Allgemeinen weniger Platz auf der Festplatte benötigen. Je weniger Familien im Projekt gespeichert sind, desto kleiner wird die Datei werden.

Überlegen Sie sich also, welche Familien sinnvollerweise in der Vorlagendatei gespeichert werden sollen, um das Projekt nicht unnötig »aufzublähen«!

Wenn Sie sich nicht sicher sind, entfernen Sie zunächst die Familie aus der Vorlage und fügen Sie sie später wieder ein, falls Sie merken sollten, dass Sie sie doch benötigen.

Versuchen Sie, einen Kompromiss zwischen Dateigröße und benötigten Familien zu finden. Dieser Prozess wird nie ganz abgeschlossen sein; eine Vorlagendatei »lebt« und muss im Laufe der Zeit immer wieder den Bedürfnissen der Benutzer angepasst werden.

Ergänzen Sie anschließend evtl. zusätzlich benötigte Ansichten, Bauteillisten etc.

Wenn Sie mit dem Ergebnis (für den Moment) zufrieden sind, wählen Sie aus dem Menübrowser den Eintrag SPEICHERN UNTER|VORLAGE.

Wählen Sie einen passenden Namen und unter Dateityp die Endung .rte (Revit Template).

Klicken Sie nun auf OK und die Datei wird im angegebenen Ordner als Vorlagendatei abgelegt.

Jetzt haben Sie eine Vorlagendatei aus einem bestehenden Projekt angelegt.

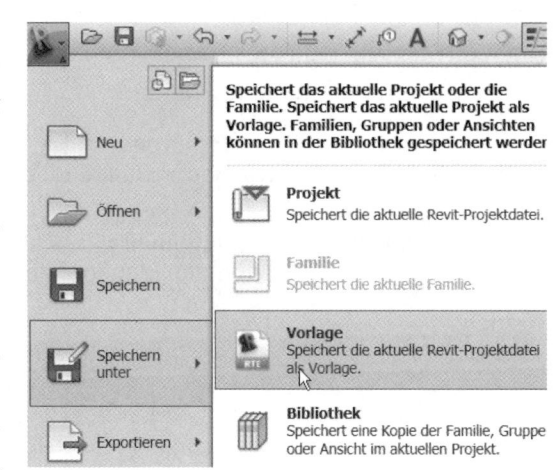

Mehr dazu finden Sie im übernächsten Abschnitt *Einstellungen zum Programm*.

Bestehende Vorlagendatei ändern

Alternativ können Sie auch die bestehende Vorlagendatei verwenden und dort die Eintragungen nach Ihren Bedürfnissen vornehmen.

Wählen Sie dazu im Menübrowser den Eintrag NEU|PROJEKT. In der erscheinenden Dialogbox können Sie nun die Option PROJEKTVORLAGE auswählen.

Ausgangspunkt ist dabei die im Drop-down-Menü gewählte Datei. Sie können auch andere Vorlagen auswählen, wenn Sie auf den Button DURCHSUCHEN klicken.

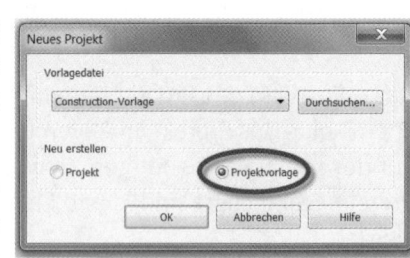

Klicken Sie auf OK, um die Vorlage zu öffnen.

Nehmen Sie jetzt alle erwünschten Änderungen vor (siehe vorheriger Abschnitt) und klicken Sie dann auf SPEICHERN. Wählen Sie in der erscheinenden Dialogbox einen Ordner und einen Namen für die Vorlage aus. Die Dateiendung ist diesmal schon auf .rte voreingestellt.

Einstellungen zum Programm

Im Menübrowser können unter OPTIONEN Funktionen eingestellt werden, die das Programm selbst betreffen.

Unter ALLGEMEIN können Einstellungen zum Speichern vorgenommen werden.

Der Benutzername ist bei der Arbeit in Multiuserumgebungen wichtig. Er wird von Revit automatisch nach der Installation vom Windows-Benutzernamen übernommen, er kann aber manuell geändert werden.

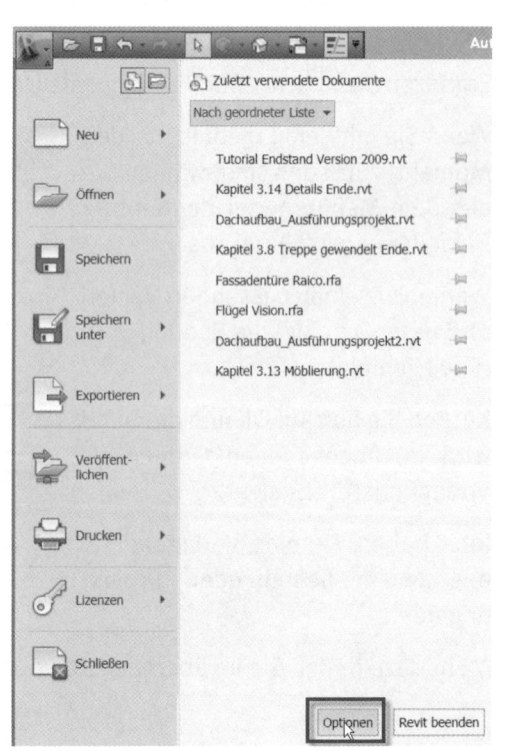

3.16 Erste Schritte für eigene Vorlagen

In der Rubrik BENUTZEROBER-FLÄCHE können z. B. die Tastenkombinationen verändert werden.

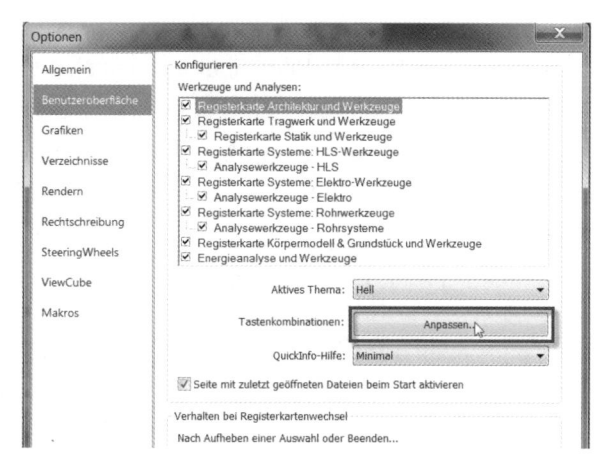

Tipp: Alternativ ist dieser Befehl auch im Projekt unter ANSICHT|BENUTZEROBERFLÄCHE zu finden.

Ab der Version 2013 ist es in dieser Rubrik – je nach installierter Revit-Version – möglich, die spezifischen Fachschalen für Architecture, Structure bzw. MEP zu selektieren. Die Multifunktionsleiste wird sich entsprechend den hier getroffenen Einstellungen anpassen.

Unter GRAFIKEN können Sie die Open-GL-Unterstützung aktivieren, wenn Sie eine 3D-Grafikkarte haben, die diesen Modus unterstützt. Das könnte die Darstellung von 3D-Ansichten beschleunigen.

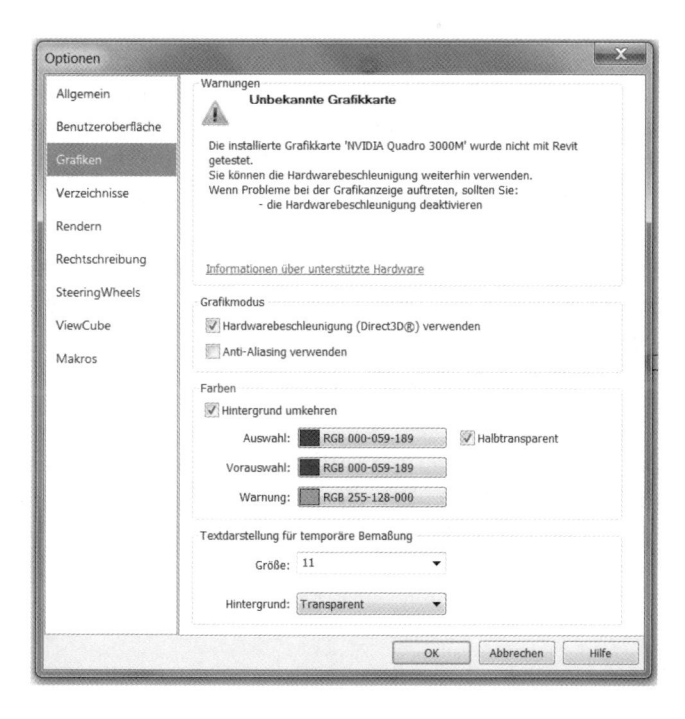

Probleme mit dem Grafikkartentreiber verursachen z. B. fehlerhafte Darstellungen der Grafiken (Streifen im Bild, Inhalte von Ansichten können nicht dargestellt werden, Bauteile erscheinen transparent etc.).

Sollten Fehler auftauchen, prüfen Sie immer zuerst den empfohlenen Treiber und installieren sie ihn gegebenenfalls. Die meisten Probleme können dadurch schon behoben werden.

Verwenden Sie möglichst genau den angegebenen zertifizierten Treiber. In manchen Fällen bringen selbst neuere Treiber schlechtere Ergebnisse.

Der angegebene Link führt zur Autodesk-Website, auf der man die zertifizierten bzw. getesteten Treiber direkt downloaden kann.

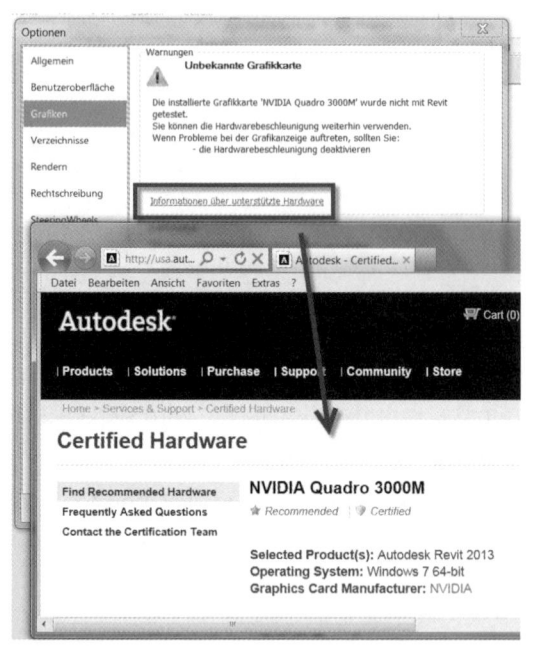

Hinweis: Ein nicht zertifizierter Treiber muss nicht zwingend zu Fehlern führen, genauso wenig eine nicht getestete Grafikkarte. Die im Beispiel gezeigte »Unbekannte Grafikkarte« tut ihre Dienste z. B. bislang bestens.

Sollten Sie trotz aktuellem Treiber Grafikprobleme haben, entfernen Sie als nächsten Schritt die 3D-Beschleunigung. Testen Sie diese Einstellung und lassen Sie diese Option gegebenenfalls deaktiviert. Meiner Erfahrung nach sind die Zeitgewinne vor allem bei sehr großen Projekten subjektiv wahrnehmbar, bei mittleren und kleineren eher nicht.

Des Weiteren können die Farben in gewissem Umfang geändert werden. Wenn Sie HINTERGRUND UMKEHREN aktivieren, wird die Zeichenfläche schwarz dargestellt. Andere Farben sind derzeit nicht wählbar.

3.16 Erste Schritte für eigene Vorlagen

Für die Auswahl- bzw. Hinweisfarbe kann aus der Farbpalette eine beliebige Farbe gewählt werden. Klicken Sie auf den Button, um zur Auswahlpalette zu gelangen.

Neu ab der Version 2011 ist die Möglichkeit, die Größe der temporären Bemaßungen direkt im Projekt zu verändern.

In der Rubrik VERZEICHNISSE können Sie die Pfade für die Vorlagendateien einstellen. Klicken Sie ein einer der Zeilen und anschließend auf den erscheinenden Button mit den drei Punkten, um eine andere Datei als die Standardvorlage (`DefaultDeuDeu.rte`) auswählen zu können.

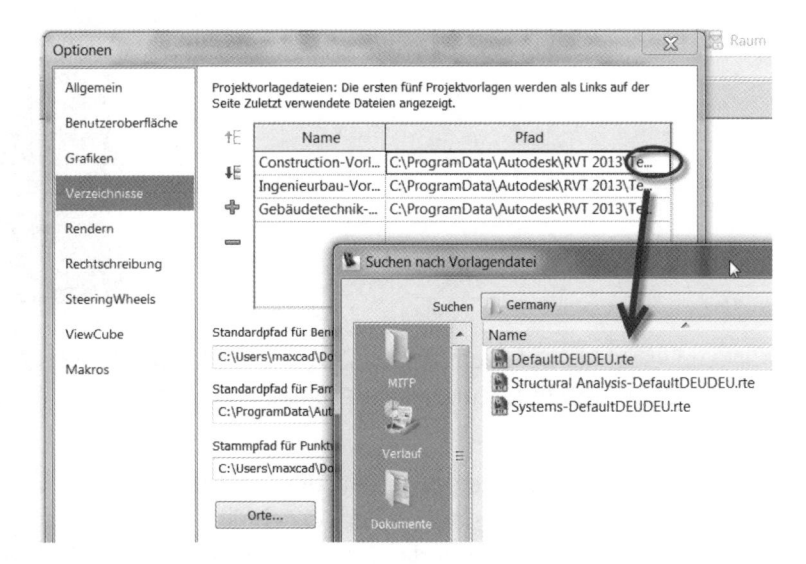

Die Namen in dieser Liste können jederzeit geändert werden und erscheinen entsprechend in der Abfragebox beim Starten eines neuen Projektes. Die Übersetzung »Construction« scheint mir z. B. sehr ungünstig, besser wäre »Architektur« oder ähnliches.

Klicken Sie auf die Einträge, um den Pfad für die Benutzerdateien bzw. die Formatvorlagen verändern zu können. Die dort eingestellten Verzeichnisse werden aufgerufen, wenn man auf den Button SPEICHERN oder ÖFFNEN klickt.

Unter ORTE können Sie beliebige weitere Ordner hinzufügen, um schnell Zugriff zu anderen Positionen zu erhalten.

Diese Ordner erscheinen beim Öffnen oder Speichern von Dateien auf der linken Seite des Dialogfensters.

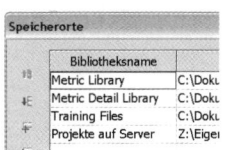

Kapitel 3 — DIE GRUNDFUNKTIONEN IM DETAIL

> Tipp: Mit dem Button WERKZEUGE können auch einzelne Ordner direkt aus dem ÖFFNEN- bzw. SPEICHERN-Menü in die Favoriten übernommen werden.

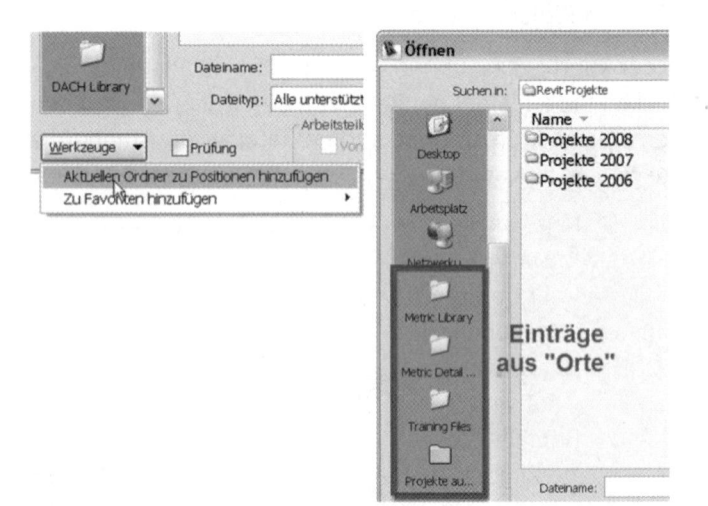

Klicken Sie auf RENDERN, um dort zusätzliche Pfade für die RENDER-DARSTELLUNGS-PFADE angeben zu können.

Hier sollten Bilddaten abgelegt werden, die gegebenenfalls für eigene Materialien oder Abziehbilder angefertigt worden sind. Soll das Projekt verschoben werden, damit ein anderes Teammitglied es weiter bearbeiten kann, müssen diese Daten mitgegeben werden.

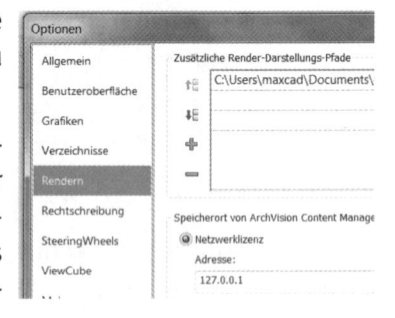

> Tipp: Um eigene Materialien lokal von einem Projekt in ein anderes zu übertragen, kann der Befehl PROJEKTSTANDARDS ÜBERTRAGEN aus dem Menü VERWALTEN benutzt werden. Wählen Sie ein geöffnetes Projekt aus, von dem die Standards übertragen werden sollen, markieren Sie die Rubrik MATERIALIEN und klicken Sie anschließend auf OK.

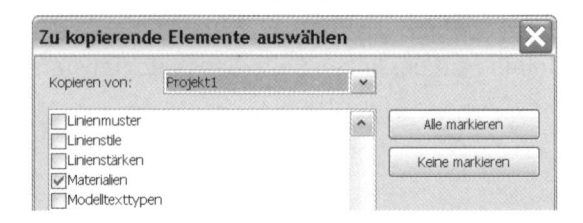

3.16 Erste Schritte für eigene Vorlagen

Daraufhin werden alle Materialien von dem angegebenen Projekt in das aktuelle Projekt kopiert. Allerdings werden dabei auch möglicherweise viele Materialien aus dem Projekt importiert, die man nicht benötigt; das Importieren eines *einzelnen* Materials ist derzeit nicht möglich.

Alternativ können Sie per Zwischenablage ein entsprechendes Bauteil von einer bestehenden Datei in die aktuelle Projektdatei kopieren. Das Material des Bauteils wird mit dem Bauteil in das Projekt importiert.

Der SPEICHERORT FÜR DEN ARCHVISION CONTENT MANAGER (ACM) kann bei Bedarf in der unteren Hälfte des Dialogfensters angegeben werden. Der ACM ist nicht für die bereits mitgelieferten RPC-Familien notwendig. Auf www.archvision.com können Sie mehr Informationen zu diesen Familien erhalten und gegebenenfalls auch verschiedene der Familien erwerben.

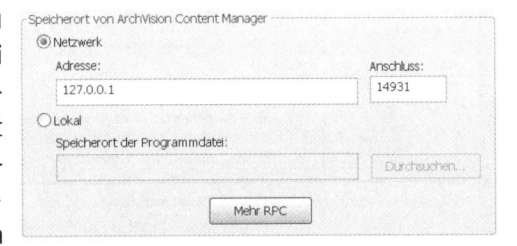

Die RPC-Staffagen betreffen vor allem Pflanzen, Personen und Autos und sehen nach dem Rendervorgang relativ realistisch aus.

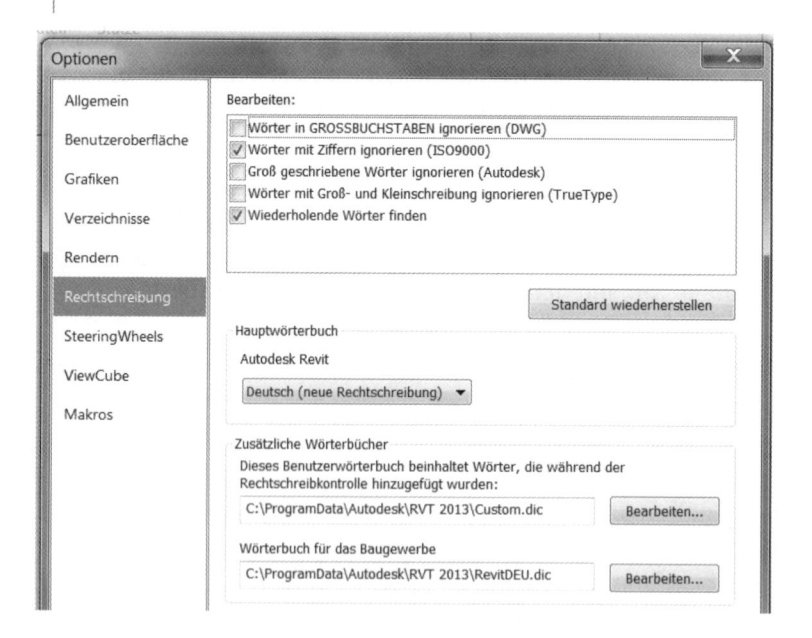

In der Rubrik RECHTSCHREIBUNG können Einstellungen zu den zu verwendenden Wörterbüchern gemacht werden, das betrifft die Worterkennung und unterschiedliche Hauptwörterbücher.

In den zusätzlichen Wörterbüchern werden alle Begriffe ergänzt, die während der Rechtschreibkontrolle hinzugefügt werden. Das Wörterbuch für das Baugewerbe enthält eine Auswahl von entsprechenden spezifischen Begriffen.

Unter STEERINGWHEELS können verschiedene Einstellungen zu dieser neuen Funktion vorgenommen werden. OPAZITÄT bezeichnet die »Durchsichtigkeit« des Steering-Wheels. Erhöhen Sie diesen Wert, so wird das Steering-Wheel weniger sichtbar, Gleiches gilt für die Rubrik VIEW-CUBE.

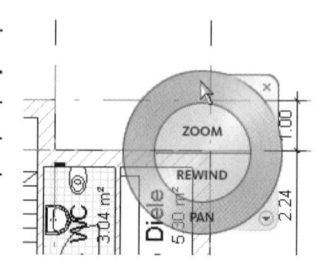

3.17 Eigene Tastaturbelegungen erstellen

Mit den Tastaturkürzeln erreicht man nahezu alle Befehle in Revit. Vor allem eingefleischte AutoCAD-Anwender werden nicht darauf verzichten wollen, da mit der Anwendung der Kürzel ein schnelleres Arbeiten möglich ist.

Dabei gilt es in Revit zu beachten, dass die Tastaturkürzel *ohne* Eingabebestätigung eingegeben werden! Das heißt, man spart sich einerseits die Betätigung einer Taste, andererseits ergibt sich daraus die Konsequenz, dass man für jedes Kürzel zwei Buch-

3.17 Eigene Tastaturbelegungen erstellen

staben verwenden sollte. Die Verwendung von nur einem Buchstaben für ein Kürzel ist theoretisch möglich, dafür entfällt aber dieser Buchstabe dann komplett für andere Belegungen.

Beispiel:

Verwendet man für den Befehl WAND das Kürzel »w«, ist dieser Buchstabe »ausgebucht«, da bei der Eingabe des Buchstabens »w« sofort der Befehl ausgeführt wird. Verwendet man hingegen z. B. »ww« für diesen Befehl, kann weiterhin das Kürzel »wt« für den Befehl FENSTER NEBENEINANDER ANORDNEN benutzt werden.

Aus methodischen Gründen sollten also immer mindestens zwei Buchstaben für ein Kürzel verwendet werden!

> Tipp: Bei Betätigung der ⎡Enter⎤-Taste wird ab der Version 2011 der letzte Befehl, bei zweimaliger Betätigung der vorletzte Befehl wiederholt.

Die Belegungen werden in der Datei Keyboardshortcuts.xml individuell abgespeichert, die bei der Installation im Userverzeichnis angelegt wird.

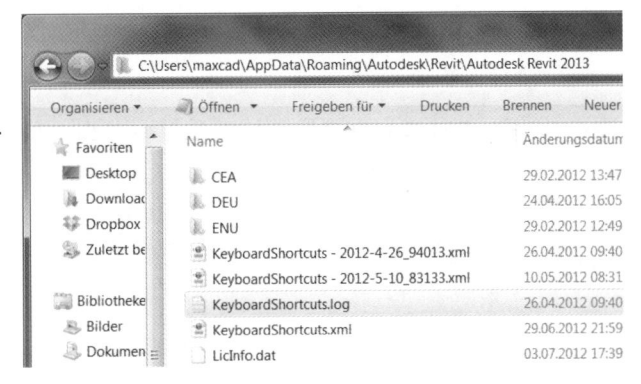

> Vorsicht: Es gibt auch noch eine Datei mit dem Namen Keyboardshortcuts.log, die überprüft, ob alle Belegungen auch eindeutig sind. Verwechseln Sie diese Dateien bitte nicht!

Die Erstellung eigener Kürzel und die Verwendung dieser Datei wird weiter unten im Text erklärt.

> Hinweis: Damit Sie die Dateien im Windows-Explorer korrekt angezeigt bekommen, wählen Sie im Explorer den Menüpunkt EXTRAS|ORDNEROPTIONEN.

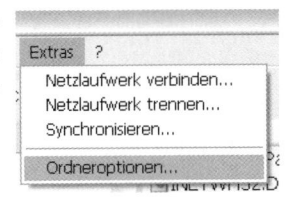

Wählen Sie dort das Register ANSICHT und deaktivieren Sie die Option ERWEITERUNGEN BEI BEKANNTEN DATEITYPEN AUSBLENDEN. Nun werden die Dateiendungen der Dateien angezeigt (z. B. das .xml beim Eintrag Keyboardshortcuts).

Bei der Überarbeitung der Maxcad-Keyboardshortcuts wurde das Prinzip der »Tastaturdoppelklicks« der Vorgängerversion beibehalten, einige Belegungen mussten aber neu definiert werden, da im Moment weder Sonderzeichen noch Umlaute akzeptiert werden.

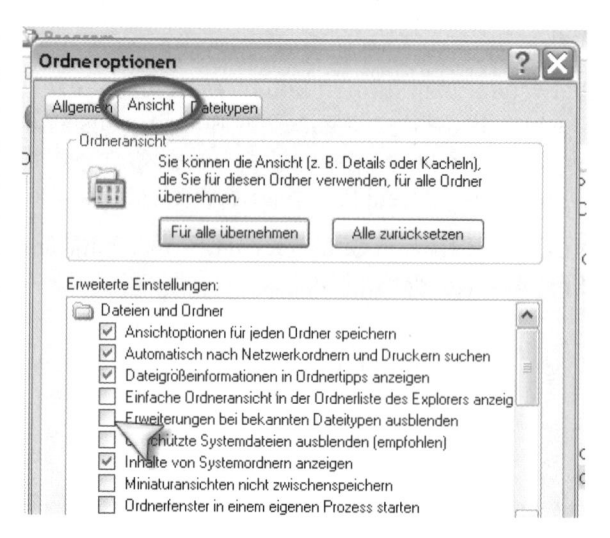

Das Kürzel zu jedem Befehl wird in der QuickInfo-Hilfe in Klammern angezeigt.

Die Datei Revit_2008_Doppelklick_Tastaturkuerzel.doc zeigt sehr anschaulich, welche Tasten mit einem »Doppelklick« belegt worden sind. Dieses Schaubild eignet sich prinzipiell dazu, als »Spickzettel« ausgedruckt zu werden, um am Anfang eine Gedächtnisstütze zu haben. Da ein Kürzel aber auch direkt in der QuickInfo-Hilfe angezeigt wird, ist dies allerdings zweitrangig!

Soweit möglich und sinnvoll, wurden die ersten Buchstaben der Befehle benutzt (WAND »ww«, MATERIALIEN »mm« usw.), andere Befehle wurden möglichst über eine Eselsbrücke definiert, z. B. »yy« für TRENNEN (da sich das y verzweigt) usw.

Wie ich meine, ist diese Aufteilung sehr eingängig und sinnvoll eingerichtet, eventuell wird man allerdings auch noch eigene Kürzel einfügen oder schon bestehende trotzdem abändern wollen. Dies ist sehr einfach über den Befehl ANSICHT|BENUTZEROBERFLÄCHE|TASTATURKURZBEFEHLE möglich, die Änderungen werden ohne Neustart übernommen!

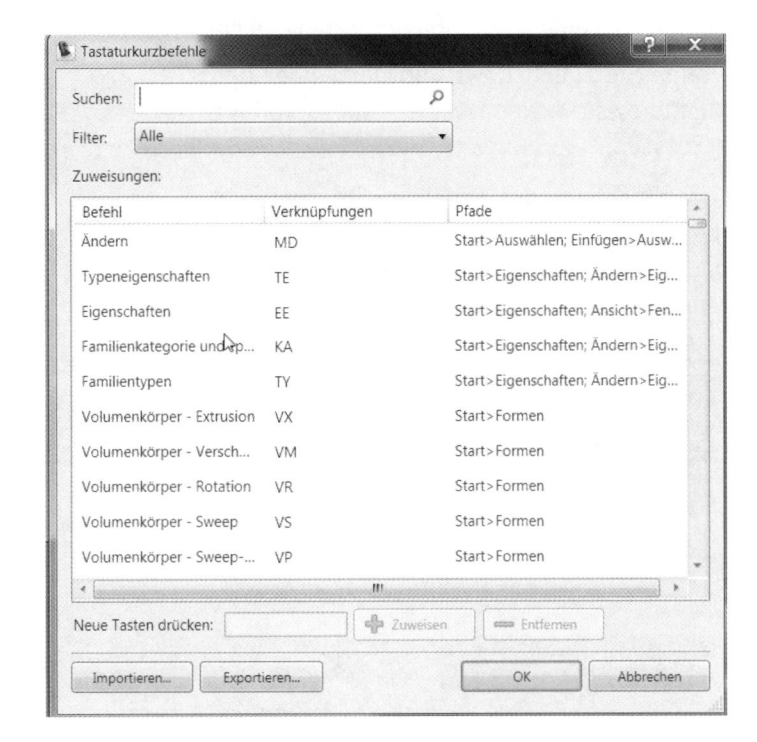

Das Dialogfeld sieht nach dem Befehlsaufruf in etwa wie folgt aus (Ausschnitt):

Um ein Kürzel zu ändern, markieren Sie eine Zeile und geben Sie im unteren Bereich das neue Kürzel ein.

Die Datei Keyboardshortcuts.log (in demselben Verzeichnis wie die Datei Keyboardshortcuts.xml) enthält alle Fehler, die beim Lesen der Datei Keyboardshortcuts.xml aufgetreten sind.

Wenn alle Kürzel richtig definiert sind, sollten keine Einträge in der Datei Keyboardshortcuts.log enthalten sein.

3.18 Grundlagen des Familieneditors

Durch den Familieneditor erhält man die Möglichkeit, neue Familien zu erstellen, bzw. bestehende Familien nach individuellen Bedürfnissen anzupassen.

In dieser Übung soll ein einfaches Fenster mit Glasbausteinen als Füllung erstellt werden. Dabei werden Sie lernen:

- Wie man einen Volumenkörper erstellt
- Wie man den Volumenkörper an Parameter bindet

Kapitel 3 — DIE GRUNDFUNKTIONEN IM DETAIL

- Wie man eigene Parameter erstellt
- Wie man eine selbst erstellte Familie in ein Projekt einbindet

Öffnen Sie zuerst Revit und dann über den Menübrowser NEU|FAMILIE die Vorlage M_Fenster.rft

Daraufhin wird der Familieneditor geöffnet (bemerkbar an der geänderten Multifunktionsleiste) und Sie befinden sich in der Referenzebene, also in der Draufsicht.

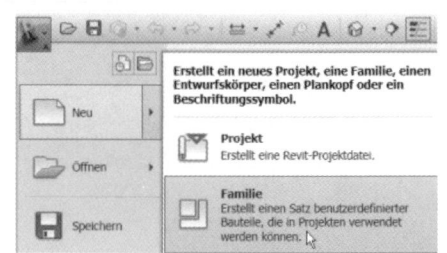

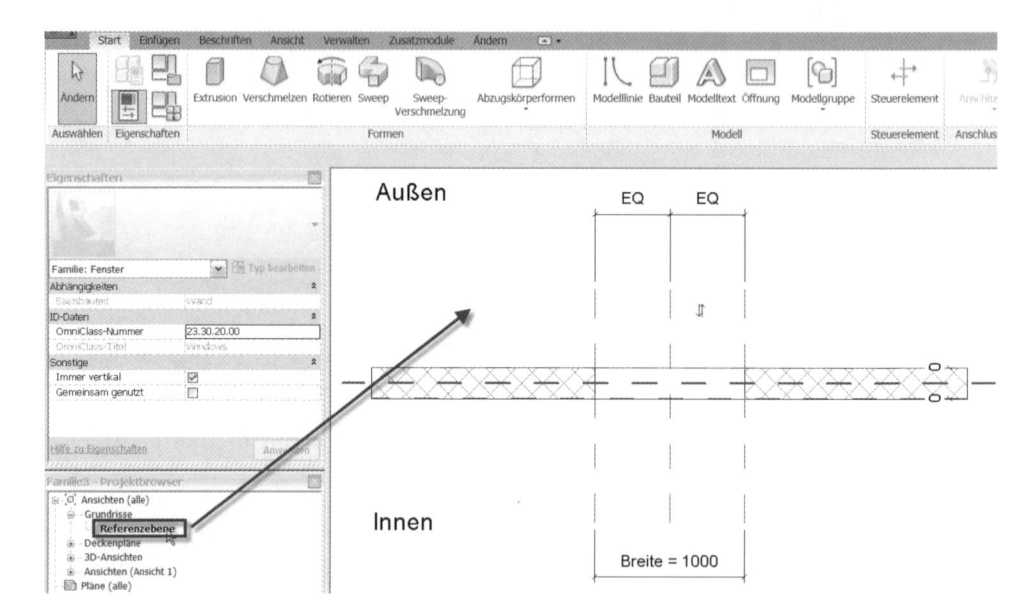

Im Zeichenbereich sind etliche »Platzhalter« zu sehen, die Ihnen die Arbeit im Familieneditor erleichtern und später im Projekt nicht mehr zu sehen sein werden.

Dies betrifft z. B. die Notizen »Innen« und »Außen«. Anhand dieser Beschriftungen können Sie die spätere Ausrichtung der Familie im Projekt erkennen. Diese Texte fungieren nur als Hilfe im Familieneditor und sind deshalb nicht im Projekt sichtbar.

Das Wandstück in der Mitte steht stellvertretend für die Wand im Projekt, die jedoch in der Wandstärke sicherlich abweichen wird.

Unsere fertige Familie soll sich möglichst an viele verschiedene Projektvorgaben anpassen können. So sollen verschiedene Höhen und Breiten im Projekt angegeben werden können, um individuell die Größe des Fensters festlegen zu können. Weiterhin müssen wir uns vorher entscheiden, wie sich das Fenster bezüglich der Lage

3.18 Grundlagen des Familieneditors

innerhalb der Wand verhalten soll. Soll das Fenster einfach immer mittig in der Wand sitzen oder soll ein Leibungsmaß angegeben werden können? Schließlich wird auch eine variable Dicke des Materials sinnvoll sein, da die Glasbausteine in verschiedenen Stärken erhältlich sind.

Für all diese Fälle werden nicht mehrere verschiedene Bauteile erstellt, die dann jeweils für einen bestimmten Fall eingesetzt werden können, sondern es wird *eine* Familie erstellt, die in allen möglichen Fällen eingesetzt werden kann!

Dafür ist es notwendig verschiedene Abhängigkeiten in der Familie zu definieren, nach denen sich das Fenster später im Projekt (über die Eigenschaften) anpassen lässt. Dazu ist es unbedingt sinnvoll, sich vorher die wichtigen Abhängigkeiten zu überlegen.

In unserem Beispiel soll gelten:

1. Die Materialstärke der Glasbausteine muss variabel im Projekt anzugeben sein.
2. Das Material selbst soll im Projekt auch nachträglich veränderbar sein.
3. Die Leibungstiefe der Glasbausteine soll individuell veränderbar sein.
4. Höhe und Breite der Fensteröffnung müssen variabel sein.

Ich will auch an diesem im Kern recht simplen Beispiel möglichst viele grundlegende Funktionsweisen des Familieneditors beschreiben, deshalb wird das Beispiel etwas umfangreicher als es in der Praxis wohl ausgeführt werden würde.

Wechseln Sie zuerst in die 3D-Ansicht und stellen Sie dort die Darstellung auf »Schattiert mit Kanten« und einen Maßstab von 1:20 ein, um eine möglichst plastische Darstellung zu erhalten.

Sie werden ein Wandstück mit einer Aussparung sehen können. Das Wandstück symbolisiert alle möglichen Wandtypen in späteren Projekten, die Aussparung wird das Fenster »beheimaten«.

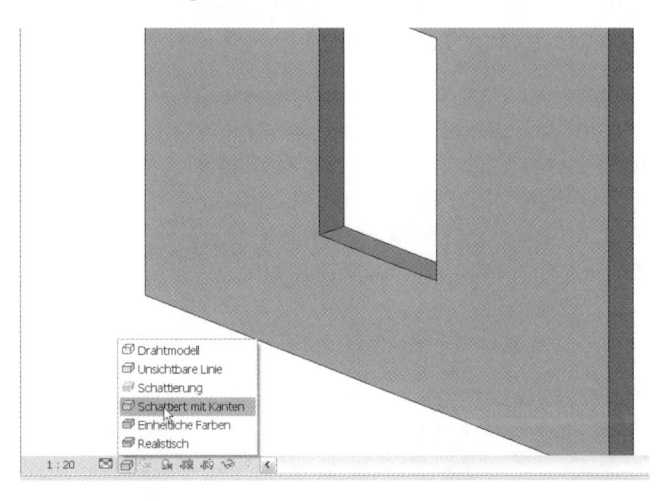

In der gewählten Vorlage sind nun schon einige grundlegende Dinge vorab definiert worden, z. B. die Breite und Höhe der Aussparung.

Diese Abhängigkeiten können gleich direkt im Familieneditor ausprobiert werden.

Klicken Sie dazu in der Entwurfsleiste auf TYPEN.

Dadurch öffnet sich das Dialogfenster FAMILIENTYPEN, in dem alle definierten Parameter der Familie ersichtlich sind.

Nun können Sie in den Zeilen HÖHE und BREITE neue Werte eintragen. Klicken Sie anschließend auf ANWENDEN und Sie werden sehen, dass sich die Geometrie in der 3D-Ansicht entsprechend anpasst.

Dieses »Anpassen der Geometrie« im Familieneditor nennt man auch »flexen«. Damit testet man, ob die Familie sich auch unter verschiedenen Bedingungen so verhält, wie sie es sollte. Deshalb ist das Flexen auch Ihr bester Freund im Familieneditor, da eventuell falsch gesetzte Abhängigkeiten gleich sichtbar werden. Machen Sie also ausgiebig davon Gebrauch, am besten nach jedem Erstellen einer Abhängigkeit!

Stellen Sie zur weiteren Arbeit wieder ein »ansehnliches Maß« von z. B. 1500 mm x 1000 mm her, schließen Sie das Familientypenfenster und wechseln Sie in die Ansicht AUSSEN. Stellen Sie ruhig auch dort die Darstellung SCHATTIERT ein.

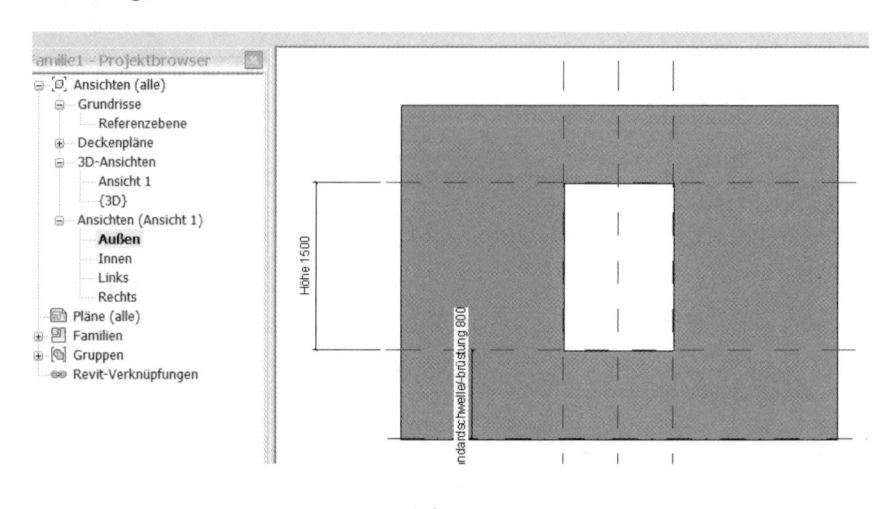

Sie sehen nun die »Vorderansicht« des Wandabschnittes mit ein paar grün gestrichelten Linien. Diese Linien sind tatsächlich Ebenen und steuern die soeben getestete Größenanpassung der Geometrie. Die Parameter HÖHE (hier schön sichtbar) und BREITE (in der Ansicht Referenzebene sichtbar) sind mit den Ebenen verbunden und steuern somit die Wandgeometrie, da diese wiederum mit den Ebenen verbunden ist.

In eine logische Reihenfolge gebracht, kann man also sagen:

Wir erstellen Referenzebenen, deren Lage mit Parametern gesteuert wird. An die Ebenen werden dann die benötigten 3D-Geometrien gebunden.

Mit Hilfe der »Formel« *Referenzebenen – Parameter – Geometrien* können wir beginnen, unsere 3D-Welt zu definieren.

Wenn Sie mit dem Mauszeiger auf eine der Referenzebenen klicken bzw. zeigen, werden Sie feststellen, dass alle Ebenen sinnvollerweise einen eindeutig zugeordneten Namen haben (z. B. »Fensterbank«). Dies erhöht die Übersicht beträchtlich, denn wir werden nun gleich von der Ebene »Fensterbank« aus einen Volumenkörper erstellen.

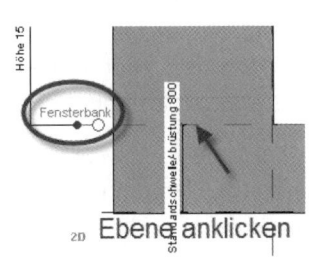

Wechseln Sie wieder in die Referenzebene zurück.

Rufen Sie aus der Rubrik START den Befehl VOLUMENKÖRPER|EXTRUSION auf.

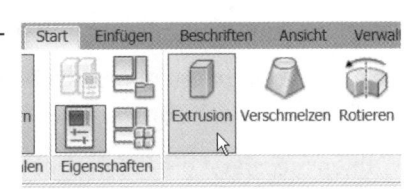

Wählen Sie den Befehl FESTLEGEN und aus der erscheinenden Dialogbox über das Drop-down-Menü bei NAME die REFERENZEBENE : FENSTERBANK.

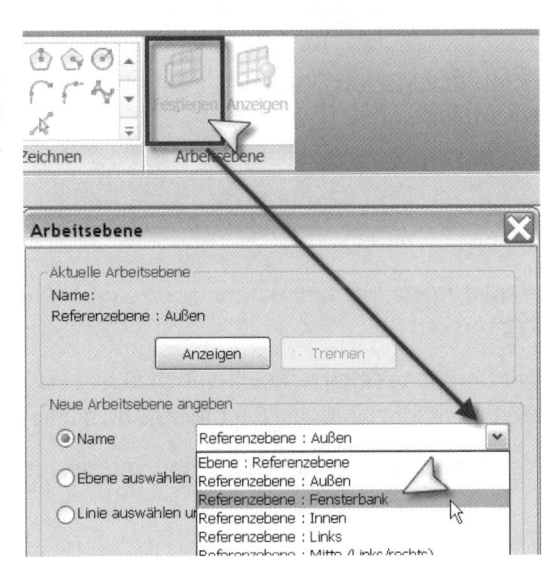

Nun können Sie mit Hilfe einer 2D-Skizze die Kontur des Volumenkörpers definieren. Benutzen Sie dazu den Befehl RECHTECK.

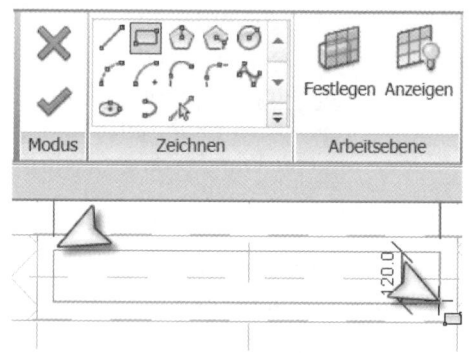

Zeichnen Sie dann ein Rechteck in die Aussparung der Wand. Setzen Sie das Rechteck absichtlich *neben* die bestehenden Linien und schließen Sie den Befehl mit SKIZZE FERTIG STELLEN ab.

Überprüfen Sie das Ergebnis in der 3D-Ansicht. Das soeben erstellte Element liegt als eine Art Balken in der Fensteröffnung.

Nun wird die eben erstellte Geometrie an die entsprechenden Ebenen gebunden, damit sie später den entsprechenden Parametern folgt (Höhe und Breite).

Dazu wird der Befehl AUSRICHTEN benutzt. Wechseln Sie in die Referenzebene zurück.

Wählen Sie zuerst die Referenzebene an (1.), dann die linke Linie des Rechtecks (2.) und klicken Sie dann auf das Schlösschen (3.), um die Abhängigkeit zu sperren, das heißt, den Volumenkörper mit der Ebene fest miteinander zu verbinden.

Ändern Sie die Referenzebene, wird ab jetzt die Linie des Rechtecks mit verändert! Die Geometrie ist somit an die Ebene gebunden!

Wiederholen Sie den Vorgang für die rechte Seite des Rechtecks:

Der Befehl AUSRICHTEN sollte noch aktiv sein (ansonsten aktiv schalten). Wählen Sie die Ebene, die Linie des Rechtecks und schließen Sie das Schlösschen ab!

Nun sind beide Leibungen mit den Referenzebenen verbunden.

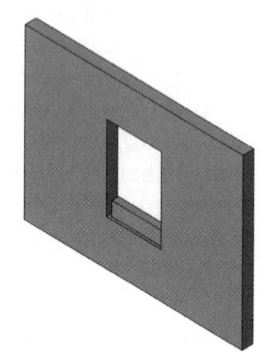

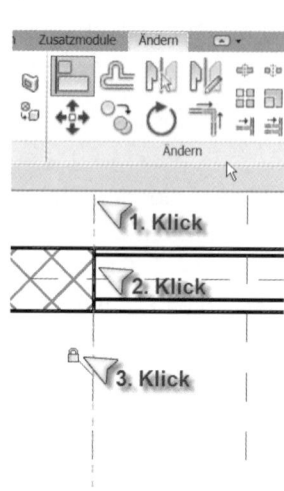

3.18 Grundlagen des Familieneditors

Wechseln Sie in die Ansicht Aussen.

Wiederholen Sie die Schritte für die obere und untere Linie des Volumenkörpers, sodass die Öffnung »zugemauert« ist.

⚠️ Vergessen Sie nicht, die Schlösschen zuzusperren!

Wechseln Sie in die 3D-Ansicht und flexen Sie das Bauteil. Wählen Sie dazu für die Parameter Breite und Höhe jeweils einen größeren und einen kleineren Wert als den bisher eingestellten.

Die Öffnung muss in jedem Fall zugemauert bleiben, ansonsten hat sich in den vorherigen Schritten ein Fehler eingeschlichen! Überprüfen Sie in so einem Falle nochmals die ausgerichteten Linien bzw. richten Sie sie nochmals aus, bis alles passt.

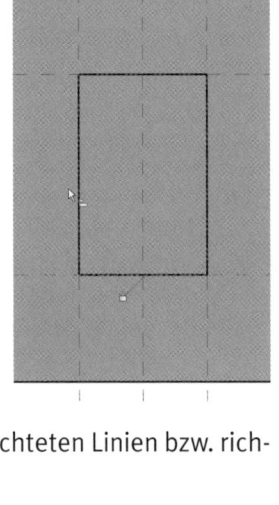

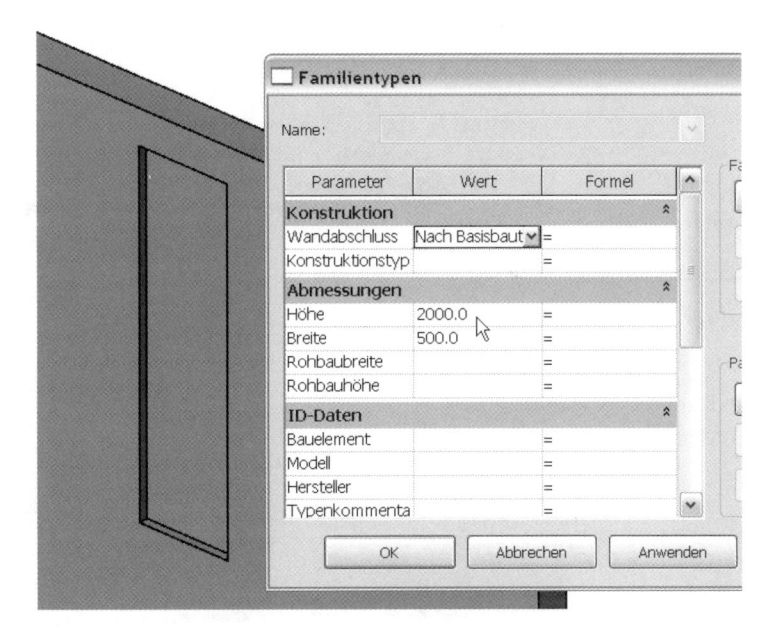

Stellen Sie die Größe dann wieder zurück auf unser Ausgangsmaß von 1500 mm x 1000 mm und wechseln Sie wieder zurück in die Referenzebene.

Als Nächstes müssen wir nun die Leibungstiefe und die Materialstärke als Parameter definieren.

Erstellen Sie dazu jeweils ein Maß.

⚠ Die Maße müssen getrennt sein (keine Maßkette), damit getrennte Parameter vergeben werden können.

Wählen Sie dann ein Maß an, und wählen Sie bei PARAMETER aus der Optionsleiste PARAMETER HINZUFÜGEN aus.

🛠 Tipp: Alternativ können Sie ab der Version 2011 dasselbe Menü auch über das Kontextmenü unter dem Eintrag BESCHRIFTUNG erreichen.

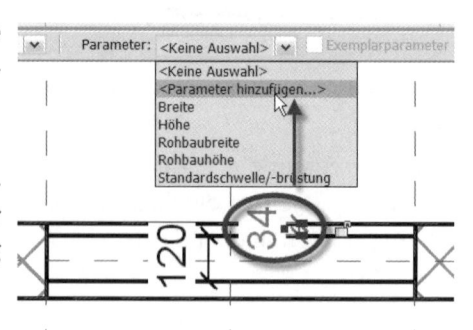

Stellen Sie die Parametereigenschaften wie folgt ein:

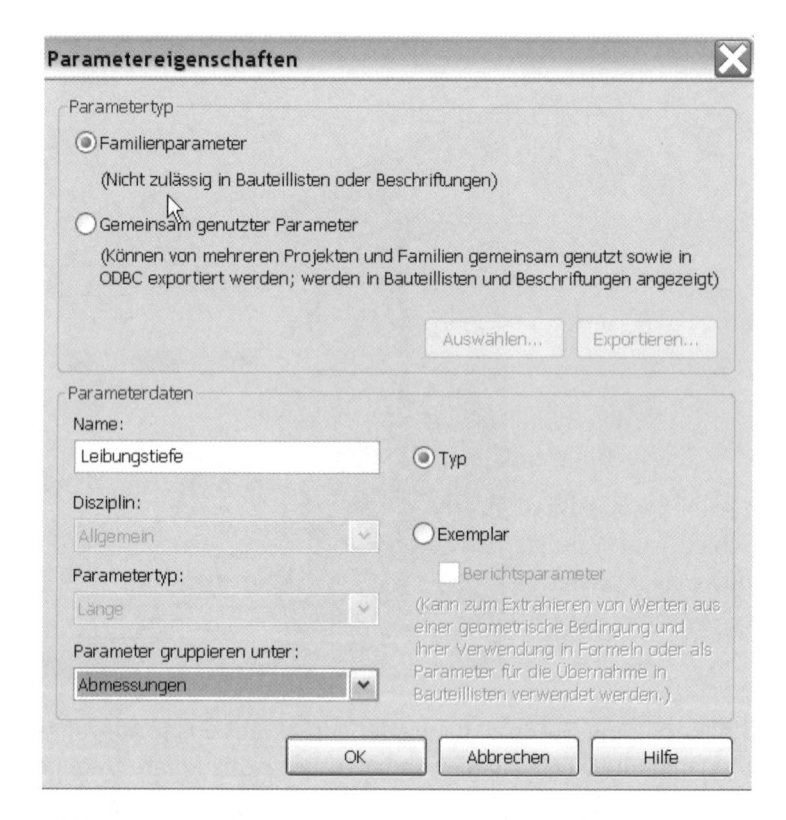

Der Name erscheint in den Eigenschaften im Projekt später wieder, die Gruppierung gibt die Position im Eigenschaftenfenster an. Die Optionen TYP und EXEMPLAR steuern, ob der Wert als Typen- oder Exemplarparameter geführt wird. Damit kann man definieren, ob sich der Wert für alle Exemplare eines Typs (= TYP) oder für jedes Exemplar (= EXEMPLAR) einzeln abändern lässt.

Wiederholen Sie die Vorgehensweise für das zweite Maß.

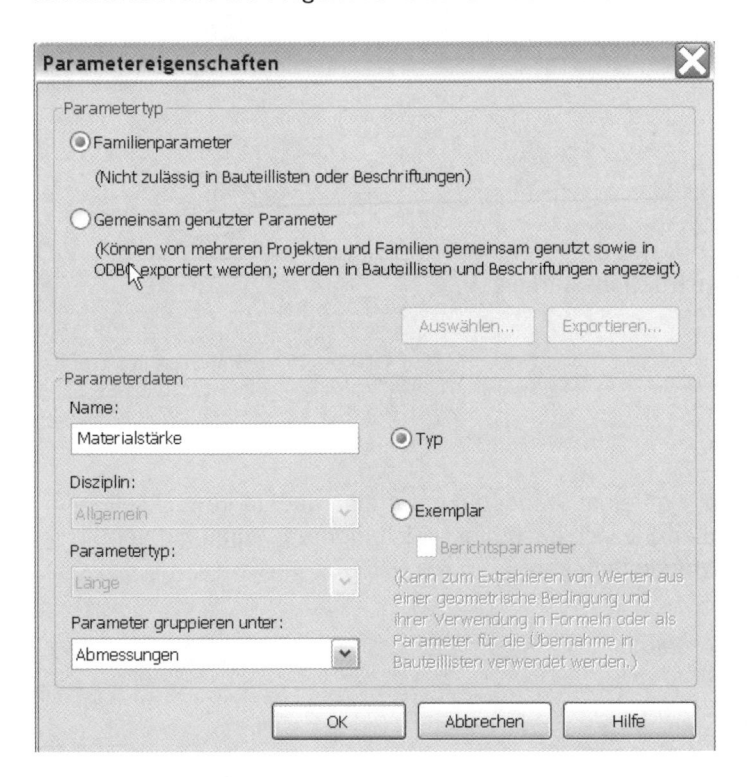

Flexen Sie das Bauteil wieder mit den neuen Parametern. Achten Sie dabei auf sinnvolle Maße! Die Wand hat im Moment eine Stärke von 200 mm.

Flexen Sie das Bauteil auch mit verschiedenen Wandstärken – das wird oft vernachlässigt!

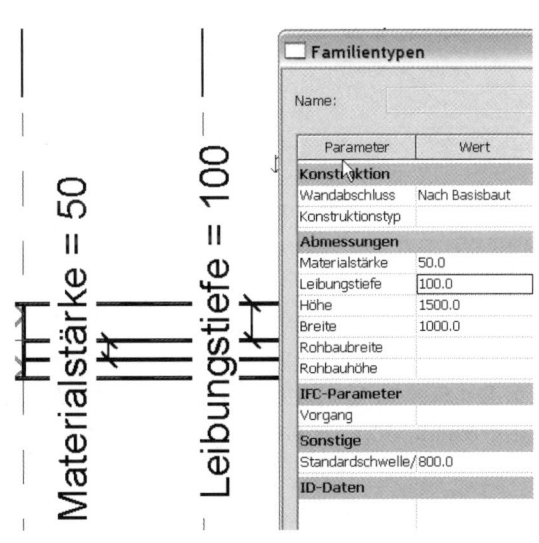

Kapitel 3 — DIE GRUNDFUNKTIONEN IM DETAIL

Wählen Sie dazu die Wand an, öffnen Sie die EIGENSCHAFTEN und verändern sie die Konstruktionsstärke der Wand.

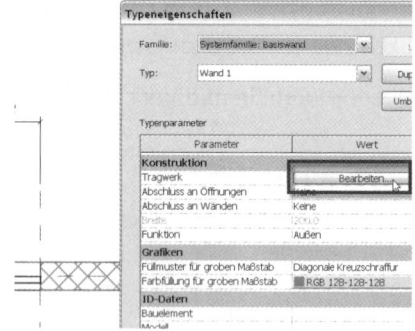

Wählen Sie als neue Konstruktionsstärke z. B. 365 mm.

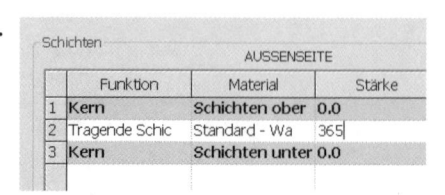

> Tipp: Damit schnell von einer Wandstärke auf eine andere gewechselt werden kann, können Sie sich auch hier gleich mehrere Typen mit verschiedenen Wandstärken anlegen.

Mein Beispiel sieht dann so aus:

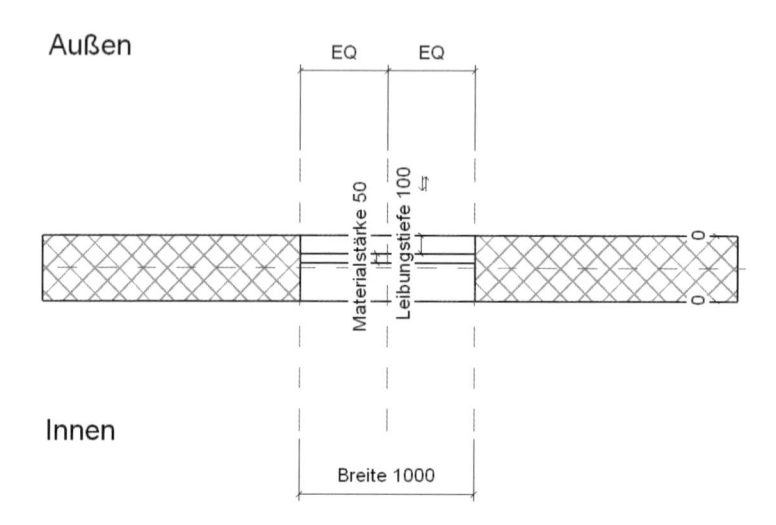

Prüfen Sie die Geometrie auch in der 3D-Ansicht. Wenn Sie die Bemaßungen in der 3D-Ansicht stören, deaktivieren Sie diese in den Sichtbarkeiten.

3.18 Grundlagen des Familieneditors

Wenn alles passt, vergeben wir noch einen Parameter für das Material der Fensterfüllung. Klicken Sie dazu das Element an und wählen sie die Eigenschaften aus.

Dort klicken Sie auf das kleine Rechteck rechts in der Zeile MATERIAL.

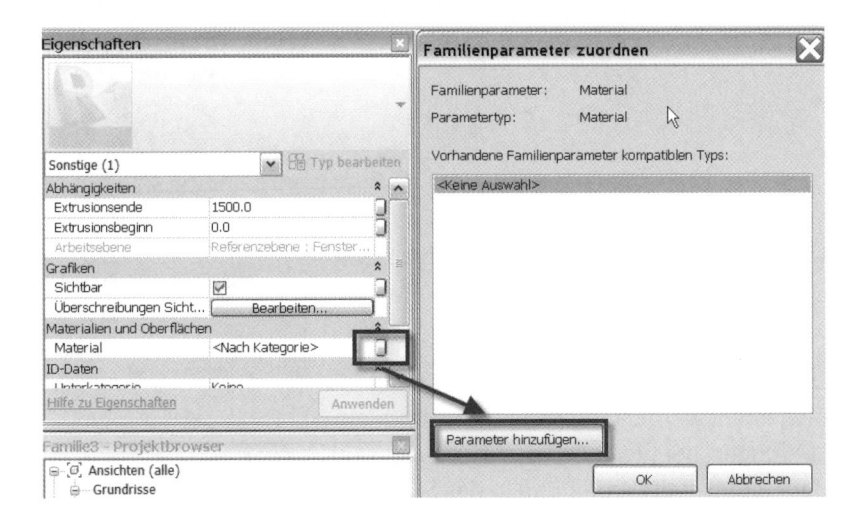

Nun können Sie auch hier einen neuen Parameter hinzufügen. Klicken Sie dazu auf den Button PARAMETER HINZUFÜGEN.

Ergänzen Sie den neuen Parameter. Wählen Sie für die Gruppierung den Eintrag MATERIALIEN UND OBERFLÄCHEN.

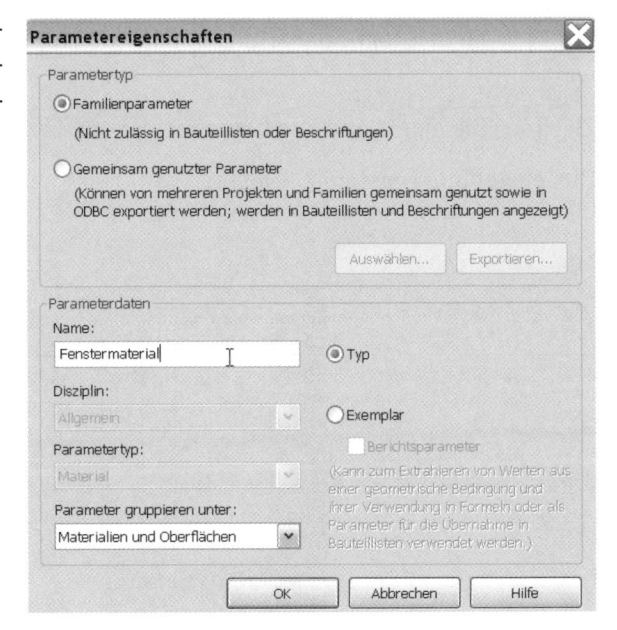

Stellen Sie nun noch in den Familientypen ein Material ein, das nach dem Einfügen in das Projekt vorselektiert sein soll.

Klicken Sie dazu in der Zeile FENSTERMATERIAL auf das Kästchen mit den drei Pünktchen.

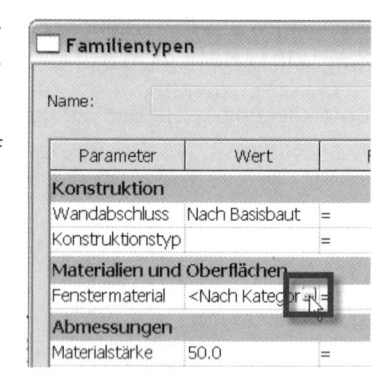

Wählen Sie dann in der Materialienliste DUPLIZIEREN und geben Sie den Namen Glasbaustein ein.

Das weitere Material muss nicht zwingend eingestellt werden, da Revit die Materialeinstellungen bei gleichen Bezeichnungen aus dem Projekt verwendet und in der Standardvorlage ein Material mit diesem Namen bereits definiert ist.

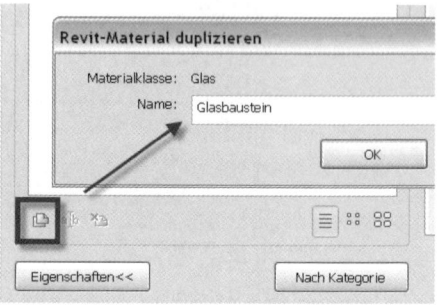

Speichern Sie nun die Familie unter einem entsprechenden Namen und klicken Sie auf IN PROJEKT LADEN, damit die Familie gleich in ein geöffnetes Projekt eingefügt wird.

Zeichnen Sie eine Wand und fügen Sie die eben erstellte Familie ein!

Das eingefügte Fenster im Projekt:

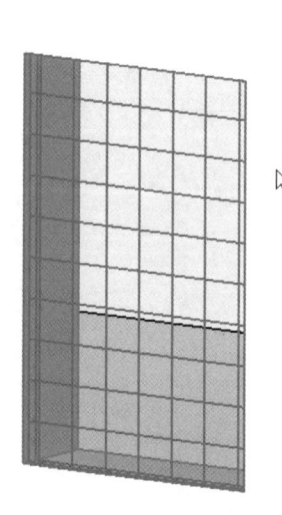

3.18 Grundlagen des Familieneditors

Tipp zur Planfamilie: Die vorgefertigten Planrahmen sind meiner Meinung nach nicht sehr praktikabel, da die Größen nicht flexibel sind. Wie schon im Kapitel *3.15 Planzusammenstellung und -gestaltung* erwähnt, kann es auch sinnvoll sein, den Plankopf vom Planrahmen zu trennen, damit auch der Plankopf flexibel gestaltet werden kann.

Dazu kann man einfach die bestehenden Familien hernehmen und etwas abändern. Öffnen Sie z. B. den Planrahmen A0 im Familieneditor.

Schalten Sie die Kategorie der Bemaßungen sichtbar (wie auch schon im Kapitel *3.15 Planzusammenstellung und -gestaltung* erwähnt) und entriegeln Sie die Bemaßungen für Höhe und Länge des Plans, damit anschließend diese Maße mit einem variablen Parameter versehen werden können.

Definieren Sie nun einen Parameter für die Planlänge als Exemplarparameter und die Höhe als Typenparameter. Damit kann im Projekt die Planlänge für jedes Exemplar einzeln definiert werden, die Höhe wird über Typen definiert.

Damit die Handhabung möglichst einfach wird, setzen Sie am rechten Rand eine Referenzlinie und richten diese am Planrahmen aus (abschließen!). Dadurch wird zum einen festgelegt, dass sich die Planlänge nach links ändert und zum anderen erscheinen im Projekt dreieckige Anfasser, wenn der Rahmen angeklickt wird.

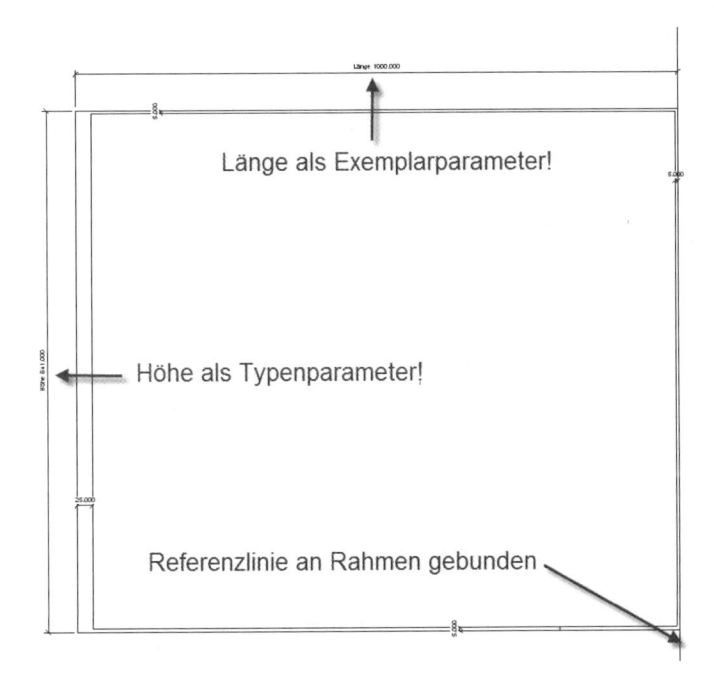

Löschen Sie die Linien für den Plankopf aus der Familie, damit in dieser Familie nur der Rahmen übrig bleibt.

Rufen Sie dann noch das Fenster FAMILIENTYPEN auf, um gleich die korrekten Typen zu definieren. Wird die Familie später ins Projekt geladen, steht über das Typenauswahlfenster der Rahmen in der Höhe 841 mm (A0) oder 594 mm (A1) zur Verfügung.

Klicken Sie hierzu in der Rubrik FAMILIENTYPEN auf NEU und vergeben Sie den Namen DIN A0.

Stellen Sie sicher, dass hier die Höhe von 841 mm eingestellt ist.

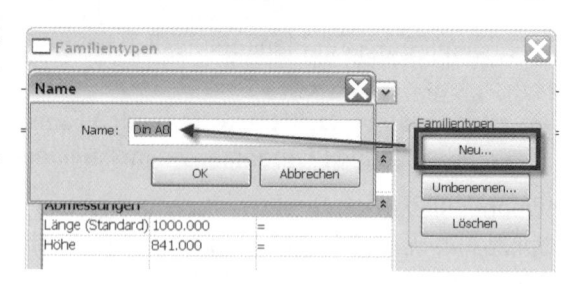

Wiederholen Sie den Vorgang für den Typ Din A1. Hier muss der zugehörige Wert der Höhe auf 594 mm eingestellt werden.

Achtung: Da Revit beim Plotten die Referenzebenen in die Plottgrenzen mit einbezieht, ist es sinnvoll, alle Elemente innerhalb des Rahmens zu setzen. Somit wird der Planrahmen als größte Geometrie erkannt und der Rahmen entsprechend auf dem Papier platziert.

Speichern Sie die Familie unter einem kurzen aber möglichst aussagekräftigen Namen ab und laden Sie sie in ein Projekt.

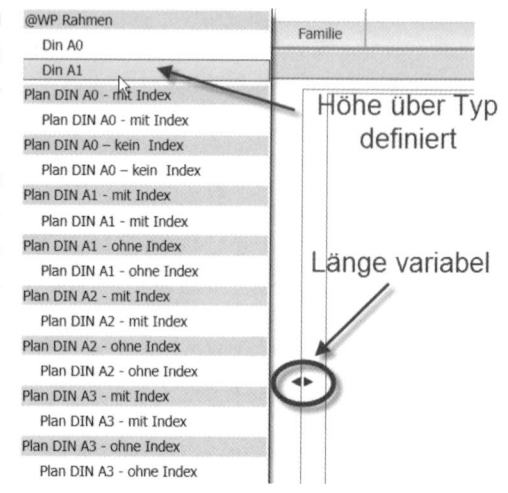

Hier können Sie dann bequem über das Typenauswahlfenster die entsprechende Höhe auswählen. Die Länge kann über die Anfasser bestimmt werden.

Für den Plankopf gehen Sie ähnlich vor: Öffnen Sie einen Planrahmen, der Ihrem Wunsch nahekommt, und ändern Sie das Aussehen entsprechend Ihren Erfordernissen ab. Löschen Sie den Rahmen weg, sodass nur noch der Kopf sichtbar bleibt.

3.18 Grundlagen des Familieneditors

Verschieben Sie dabei nach Möglichkeit nicht die Ecke am rechten unteren Bereich. Wenn diese Linien an derselben Position bleiben, kann der Kopf im Projekt sehr einfach auf dem Plan platziert werden, da dann der Einfügepunkt des Plankopfes mit dem Einfügepunkt des Rahmens übereinstimmt.

Speichern Sie auch diese Familie unter einem separaten Namen und laden Sie sie in das Projekt.

Wählen Sie sich dort den zuvor erstellten und eingefügten Planrahmen und kopieren Sie diesen in die Zwischenablage ([Strg]+[C]). Fügen Sie den Inhalt der Zwischenablage gleich wieder an derselben Stelle ein (TK »ii« oder Befehl AUSGERICHTET EINFÜGEN|AN DIESELBE STELLE).

Wählen Sie gleich anschließend aus dem Typenauswahlfenster den Typ für den Plankopf aus.

Somit können Sie zukünftig den Planrahmen und den Plankopf getrennt voneinander steuern.

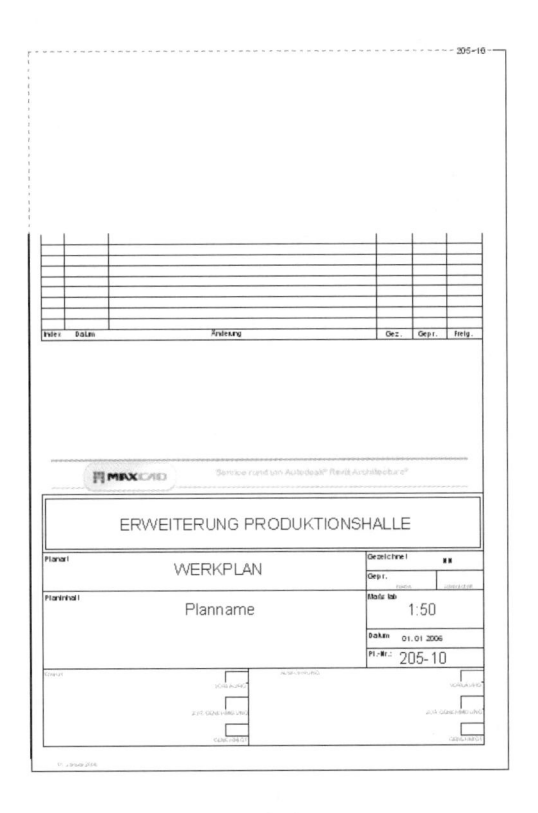

Ich hoffe, ich konnte Ihnen in diesem Tutorial die ersten Schritte in Revit näherbringen und somit den Einstieg etwas erleichtern.

Alle Befehle, die typischerweise in einer Grundlagenschulung vermittelt werden, sind nun ausführlich behandelt worden. Viele Befehle zu weiterführenden Themen wurden bewusst zugunsten eines überschaubaren Umfangs des Buches nicht aufgeführt. Ich werde aber versuchen, diese Themen in einem weiteren Buch zu veröffentlichen.

Trotz sehr sorgfältiger Bearbeitung des Inhalts dieses Handbuchs mag sich an der ein oder anderen Stelle ein Fehler eingeschlichen haben. Fehler, Fragen, Anregungen etc. zum Buch können Sie mir unter der Adresse info@maxcad.de gerne mitteilen. Auch über einen Austausch über Sinn oder auch Unsinn zum Inhalt des Buches würde ich mich sehr freuen!

Index

Numerisch
2D-Element mit Maskierung 290
2D-Symbole 290
3D-Schnittbereich 214
3D-Studio MAX 304

A
Accu-Render 304
Alle Beschriften 64
Alle Exemplare auswählen 121, 224
Allgemeiner Kantenstil 89
Anfrage 257
Ansicht aktivieren 295
Ansicht deaktivieren 295
Ansicht duplizieren 296
Ansichtsfenster automatisch beschriften 293
Ansichtskontrollleiste 17, 271, 280, 289
Ansichtsmaßstab 298
Ansichtstiefe 247
Ansichtsvorlage 77, 280, 289
    anwenden 77, 282
    aus Ansicht erstellen 282
Arbeitsebene 139, 141
Archvision Content Manager (ACM) 325
Aufschlagrichtung der Türe 39
Auftrittsbreite 52
Ausblenden
    permanent 90
    zurücksetzen 90
Ausgabequalität des Renderings 314
Ausgewählte Ansichten/Pläne 82
Ausrichten 74, 170
    der Maßkette 62
    der Wand 30
Außenbauteil 265
Außentüren 132
Außenwände 28
    an Dach fixieren 49
Aussparungen 71
    für die Treppe 54
    Höhe einstellen 72

B
Bauelementnummer 278
Bauteil 68, 266
    frei drehen 44
    laden 68
Bei Platzierung beschriften 39
Belichtung des Renderings 313
Bemaßung 60
    Abhängigkeiten löschen 237
    Einheit 234
    Einzelmaße 226
    EQ 237
    EQ-Maßlinie Wert anzeigen 237
    Fangraster 226
    Firstpunkt 233
    gleichmäßige Aufteilungen von Bauteilen 236
    Höhenkoten 232
    Maßlinien verschieben 226
    NN-Höhen 252
    Präfix 236
    Rundung 234
    Suffix 236
    Texthintergrund 236
    Tipps 229
    Typenauswahlfenster 225
Benutzeroberfläche 16
Bereinigen 318
Beschriftung
    Alle Beschriften 243
    bei Platzierung beschriften 241
    Beschriftungstyp ändern 242
    Brüstungshöhe 40, 241
    Führungslinien 245
    Laden 242
    Pfeilspitze 277
    Raum 58
    über Bauelementschlüssel 278
    über Materialdefinition 277
    verschieben 65
Beschriftungskategorien 87, 283
Bestimmt Neigung 46, 159
Bildschirmschoner 313

Bodenplatte 133
Bruchpunkt 37

D

Dach 154
    ausblenden 57
    Basisversatz 155
    Basisversatz von Ebene 155
    Dach über Extrusion 154
    Dach über Fläche 154, 162
    Dach über Grundfläche 154
    Dachuntersicht 154
    Eigenschaften 155
    Konstruktion 158
    Maximale Kantenhöhe 157
    Neigungspfeile 158
    Raumbegrenzung 155
    Skizzenmodus 163
    Sparren oder Binder 156
    Sparrenschnitt 155, 176
    temporär ausblenden 115
    Typeneigenschaften 158
    verbinden 164
Dachgaube 161
Dachneigung 46
Dachöffnung 173
Dachrinne 177
Dachüberstand 46
Dämmung 273
Darstellung der Schnittkanten 150
Dateigröße des Projekts 69
Deckendurchbruch 73
Deckenöffnung 55
Detailansicht 271
Detailbauteil laden 272
Detaillierungsgrad 280
Detaillinien 192
Detailschnitt 271
Detailstufe 123
Dezimaltrennzeichen 23
Drahtgittermodell 172, 228
Drucken 81
DWG auflösen 257

E

Eigene Vorlage 316
Einfügen von Lichtquellen 315
Einstellung des Sonnenstandes 314

Elemente überschreiben 91
Elemente zur Auswahl hinzufügen 225
Entwurfsleiste 17
Exemplar siehe Exemplarparameter
Extrusion 139

F

Familie 117
    bearbeiten 267
    Exemplare 118
    extern 118
    projektintern 118
    Systemfamilien 118
    Typen 118
Familieneditor 294
Fangpunkte 30
Fangsymbole 30
Fenster
    Exemplarparameter 118, 120
    Typeneigenschaften 119, 120
Festlegen siehe Arbeitsebene festlegen
Filter 87, 92, 94, 127
Fixieren 50
Fotorealistische Darstellung 304
Freie Kameraposition 300
Funktion »Lauf« 51
Fußbodenaufbauten 144

G

Gauß-Krüger-Koordinatensystem 253
Gefüllter Bereich 274
Gelände 65, 246
    aus dwg importieren 248
    aus Textdatei importieren 253
    automatisch anhand 3D-Höhenlinien 248
    Eingemessenes 266
    Gemeinsam genutzte Höhe 252
    Höhenpunkte ändern 264
    Material der Oberfläche 263
    Oberfläche trennen 262
    Oberflächen vereinigen 261
    Punktedatei 253
    verschieben auf Meereshöhe 250
Geländemodell importieren 65
Geländer 56
Geographischer Norden einstellen 258
Geometrie verbinden 148

Geschossdecke 42
    an Dach anschließen 138
    bearbeiten 136
    Fußbodenaufbau 145
    kopieren 133
    Treppenloch einfügen 137
Grundstück 134

H

Halbton 299
Hintergrundfarbe einstellen 322
Höhenangabe der Ebene 147
Höhenkote 240

I

Import 2D Zeichnung 214
Import Pixelbilder 290
Import/Verknüpfung⸺>CAD-Formate 255
Importeinheiten 249
Importierte Kategorien 87
In Projekt laden siehe Familie in Projekt laden
Installation 11

K

Kategorien 87
Kernschichtbereinigung 151
Kette 30
Keyboardshortcuts.log 327
Keyboardshortcuts.txt 327

L

Lageplan 65
Layer 87
Lichtgruppen 315
Linienstärken 150, 154
Linke Maustaste 22
Logo siehe Firmenlogo auf Plan

M

Maskierter Bereich 269
Maßkette 61
Maßlinie 61
Maßstab 271
Maßstabsliste 280
Maßzahl 61
Materialien 165

Materialien zuweisen 305
Materialienliste 143
Materialliste 306
Mausrad 23
Mental-Ray 304
Metric Library 68, 122
    Typenliste 122
Mittlere Maustaste 22
Möbel
    basisbauteilabhängig 267
    drehen 70
    Laden 266
    Volumenkörper im Grundriss unsichtbar 267
Möblierung 67
Modell frei drehen 58
Modellgrafikstil 170, 280
Modellkategorien 87

N

Natursteintreppe mit Wangen 216
Neigungspfeil 160
Neuer Plan 294
Notizen 244

O

Objektstil 88
Öffnung in der Geschossdecke 55
Öffnungsschnitt 170
OKRFB automatisch bemaßen 241
Open GL 321
Optionen 320
Optionsleiste 17
Orbit 23

P

Pan 28
Parameter für das Material siehe Materialparameter erstellen
Parameter siehe Parameter
Pipette 128
Pixelbild 304
Planbereich 127
Plankopf 80
    beschriften 292
Planrahmen als DWG hinterlegen 294
Planzusammenstellung 75

INDEX

Positionslinie 30, 167
Programmleiste 16
Projektadresse 80
Projektbrowser 17, 44
Projektinformationen 292
Projektinterne Familie 139
Projektionskanten überschreiben 298
Projektnorden einstellen 258
Projektposition/-ausrichtung 259
Projektstandards übertragen 324

R

Raster 94
    Beschriftung 97
    kopieren 97
    nicht mehr sichtbar 99
Rasterlinien
    hinzufügen 95
    löschen 98
Raum und Fläche 58
Raumbegrenzung 222
Raumbeschriftung 219, 222, 224
    verschieben 220
Raumbeschriftungstyp ändern 223
Raumbezeichnungen 59
Räume 219
Raumoberkante 220
Raumtrennung 219
Rechte Maustaste 23
Rechtschreibung 326
Redundanter Raum 221
Referenzebene 161
Renderbereich 312
Renderdarstellungs-Bibliothek 324
Render-Dialogfenster 305
Renderzeit 314
Revit Template 319

S

Satteldach 45
Schatten 281
Schattenanzeige 284
Schattenwurf 285
Schnitt anlegen 53
Schnittebene 126
    der Ansicht anheben 126
Schnittlinie erzeugen 53
Schnittlinienstil 88, 150
Schnittmaterial 136

Schnittprofil bearbeiten 144
Seiteneinrichtung 83
Sichtbarkeit des Geländes 246
Sichtbarkeit von Bauteilen 44
Sichtbarkeiten der Grafiken 150, 282
Sichtbarkeiten/Überschreibungen 93
Sichttiefe der Ansichten 279
Skizzenmodus 42, 143
Sohle 134, 136
Sonnenstandseinstellung 285
Sonnenstudie 286
Spiegeln
    Option »Kopie« 129
    Option Linien wählen 129
    Option Linien zeichnen 129
    Spiegelachse 129
Statuszeile 17
SteeringWheel 25
Steigungen 52
Stufenhöhe 52
Stutzen 36
Szene rendern 304

T

Tastaturkürzel 9, 326
Teilelemente erstellen 104
Temporär ausgeblendete Bauteile 281
Temporäre Bemaßung 31, 33, 105
    Referenzpunkte 106
Traufe 46
Trennen 37, 159
Treppe 51
    Begrenzung 181
    Bemaßungen 199
    Berechnungsregeln 200
    frei geformte Begrenzungslinie 183
    Geländer 180
    Hilfskonstruktion 192
    Podest 185
    Skizzenmodus 183
    Steigungen 179, 181
    Tipps und Tricks 214
    Treppeneigenschaften 198
    Typenauswahlfenster 199
    Typeneigenschaften 200
    Unterhalb der Basis erweitern 204
Treppenausschnitt 56
Triangulationskanten 246
Türen und Fenster 38
Typenauswahlfenster 32

U
Unterlage 110

V
Verdeckte Elemente 281
Versatz 45
Verschneidungen der Materialien 149
Volumenkörperform 139
Vorlagendatei 94

W
Wände
    Eigenschaften 99
    fixieren 169
    kopieren über Zwischenablage 109
    Linien auswählen 103
    Material ändern 101
    neuen Typ anlegen 110
    obere Abhängigkeit ändern 114
    Oberkante fixieren an Dach 114
    Oberkante lösen 108
    Positionslinie 111
    Profil bearbeiten 116
    Tipps 104
    Typenauswahlfenster 102
    Typeneigenschaften 100
    Verschneidungen 102
    Wandrichtung ändern 113
    Wandstärke ändern 101
Wandschlitz 72
Wandtyp 165
Werkzeugkästen 16
Wörterbücher 326

Z
Zoom 28
Zuschneidebereich 288, 300
    der Ansicht 281

Detlef Ridder

Google SketchUp 8
Praxiseinstieg

- Praxisnaher Einstieg und professionelle Anwendung
- Zahlreiche Konstruktionsbeispiele aus der Architektur
- Auf CD: Alle Beispiele aus dem Buch und Tutorials mit Bild und Ton

Google SketchUp ist in seiner Grundversion ein kostenloses CAD-Programm zum Konstruieren dreidimensionaler Objekte. Es eignet sich für eine schnelle visuelle Darstellung von dreidimensionalen Modellen und ist besonders für Architekten und Designer von Eigenheimen interessant.

Dieses Grundlagenbuch zeigt Ihnen anhand zahlreicher Praxisbeispiele aus der Architektur die Möglichkeiten von Google SketchUp und richtet sich insbesondere an Neulinge, die Wert auf einen praxisnahen Einstieg legen. Mit allen Übungszeichnungen auf der DVD und der im Internet frei verfügbaren Version von SketchUp können Sie sofort beginnen und in Kürze Ihre ersten eigenen Zeichnungen erstellen.

Der Autor behandelt den gesamten Funktionsumfang von SketchUp. Sie lernen nicht nur die grundlegenden Befehle kennen, sondern es wird auch Wert auf Hintergrundinformationen sowie komplexere Vorgehensweisen und das Erläutern trickreicher Funktionen gelegt, um größere realistische Objekte erstellen zu können.

Es werden ebenfalls Funktionen der kostenpflichtigen SketchUp Pro-Version berücksichtigt: das Erstellen dynamischer Komponenten, Benutzung der neuen Volumenkörper-Modelliermöglichkeiten sowie das Plotten.

So werden Sie umfassend in SketchUp eingeführt, um Ihre eigenen Ideen professionell umsetzen zu können.

Das Buch orientiert sich zwar an der Windows-Version, aber unter Berücksichtigung der MAC-spezifischen Tastencodes, die dort im Bildschirmdialog angezeigt werden, sind alle Beispiele auch auf dem MAC nachvollziehbar.

Auf der CD:

Alle Beispiele aus dem Buch und einige Tutorials, die mit üblichen Media-Playern abgespielt werden können.

Probekapitel und Infos erhalten Sie unter:
www.mitp.de/9133

ISBN 978-3-8266-9133-1

Markus Hiermer

Revit Familien-Editor
Content-Erstellung leicht gemacht

- Viele praktische Beispiele und Best Practices
- Lösungswege für typische Aufgabenstellungen
- Alle Beispiele als Download erhältlich

Welche Arten von Familien gibt es und wo liegen ihre Unterschiede? Wie werden einfache parametrische Bauteile erstellt? Wie arbeitet man mit verschachtelten Familien? Was sind gemeinsam genutzte Parameter und wie setzt man diese ein? Wie lassen sich Typenkataloge anlegen und steuern? Das sind nur einige der Fragen, die dieses Werk erläutern will, damit Sie Revit in Zukunft noch besser verstehen und damit nutzen können!

Dieses Buch richtet sich an alle Anwender, die intensiv mit Revit arbeiten und die Parametrik des Programms optimal nutzen wollen, um ihre Arbeit so effizient wie möglich zu gestalten.

Der Autor Markus Hiermer will dabei nicht einfach „nur" zeigen, wie man Familien Schritt für Schritt erstellt, sondern auch die Hintergründe erläutern, warum verschiedene Techniken benötigt werden. Mit Hilfe dieses Buches werden Sie die Funktionsweise von Familien besser verstehen lernen und somit Ihre tägliche Arbeit mit Revit optimieren können.

Das bestens bewährte Text-Bild-Prinzip des Revit-Architecture-Grundlagen-Handbuches findet auch in diesem Werk wieder Einsatz, damit der Leser immer weiß, wo er steht und stets die nötigen Schritte eindeutig nachvollziehen kann.

Probekapitel und Infos erhalten Sie unter:
www.mitp.de/9187

ISBN 978-3-8266-9187-4

Christian da Silva Caetano

3D-Architektur-Visualisierung
Atmosphäre mit Konzept, Licht und Struktur in 3ds Max

- Professionelle Anleitung zur Realisierung qualitativ hochwertiger Architektur-Visualisierung
- Modellierung, Inszenierung, Beleuchtung, Materialien & Rendering in 3ds Max 9 / 2008 / 2009
- DVD mit Produktionsplaner, Szenendateien und Texturen

Christian da Silva Caetano zeigt in diesem Buch, wie man Architektur – von innen und von außen – mit 3ds Max (Versionen 2008 und 2009) visualisiert. Vom Grundkonzept über den Datenimport bis zur Geometrie der 3D-Modellierung geht er Schritt für Schritt vor. Dabei lässt er auch nicht die Feinheiten wie Schatten und animierte virtuelle Kamerafahrten außer Acht, so dass am Ende eine realistische Architektur-Darstellung überzeugt.

Grundlage für die realistische Architektur-Visualisierung bildet dabei der Produktionsplan, der später im Detail umgesetzt wird. Neben Planung und Bereitstellung der notwendigen Ressourcen geht es hier um Modellierung, Bildkomposition, Beleuchtung, Material, Rendering und die Postproduktion und Animation. Dabei wird auch ein Schwerpunkt auf die korrekte Vorkonfiguration von 3ds Max gelegt, um optimale Renderergebnisse zu erzielen.

Aus dem Inhalt:

- Produktionsplan
- Ressourcen
- Modellierung
- Bildkomposition
- Beleuchtung
- Materialien
- Rendering
- Renderoptimierung
- Postproduktion
- Animation
- Konfiguration von 3ds Max und mental ray
- Neuerungen in 3ds Max 2008 und 2009

Auf der DVD:

Beispiele, Szenendateien und Texturensammlung zum Üben

Probekapitel und Infos erhalten Sie unter: **www.mitp.de**

ISBN 978-3-8266-5923-2